World as a Perspective
世界作為一種視野

中美爭霸

兩強相遇東南亞

WHERE GREAT POWERS MEET

★

AMERICA AND CHINA IN SOUTHEAST ASIA

★

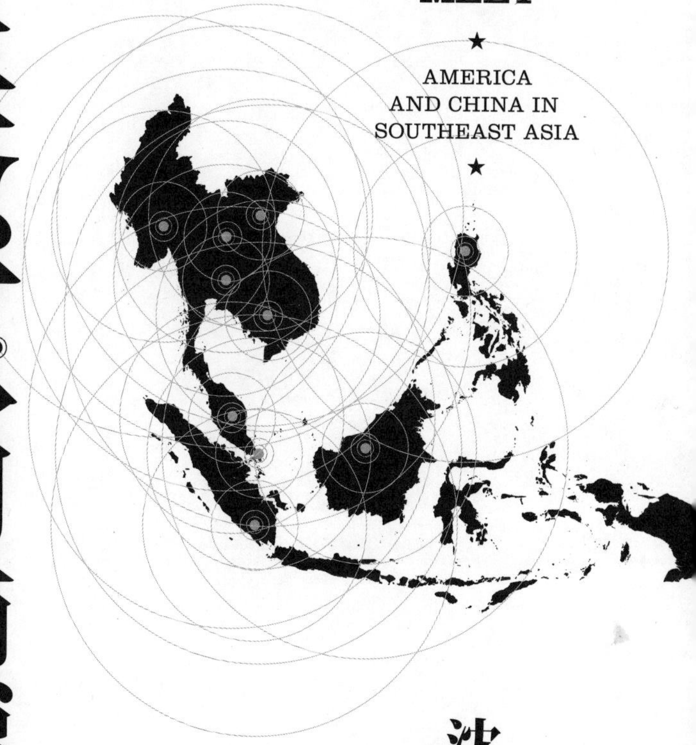

沈大偉

DAVID SHAMBAUGH

黃中憲 譯

謹以極敬佩之情，

將此書獻給王賡武教授，

不凡的學者、紳士、同僚、友人暨鼓舞我前進之人。

◉目次◉

【導讀】

大國競逐的東南亞進行式

蔡宏政（國立中山大學東南亞研究中心主任）

是新冷戰嗎？

沈大偉，美國著名的中國與亞洲事務教授以及政府智囊，在本書《中美爭霸：兩強相遇東南亞》中，提供一個細節與宏觀兼具的全面分析，來說明東南亞在美中霸權對抗中的進行方式與未來可能的場景。

按照沈大偉的說法，美中「競爭」（霸權對抗的外交辭令）與過去的冷戰方式並不盡相同。冷戰是美蘇在政治、經濟、軍事上劃分出涇渭分明的兩個陣營，雙方從事作用—反作用式的直接競爭較量，是一種以牙還牙，甚至於你死我活的報復性行為。但中國是先透過經濟全球化融入國際體制，因此它的影響力不只出現在政治、軍事與外交上，也廣泛分布在商業、媒體、技術、公共治理、文化與意識形態上。換言之，現今的美中對抗是一種柔性的總體戰（soft total war），戰場從國家機器穿透到公民社會的各個層面，但雙方的活動旨在推進自己的利益，而非直接反制或削弱對方的地位。在本書中，沈大偉從三方行動者（美國、中國與東協）的強弱之處來分析這個柔性總體戰的可能推移力量。

美國與東南亞

根據沈大偉的研究，美國在東南亞地區的長期根基依舊穩固。就經濟上而言，從一八七三至二〇〇七年，除了二次大戰時期，美國一直是東南亞的最大貿易夥伴，而東協整體則是美國的第四大貿易夥伴，同時享有對美八百多億美元的貿易順差。美國在此地區的直接投資額，至二〇一八年為止累計達三二九〇億美元，比中日南韓三國的投資額加總還多！二〇一七年美國的直接投資達二四九億美元，比中國的一三七億美元多了將近一倍。東協事實上是美國在整個印太地區最大投資目的地。

就軍事安全關係來說，東南亞諸國的軍隊幾乎全與美軍有廣泛的歷史連結。其中，與新加坡關係最為密切，儘管與傳統盟邦泰國、菲律賓的關係在近年來有所逆轉，但與越南的關係也同樣因為地緣政治的轉變而大有改善。自歐巴馬政府重返亞太以來，美國印太司令部已成為在資源、裝備、訓練、演習、防務夥伴關係、部署等各方面更為重要的地區性司令部。二〇二〇年時，已有六成的美國空軍資產、五成的最新式戰鬥機（F-22與F-35），以及六成的美國海軍船艦部署於此作戰區。

就教育文化而言，在整個東南亞地區，美國依舊是鼓舞、吸引人心的柔性實力大國。美國貨、美國媒體、美國觀念、美國教育人員和英語老師、美國運動賽事、美國電影依然是該區域主流文化的象徵。美國國務院的公共外交局、教育暨文化事務局繼續推行一系列公共外交計畫。這些公共外交和教育事務、文化事務策略，針對東南亞社會、公共機構、媒體的不同切面，鎖定當前和正要冒出頭的外國領導人、編輯、記者、智庫成員等，來美做三星期的參訪。這些活動為美國在該區域創造了「戰略性好感」。

不過美國從未把東南亞列為主要關注對象，對該區域的關注是配合其他更重要的戰略利益進行工具性的操作，因此外交活動呈現一種斷斷續續的狀態，經常在長期的冷漠之後，突然造訪，發表一些宏大願景的言論，達成美國想要的目的之後，轉身走人，再次陷入長期的冷漠。因此對東南亞人來說，美國讓人覺得自我中心、傲慢而善變。這個全球地緣政治弱點在一九九〇年之後，隨著中國與東南亞地區的關係日漸升溫，美國的傳統優勢因而大大折損。

中國與東南亞

過去三十年以來，中國靈活地使用總體戰滲透進東南亞國家，提高其影響力。一九九七年亞洲金融危機後，相對於美國主導下的多邊組織所提供的救援與財政緊縮方案，中國的經濟支持更加實惠而沒有附加條件。一九九八至二〇〇八年可以說是中國深耕東南亞的黃金十年。中國自二〇〇九年起就成為東協的最大貿易夥伴。到了二〇一九年中期，東協已超越美國，成為中國的第二大貿易夥伴。然而，隨著中國經濟量體快速變大的過程，東協各國對中貿易比例持續上升，呈現對中貿易依賴程度增加的趨勢。即使是全部東協國家的加總，其人口、經濟與軍力也難以跟中國匹敵。這使得東協各國難以單獨跟中國處於平等的談判地位。沈大偉稱呼二〇〇九至二〇一〇年是北京的「強勢年」(year of assertiveness)，中國政府在這期間開始出現咄咄逼人的行為，從而大大抵消其取得的成果。

北京對東協國家的拉攏與恐嚇太成功，以至於中國即使做了東南亞人不喜歡的事，整個東南亞也很快讓步，這使得中國猶如在該區域享有「否決權」。東協各國固然從一帶一路計畫中獲得投資，但伴隨這些開發計畫進入的是債務陷阱、環境衝擊、中國移工問題、黑幫入境、洗錢、毒品與人口走私。對湄公河下游國家來說，中國在上游攔水築壩已成一大問題。中國在南海造島，建立軍事化設施，急劇擴張其海軍勢力，令整個地區深感憂慮。但中國官方對於東南亞人的憂心幾乎不當一回事，甚至於懷抱著傳統納貢體系的尊卑觀念，視為「天地之常經，古今之通誼」。

中國的強勢作為終究引發了東南亞一些國家的對抗。二〇一三年菲律賓向海牙國際法庭提出南海仲裁案，在二〇一六年國際法庭常設仲裁法院作出最終裁決，判定中國在南海被「九段線」涵蓋之海域內所主張的歷史性權利、或主權權利、或管轄權之主張，與《國際海洋公約》牴觸，不具法律效果。同時，南沙群島所有海上地物均為《公約》所指之「礁岩」，而非島嶼，因此不能主張專屬經濟區或大陸礁層。

另一個直接的衝突對峙發生在二〇一四年，中國海洋石油集團有限公司在距越南海岸線僅一二〇英里（位於越南兩百海里專屬經濟區內）的海域，無視越南反對，建置了一個超大型深海鑽油平臺。雙方為此陷入嚴重僵持，各自部署海防艦船，向對方發表不畏一戰的聲明。中國最終撤走鑽油平臺，但此事已在越南引發大規模反中示威，也讓海洋東南亞國家見識了中國在該區域行事肆無忌憚的程度。

沈大偉引用新加坡尤索夫伊薩東南亞研究院的〈二〇一九年東南亞狀況〉調查報告，針對「政治上和戰略上哪個國家／地區性組織在東南亞有最大的影響力？」一問，四五・二％的受訪者回以中國（美國居次，三〇・五％）。就經濟影響力問以同樣題目時，中國拿到更高分（七

三．三％）。但中國在東南亞「受信任」程度卻敬陪末座：日本（六五．九％）、歐盟（四一．三％）、美國（二七．三％）、印度（二一．七％）、中國（一九．六％）。反之，就「不信任」程度來說，中國拔得頭籌（五一．五％）。因此，儘管中國多管齊下要說好中國故事，塑造中國正面形象，但就中國在東南亞的情況來說，中國的存在感和影響力愈大，受信任程度反而似乎愈低。

東南亞與美中

在美中軟性總體戰的爭霸中，東南亞國家因此暫時獲得可以兩面下注的「避險」（hedge）操作空間，也就是在完全的扈從（bandwagon）與抗衡（balance）之間游移，藉以取得最大的利益。但由於東協具有複雜的地緣政治、族群與宗教文化，為了尋求一個比較容易的起步，它的制度運作核心內涵是「協商、主權獨立與不干預」。但這也導致東協作為一個區域組織，既無充裕經費，也缺乏強有力的領導核心來產生有效的集體政策與行動。中國對該區域採取的戰略立場：堅持南海主權、拒絕多邊協商、對東協進行雙邊談判以便分而治之，就是針對東協的組織弱點而有的策略。因此南海爭端仍有賴於美國的介入領導。

沈大偉的結論是，美中戰略性競爭如果變得愈來愈劇烈，那麼美中的地緣競爭會愈來愈以東南亞為中心來升溫。目前北京和華府都未要求哪個國家選邊站，但隨著兩強對抗愈加緊繃，東協諸國要繼續兩面下注、見風轉舵並沒那麼容易，也愈難以維持自己行事的自主性，保住自己的國家主權。「令人遺憾的是，東南亞國家不願面對不愉快外在事實的心態頗為強烈，而且過度埋頭於內部事務。這會使它們看不到正在自己周邊上演的更大變化。」

對臺灣的啟示

本書的優點在於提供一個涵蓋範圍廣泛的堅實經驗內容之外，同時能夠給出具有分析力，也就是穿透經驗資料的洞見，從而形成一個對該區域的獨到觀點。這使得作者既深入理解東南亞地區的在地經驗，但又可以從美中全球對抗的高度來理解與解釋東南亞在地經驗變化的意義。所以本書既是一種學術研究成果，也有助於實際政治決策時所需要的具體解決方案之形成。這正是臺灣新南向政策所需要的研究。

比起東協諸國，臺灣的避險空間因為國家地位（statehood）受到中國更嚴厲的壓制，根本無法與東協或國際多邊組織發展任何官方關係，以至於在這一連串的區域變局中，被排除在所有正式的談判之外，僅能藉由參與一些非正式會談來表達自身立場。臺灣在中美爭霸下的國際處境甚至於連選邊站的資格都沒有。對中國而言，最理想的狀況是臺灣在國際體制（international regime）中會愈來愈靠近香港的位置。但臺灣具有獨立於中華人民共和國之外的國家主權，這個國家認同（state identity）一直是戰後臺灣的主流共識。這就是為什麼隨著中國力量的擴張，臺灣內部的國家建構（state-building）會因為中國的打壓而增強，乃至上升到民族認同（national identity）的層次。這個民族認同也就驅使臺灣社會與民選政府選擇跟美國與日本進行戰略結盟。所以這個國際爭霸的格局轉變很好地定義了臺灣過去二十年來內部政治發展的外部參數，也很好地說明中國政府為何能夠熟練地使用柔性總體戰的方式來改變臺灣內部的政治生態（在臺灣被稱為「中國因素」）。

雖然受到中國的國際封鎖，但臺灣因為擁有連結東北亞與東南亞的戰略地位、南海兩大島礁主權、相對較強的經濟與技術實力，以及日漸穩固的民主多元精神，照理說新南向政策還是可以讓我們擁有不小的「避險」操作空間。不過既然是兩面下注的避險策略，臺灣與東南亞國家交往的第一件事情就是弄清楚交往國家的核心利益為何，以及臺灣能夠在什麼議題，滿足對方到什麼程度。這樣才能談到精準下注。如果再加上中國干擾的因素，那麼臺灣避險策略的具體議題就必須尋求同時滿足下述條件：（一）符合東協國家的個別國家核心利益；（二）臺灣具有相對較強的能力可與之互動者；（三）不易因政治理由而受中國干擾者。

在過去的經驗中，我們知道第三個條件很不容易滿足，但也不是全然沒有機會。聯合國所提倡的十七個「永續發展目標」（Sustainable Development Goals, SDGs），都是立基在全球平等發展、健康與環境永續等「四海一家」（cosmopolitan）的普世價值，較不易受政治理由影響，也攸關東協國家核心利益，亦即易於滿足第一與第三條件。其中的醫療（Goal 3）、教育（Goal 4）、環保（Goal 13、14）等項目都是臺灣的強項，符合第二條件，可以彰顯臺灣特有的人文精神與民主多元價值。同時，「永續發展目標」（SDGs）作為聯合國決議，各國政府都設有相應的專屬機構在負責，新南向的行動方案其實馬上就可以進行組織連結。因此，這幾個分項議題之下的各種子議題就是臺灣可以具體操作的措施。

舉例而言，臺灣是一個海洋國家，四周的國土邊界就是海洋，與東南亞發生直接接觸者就是南海。隨著東南亞國家經濟的日益進展，光是環繞南海的海洋東南亞國家高達五億的人口，就需要高比例的水下蛋白質。如何避免捕撈漁業的過漁現象，以及養殖漁業的環境汙染，這正是符合糧食安全永續生產與消費，以及海洋發展（Goal 2、12、14），在理想的情況下甚至可以創造出在地國產業鏈，促進該國就業、消除貧窮與社經不平等（Goal 1、8、10）。

但聯合國糧食與農業組織（FAO）並沒有南海漁業資料，臺灣之所以能夠在南海漁業資源調查上有所貢獻，不只是我們的科研技術能力，而且是因為東南亞各國對臺灣具有基本的信任感（相信臺灣不會採取擴張性戰略），這就是沈大偉在前面提到的，長久累積下來的「戰略性好感」。

但即使有完整的漁業資源調查資料，也會因為各國宣稱的專屬經濟區互相重疊、漁民越界、海巡執法過當而時有糾紛。近來更因為中國的人工造島與武裝漁船而火上加油。如何透過良好制度的安排與實踐以促進最大的漁業收益，這件事情顯然會上升到各國海巡業務的協調。從現實主義的觀點而言，東南亞各國之所以對臺灣具有基本的信任感，乃是因為臺灣並無能力單獨進行這樣的制度安排，因此結構上臺灣必須選邊站，與美、日、紐澳等區域強國合作，因為比起東南亞國家，我們更沒有兩面下注的避險空間，這是中國強勢單邊主義所造成的必然結果。

【導讀】不只是大國博奕之地：重新認識東南亞

莊嘉穎（新加坡國立大學政治系副教授）

東南亞對於許多美國和中國決策者而言，不是大國主導、拉攏或競逐的對象，就是可以開發的經濟機會。除非為了推動某些政策，一般比較不會特別專注該區域或個別國家、社會的動態或歷史。臺灣和香港也有不少人，因為長期關心如何在世界強權的各種衝撞和摩擦之間，找到生存空間，所以會將時間精力投向觀察美、中、日等區域大國，在理解東南亞情勢方面比較容易打折扣。這樣的現象，往往會令人輕視東南亞的多元性，特別是不同政治和經濟勢力之間的多重關係、東南亞諸國個別的主體性，以及它們在選擇和行為上造成的各種效應。忽略東南亞的這些複雜性，不但容易造成誤解和誤會，甚至可能導致政策誤判。

沈大偉教授的《中美爭霸：兩強相遇東南亞》，試圖在熟悉的美中兩大國關係中，凸顯雙方歷來與東南亞的各種接觸。本書與以往類似著作顯然不同的地方，在於沈氏對東南亞個別國家的當代政治、社會特徵、行為乃至動機的關注和介紹。除了分析美國和中國官方對東南亞的態度與政策以外，沈氏也描述東南亞諸國對於兩大國的個別看法和關係處理。這樣的觀察，比以往把東南亞諸國一概而論的做法更能深入理解東南亞及其重要性。當然，沈氏也沒有忘記交代東南亞國家協會（臺灣稱「東協」、中國稱「東盟」、東南亞自稱為「亞細安」）在區域扮演的各種角色。《中美爭霸》處理東南亞的方式，恰好填補了當下學術和政策討論的空缺。

多元的東南亞

在討論東南亞的時候，不少著作和分析往往會將「東南亞」當成一個集體討論，政策報告經常會把「東南亞」和「東協」／「東盟」／「亞細安」劃上等號。同時也會把整個地區一律描述成依賴貿易的低收入開發中社會，唯獨新加坡是例外。這類將不同東南亞國家和社會之間差異模糊的觀點，容易讓人以為東南亞諸國的政治定位和利益相同，一套政策只需要微調，就能應用在整個區域將近七億人身上。同時，只要把握好東協，就能處理與區域內不同國家的關係。這樣的出發點，不但相當粗糙、過於簡化區域國家的不同偏向和利益，也高估了區域內部的整合度。「東南亞」這個概念畢竟只是出自第二次世界大戰英軍的作戰考量而創立，而東協本身也只不過是冷戰的產物。

從基本地理而言，現在稱為「東南亞」的區域就有「大陸」(mainland)和「海洋」(maritime或insular)之分。位於中南半島、紅河、湄江河、昭披耶河、薩爾溫江和伊洛瓦底江流域的東南亞大陸社會，一般較為關注河川、山林、農業。而位於今天印尼群島、婆羅洲、菲律賓群島和馬來半島的海洋東南亞，歷來以航海、遠程貿易網絡、捕魚和農業為重心。這些特徵影響東南亞諸國的基本利益和政治定位。依賴海洋的東南亞國家，即便不是南海主權糾紛的一方，也對海上交通和貿易、港口發展、海域應用、制海和制空權、以及《聯合國海洋法公約》相當關注。兩方也因此只願意在自己比較不受直接影響的議題上做出讓步，使區域合作有意無意容易陷入僵局。

而且東南亞諸國在冷戰結束後，因為失去反共的焦點，之間的差異變得愈來愈大。經濟方面，新加坡和汶萊，雖然都是高收入國家，但新加坡經濟比依賴能源輸出的汶萊要多元。馬來西亞、印尼、菲律賓和越南，雖然對外輸出各種天然資源和農產品，但也算是中收入經濟體，有興起的製造業。緬甸、柬埔寨、寮國和東帝汶則仍然依賴天然資源輸出。政治方面，馬來西亞、印尼、菲律賓和東帝汶正在民主轉型中，泰國和緬甸是軍人掌政，越南和寮國掌權者仍堅持列寧式黨國體制，柬埔寨則是強人執政。新加坡還是處於一黨獨大的情形，汶萊依舊維持君主制。這些不同的條件，使區域內對各種議題的看法、要求、期待和利益有一定的分歧，不但讓東南亞各國難以找到共識，也為區域外的合作帶來額外挑戰。

個別東南亞國家在處理與彼此和區域外的合作上，經常會出現相當不一樣的政策。在安全方面，關心維持區域開放和中小國活動空間的新加坡、菲律賓、馬來西亞，比較偏向與歐美合作，強調遵守國際法。越南和印尼因為與中國的歷史糾葛，所以即便合作也會對中國維持一定的距離。印尼又因為自認是區域大國，偶而還會強調自己在東南亞的主導能力和在大國之間的關鍵樞紐作用。泰國、緬甸在許多議題上，經常會因為認為可以增加獲益，所以顯得反覆不定，試圖一直向最有利於自己的方向不斷靠攏。柬埔寨、寮國和東帝汶比較偏向會支持其政權的中國。雖然東南亞國家口頭上都掛著「不選邊站」的口號，但是個別國家在安全和合作議題上的取向和行為確有相當差異及偏好。

主動與被動

觀察美中關係、美國外交和中國外交的諸多著作，也經常會把東南亞當成一種競技場或棋盤。美方或中方的一舉一動，不是為了穩住自己的戰略地位、反制對方，就是為了在東南亞推動投資和經貿往來，換取更多、更大的經濟獲益。連臺灣在李登輝政府的「南進」和蔡英文政府的「新南向」政策，一樣是凸顯東南亞作為經濟合作目標，這可能讓臺灣的朋友對東南亞的印象，停留在設廠、資源進口、廉價勞動力或者觀光旅遊。新聞媒體對東南亞的報導又經常特別關注政變和災害。以上視角，會使東南亞顯得被動，甚至好像可以任由強權和其他較為富裕的國家擺布，模糊了區域內個別國家的自主行為意識。

東南亞國家在經濟上充分顯示不同的取向。中國雖然是每個東南亞國家經濟體的主要雙邊物品貿易夥伴，但整體而言，東協成員國還是彼此最大的物品貿易夥伴。另外，中高收入的東南亞地區，與歐、美、日之間的服務貿易還是遠勝中國。美國、歐洲和日本在東南亞實際的投資，也比中國要高，只不過因為是個別公司投資，不是國家，所以數額沒有如一帶一路標榜的預計投資耀眼。由於發展階段和天然資源不同，東南亞諸國在尋求經濟合作時，也有不一樣的期望。開發中的東南亞國家和社會，尋求如發電廠、鐵路、公路等基礎建設，較為發達的地方希望興建貨物港口、機場，有些國家期待可以開發重工業和爭取科技轉移，有的國家則希望輸出的是能夠賺取外匯的人力。

書中清楚指出，柬埔寨和寮國，在基礎建設和天然資源開發上，很依賴中國。泰國社會與中國有長期往來的歷史，國家機制則從冷戰期間就與美國建立了投資和盟友關係。越南因為跟歷代中國政權持續有磨擦，甚至武裝衝突，與美國也有一段殘酷的戰爭史，所以與兩大國的互動十分微妙。而緬甸即便有經濟發展的需求，但無論是對美國還是中國，都會以政權穩固為優先考量。至於印尼和馬來西亞，則是一方面與美國在經濟和政治上合作，同時積極尋求與中國的經濟合作機會，但是又對中國在內部政治和族群關係上的影響有所顧慮。菲律賓方面，由於中國在經濟上對該國有很強的吸引力，加上美國在該國的殖民史，讓這個美國盟國即便與中國有領土糾紛，卻仍對華府態度有些搖擺。高收入的新加坡和汶萊，雖然希望與美國在各方面保持長久和良好合作，但卻又想盡量爭取中國提供的經濟機會，像這樣夾在兩大國之間有可能面對更高的風險。

所以沈氏在《中美爭霸》中多次強調「不選邊站」的口號背後，個別東南亞國家希望推動和落實的政策有相當大的出入。今天的亞細安（東協），除了有些時候可以減緩成員國之間的摩擦，在爭議發生時降溫，但是在協調、整合和推動合作方案方面，能力卻非常有限。因此，東南亞諸國，無論在尋求與彼此加深合作，還是與區域外夥伴進行協作，經常因為分歧嚴重，很難達到突破。就算達成協議，也是偏向最低共同分母，大幅減低能夠發揮的力度。無論是在南海爭端、處理緬甸兵變，還是面對新型冠狀病毒，東南亞國家因為彼此間的心理距離太大，不僅對內無法找到有效的整合方式，與外部勢力協調也是困難重重。而東南亞的內部矛盾雖然提供分化的機會，但也對希望在區域施展影響的外部勢力造成困擾。

在對外事務上，東南亞諸國因為「不選邊站」，反而充分表現了各自的主動和主體性。這樣或許擴大了彼此之間的分歧，讓協調、集體行為和誠信等問題更難克服。加上實質政策經常又搖擺不定，甚至出現反覆，對合作造成更多不確定。但從另一方面來說，這能促使美中等大國更用心去拉攏，甚至為了吸引和收買夥伴的忠誠，而砸下大筆資源，讓該區域國家受益。不過，這種不確定性也可能讓大國間的張力加劇，為了抵制對手，更願意嘗試干擾對方，而刻意針對東南亞個別國家，涉入內政或採取其他手段，破壞合作氛圍。沈氏在結論中，給我留下的一個印象是：東南亞國家的主動性，雖然無法直接影響大國意向，但是仍然可能微妙影響大國需要因應的環境，提升造成動盪的風險。

可能因為如此，沈氏在書中把東南亞對美中的態度多次形容為「矛盾」或「模稜兩可」(ambivalent)。連書中出現的不少訪談對象也是如此描述該區域國家看待美中兩大國的視角。這樣的現象，或許表現了東南亞各國、本土利益之間的張力及互相衝撞，造成內部和國與國之間的雙重集體行動困境（collective action problem）。國內無法找到共鳴，在整合機制薄弱的東協場合上，就更不可能。一但碰上美中兩大國施壓、遊說和拉攏，東南亞國家和東協在政策方面，因為難以找出明確的解套方案，又一直不斷在試探，所以易於產生猶豫不決的狀況，甚至陷入一時癱瘓。或許在美中爭霸下，東南亞諸國最大的挑戰，並非如何處理與華府和北京的關係，而是先找到內部整合的適當辦法。

重新認識東南亞

對許多在東北亞的社會，包括華文語系國家，東南亞似乎是一個地理上接近，但又生疏的地方。雖然東南亞有不少華裔，不過在語言、文化、宗教方面，與華文語系地區，甚至東北亞卻有巨大的差別。雖然東南亞和東北亞自西元一世紀起，就不缺經商和各種社會往來，可是這類交往大多屬於民間交流，比較不受官方重視。因此，即便東南亞和東北亞的命運長期緊扣在一起，東北亞對東南亞的認識，卻多半限於交流頻繁的沿海和港口。經過歐洲國家從十七世紀起進入東亞海域、二十世紀的第二次世界大戰、冷戰和冷戰後的全球化，以及當前美中競逐的洗禮，東南亞對國際政治的重要性，只會與日俱增。要瞭解當代美中關係，少不了東南亞。

沈大偉教授的新書《中美爭霸》，有別於以往的區域研究，是少數把東南亞的多元和個別國家的主體性，與大國關係和競爭相提並論的著作。像這樣較為全面的觀點和分析，不但在梳理複雜的亞洲地緣政治上更為嚴謹，避免過度簡化這個區域的動向，也讓讀者有機會更深一層體認到大國角力下東南亞自身的複雜張力，以及該區域對國際政治的影響，讓東南亞應當擁有的參考價值更為明顯。而最重要的是，帶領讀者重新認識東南亞。

序

置身美國航空母艦的甲板上，是令人敬畏的經驗；轉過頭，親眼目睹一項填海造陸工程，覆蓋了目力所及的範圍，也同樣令人敬畏。我在二〇一七年同一個月內得到的這兩個經驗，具體而微勾勒出美中兩國在東南亞的差異，也讓我茅塞頓開看清其中關鍵。

我先是來到新加坡的樟宜海軍基地，登上體形龐然的美國航母卡爾文森號（USS Carl Vinson，圖0.1），這是一艘排水量十萬一千三百噸的尼米茲級（Nimitz-class）航母，美國第三艦隊第一航母打擊群的旗艦（第三艦隊母港位於聖地牙哥，但屬太平洋艦隊的一部分）。

卡爾文森號，連同隨其出航，由導彈驅逐艦、巡洋艦、潛艇、補給艦組成的航母戰鬥群，停靠於樟宜之前，先是接連在鄰近北韓的日本海與南海上中國占據的島嶼周遭進行演習——這兩個舉動都傳達了有力的嚇阻信號。這艘超級航母的寬闊甲板上，整齊排列著F－18超級大黃蜂戰鬥機、反潛機、電子作戰機與預警機、直升機，甲板下還有更多飛機及殺傷力驚人的軍火（圖0.2），走過其間，與船上兢兢業業的海空軍男女士官兵聊天，是令人感動且難忘的經驗。

圖0.1 美國軍艦卡爾文森號

來源：美國海軍畫面，Mass Communication Specialist 3rd Class Eric Coffer攝

圖0.2 作者在美國軍艦卡爾文森號上

來源：作者提供

這次造訪航母，猛然提醒了我美國軍力舉世無匹——這股力量投放於整個東亞和西太平洋已超過七十年。一年到頭，行事低調但態度堅決，美國海軍和其他軍隊致力於維護此一充滿活力且戰略地位重要地區的安全與穩定，支持著美國在此地區的五個盟邦和許多夥伴，日復一日向世人證明百年來美國為亞太強權乃不爭事實。

接著，兩星期後，我穿越連接新加坡與馬來西亞的堤道，北上到風景優美的口岸城市麻六甲。進入馬來西亞南部柔佛州（Johor）二十英里左右，首先映入眼簾的是龐大的中國人住宅開發案「森林城市」（Forest City）——柔佛與一間中國公司的聯合工程計畫。這片占地遼闊、多用途的建築群，面積廣達二十平方公里，包含四座島，宣稱是「全世界最大的複合式住宅區」，「封閉式島嶼生活樂園」。[1] 目前工程仍在初期施工階段（圖0.3），圖0.4則是總體工程於二〇二五年完工後預期呈現面貌的縮尺模型。

「森林城市」開發商為總部設在廣州的碧桂園公司，目標是建造足以容納七十萬人的住宅區。它將是個生活機能完全自給自足的「生態城」，有學校、醫院、娛樂設施、三座十八洞高爾夫球場，以及其他生活便利設施。「森林城市」雖位在便於通勤至新加坡的距離內，但大部分居民是打算買來自住，或充當週末從中國來這旅遊時的度假屋。「森林城市」在二〇一八年中國政府對私人資本外移設下更嚴格的管制前開賣，銷售迅速，買家為中國大陸公民。碧桂園一度以「買一送一」為賣點——上海買一間公寓，附贈「森林城市」一間公寓——招徠上海居民入手。中華人民共和國的資本管制使銷售熱潮稍稍降溫，但我所遇到的年輕女銷售員「夏洛特（Charlotte）」（北京師範大學資訊科技系畢業生）表示，計劃出售的單位已賣掉四成。

一走進展售中心，耳際即傳來舒心的背景音樂，約翰·丹佛（John Denver）的〈鄉村路〉（Country Roads），偌大的展售中心面朝數座恬靜的水池和一片林立峇里式遮陽傘的海灘（但不准游泳）。我參觀了數間樣品屋，假裝我是潛在買家（用中文和她交談或許增添了我的可信度）。六三五平方英尺的三房公寓，要價十九萬八千兩百美元，一二四一平方英尺、附小庭院的三房公寓則要價四十五萬美元。我向夏洛特致謝，告訴她我會再來找她。「森林城市」是工程浩大的住宅開發案，但也因為此案占地之遼闊、對環境造成之傷害、跟本地社區缺乏協商、二十四小時不間斷施工、從中國輸入勞工等問題，招來嚴厲批評。[2]

過了「森林城市」再走幾個小時，即來到古老海濱城市麻六甲。這座有些寂靜冷清、與周遭地區大異其趣的古城，扼控麻六甲海峽，戰略位置極為重要（見圖0.5）。[3] 麻六甲海峽位於馬來西亞、印尼、新加坡之間，是世界上最繁忙的航運通道與貿易路線之一，每年約有五萬艘船經過，載送全球四成貿易量和兩成五海上原油運輸量。[4] 最狹窄處，位在新加坡附近，寬只一·五英里，因此是戰時重要的戰略咽喉。中國人說的「麻六甲困境」，意思是戰時美國海軍

圖0.3 新建住宅區「森林城市」 來源：作者提供

圖0.4「森林城市」縮尺模型 來源：作者提供

可能封鎖這道海峽，中國便進口不了能源、出口不了商品。每天數十艘大船——超級油輪、車輛運輸船、貨櫃船、海軍軍艦——以彼此貼得極近的方式，駛過這處狹窄地峽。

由於倚賴進口能源，所有亞洲國家，尤其位在東北亞的國家，若因封鎖或海戰而導致這條戰略通道無法通行，受創會極重。

麻六甲市的迷人中心區，充斥古雅的「店屋」、露天飲食攤、熱鬧的市場、古色古香的建築。驅車離開此區，駛過一條堤道，即來到一座小島，迎面一面大告示板，告訴你將進入多用途的「皇京港」（Melaka Gateway）開發案場址。這是中國人與馬來西亞合夥人共同負責的開發案，某種程度可說是中國漫天宣揚的「一帶一路」典型範例。[5] 二〇一七年走訪皇京港施工現場時，其預計規模令我咋舌。皇京港毗鄰戰略位置重要的麻六甲海峽，廣達七五〇英畝，將涵蓋四座島（主要是人造島）。

該開發案包含一片大型住宅區（裡面有飯店和多層式住房、醫院和學校）、一座摩天輪、一處可供六百艘私人遊艇繫泊的停靠區、一座可同時供四艘皇家加勒比遊輪停泊的大型遊輪碼頭。旁邊是高樓層金融中心和自由貿易區（見圖0.6）。預定二〇二五年完工的皇京港，也包括一座巨大的深水港（能處理可裝載多達一萬兩千個二十呎標準貨櫃的大船），港口深達二十五至三十公尺，有長達三公里的碼頭，能容納巨型貨櫃船和油輪、液化石油氣船，預計進出的

圖0.5 新加坡附近的麻六甲海峽　　來源：作者提供

圖0.6 皇京港　　來源：作者提供

船舶將多於新加坡。港口旁邊還有能容納五百萬個貨櫃的儲存設施。最後，皇京港內會有一個海洋自然公園。

皇京港是中國正在馬來西亞各地建造的「一帶一路」最大基礎建設項目之一。誠如第五章會更詳細說明的，一帶一路（OBOR）——北京官方更名後又稱「帶路倡議」（BRI）——是範圍涵蓋全球、投資總額達一．二兆美元的超大型開發計畫；透過一條橫跨歐亞大陸的陸路，將亞洲與歐洲連在一塊（「絲綢之路經濟帶」），還有一條橫越南海，經印度洋、紅海至地中海的路線（「二十一世紀海上絲綢之路」）。無數商業基礎建設項目，包括港口、發電廠、電網、鐵路、公路、工業園區、商業與金融中心、電信設施、住宅區的建造，已經動工，還有許多項目正在規劃中。

***

這兩個不同的經驗——一個凸顯出美國的軍事硬實力，另一個凸顯出中國的經濟軟實力——很能反映在東南亞相遇的兩個較勁強權其各自扮演的角色。不過，這兩個經驗雖是有利說明的例證，卻也都有些刻板和誤導成分在內。我的意思是，美中兩國運用的機制遠較上述寬廣多樣，而雙方在這個地區四處踩踏印下的足跡，也遠比它們各自在軍事、經濟方面展現出來的存在痕跡，深厚許多。美中各擅勝場，兩國在各個領域（外交、商業、文化、軍事、技術等等）均握有、部署各色利器，並綜合施用這些力量於東南亞地區國家與彼此才剛開啟的競賽中。

我在本書檢視了北京與華府各自「工具箱」裡的利器、美中與東南亞地區歷史互動所分別留下的遺產、東南亞國協（ASEAN，東協／東盟）十個會員國與美中互動及周旋的情況，我並放眼未來，預測兩國間初啟的對抗可能如何發展。由於美中全面對抗是現今國際關係的**最大看點**，且休兵似乎遙遙無期，因此美中戰略性競爭在東南亞將如何演變，對全球來說就深具意義且重要。東南亞地區本身就極重要，但它也是正在全世界上演之美中大國對抗的縮影，呈現其中諸多特徵。

我撰文探討美中關係和中國外交政策已數十年，期間我出版了多本書、發表了多篇文章，談這些主題的不同層面。但在撰寫本書之前，我從未密切關注東南亞，而隨著我後來終於「發現」東南亞，我為此感到遺憾。但俗話說得好，遲到總比不到好。現在開始對東南亞寄予特別的關注後，我深深著迷於此地區各個社會、各個國家的豐富文化與複雜多樣——我會繼續探索這個令我著迷的新主題，直到老死。在我的學術生涯裡，我也很喜歡研究、撰寫我所知不多的新事物。因此，對我來說，寫書一直是真正深具教育意義的探險。有些學者，其實應該說大部分學者，把整個學術生涯花在探究一或兩個較狹窄的子領域上。那從來不是我的作風。我喜歡探索費解的新事物，而這本書的撰寫特別棘手，但也讓我受益良多。

然而，正因為我不是東南亞專家，沒有長期研究這個地區，我很清楚我對東南亞的**無知**之處（甚多）。因此，我必須為本書的「概略」性質和其中的任何錯誤，向東南亞研究領域的許多專家致上誠摯的歉意。中美兩國各自與此地區的關係、個別國家本身的歷史，都極錯綜複雜。要在本書（尤其第二、第四章）呈現這些複雜的歷史，的確令人害怕且不可能辦到——甚至很可能沒必要。我彷彿能聽到許多讀者問，「這個或那個呢？」因此，本書不可避免會在某種程度上流於粗略。我也不是本科出身的史學家，但我竭盡所能如實呈現這些歷史，讓讀者大略理解過去如何左右現在。在這些限制條件下，我已盡我所能探究並描繪美中兩國與東南亞國家多層面的互動關係。

第一章

中美在東南亞的競爭

如今，在東南亞，事事都與美中關係離不開關係。

——

王賡武教授，

新加坡國立大學[1]

我們不想在中美之間選邊站。
這兩國間的任何競爭都不利於我們或整個地區。

——

博卡亞（Desra Percaya），

前印尼外交部亞太司司長[2]

大國競爭對東南亞不盡然是壞事，
因為這能提供兩面下注、
從敵對雙方陣營均獲取好處的機會。

——

周思哲（Jonathan Stromseth），

布魯金斯學會（Brookings Institution）[3]

大國對抗重現。在今日錯綜複雜的國際關係地景中，有一道顯眼風景成為眾人焦點：美國與中華人民共和國的**全面**競爭。兩國競爭現正於每個實務領域上演——外交、商業、安全、情報、意識形態與價值觀、科學與技術等等——同時也於各大陸和諸多國家上演。[4]本書即在探討美中兩大強權，在世界一大地緣戰略重地的東南亞如何競爭。

對美國來說，從「交往」轉向「競爭」，以及與中國的對抗，是近年來美國對華想法劇變的產物。過去十年，美國社會各界人士，日益氣惱中國在他們專業領域裡的作為，包括美國軍方、外交官、教育工作者、國會議員、媒體與記者、各式各樣非政府組織、情報與執法機關、商界。他們嘗試與中國進行正常的合作交往，卻事與願違而挫折感愈來愈大，於是在上述領域和全美各地，對華反感陡增，態度轉變。

此一全國民意走向的轉變，其結果是造成美國對華看法劇變。[5]在許多出版品裡，尤其是美國國會出版品，出現顯而易見且有志一同的轉向，紛紛提倡「更強硬」、更「好勝」的策略。今日美中競爭影響多個領域：軍事／安全；政治體制；外交；經濟／商業；意識形態；價值觀；媒體；文化與軟實力；治理做法；公共外交（public diplomacy）與「影響戰」（influence operations）；情報工作；技術；創新；前述所有領域裡的印太地區競爭和全球競爭；在某些國際機構和「全球治理」領域裡的印太地區競爭和全球競爭。在上述**每個**領域，美中都意見分歧，而且企圖凌駕對方，取得優勢。今日三分之二的美國人對中國沒有好感，[6] 政治人物和學者專家現在都呼籲與中國全方位「競爭」。[7] 川普政府的《美國國家安全戰略》（*National Security Strategy of the United States*）和《美國對中華人民共和國的戰略路線》（*United States Approach to the People's Republic of China*），皆呈現並推動此一強硬觀點。[8] 對華政策似乎是唯一得到兩黨頗大共識，而且國會和行政部門意見一致的政策領域。[9] 這也反映在民意方面的顯著轉變。據二〇一九年芝加哥全球事務委員會（Chicago Council on Global Affairs）的調查，把中國視為「對手」的美國人劇增。[10]

當前的中美對抗與冷戰1.0的美蘇對抗有某些相似之處，但也有大不相同之處。其中一個大不相同之處，是中國不同於蘇聯，前者已徹底融入國際體制，並以多樣面貌現身於世界上大部分國家。另一個顯著的不同，是中國國內經濟表現亮眼，國際影響力也大。中國的科學、技術基礎，也比蘇聯多元化（蘇聯以軍工複合體為主）。美中兩國的政治體制和意識形態南轅北轍，但中華人民共和國正開始積極輸出其意識形態和打造政治附庸國（還有經濟附庸國），就跟當年蘇聯一樣。誠如坎博（Kurt Campbell）和蘇利文（Jake Sullivan）的精闢之言：「如今中國是跟我們平起平坐的競爭者，跟當年的蘇聯相比，中國在經濟上更難對付，外交上更老練，意識形態上更靈活。」[11]

這場剛展開的美中超強爭霸，與美蘇冷戰尚有其他不同之處，也有相同之處。另一個不同之處，在於這場爭霸（尚）未成為那種作用—反作用、零和情境的地緣戰略較量。冷戰期間，莫斯科和華府互依對方在不同領域的作為，小心拿捏自己的**回應**動作。這套模式在美中兩國軍方的軍事採購領域行之有年，但尚未擴展為在全世界公開爭奪影響力和附庸國的較量。也不似冷戰期間的歐洲和拉丁美洲，形成壁壘分明的勢力範圍——美國今日在全亞洲有長久深厚的根基，北京則正在整個西半球，在歐洲、非洲和其他地方，打造可觀的存在。

話雖如此，川普執政期間，我們首次目睹美國刻意採取**反制**中國的戰略和作為。這表現在美國國務卿談及中國對非洲、拉丁美洲的影響還有中國帶路倡議的重要演說中；表現在公共外交領域裡，如成立美國國務院全球參與中心（State Department's Global Engagement Center）和量身打造公共外交計畫，以反制中國在全世界的宣傳行動；表現在經濟領域，則有擺明為反制一帶一路而推出、簡稱《建設法》（*BUILD Act*）的《善用投資促進發展法案》（*Better Utilization of Investments Leading to Development*），以及《亞洲再保證倡議法案》（*Asia Reassurance Initiative Act*）；表現在情報和間諜活動領域（尤其是網路）；表現在被揭露的中國海外資訊操弄和統戰行動裡；表現在美國軍方諸多反制人民解放軍急速壯大軍力的作為裡。因此，有史以來頭一遭，在川普執政期間，美國政府對中國**採取攻勢作為**。

＊＊＊

美中之間展開全面性競爭是當前國際關係最突出的焦點，而且休兵似乎遙遙無期，因此，世界上各地區和大部分國家，包括東南亞國家，都不能免於兩方競爭造成的衝擊。本書除闡述中美全面性競爭外，亦論及構成中美各自處境的個別要素，並以東南亞為例探討這場全球爭霸戰。學者的分析和民調都表明中美在此地區的競爭變得更激烈。新加坡尤索夫伊薩東南亞研究院東協研究中心（ISEAS-Yusof Ishak Institute ASEAN Studies Center），二〇一九年針對一千多名東南亞專家和官員進行民調，問受訪者：「你認為美中於東南亞走在衝撞的路線上嗎？」結果整整三分之二的人（六八．四％）答：「是。」[12]有些觀察家不只看到對抗（這意味著某種勢均力敵的競爭），還看到支配力與影響力的**消長**——美國消而中國長。[13]

在本書中我將從大處著眼這場競爭，從小處檢視兩國各自的實力，評估兩國間的相對抗衡優勢。不過，開始之前先依序提醒如下幾點。

第一，中美競爭這場大戲並不是只有二元對抗，別以為其他角色都無足輕重。甚至可以說恰好相反，因為這場強權競爭其實是由東協十國主導緩衝和裁決。其他地區性「中等強權」——尤其日本、印度、澳洲、歐盟和實力較弱的俄國——也是東南亞這盤戰略棋的下棋者。[14]

在這複雜且多變的環境裡，上述每一個參與者各有利害盤算，並保持自身能動性（agency），從而在某種程度上緩衝了中美的對抗。東協諸國也發揮自身能動性，相關討論請見第六章。事實上，有鑑於過往的被殖民歷史，東協諸國長久以來致力於保護自己的獨立地位，把外力干預和大國競爭拒於門外。東南亞不似冷戰時期的歐洲和其他地區，當時，每個大國在歐洲和其他地區都有自己的勢力範圍和附庸國。而今日，北京和華府是在這些國家**之內、之間**競爭。此外，東協諸國和社會竭盡所能從每個大國那兒獲取最大好處，無意依賴中美任何一方。但隨著中國愈來愈能事先阻止東南亞國家（一個或數個）發表公開聲明或執行某些行動，顯示東南亞國家的獨立性和「能動性」有所讓步。因此，中美在東南亞的戰略性較量很複雜。

第二個提醒跟第一個有關。先前提到，至目前為止，美中競爭（還）不是冷戰式競爭——不管是在東南亞，還是在世界其他地方，都不是。冷戰期間，美蘇大致**採取作用—反作用式的直接競爭較量**，即雙方各自根據對方的作為估量自己下一步。中國的確會主動出擊，影響美國在許多領域的利益，而有些行動是祕而不宣或遮遮掩掩的，但在我看來，北京盡可能不做出挑明反制美國的行動。北京的行動，目的多為提升自身地位，而不是反制、削弱美國地位。所以，在美中的全球競爭中，尚未出現以牙還牙的局面。這就是我所謂的**軟較勁**（soft rivalry）或**軟競爭**（soft competition），不是**硬對抗**或**硬競爭**。也就是說，中美兩強猶如以對方為假想敵在練空拳。這也反映了一件事，即中美兩強用於實現國際目標的工具大不相同。最顯著的差異在於中國倚重經濟實力，而美國倚重軍事實力。這一差異在東南亞非常明顯。

因此，在新的二十一世紀強權對壘環境裡，中國和美國——尤其中國——大抵各行其是，並不根據另一方的作為來調整自己的全球布局。美國方面，大部分時間是開啟「自動駕駛」模式——華府以其盟邦和傳統友邦為核心展開全球活動。但同前所述，川普執政時作風丕變，要和中國競爭、對抗的姿態，遠比過去來得明刀明槍。這是美國面對中國的戰略思維大變所致，而且很可能在川普下臺之後許久仍為美國所奉行。

中國則不斷以鴨子划水的方式悄悄在「灰色地帶」操作，操縱被美國人冷落的國家。中亞、非洲、中歐一帶例子尤多。但中國也試圖拔掉美國在亞洲、歐洲、拉丁美洲的傳統盟邦和夥伴。我們必須把東南亞放在這個更寬廣的脈絡裡檢視——鑒於該地區四處充滿變動。

在此脈絡下，加上前述兩個提醒，本書有幾個主要研究成果。第一，中國正賣力拓寬、加深在東南亞各國境內的存在感，美國則仍遠比中國冷落東南亞，遠較中國無作為。第二，與第一點有關，這導致在整個東南亞地區，出現一種盛行廣布、蔚為主流的說法：中國稱雄「無可避免」，美國正陷入無可阻擋的失勢衰落中。第三，檢視實際情況後，本書發現此一如迷因（meme）般被大量複製傳播的說法，並不精確。也就是說，我發現事實與外界的直觀看法截然相反，美國在東南亞地區依舊**根深蒂固**，比起中國，美國在此地區的勢力，**涵蓋面**要廣許多。所以，美國是「被低估的強權」，中國則是被高估的強權。[15]

我認為就相對實力（capabilities）而言毫無疑問是美國被低估、中國被高估，但就根據影響力來判定的支配力（power）而言，那可不一定了。美國的影響力明顯在衰退，尤其是對傳統盟邦泰國、菲律賓的影響力，反觀中國勢力則籠罩東南亞各地，這導致北京形同對**每個**東協成員國擁有「否決權」。也就是說，沒有哪個東南亞政府願意公開批評中國或挺身對抗中國，或以反制中國擴大對此地區的影響力作為本國外交政策、安保政策的前提。然而，正因為有美國，有前面提到的「中等強權」，有每個東南亞國家的獨立能動性，東南亞絕非中國的勢力範圍。

也因為東協諸國有自己的「能動性」（見第六章），所以，這些國家的國內政治其實對它們的對中、對美立場有很大影響，看看杜特蒂（Duterte）執政下的菲律賓、納吉（Najib）和馬哈地（Mahathir）先後執政下的馬來西亞、佐科威（Jokowi）執政下的印尼、帕拉育（Prayut）執政下的泰國，就能明白這點。

因此，博奕會繼續，中美間的戰略性較量會曠日持久。我推測最後「贏家」會是**東南亞**，不是華府，也不是北京，因為東協國家與社會能夠從**這兩個**強權都爭取到最大好處，同時成功運用其傳統的「兩面下注／避險」（hedging）策略，把兩個強權都拒於門外。然而，**如果**美國沒有付出適度的關注，我也能預見此地區將臣服於中國。話雖如此，我同樣可以進一步預見，當中國想方設法擴大在此地區的地位和影響力時，將一路磕磕絆絆。北京會做出超乎自己能力所及之事，會做得太過火，因而激怒其東南亞鄰邦（在帶路倡議和南海問題上，我們已看到這方面的跡象）。以上是我的預測而非結論。但言下之意是美國必須打持久戰，要有耐心，要打造出可長可久的戰略，待中國跌倒時，即可作為合理（且可靠）的替代方案，拿出來示人，供東南亞諸國參考。

東南亞的重要性

東南亞是活力十足且幅員遼闊的地區，面積一七〇萬平方公里（東西寬三千多英里，南北長兩千多英里），位於東南邊的澳大拉西亞（Australasia）、西邊的南亞、東北亞之間。此地區有十一個民族國家，其中十國是東協會員國。[16]總人口六億三千六百萬，東南亞是世界上人口最稠密的地區之一。印尼是全世界第四大人口國（兩億五千五百萬），擁有全世界最多的穆斯林人口（兩億五百萬）。亞洲開發銀行預估二〇三〇年時東南亞總人口會達七億。[17]除了人口眾多，宗教也非常多元，因為東南亞有兩億四千萬穆斯林、一億四千萬佛教徒、一億三千萬基督徒、七百萬印度教徒。

東南亞每個領域——族群、文化、宗教、地理、經濟、政治、外來影響——都以**多元**為特點，東協難以協同一致、難以追求共同目標，這是原因之一。東南亞地區的多元有其歷史根源。馬凱碩（Kishore Mahbubani）和孫合記（Jeffery Sng）在其傑作《解讀東協》（*The ASEAN Miracle*）精闢指出，東南亞靠連續四「波」移入人口打造而成：印度人、華人、穆斯林、西方人。[18] 西方人的移入從十六世紀至二十世紀，數個歐洲海上強權（荷、葡、英、法）在這裡建立貿易勢力和一連串殖民地。二次大戰後，東南亞社會擺脫殖民統治，建立獨立的民族國家。反殖民統治的民族主義抗爭和伴隨獨立而來的自主地位，對於確立東南亞地區集體認同，有巨大作用。時至今日，這段歷史仍是我們瞭解此地區國際關係的關鍵。東南亞人痛恨各種形式的外來干預和操縱——此心態使他們天生對中國和美國有所提防。

地理方面，東南亞是極重要的戰略要地，尤其是南海和麻六甲海峽一帶。東南亞是印太地區的核心——地處南亞、東亞、澳大拉西亞交會處。

從經濟上來看，東南亞已成為二〇〇八至二〇〇九年全球金融危機以來，全世界成長最快速的地區。根據亞洲開發銀行（Asian Development Bank）的資料，二〇一六年整個東協平均成長四．六%，越南以六．七%拔得頭籌，沒有哪個國家的成長低於三%。[19] 東協諸經濟體加總，在世界排名第六（次於美中日德英，稍高於法國），二〇一七年名目GDP總值為二・六兆美元（按購買力平價計算則是七・九二兆美元）。[20]隨著中國的經濟成長開始放緩，再考慮到營業成本上漲和官僚掣肘，許多跨國公司已開始施行「中國加一策略」（China Plus One Strategy）——維持但降低在中國的投資，同時把部分投資、生產設備、供應鏈從中國移到東協國家。二〇二〇年新冠病毒疫情爆發後，此過程只會更加速。

東南亞在政治上也是多元之地。此地區包含五種政治體制。共產越南和寮國是典型的列寧主義式黨國一體的國家——今日尚存的五個共產黨執政國家之二，另外三個是中國、古巴、北韓。柬埔寨、馬來西亞、新加坡或許稱之為「威權民主國家」最為貼切，政府允許多黨政治和競爭式選舉，但其實由一個執政黨主宰政治，分別是柬埔寨人民黨、馬來民族統一機構（巫統）、新加坡的人民行動黨。[21]這三個黨都是中央集權、以恩庇為基礎、把持國政的執政黨，在表面上為多黨政治的環境裡運行。新加坡的一流技術文官部門，是使其有別於柬埔寨和馬來西亞的重要元素（三者間尚有許多不同處）。印尼和菲律賓是道地的民主國家，存在貨真價實的多黨代議制。但這兩個國家都受害於軟弱的公民機構、恩庇式政治、貪腐。汶萊和泰國是君主國，分別以蘇丹和國王為元首。汶萊是不折不扣的君主制蘇丹國，泰國則有淵遠流長的君主制暨民主制並行傳統，加上愛干預政治的軍方。緬甸經歷數十年軍人統治，剛走上民主之路。

外交上，東協於二〇一七年八月八日慶祝成立五十週年。雖常因自身缺陷招致批評，東協問世半世紀以來還是有不少值得驕傲的成就，[22]尤其是自一九九〇年代中期東越衝突結束以來，域內再沒有爆發國際戰爭這點。

這個組織也自傲於其所謂的「東協作風」，即著重共識決、不干預他國內政、合作應出於自願。這些準則有利組織團結，但同時卻嚴重有礙組織解決棘手問題、採取一致行動的能力。然而，在處理跨國的非傳統型安全難題上，東協頗為成功，例如海上劫掠、人口走私、違禁品走私、組織犯罪、公衛流行病、跨國環境汙染。不過，調解不了南海領土爭議或阻止不了中國造島，是東協的一個誰都看得出來的弱點。但經過數年協商，二〇一七年八月達成「行為準則框架協議」(Framework Agreement on a Code of Conduct)，是往正確方向邁出的令人鼓舞的一步。二〇〇九年宣告成立的「三大支柱共同體」——東協經濟共同體、政治—安全共同體、社會文化共同體——仍是很值得稱許的目標及未來地區整合藍圖。

東協也已催生出許多涉及亞洲、美洲、歐洲境內其他國家的多邊機制。存在於亞太地區的各種區域制度，那是東協的獨特貢獻。此亦即所謂的「以東協為核心」(ASEAN Centrality)。

最後，整個地區的軍事現代化正在提升東南亞的戰略地位。東協諸會員國——柬埔寨、寮國除外——花在國防和採購新軍備上一直是有增無減。二〇一六年，新加坡國防支出居此地區之冠，軍事預算達九十七億美元，接著是印尼（六十九億美元）、泰國（五十三億美元）、馬來西亞（四十七億美元）、越南（三十三億美元）、菲律賓（三十億美元）、緬甸（二十四億美元）、柬埔寨（一億九千兩百萬美元）、寮國（一八五〇萬美元）。[23]

擺在全球來看，支出不算龐大，但顯示此地區經濟發展蓬勃向上，以及非傳統型安全威脅、南海領土爭議日增。安全上的這些挑戰，使採購陸空軍裝備和沿海防衛裝備、海軍裝備成為首要之務。平叛作戰的需求，則使採購直升機和其他特種作戰裝備成為必需。攻擊戰鬥機同樣需求甚旺，想要購買潛艇的胃口愈來愈大。無人機、雷達等偵察設備也列入此地區諸國家的採購清單。

東南亞諸國的本土國防武器製造能力甚低，因此大部分裝備必須自外購買。美國和歐洲長期以來是最大賣家，中國、日本、俄國近來漸漸開始在此市場上立足（尤其是在馬來西亞、緬甸、菲律賓、泰國這些原本被美歐供應商主宰的市場）。[24]越南向來是從俄國買進武器。

基於上述這些原因，東南亞絕非與外界少有往來之地。它有重要的戰略地位和大國所覬覦的機會。

周旋於列強之間

東南亞對大國競爭並不陌生。[25]因此，東南亞嫻熟於「戰略性兩面下注」之道（說不定還是此道的發明者），偏好走中立、不結盟（non-alignment）路線。但另一方面，也有幾個東南亞國家已採取結盟（alignment）、「扈從」（bandwagoning）、組建同盟的政策。也就是說，獨立自主的中立路線或許較受青睞，卻也有許多國家採取西瓜偎大邊的傳統守勢現實主義戰術（defensive realist tactics）。

十五世紀至十九世紀中期，東南亞作為歐洲列強的殖民地，與歐洲列強有長期的接觸，一九四一至一九四五年則遭日本入侵和占領。日本投降、太平洋戰爭結束後，東南亞國家陸續獨立：菲律賓（一九四六）、緬甸（一九四八）、印尼（一九四九）、南北越（一九五四）、寮國（一九五四）、柬埔寨（一九五四）、馬來西亞（一九五七）、汶萊（一九五九）、新加坡（一九六五）。而正因為曾經淪為殖民地，新生東南亞諸國打造出一條中立、獨立路線，始自一九五五年萬隆會議。一九五六年創立的不結盟運動（Non-Aligned Movement），便誕生自萬隆會議；如今不結盟運動有一二〇名會員，所有東南亞國家都在其中。東協創立於一九六七年，很大程度上即是為更有效防止外部勢力干預和操縱。自創立起，東協殫精竭慮思索不同的戰略和戰術，希望能夠妥善處理外部勢力在東南亞的角色。一九七一年，東協宣布其為「和平、自由中立區」（Zone of Peace, Freedom, and Neutrality），擺明想藉由將外部勢力拒於該地區之外來確保地區安定。由於冷戰關係，「和平自由中立區」始終無實現可能，但展現了追求中立的精神。一九九四年，東協創立東協地區論壇（ASEAN Regional Forum），試圖把外部勢力納入一個多邊安全架構裡，從許多方面來看，該論壇所走的路線與「和平自由中立區」背道而馳。

從一九九〇年代中期起，東協採取積極進取且具包容性的做法，致力於與外部勢力交往——把澳洲、加拿大、中國、歐盟、印度、日本、美國納入多個多邊對話機制和集團。東協舉辦多場會議，發布多個公報；只要這些機制的用意是在建立信任，以利列強融入此地區，不管怎麼說，就應該被認為取得了檯面上的成功。然而，這些機制同時也因為流於空洞的「清談」，實質成果甚少，協議大多不具約束力，從而招致批評。

久而久之，東南亞國家成為了兩面下注、換邊結盟的能手。但兩面下注和換邊結盟是兩碼子事。兩面下注較中立、較含糊、較靈活，其總目標在於避免太靠近——從而太依賴——任何一個外部勢力。反之，結盟行為願意接受某種程度的依賴，要求較小的國家配合較大的國家。

學者針對東南亞國家的兩面下注行為，寫下許多精闢論著，特別是馬來西亞大學的郭清水（Cheng-Chwee Kuik）和澳洲國立大學的吳翠玲（Evelyn Goh）。郭清水把兩面下注界定為「在可能受傷害且沒把握情況下的自保行為，主權的行為者（actors）提出一大堆南轅北轍又刻意含糊的政策對待相互競爭的強權，以備情況有變時有個退路。這些矛盾行為意在利用關係有利時機，盡可能從不同強權身上獲取大量回報，同時致力於平衡可能出現的較長期風險」。[26]郭清水認為，兩面下注是東南亞國家有意為之、先發制人、深思熟慮的選擇，吳翠玲則認為，考慮到東協諸國不容易在戰略決定上取得共識，選擇兩面下注更可能是無心插柳、見招拆招、便宜行事的結果。她寫道：「兩面下注是一套戰略，可避免（或預先防範）國家在無法從抗衡（balancing）、扈從或中立這類一翻兩瞪眼的選項擇一時，陷入窘境。因此，諸國緊守中立，防止或避免出現必須選擇靠向一方而明顯犧牲了另一方的情況。」[27]不管動機為何，兩面下注為東南亞國家爭取到靈活性和時間，符合後殖民時代追求中立的精神。

密西根大學學者喬奇亞里（John Ciorciari）卻主張，過去半世紀，東南亞國家展現了輪番與不同強權結盟的作風。他認為東南亞國家果斷倒向外部強權，是明明白白的結盟行為，因此他不接受談論兩面下注策略著作所提出的中立主義假設。喬奇亞里表示，除少數例外，東南亞國家始終選擇與外部強權「有限度結盟」。例外情況只出現在一九九六年之前的越南和菲律賓、泰國，那時，越南與蘇聯結盟（一九七八—一九八五），菲律賓、泰國則與美國長期結盟。[28]**明確的抗衡行為**，不管是對抗華府或是對抗北京，自冷戰以來在東南亞始終不明顯。抗衡發生於一國挑明將另一國視為潛在對手，並就對抗該國擬出相應的政策和作為。沒有哪個東協國家挑明要抗衡中國或美國（反倒皆致力於在中美之間取得平衡）。就連對中國猜忌最深的國家越南，也一直在各個領域維持與北京的關係。

東南亞的流沙

中美間初啟的戰略性競爭，已在世界各地和東南亞醞釀了一段時日，[29]但二〇一二年歐巴馬總統推出「重返」（pivot）亞洲的政策後，巧妙周旋於北京、華府間的作為大增。[30]「重返」又稱「再平衡」（rebalance），政策包括許許多多實務內容，但東南亞是此政策的主要地理焦點。美國這項倡議最初為整個東南亞地區所樂見。但久而久之，它被視為辭令而非現實——尤其當歐巴馬政府沒有針對中國於南海造島一事挺身直面中國，或是在歐巴馬執政最後一年期間，海牙法庭作出否決中國南海主權聲索的劃時代仲裁後，美國政府卻沒有支持菲律賓。歐巴馬政府這方面的失策，更加重東南亞地區某些國家覺得華府只會發「空包彈」的認知。但整體來講，二〇一七年一月歐巴馬卸職時，美國在東南亞的地位或許來到史上最強固的程度。[31]「重返」政策令北京意外，刺激北京提升中國在東南亞地區多個領域和國家的存在感。此一新的當務之急首次明擺到檯面上來，是在二〇一三年十月二十四至二十五日中共中央委員會舉行的「周邊外交工作座談會」。[32]這樣的主題列為中央委員會層級的議題，非比尋常，顯示其重要性。中國國家主席和中共總書記習近平主持該座談會，對此閉門會議做了重要談話。[33]中國領導階層決定加強與周邊亞洲國家的外交關係，這並非頭一遭——一九九七年亞洲金融危機後就有過。有人將中國深耕東南亞的這十年（一九九八—二〇〇八），說成中國—東協關係的「黃金十年」。[34]但那之後，北京在其「強勢年」（year of assertiveness），二〇〇九至二〇一〇年，出現咄咄逼人的行為，從而大大抵消取得的成果。[35]在強勢年期間，中國開始欺凌許多鄰國，二〇一一至二〇一二年才努力改善區域關係。周邊外交工作座談會的召開，標誌將重啟優先關注東南亞。會後，中國針對東南亞提出多項新措施，不只在外交領域，也在安全、文化、尤其經濟領域，以修補受損的形象和關係。[36]

其中，「一帶一路」倡議（後來更名為「帶路倡議」）是截至目前最值得注意的主動出擊作為，史無前例的超大規模計畫。帶路倡議早在二〇一三年九、十月習近平於哈薩克、印尼的兩場演說中首露端倪，但直到二〇一七年五月十四至十五日北京舉辦「一帶一路」國際合作高峰論壇，習近平利用接待來自一三〇個國家和七十個國際組織之二十九位國家元首和官員的機會，才正式宣布啟動。二〇一九年四月二十七日，北京召開了第二屆高峰論壇。

帶路倡議構想了大量基礎建設項目，企圖透過橫跨歐亞大陸的陸路（「絲綢之路經濟帶」和橫越南海經印度洋、紅海到地中海的海路（「二十一世紀海上絲綢之路」），將亞洲與歐洲連在一塊。除許多商業性項目已經動工外，包括興建港口、電廠、電網、鐵路、公路、工業園區、商業與金融中心、電訊設施、住宅區，尚有多個項目在計劃中。這兩條路線沿線的國家亟需這類基礎建設，因此帶路倡議一般來講廣受大部分國家歡迎。由於帶路倡議與本書內容相關，我親自走訪了其中幾個項目，採訪了幾位相關政府官員（中央和地方都有），受訪官員多正面看待帶路倡議。目前，中國聲稱已有六十多個國家參與這個投資達一兆美元、為期多年的倡議。東南亞在其中是要角，東協每個會員國都有某種程度的參與。[37]

帶路倡議立意宏遠，但至少要等到五年後，分析家才能充分評估中國此倡議的成敗。東南亞有些人心存懷疑。越南某學者出身的官員告訴我：「中國想利用一帶一路擴大影響力，但其他國家並不信任中國。」[38]印度對此構想也明顯態度冷淡，不願參與。不過，儘管帶路倡議在實行過程中很可能遇到重大難關和某些失敗，但一定會有所成。

雖說有人心存懷疑，但帶路倡議無疑顯示中國對其亞洲周邊國家正在展開新的積極作為。因此，二〇一七年時，有北京的**拉力**，加上東南亞大部分國家明確的**推力**，促使該地區國家更加融入中國的地緣經濟、地緣政治，以及地緣戰略性質日益濃厚的範圍裡。這一轉變的確非一夜之間發生，而是隨著東南亞人開始判定歐巴馬的「重返」政策為口惠而實不至後，逐漸形成。新加坡外交部無任所大使陳慶珠認為，「其實某些東協國家在不同程度上重新與中國結盟已有頗長時日。柬埔寨、寮國，某種程度上還包括泰國、汶萊、馬來西亞，都在未大聲宣揚下投入中國的勢力陣營。」[39]泰國傑出學者蓬蘇迪拉克（Thitinan Pongsudhirak）呼應陳慶珠看法：「藉由逐個擊破東協成員國，中國在東南亞占了上風。如今沒有哪個東南亞國家承受得起獨力挺身對抗中國的代價。」[40]

大部分東南亞國家在靠近中國後看到實質好處，而且目前為止未因這麼做招來華府的反制。馬來西亞外交部某高階官員告訴我：「我們不從意識形態角度看待中國，純粹從實務角度就事論事。中國需要朋友，我們能成為它的朋友。靠近中國，我們會付出什麼代價？美國能拿這種情況怎麼辦？」[41]馬來西亞外交部另一位高階官員說得更白：「關於東協和馬來西亞為何倒向中國這問題，答案很簡單，就是錢。錢是老大。中國提供鉅額投資和市場。」[42]

***

雖有幾個東南亞國家看起來走上「扈從」路線，與北京建立更密切的結盟關係，而且此地區許多官員都提到中美間「影響力消長」出現轉向，但觀察家不該誇大此趨勢或以為此趨勢將無限期持續下去。幾個因素將導致東南亞國家在未來疏遠中國。

其中一個關鍵因素是美國。許多觀察家認為美國的支配力和影響力在此地區逐漸下滑，但我認為這是誤解。我在第三、第六章會詳加說明，美國在整個東南亞文化、外交、經濟、安全等層面留下的足印，仍是無可超越的深厚。事實上在大部分領域，都比中國留下的足印**來得巨大**。我知道這一斷言似乎有違直覺認知，會令讀者覺得意外，但除開貿易、外交這兩個領域，此說證據確鑿（即使在那兩個領域美國也非局外人）。美國在整個東南亞存在痕跡之寬廣深厚，是本書主要論點和重要成果之一。**綜合**來看，美國擁有優勢，占據上風（儘管川普已向我們示範，這優勢會遭浪擲）。此外，民意調查顯示，許多東南亞國家的民意對美國持正面看法，縱使川普執政後好感度大幅下跌（與全球趨勢一致）。[43] 然而，更值得注意的是，二〇二〇年時，許多東南亞人認為美國深陷於持續動盪不安且國力衰落的狀態。美國國會數年來的政黨惡鬥和政治僵局，嚴重損傷美國民主光環。美國中央政府對新冠肺炎疫情處理不當，讓東南亞地區（和全世界）許多人大為震驚，暴露治理失能的實情。全國各地因警察暴行和制度性種族歧視引發的示威和民亂，則揭露美國社會嚴重的社會不平等和裂痕。與此同時，川普政府的「美國優先」外交政策，擾亂、輕忽盟邦和夥伴，進一步削弱了世人對美國的信心。

在東南亞許多地方（及世界上其他地方），這些因素加深美國情況危殆的觀感。如此看來，主觀觀感的確影響甚大，往往比客觀事實影響更大。不過我還是認為，儘管近年來東南亞看衰美國，但美國在東南亞仍有綿密的關係網和寬廣深厚的存在痕跡（第三、六、七章會再談到此主題）。

第二個因素是中國。北京極易高估自己的實力，對待東南亞國家太嚴苛，甚至太盛氣凌人。在中國與柬埔寨、寮國、馬來西亞、緬甸、泰國、越南的互動裡，已可看到此類行徑的證據。東南亞國家有根深蒂固的後殖民身分認同，面對想要建立非對稱關係且行為傲慢的大國，會迅即反彈，不會默默承受。東南亞人也對一九六〇、七〇年代期間中國的顛覆政策和在此地區的行動記憶猶新。那時，北京積極支持此地區每個國家境內的共黨叛亂勢力（見第四章）。對中國的提防之心，印尼、菲律賓、越南等國尤其表現明顯，而且一直深藏在大部分東南亞人的潛意識裡。因此，這些東南亞國家的一大挑戰，即是在與中國建立日益緊密關係的同時，慎防變得過度依賴。泰國某資深外交官告訴我，「我們泰國人要逃離中國的懷抱已經太遲，我們只能努力不讓自己被它悶死。」[44]

第三個因素是東協本身。東協和個別會員國，都擁有能動性，能在某種程度上調整自身與外部勢力的連結。我說「在某種程度上」，是因為它們對中國的經濟依賴已經很高，而且依賴程度未來只會有增無減。東南亞人頂多只能調整與中國的經濟關係，擺脫不掉對中國的依賴。東協成員國在地理上接近中國一事也不會改變。對此，經驗豐富、備受敬重且言談坦率的前新加坡外交部無任所大使考斯甘（Bilahari Kausikan）說：「中國比美國更瞭解東協，遠較美國更懂得怎麼跟東協打交道——這是比較客氣的說法，其實就是更懂得怎麼利用我們的弱點。」[45]但東協並非完全被動的一方；事實表明東協極嫻熟於隨機應變、兩面下注之道。問題在於隨著中國在東南亞的實力和影響力日增，華府的關注又是斷斷續續，東協能否維持靈活身段和兩面下注策略——抑或北京將逐漸削弱其能動性？

第四，有其他地區性「中等強權」會幫助東協免於夾在中美之間無法脫身。[46]尤其是身為東南亞地區要角的日本——經濟上來說絕對是，在外交、文化領域上分量也愈來愈重。某種程度上，日本在東南亞擁有的軟實力勝過中國。東京甚至正努力促進與幾個東協成員國的安全事務合作。印度也正快速擴大在東南亞的勢力，總理莫迪（Narendra Modi）的「向東行動」（Act East）政策，即是此一企圖的展現。南韓總統文在寅也已發布國家級「南向政策」（二〇一八年七月他在新加坡發表此政策時，我在臺下聆聽）。出於地理位置鄰近、安全、商業方面的考量，澳洲也自認與東南亞關係特殊。就連俄國都試圖在此地區扮演更吃重角色。這些行為者使此地區的權力角逐更加錯綜複雜。

因此，儘管東南亞明顯偏向中國，還是勿認為大局已定。上述四個行為者能獨力或合力改變此地區傾中的現狀。

當前中美在東南亞的競爭也受到過去歷史制約。當代美中與東南亞的互動是本書探究的主題，而且有幾個新因素會改變這些互動，但對東南亞還有中美兩強來說，今日的關係深受過往歷史脈絡左右。兩強各自與此地區有獨特的歷史接觸，也都分別在此地區人民的心靈上留下印記。第二、第四章會談到這方面。

◎第一部◎

美國與東南亞的相遇

●第二章●

美國在東南亞的遺產

太平洋、太平洋沿海地區、太平洋島嶼、更遠處的廣大地區，會
成為未來世界的主要活動舞臺。
任誰都看得出此一趨勢必會促使我們完全擺脫
殘存的歐洲影響力和偏見，進而發展出美國觀點和影響力。

——

參議員西沃德（William Seward），
在美國參議院的演說，一八五二年七月二十九日[1]

任何西方強權都不能在亞洲用兵，
除非身為聯合行動的列強一員，
而且此聯合行動必須有當地亞洲人民參與。
不此之圖，我們會被指控搞帝國主義、殖民主義，
或最起碼被指控搞家父長作風。

——

艾森豪（Dwight D. Eisenhower）總統，
一九五四年四月二十六日[2]

全世界——從柏林到泰國——都有人把生活的安康部分
寄託在若遭攻擊能指望我們伸出援手這個信念上。
任由越南自生自滅會動搖這些人
對美國介入與美國諾言的信心。

——

詹森（Lyndon Johnson）總統，
約翰霍普金斯大學，一九六五年四月七日[3]

美國勢力進入東南亞可追溯至十九世紀初。[4] 在那之前，活動大抵局限於通商和傳教。情況同中國，都是商業與宗教打頭陣。國旗跟在商人、傳教士後頭。美國外交官於一八〇〇年代初期來到此地區，十九世紀中期美國海軍艦船開始航行於該海域。

早期相遇

美國勢力進入亞洲，通常被認為始於商船「中國女皇號」（Empress of China）一七八四年來到中國南方口岸城市廣州。類似的商業航行把美國人帶到位於婆羅洲北部、爪哇、蘇門答臘，以及往印度途中所經麻六甲海峽沿岸的諸口岸。[5] 早在一八〇二年，美國就派了一名領事至荷屬東印度群島，但荷蘭人不承認他的領事身分。第一個得到官方承認的美國領事，是在一八三三年派任至英國殖民地城市新加坡。傑克遜（Andrew Jackson）總統希望讓美國立足於此地區，派任領事是計畫中的一環。一八三二年，傑克遜請新罕布夏州（New Hampshire）商人羅伯茨（Edmund Roberts，圖2.1）赴亞洲，為美國談成一系列友好、合作條約。在廣州，中國人斷然拒絕羅伯茨所請，不願承認其官方身分（一八四四年美國才與中國人談成這樣一個條約，即拜鴉片戰爭之賜而來的《望廈條約》）。

在廣州受挫後，羅伯茨轉往南邊，搭美國軍艦孔雀號（Peacock）到安南（今越南南部，當時為法國殖民地，又名「交趾支那」），但再一次吃了閉門羹。羅伯茨不死心，接著前往暹邏（泰國），一八三三年二月十八日抵達該地，受到較熱情的接待。羅伯茨一行人下榻國王宮院裡的國賓館，住了一個月。[6] 三月二十日，羅伯茨晉見國王拉瑪三世（Rama III），代表美國總統傑克遜致贈數項禮物，包括一把鍍金禮劍，劍上有一隻鷹（代表美國）浮雕、一頭象（代表暹羅）浮雕。隨後，羅伯茨使團談成美國與東南亞國家的第一個雙邊條約：《暹羅—美國通商友好條約》（*Siamese-American Treaty of Amity and Commerce*），又名《羅伯茨條約》（*Roberts Treaty*）。[7] 此約獲得暹邏國王批准支持。美泰兩國將近兩百年的長久關係，從此展開。

締結此條約後，美國人在東南亞就有了第一個立足之地。一八五九年，布坎南（James Buchanan）總統以一〇二本書為禮物致贈暹羅國王蒙固（Mongkut），蒙固回贈一把劍、一對象牙，以及提議送大象到美國。[8] 一八五六年另一個美泰條約進一步補強雙方關係，談成此約的美國外交使節是哈里斯（Townsend Harris，圖2.2）。

美國造船業於十九世紀中期蓬勃發展，一八三〇至一八六〇年間美國船舶噸位成長了五倍。[9] 此後，美國商船航行於東亞、東南亞、南亞海域，停靠馬來亞、新加坡、沙巴（Sabah）、砂勞越（Sarawak）和東印度群島（印尼）各地口岸，買賣多種初級產品。貿易暢旺，把許多美國公司和企業家帶到此地區。

美國在東南亞的另一個早期印記，則是傳教士所留下。新教、浸信會傳教士一八一三年（從印度）來到緬甸。荷蘭、葡萄牙、英國的傳教士是馬來亞、東印度群島的最大宗教勢力，美國人的活動範圍局限於緬甸和暹邏（和後來菲律賓）。美國人在商業和宗教上的努力，主要集於中國，其次是朝鮮和日本，對東南亞相較之下著力甚少。[10]

「傳教使命感」（missionary impulse）來自一股強烈的家父長主義心態。「提升」並「開化」「較劣等種族」的「白人負擔」，為當時許多美國白人所信奉，傳教士即基於此自以為是的使命感出外傳播福音。[11] 日後當上國務卿的西沃德，一八四九年表示：「枯竭的亞洲諸文明」需要借助「《聖經》、印刷機、投票箱、蒸汽機」注入「重生」力量。[12] 歷史學家培瑞（John Curtis Perry）談到西沃德時，說他「是最早針對美國的世界地位，清楚表達恢宏且全面觀點的人士之一。他從

圖2.1　羅伯茨

來源：Library of Congress

圖2.2　哈里斯

來源：*The Elephant & the Eagle*

單純道德的角度看待全球政治，視之為正邪力量的搏鬥，自由與專制的較量」。[13]後來，美國總統麥金利（McKinley）向支持者說了類似的話：美國「別無選擇」，只能好好「提升、開化、基督教化」菲律賓人。[14]糟糕的一八八二年《排華法案》（*Chinese Exclusion Act*），是這類種族主義傾向的另一明證。會出現這項法案，是源於大量華工（「苦力」）赴美建造大陸橫貫鐵路和開採金礦，引發強烈仇外情緒（「黃禍」恐懼）。[15]

十九世紀期間美國商人和傳教士踏上東亞立足時，美國海軍也未缺席。太平洋海軍中隊（Pacific Squadron）一八二一年成立，以美國西海岸和夏威夷為基地，一八三五年改編，易名為東印度群島（或「東印度」）海軍中隊（East Indies Squadron），以廣州為大本營，設分點於東南亞地區。一八四二年起，東印度海軍中隊持續於中國沿海活動。一八三二年，中隊首次在東南亞用兵——美國海軍船艦波多馬克號（Potomac）的三百名海軍陸戰隊員攻擊蘇門答臘島上的一個村落。一年前美國商船企業號（Enterprise）數名船員（連同船隻）遭到扣押、殺害，傑克遜總統下令報復，於是有此攻擊行動。第二次「蘇門答臘事件」發生於一八三八年，當時另一艘美國商船日蝕號（Eclipse）遭遇類似攻擊和劫掠，逞凶者是馬來人。一八三九年一月，美國展開「報復」，裝有大炮的美國快速帆船哥倫比亞號（Columbia）和約翰亞當斯號（John Adams），受命取消環航全球的任務（當時兩船在印度洋），轉往攻擊兩個沿海村落。[16]

因此，美國投放武力於太平洋和東南亞並在這裡動武，由來已久。鴉片戰爭後，一八五三年，該區域海軍中隊由准將培里（Matthew Perry）統領，奉總統菲爾莫爾（Millard Fillmore）之命，北航前去「打開」日本門戶。[17] 一八六〇年，亞洲海軍中隊（Asiatic Squadron）的船艦數量壯大為三十一艘，責任區遍及整個西太平洋和東南亞。[18] 一九〇二年，亞洲海軍中隊改名為亞洲艦隊（Asiatic Fleet）。

成為帝國主義強權

十九、二十世紀之交，美國在國際上和東南亞地區肩負起新角色，分別是帝國主義強權和擁有殖民地的國家。美國會同時擔負起這兩個新角色，美西戰爭並非唯一因素（但的確是扮演關鍵催化劑）。在美國的知識分子圈和美國軍方（尤其海軍），新的思想支柱正在成形，為美國從大陸強權轉成海上強權、從基本上不過問世事的國家轉成偏向擴張主義的國家，提供了正當合理的依據。參議員洛奇（Henry Cabot Lodge）和國務卿海約翰（John Hay）之類人士，針對美國經濟發展此後為何必須依賴國外原物料的供給（儘管美國本土和新取得領土阿拉斯加並不缺原物料）、為何必須擴大國際商業連結，提出理由。一八九八年美國從西班牙手裡奪取菲律賓時，針對這個島國的價值，國內有過一番辯論。[19]當時頗具影響力的參議員洛奇主張：「我堅信菲律賓群島不只會成為我們的重要原物料供應者和市場……更重要的是，會為剩餘資本的投資提供一個大好機會。」[20]事實上，十九世紀下半葉，美國在整個東亞的商業活動劇增，在一八九九年宣布「門戶開放」政策時達到最高潮。這項政策，宣告於一八九九至一九〇〇年美國國務卿海約翰的一連串「門戶開放照會」（Open Door Notes），要求讓所有國家享有公平貿易權（有別於歐洲殖民列強所主張擁有的排他權，特別是在中國「條約口岸」）。[21]

有人從經濟角度將美國崛起為帝國主義強權一事合理化，有人則從軍事角度予以合理化，其中最具影響力的人物是馬漢（Alfred Thayer Mahan，圖2.3）。

美國內戰期間，馬漢是北方聯邦的海軍軍官，戰後任職於新成立的海軍戰爭學院（Naval War College），學院設在羅德島紐波特（Newport, Rhode Island）。他在該學院執教，寫作甚勤，當了兩任校長。一八九〇年專著《海權對歷史的影響，一六六〇至一七八三》（*The Influence of Sea Power upon History, 1660-1783*），對海軍、美國政府、知識界影響甚大。[22]他直率主張國家的偉大離不開海洋。

有位仁兄十分心儀馬漢的著作和理論，即曾在海軍戰爭學院擔任年輕講師，後來在麥金利當總統時出任海軍部助理部長的老羅斯福（Theodore Roosevelt）。擔任助理部長期間，羅斯福要海軍上將杜威（George Dewey）將亞洲海軍中隊的船艦部署至香港，為攻打菲律賓的西班牙人做好準備。一八九八年美西戰爭爆發後，老羅斯福辭去職務，加入在古巴作戰的騎兵部隊「莽騎兵」（Rough Riders），因此聲名大噪——麥金利看他名氣響亮，一九〇〇年總統大選時選他為競選搭檔。隔年麥金利遭暗殺身亡，老羅斯福繼任為總統，立即開始利用馬漢的構想來強化美國的轉型——轉型為以世界和亞洲為舞臺的帝國主義強權。而想要達成此目標，擴張美國海軍乃首要之務。[23]

東南亞成為「測試」美國新帝國主義優勢的最早場域之一，該地區因此變得重要起來。[24]杜威准將統領的亞洲海軍中隊，打了美西戰爭的第一場大型海戰，一八九八年五月一日在馬尼拉灣擊沉西班牙太平洋艦隊（圖2.4）。

一八九八年十二月，戰敗的西班牙根據《巴黎條約》將菲律賓割讓給美國（一八九九年二月六日美國參議院批准此併吞案）。美國突然間晉升為帝國，成為帝國主義強權兼——就菲律賓此單一個案來說——殖民強權。

菲律賓人並沒有乖乖接受他們的新身分，在一八九九至一九〇二年所謂「菲美戰爭」中激烈抵抗。激烈的叛亂和平亂衝突隨之展開。這是美國陸軍在國外的第一場平亂作戰，他們先前只在國內同原住民部族戰鬥過。為敉平「叛亂」，一九〇〇年夏天，美國陸軍已有**整整**三分

圖2.3 馬漢　　來源：Library of Congress

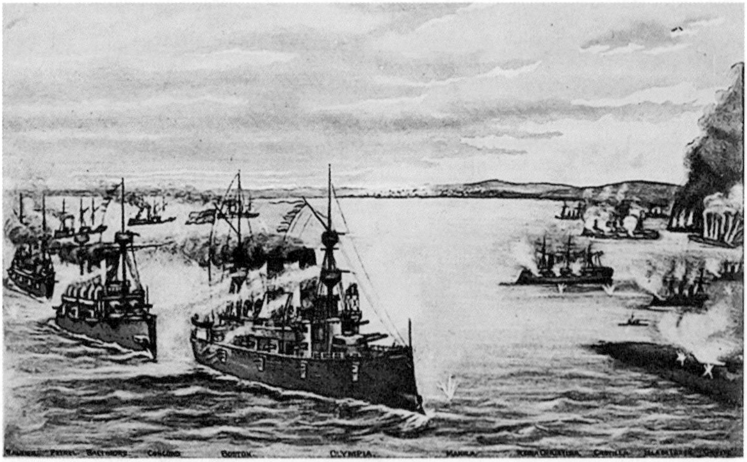

圖2.4 奧林匹亞號在馬尼拉灣率領亞洲中隊前進（1898）

來源：Butler, Thomas & Co. 於1898年出版的石版畫「馬尼拉之役」（Battle of Manila）

之二的兵力部署於菲律賓。[25]隨著衝突久久未能止息，國內反對聲音上揚——以散文家馬克・吐溫（Mark Twain）為首。[26]殘酷的三年平亂，共動用十二萬五千名美國士兵（五千人戰死），耗去美國一億六千萬美金，奪走一萬六千名菲律賓戰士和二十萬平民的性命。[27]殘暴的武力最終取勝，美國殖民地政府成立，但菲律賓人民，尤其南部民答那峨（Mindanao）島上的穆斯林，始終拒絕全盤默認其二等國民的身分。一再有人懇請華府讓菲律賓獨立。一九〇〇年，一個向總統負責的委員會，對麥金利總統建議了一連串旨在實現自治的措施，首位文人出身的菲律賓總督塔虎脫（Howard Taft）從一九〇一年開始執行其中某些措施。[28]

威爾遜總統（Woodrow Wilson，一九一三—一九二一）較能聽得進這些要求，首度同意以獨立為最終目標。威爾遜也邀泰國出席一九一九年凡爾賽會議，會中，他支持泰國終止「不平等條約」的訴求。威爾遜的國際聯盟理想，遭到美國參議院掣肘，參議院拒絕批准《凡爾賽和約》，但一年後的一九二〇年，威爾遜下令單方面廢除治外法權，恢復泰國的關稅自主。[29]

兩次大戰之間那些年，美國在東南亞的經濟擴張有增無減。除開一九三〇至一九三四年經濟大蕭條期間貿易、投資驟減，美國的商業勢力逐步在此地區四處擴張。一九二〇年代，美國公司在這片土地上投入橡膠生產和石油開採，一九四〇年時，標準石油（Standard Oil）和美孚（Mobil Oil）兩家公司已在東印度群島（印尼）各地營運五百多座油井。[30]美國人出口多種貨物，進口數種原物料。一九三〇年代，東南亞供給美國約九成生橡膠和約七成五的錫。[31]橡膠和錫這些進口品大多來自英屬馬來亞和荷屬東印度群島，也是兩處殖民地的最大宗出口品。美國石油公司也在東南亞各地鑿井。至一九二九年，美國在東南亞的投資累計達一億六千五百萬美元（約合今日二十四億八千萬美元）。

因此，對於美國而言，兩次大戰之間那些年在東南亞，雙方關係主要建立在與日俱增的直接商業利益，但美國在其他方面則與此地區無甚連結。在國內，美國社會正承受大蕭條後經濟萎縮之苦，城市和整個大平原區失業率甚高。對國外，在威爾遜的國際聯盟理想受挫，以及一九二一至一九二二年華盛頓海軍會議的裁軍效力不彰後，華府退回孤立主義外交政策（參議院不批准《凡爾賽和約》，就是孤立主義心態上漲的表徵）。在此環境下，東南亞之類距離遙遠的地區，美國漠不關心。

當然，菲律賓例外。在該地，美國政府持續勞心勞力，一方面設法做好殖民統治，同時也在策劃一條先讓該地自治然後獨立之路。一九〇二年，美國國會通過《菲律賓組織法案》（*Philippines Organic Act*），根據該法創立菲律賓國民議會（National Assembly）。一九一六年《菲律賓自治法案》（*Philippines's Autonomy Act*）又名《瓊斯法案》（*Jones Act*）通過，針對菲律賓獨立，給予正式承諾，使獨立有了更正式的憑據。為實現獨立，威爾遜指示要讓菲律賓人掌管大部分政府機構。[32] 接著，一九三四年，通過《菲律賓獨立法案》(*Philippines Independence Act*)，又名《泰汀斯—麥克杜菲法案》(*Tydings-McDuffie Act*)，賦予菲律賓自治邦（commonwealth）身分，為完全獨立提供了路線圖。菲律賓處於此不確定情況好一段時間，直到日本於攻擊珍珠港美國太平洋艦隊後，隨即入侵菲律賓為止。

美國捲入戰爭

太平洋戰爭爆發、日本侵略亞洲各地、日軍攻擊珍珠港，從根本上改變了美國在東南亞地區的角色。美國一參戰，即三面作戰：中印緬戰區（擾亂、驅離位在中國大陸的日軍）、海上東南亞戰區、西南太平洋戰區（以日本艦隊為進攻對象）。

日軍橫掃東南亞，速度之快令人咋舌。一九四一年十二月七日攻擊珍珠港，予以重創後，日本隨即在東南亞發動攻勢，多方出擊。隔天，十二月八日，日軍南下馬來半島，開始轟炸新加坡。十二月十七日，馬來要港檳榔嶼落入日軍之手，首府吉隆坡於三個星期後的一月十一日投降。日軍從吉隆坡迅速往半島更南邊出擊，打敗英國、澳洲、印度部隊，二月一日進抵新加坡。新加坡民眾和英國軍人抵抗和承受了兩個星期令人髮指的暴行，日軍最終獲勝，一九四二年二月十五日新加坡正式投降。日本占領新加坡的過程特別殘暴（華人受害尤烈），許多人遭溺死或被機槍打死。據估計，在這波瘋狂殺人期間，兩萬五千至十萬人遇害。新加坡陷落，亦即英國心中「堅不可破的要塞」失陷。

日軍往南挺進馬來半島的同時，以迅雷不及掩耳之勢揮兵攻入泰國和荷屬東印度群島。兩地都很快屈服。泰國形同不抵抗，才幾天就被占領。印尼方面，荷蘭軍隊擋不住進逼的日軍，殖民地政府一九四二年三月投降。

日本鉗形攻勢的另一端對準菲律賓，而且跟進攻馬來亞的時間一樣，同步在攻擊珍珠港隔天發動。十二月十日至二十四日間，日軍登陸主島呂宋。以克拉克（Clark）、伊巴（Iba）兩機場為基地的美國B—17轟炸機和戰機，很快就動彈不得，失去戰力。馬尼拉於一九四二年一月二日落入日軍之手。美軍司令麥克阿瑟（Douglas MacArthur）將軍下令南撤三十英里至科雷希多島（island of Corregidor）。一萬兩千名美軍和四萬菲律賓人，與不斷轟炸該島的日軍鏖戰不退。歷經三個月炮轟，麥克阿瑟於三月時決定離開該島，下令部隊留下，繼續作戰，並說出一句有名的承諾：「我會回來。」（圖2.5）

剩餘守軍不久就遭日軍制伏。五月六日，溫萊特（Jonathan Wainwright）將軍交出所有美軍和盟軍部隊。然後，七萬軍人（包括一萬四千名美國人）被押解至戰俘營，踏上惡名昭彰的巴

圖2.5 麥克阿瑟將軍保證：「我會回來。」 來源：US National Archives

丹死亡行軍（Bataan Death March）之路。至少一萬一千人死於高溫、缺食物缺水、疾病、暴行，以及日軍親手處決。

征服菲律賓行動結束後，日本自此控制整個東南亞。這是令人驚嘆的攻勢作戰，或許在現代史上絕無僅有。

美國與盟軍的反擊，始於一九四二年五至六月的珊瑚海之役和中途島之役，兩役重創日本的航母和水面作戰艦隊，擊沉日本六艘航母中的五艘。這是關鍵性戰役，扭轉了太平洋的戰局，使麥克阿瑟將軍和尼米茲（Chester Nimitz）海軍上將所統領的美軍，得以在接下來兩年裡，對日軍發動漫長且艱苦的「跳島」戰役（圖2.6）。

美軍逐個拿下吉爾伯特群島（Gilbert Islands）、加羅林群島（Caroline Islands）、馬紹爾群島（Marshall

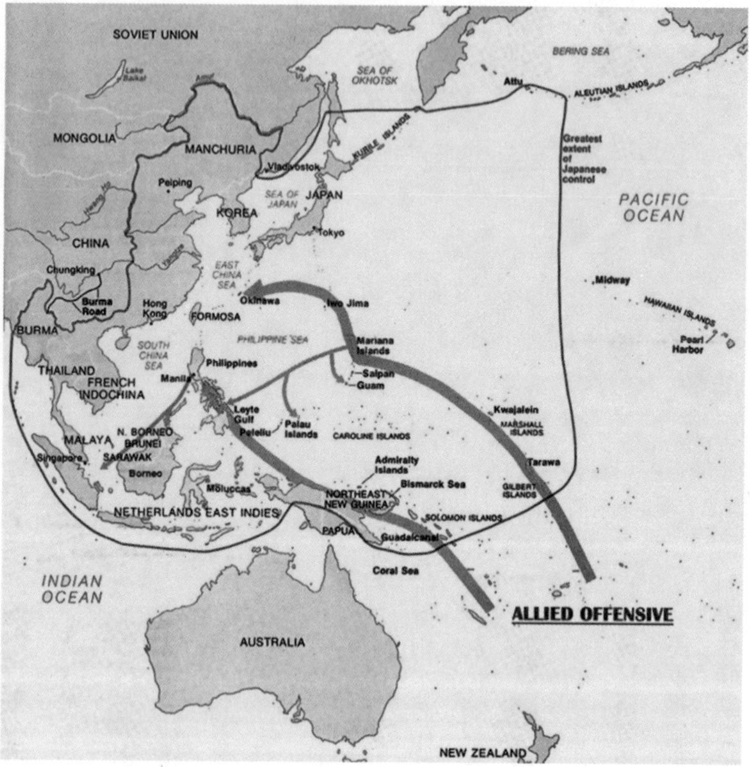

圖2.6 麥克阿瑟「跳島」戰役

Islands）、新幾內亞、荷屬東印度群島、菲律賓——包括著名的瓜達康納爾島（Guadalcanal）、科雷希多島兩大戰役——往北推進到可打擊日本本土主島之處。一九四五年三月拿下馬里亞納群島（Mariana Islands）和硫磺島（Iwo Jima）後，美國轟炸機開始轟炸日本本土，包括主島本州上的名古屋、大阪、神戶這三個工業重鎮。在海上，美國潛艇也讓日本帝國海軍和支援船蒙受損失。至一九四四年夏天，已有將近七百艘日本艦船遭擊沉。但日本最高指揮部不願投降，這就無可避免地導致八月六日、九日，廣島、長崎遭原子彈轟炸的悲慘命運，日本也終於在一九四五年九月二日投降。

由上可知，美國在太平洋戰爭東南亞戰區的登場地，局限於緬甸、菲律賓、西太平洋。除了在菲律賓，美軍在其他地方皆沒有因為日軍猛攻而敗走。美國在太平洋海戰和跳島戰役的表現，攸關戰局的扭轉。

戰後過渡

對東南亞來說，戰後緊接著就深陷於「再殖民」對壘「去殖民」的麻煩中。此事的癥結在於，歐洲殖民列強想重返在此地區的領土（這些領土也被認為對戰後歐洲的重建至關重要，尤其對荷蘭、還有英法）。[33] 但美國人，尤其小羅斯福（Franklin Delano Roosevelt）總統，另有想法。小羅斯福堅決反對再殖民，因他堅信民族自決權，其想法反映了威爾遜、李普曼（Walter Lippmann）和其他自由主義者的反帝國主義思維。一九四一年三月的某場記者會上，小羅斯福清楚表達了他的反殖民信念：「此前沒有、現在沒有、未來也絕不會有哪個種族，適合擔任其同類的主人……我們認為任何民族，無論再怎麼小，自擁一方鄉土乃其天賦權利。」[34]

基於這份信念，小羅斯福反對英國、法國、荷蘭、葡萄牙於戰後收回它們在東南亞（和其他地方）的殖民地。他個人強烈傾向的安排是**託管**（trusteeships），以此作為這些前殖民地完全獨立、自決之前的過渡機制。一九四二年一月，小羅斯福指示與他關係親厚的外交政策顧問暨國務次卿韋爾斯（Sumner Welles），成立戰後外交政策諮詢委員會（Advisory Committee on Postwar Foreign Policy）。這時離美國於珍珠港遇襲後對日宣戰才過了三星期，離二戰結束還有三年。諮詢委員會下設數個小組委員會，包括領土問題小組委員會（Subcommittee on Territorial Problems）和政治問題小組委員會（Subcommittee on Political Problems）。政治問題小組委員會的主要職責，是為去殖民、獨立、恢復主權想出妥當的程序，領土問題小組委員會則負責裁定殖民地邊界重劃事宜，這對於確保戰後新興獨立國家恢復應有主權來說有其必要。國務院下設的這些委員會，執行工作任務直至二戰結束，同時逐步開始與遠東事務處（Division of Far Eastern Affairs）

和其他地區事務處密切合作。隨著戰事推進且勝利在望，小羅斯福政府推動託管計畫的力道更加強勢。這使得小羅斯福在一九四三年十一月開羅會議、德黑蘭會議，還有一九四五年二月的雅爾達會議，與英國首相邱吉爾當面爭執起來。小羅斯福堅持中南半島應當交付託管，又導致他與法國人的關係愈趨緊繃。耐人尋味且對日後局勢有重大影響的是，有一塊東亞領土小羅斯福沒有主張交付託管，即自一八九五年起一直是日本殖民地的臺灣。小羅斯福認為，臺灣與歐洲國家在亞洲的前殖民地不同，儘管為日本殖民地，但中國的主權涵蓋臺灣，因而認為此島應在日本戰敗後還給中華民國。[35]

一九四五年四月十二日小羅斯福去世時，東南亞局勢尚不明朗，幾年過後才脫離混沌。一九四五年八月日本投降，所帶來的疑問多於所解決的問題。在東南亞，遭日本占領的前殖民地，由誰來受降？盟軍能恢復局勢穩定，順利統治這些地方嗎？最重要的是，**誰來統治**？要允許英國人、荷蘭人、法國人重拾殖民統治？如果不是作為直接統治實體，支持其統治的基礎為何？有限主權？自治和完全獨立前的過渡時期？他們會效法美國讓菲律賓獨立的先例？新成立的聯合國會扮演什麼樣的角色？種種政策選項有待討論。另有一點值得重視，即日本人的占領強化了本土民族主義團體、叛亂團體的反抗，播下戰後獨立運動的種籽。前日本軍官日後寫下的回憶錄，甚至披露日軍參與其中，提供武裝給一些運動團體。[36]

這些疑問的答案，當然因不同國家、不同殖民強權而異。法國人在中南半島的勢力仍很穩固，英軍有能力處理日本投降，荷蘭人則自顧不暇。英軍從解放的馬來亞、新加坡，越境至蘇門答臘、中爪哇、首府巴達維亞（雅加達）接受日本投降，但受降英軍的人數根本不足以占領綿延五一二〇公里的群島和一萬七千五百座島嶼。一九四六年十一月三十日，英國人已撤出，把保安工作移交給共九萬兩千人的荷蘭部隊。[37]但核心問題不在保安和解除日軍殘部武裝，而在印尼人想獨立建國。本地人的抗日活動強化了存在數年的反殖民心態，二戰結束時，東南亞人（如同位在南亞、中東、非洲、拉丁美洲等殖民地的人民）想要當家作主，掌握自己的未來。此一模式在戰後於東南亞各地上演，為時超過十年。通往獨立之路，因不同國家而異——有些是獲准獨立，有些是依法占有，有些經由協商獨立，有些靠武力爭取而獨立。

冷戰降臨東南亞

最初，美國對諸多殖民強權採取較包容的立場，但一九四七年「杜魯門主義」（Truman Doctrine）發表後，華府採行較積極主動的政策削弱其所認為蘇聯的進逼——杜魯門主義認為國內的政治運動與蘇聯在全世界的擴張行動有關連。一九四九年中國共產黨拿下中國和一九五〇年北韓入侵南韓後，尤其如此。由於上述情勢，亞洲局勢整個改觀。但早在中國、朝鮮境內這些造成創痛的事情發生之前，杜魯門政府的高階官員，就很關注「亞洲共黨勢力」未來可能坐大的前景，重視程度不下於蘇聯進逼戰後歐洲領土。

其結果是，華府轉而傾向支持英國人重返緬甸和馬來亞、荷蘭人重返印尼、法國人重返柬埔寨和越南、葡萄牙人重返東帝汶。但當局勢清楚顯示這些國家境內的獨立勢力已成氣候時，美國政策斷然轉為支持這些前殖民地完全獨立。緬甸於一九四七年七月脫離英國控制。馬來亞諸邦的獨立則拖了較久——英國繼續把它們當成受保護國來統治，直到一九五七年八月三十一日才准予它們完全獨立、恢復主權。印尼於一九四五年八月十七日宣布獨立——但實際上此舉只是開啟了反荷武裝抵抗運動的終局之戰，直到一九四九年十二月二十七日荷蘭人才終於屈服承認印尼獨立。自一二三八年起一直未受到殖民支配、始終保有獨立之身的泰國，情況與眾不同。二戰結束時英國對泰王國有覬覦之心，但華府堅決反對，一九四六年十二月泰國以主權國家的身分成為聯合國一員。美國則於一九四六年七月四日准許菲律賓獨立。

情況最複雜難解者是法屬中南半島（柬埔寨、寮國、越南）。法國維琪政府不願從殖民地撤走，戰後繼續治理這三塊位於中南半島的領土（圖2.7）。這三個地方在法國人統治下民憤暗自滋長，武裝抵抗日益活躍。一九五三年夏天，柬埔寨國王施

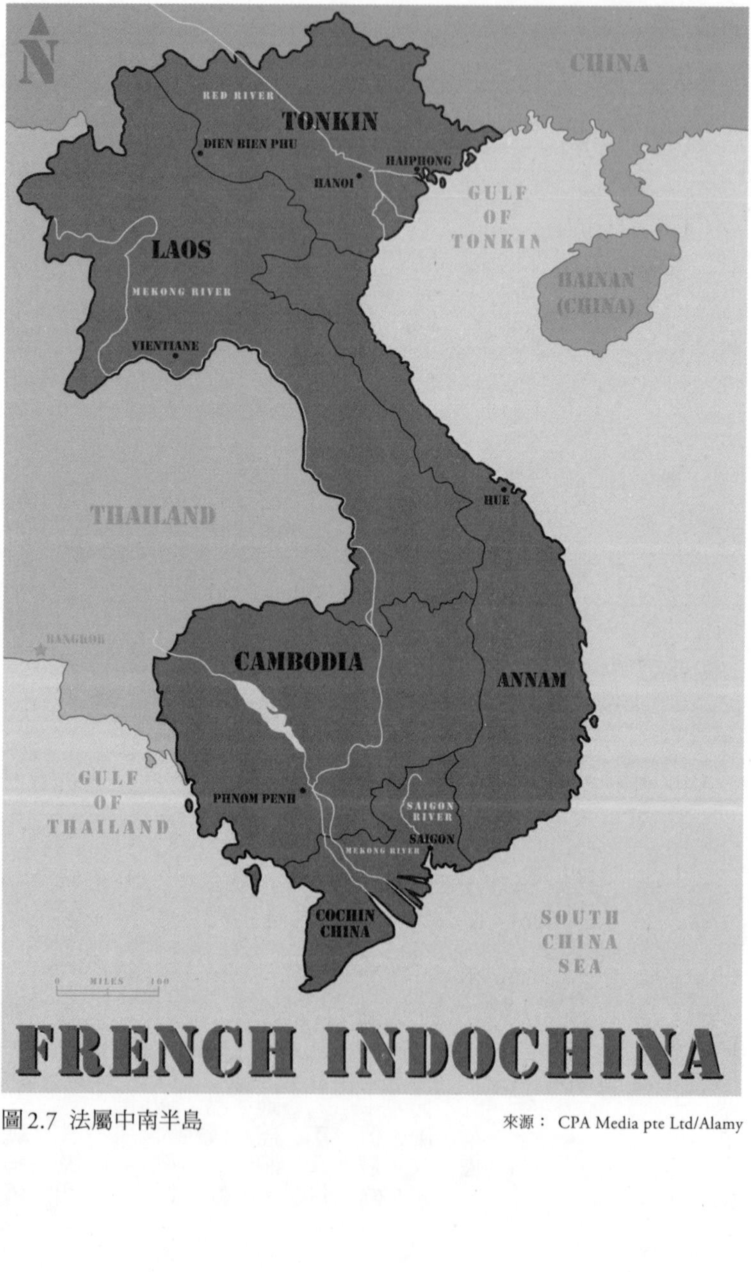

圖2.7 法屬中南半島　　來源： CPA Media pte Ltd/Alamy

亞努（Sihanouk）把法國逼上談判桌談獨立。法國屈服於現實，一九五三年十一月九日柬埔寨宣告獨立。[38]在鄰邦寮國，情況類似，但更複雜難解。一九四七年，法國允許寮國以法屬中南半島聯邦（French Indochina Union）裡「聯繫邦」（associated state）的身分半自治，將寮國內政大多交由寮國國王掌理。但一九五〇年二月，美英兩國逼法國就範，承認寮王國獨立。法國政府別無選擇，只得在一九五三年十月承認其獨立。

第三是「越南問題」——戰後中南半島難題裡最複雜難解的部分。如同其他東南亞國家，越南境內的抗日運動團體演變為主張獨立的（共黨）叛亂勢力。由具有領袖魅力的民族主義共產黨人胡志明領導的越盟，在越南許多地方享有頗高的社會、政治支持，並打造了遍布各地互相策應的游擊隊。諷刺的是，他以船員身分遊歷世界的八年期間（一九一一—一九一九），曾短暫住過波士頓和紐約，愛上波士頓奶油派，也敬佩美國爭取獨立的努力。

一九四七年，越盟與法軍全面開戰。雙方交手數年。對法國人來說，政治上和軍事上都愈來愈守不住。法國殖民統治眼看就要不保，一九五四年奠邊府之役法軍潰敗，法國人終於退出越南。

在這幾年重要過渡期間，東南亞並非美國的關注重點。歐洲、北非、中東、東北亞的戰後秩序，都比東南亞更受美國看重。即使單就亞洲內部事務來說，占領日本、中國內戰、朝鮮南北分治這些戰後難題，已令華府焦頭爛額。一九四五年十月，美國國務院資深外交官暨遠東事務處處長文森（John Carter Vincent），把「東南亞諸殖民地」列為最後處理的「遠東問題」。[39]此外，美國華府高階官員內心深處的傾向和心態仍是置歐洲於中心。外交史家希爾（Paul Heer）研究戰後「圍堵」（containment）政策之父肯楠（George Kennan）的精闢之作即闡明，肯楠對亞洲情況可說全盤無知，缺乏認識，對東南亞尤其一副高高在上的姿態。對追求獨立的新興民族主義勢力和後殖民地人民，同樣不屑一顧。[40]杜魯門政府把全副心力放在正日益蔓延且惡化的中國局勢，東南亞於是更加不受重視。馬歇爾（George Marshall）、魏德邁（Albert Wedemeyer）先後出使中國，想要居中促成國共聯合政府和內戰休兵，終究徒勞無功，因為中國共產黨在戰場上繼續猛攻戰力遠不如他們的國民黨軍。[41]美國長期支持國民黨、蔣介石政權、「民主」的中華民國，眼看它敗給中共「輸掉中國」的可能性愈來愈高，華府決策者內心相當沉重。相較之下，東南亞是可置於一旁的小事。

儘管肯楠和杜魯門政府裡以歐洲為中心、處處提防蘇聯勢力擴張的決策者，視東南亞為「邊緣之地」，但也有人具備相當深厚的亞洲經驗和資歷。戴維斯（John Paton Davies）是其中之一。戴維斯是國務院的資深亞洲通之一，在此地區，尤其中國，待過多年。美國派「迪克西使團」（Dixie Mission）赴延安，觀察毛澤東和當地共軍，戴維斯是該使團成員之一。延安行讓戴維斯及其同僚對這股集民間民族主義、抗日、共產主義魅力於一身的勢力有了深入理解。[42]此三要素除是理解戰後中國的重要關鍵，也是理解戰後東南亞的關鍵。

二戰剛結束的一九四五至一九四六年，亞洲通、中國通較富同情心的看法，與杜魯門政府裡歐洲中心主義者較不在乎前殖民地死活的觀點互別苗頭。前一派走小羅斯福路線，提倡將前殖民地交付託管，經由過渡性安排走上獨立，後一派則任由歐洲列強遂行在世界各地收復統治權的野心。

但到了一九四七至一九四八年，已出現一個新現象，尤其在歐洲：共產主義勢力壯大。史達林的蘇聯不願將紅軍撤出中歐，克里姆林宮在中歐扶植了一個又一個共黨附庸國。由於希臘、土耳其情勢迅速惡化，親共勢力已準備好隨時出手奪權，杜魯門總統一九四七年三月十二日在國會聯席會議（Joint Session of Congress）上講話，本質上是把追求民族獨立的鬥爭與莫斯科所鼓動的擴張混為一談——所以美國及其盟邦必須雙管齊下予以反制：支持諸社會裡的非共勢力，在蘇聯周邊遍植反共國家。這就是後來人稱「杜魯門主義」的路線，核心指導原則一是**圍堵**，由資深外交官肯楠制定，一是**骨牌理論**（domino theory），稍後由國務卿艾奇遜（Dean Acheson）闡明。骨牌理論以下面的假設為立論基礎：美國和其他西方強權若不伸出援手，會有一個又一個國家（例如希臘、土耳其）像骨牌般一個個倒向共產主義陣營。而圍堵原則的假設前提則是：蘇聯是擴張成性的強權，必得予以「圍堵」不可。肯楠在一封加密電報（所謂「長電報」(long telegram)）裡首度提出他的戰略觀點，該電報於一九四六年二月從莫斯科的美國大使館發給華府國務院，後來以「蘇聯行徑根源」(Sources of Soviet Conduct)之名發表，一九四七年七月以化名「X」發表於甚有威望的刊物《外交事務》(*Foreign Affairs*)上。

在莫斯科的美國大使館短暫任職後，戴維斯於一九四七年回任國務院，以國務院政策規劃辦公室(Policy Planning Staff)亞洲專家身分，在肯楠底下工作。這個由肯楠指導的部門，是冷戰頭幾年為美國外交政策、戰略方針構思全盤戰略的智囊團。肯楠本人是個以歐洲為中心的戰略思考者，他雖重視日益升高的蘇聯威脅，卻對亞洲認識淺薄，而且認為亞洲無關緊要。一九四八年二月，肯楠於〈政策規劃研究報告編號二十三〉(Policy Planning Study No. 23, PPS-23)一文中，概述了美國所面對的情勢，寫道：美國在「全盤思考其於亞洲所能完成的目標，以及應該努力完成的目標時，給自己攬上太重的責任」。[43]

一九四八年六月，肯楠要戴維斯專門針對東南亞情勢草擬一份評估報告〈美國對東南亞政策〉(United States Policy Towards Southeast Asia)，文件編號PPS-51，中間經過多次修改。不過，報告內容一直存在某種緊張關係——一方面持肯楠觀點，認為東南亞不值一顧，也傾向從蘇聯擴張的角度看待東南亞；一方面則持許多有長期亞洲經驗的職業外交官觀點，較為認真看待日益壯大的民族主義勢力，把共產主義打動人心之現象置於這個脈絡審視。這是關鍵分歧所在。最後定稿將兩種意向並陳，而且，如同許多這類官方政策文件，企圖調和這兩種看法。但戴維斯與亞洲通的看法，終究不敵肯楠與主張從蘇聯擴張角度看待該地區者的看法。最後，PPS-51的結論是視東南亞為從日本到印度「這條圍堵線上極重要的一段」，而美國應把目標放在「將克里姆林宮拒於東南亞之外」。[44]因此，主張以多元、多邊的做法，削弱莫斯科從蘇聯東側、南側的全線進逼。眼看中國局勢急轉直下，國民政府就要垮臺，正退守臺灣，國務卿艾奇遜終於在一九四九年七月一日正式批准PPS-51作為「政策指導文件」分發給政府各級機關。換句話說，PPS-51除了分發給政府各部門及東南亞的美國大使館，沒有授權受文者執行該文件的研究結果。但藍圖已經寫下，只需留待後續事件實現其預言，及為東亞（和東南亞）圍堵政策骨架增添血肉。[45]

將近六個月後的十二月三十日，PPS-51的主旨，在國家安全會議（National Security Council）政策報告〈美國對亞洲的立場〉（The Position of the United States with Respect to Asia, NSC-48/2）裡再次得到確認。從PPS-51獲採納到NSC-48/2獲採納這期間，中共紅軍擊潰國民黨在大陸上的殘餘勢力，一九四九年十月一日宣告成立中華人民共和國。PPS-51不管有何含糊籠統之處，到了NSC-48/2出爐時，都已具體化為明確的反蘇、反共藍圖。後一文件宣告在東亞，

「眼下目標是圍堵，行有餘力的話，則進一步削弱蘇聯在亞洲的支配力和影響力。」[46] NSC-48/2另載明其他具體做法：[47]

- 選定非共產主義的亞洲國家，發展其軍力，使其足以維持內部安定並防止共黨勢力進一步侵犯。
- 嚴密監視共黨侵略的威脅態勢，包括直接或間接侵略，並準備好在力所能及的範圍內協助因應這類威脅，提供政治、經濟和軍事援助，及建議顯然需要這些援助的政權，加強抵禦能力，以對抗地區內外與共黨關係較為密切的政權。
- 逐漸削弱並最終翦除蘇聯在亞洲的優勢支配力和影響力，使蘇聯無法從亞洲威脅美國或其友邦的安全，使蘇聯若想威脅亞洲諸國的和平、國家獨立、穩定，會碰上嚴重阻礙。

這份文件載明必須採取多項重要作為，包括軍援印尼、菲律賓、泰國，還有越南的法國人，以及維持足夠削弱「蘇聯未來〔任何〕侵略」的前進部署（forward-deployed）美軍。這些軍力要部署在從日本往南經琉球至菲律賓的島鏈上。這條島鏈後來被稱作美國在遠東的「環形防線」。國民政府殘部退居的臺灣島，未被納入這道「第一防線」，亞洲大陸領土，特別是朝鮮半島和中南半島，也未被納入。

一九五〇年六月北韓進攻南韓使一切改觀。把朝鮮半島排除於美國的「環形防線」外，是否招來北韓南侵，直至今日史學界仍未有定論。無論如何，北韓此舉使華府更堅信其冷戰觀點，並直接考驗杜魯門主義和肯楠的圍堵蘇聯政策。韓戰不只導致美國在聯合國授權和指揮下派兵，華府也因此決心協防退守臺灣的中華民國（最終有了一九五四至一九七九年《中美共同防禦條約》）及這整個地區。

東南亞這時被推到冷戰前線，不再是肯楠和華府其他人眼中無關緊要的地區。[48] 甚至在**韓戰爆發前**，就有另一份極機密國家安全會議文件NSC-64在一九五〇年二月二十七日發布：[49]

> 用盡一切務實可行的措施防止共黨在東南亞進一步擴張，這攸關美國的安全。中南半島是東南亞的重要區域，眼下正受到威脅。如果中南半島被共黨支配的政府控制，鄰國泰國和緬甸恐也會落入共黨支配。屆時東南亞的均勢會陷入嚴峻險境。據此，國務院和國防部應優先備好一套方案，把所有切實可行的措施納入其中，保護美國在中南半島的安全利益。

無獨有偶且或許更加重要的是，一九五〇年四月七日，杜魯門總統採納了NSC-68。這份長達六十六頁的極機密行動計畫，旨在「圍堵」和推回（rollback）蘇聯擴張，出自由國務院、國防部傑出規劃人員所組成的九人小組之手。小組由尼茲（Paul H. Nitze）主持，但成員也包括艾奇遜、博倫（Charles "Chip" Bohlen）、洛維特（Robert Lovett）。此文件被視為美國冷戰戰略的原型模板。

北韓進攻南韓發生後只不過更加強化上述這些看法，以及共黨對亞洲各地的侵略源頭是莫斯科，而美國和其盟邦必須予以制止這個觀點。經過三年慘烈的韓戰，雙方僵持於北緯三十八度線附近，一九五三年簽了停戰協定。

然後，諸大國在瑞士日內瓦開會，以裁定朝鮮半島的分割問題和中南半島的未來。這兩個問題分開處理：兩韓政權、中華人民共和國、蘇聯、美國處理朝鮮問題，至於中南半島這道難題，除了上述這些國家，還有法國、英國、越盟一起協商。兩個問題的解決，依據同一模式：把國土分為兩區，各區有自己的臨時政府，直到於國際監督下舉行全國選舉為止。朝鮮和越南果然都被分為南北兩區（分別以三十八度線、十七度線為界），但全國大選從未舉行。此外，柬埔寨、寮國兩王國的主權獨立和中立地位皆得到確立。這很重要，因為兩國依規定均不得讓外國駐軍或讓外國設立基地於其境內，否則即失去中立地位。越南分裂為兩區，分別由北邊的越南民主共和國和南邊的越南國控制。早在法國兵敗奠邊府之前，美國已逐步擴大對法軍和南越保大政府殘餘勢力的軍援。

新上任的美國艾森豪政府，對於越南要舉辦全國大選一事，始終心存疑慮，因為擔心（或許也擔心得沒錯）走共產主義路線的越盟會贏……然後東南亞各國會如骨牌般跟著一個個倒下。因此，美國的目標，是維持越南分裂。[50]維繫住南越政權（這時稱作越南共和國）成為美國在東南亞打冷戰的首要之務。

華府把它跟莫斯科、莫斯科諸附庸國（新成立的中共政權被認為是其中之一）的冷戰激鬥與越南內戰看成同一碼事，導致長達二十年死傷慘重且耗費甚高的戰爭。這場戰爭歷經甘迺迪（Kennedy）、詹森、尼克森（Nixon）三任政府，使美國與蘇聯、中華人民共和國正面為敵。美國陷入越戰泥淖，直到一九七五年四月三十日西貢落入北越共軍之手才脫身。美國為越戰犧牲了將近五萬九千名軍人，據估計耗掉一五五〇億美元。[51]越戰撕裂美國政府和社會，還在其他許多方面令美國付出龐大代價。已有許多出色研究探討美國在越南的戰爭，這段歷史也廣為人知。[52]「五角大廈文件」（Pentagon Papers）清楚記錄下一九六七年間美國決意擴大對越戰的介入。[53]美國所犯的根本錯誤，在於誤把一場內戰看成中蘇的擴張主義。在這整段期間，東南亞受到的全球關注，從次要的或低階的地位，升級為與在中歐對抗嚇阻蘇聯和《華沙公約》勢力同等重要的地位。中國內戰後續影響和中共奪權成功，也使華府決策者寢食難安。一九六三年十一月，詹森總統宣布：「我不會輸掉越南，只要我當總統一天，就不會讓東南亞走上和中國一樣的路。」[54]

越戰期間美國與中南半島以外國家的關係

越戰對美國與其他東南亞國家之間關係的影響，因不同國家而異。華府無疑是以越南戰事為稜鏡看待其與各國的關係（某種「非友即敵」的心態），不過美國也真的擔心共產主義在各國席捲人心和到處活動。但無論如何，美國對待每個東南亞國家的策略，其構造均是以反共為骨架。

在整個越戰期間，美國把菲律賓和泰國當成盟邦來結交。兩國都有助於美國在越南、寮國、柬埔寨的軍事行動。美國把泰國劃定為「前線國」。位於菲律賓蘇比克灣海軍基地（Subic Bay Naval Base）和克拉克空軍基地（Clark Air Base）的龐大美國軍事設施，有助於美國在越南的用兵。越戰最激烈時，每月有兩百多艘美國海軍艦船停靠蘇比克。克拉克空軍基地是美國空軍轟炸北越的主要集結待命區之一。兩基地為前進部署部隊提供了極重要的美軍裝備維修設施、醫院和住所。泰國對美國打越戰更為重要。泰國人允許美軍從其境內數個空軍基地出擊，尤其烏隆（Udon）、烏打拋（Utapao）兩基地；打擊北越的美國空軍，超過八成出自泰國境內基地。泰國基地重要到美國將之視為「不沉的航母」。從泰國境內基地出發的總飛行次數（空襲、偵察任務、空投、祕密行動），從一九六四年約四千次暴增為一九六九年時的九萬次。[55]由於與寮國、柬埔寨接壤，泰國也對美國在兩國境內的「祕密戰爭」至為重要。「胡志明小徑」這條補給線蜿蜒穿過這兩個國家的邊境地區，北越因而得以把人員和物資往南運，重複補給其正規部隊和越共。美國飛機定期從泰國境內基地起飛轟炸這條重要的補給線。在寮國，轟炸範圍擴及石缸平原（Plain of Jars），美國空軍在平原丟下的炸彈，比**整個**二戰期間丟下的還要多。[56]

菲律賓和泰國在越戰之前就各與美國簽署了條約和軍事協定。兩國也在一九五四年九月簽署了《東南亞集體防禦條約》（*Southeast Asia Collective Defense Treaty*），通稱《馬尼拉條約》（*Manila Pact*），後演變為一九五五年二月的東南亞條約組織（Southeast Asia Treaty Organization）。[57]但東南亞就只有菲律賓和泰國加入。中南半島四國（柬、寮、北越、南越）受制於一九五四年日內瓦會議協議，沒資格參加，緬甸和印尼珍惜其中立不結盟身分，都強烈反對成立東南亞條約組織，[58]馬來亞（包括婆羅洲領土和新加坡）選擇不參加，因為它們是一九五七年《英馬防禦協定》（*Anglo-Malay Defense Agreement*）的成員，一九七一年《英馬防禦協定》變成《五國聯防協定》（*Five Power Defense Agreement*）。華府本有意將東南亞條約組織（連同北大西洋公約組織、中部公約組織）打造成包圍蘇聯的一系列集體安全機制之一，但由於東南亞國家對這個組織興趣缺缺，它從一開始就注定成不了氣候，一九七七年六月三十日終於正式解散。

謎樣的印尼

整個越戰期間，美國與印尼共和國的關係一般來講頗為正面。艾森豪、甘迺迪、詹森三位總統認為蘇卡諾（Sukarno）總統的民族中立主義、不結盟等外交政策，相較於共產主義，較為可取，三人都想拉攏蘇卡諾（圖2.8）。一九五六年五月蘇卡諾造訪華府，在國會聯席會議發表了一場難得的演說。三位總統都大舉給予印尼軍民援助，以反制人氣日漲的印尼共產黨，希望印尼即使不親西方，至少保持中立。蘇卡諾本人則與印尼共產黨維持矛盾關係。一九四八年八月，他命令印尼武裝部隊平定東爪哇的印尼共黨叛亂，殺掉八千名叛亂分子，使印尼共黨元氣大傷。[59]

在此早期重要關頭，美國政府認為蘇卡諾正是他們在整個東南亞努力尋覓的理想人選：反共民族主義者。但到了一九五〇年代中期，印尼共黨東山再起，蘇卡諾想將該黨納入其「指導式民主」（guided democracy）聯盟裡。這使印尼共黨有機會施展典型列寧主義戰術，打造「內部集團」（bloc within）——此舉得到與印尼共黨關係甚密的中國共產黨支持；一九二〇年代期間，中共奉莫斯科共產國際之命，對國民黨施行這套戰術。蘇卡諾不只日益拉攏印尼共黨，還積極與北京新政府打造國與國的關係。印尼是最早承認中華人民共和國新政府的政府之一，一九五〇年四月十三日兩國建交。一九五五年，兩國關係已發展到邀請中國派一高階代表團（由總理周恩來領軍）參加萬隆亞非國家會議的程度。二十九國派代表團與會，不結盟運動誕生。此後，印尼繼續強化與中國的雙邊關係，中國與印尼共黨的黨對黨關係亦然。

眼看蘇卡諾日益左傾且積極與北京交好，美國愈來愈驚恐。艾森豪政府於是在一九五七年秋、一九五八年春，啟動名叫「海克計畫」(Project Haik)的中情局軍事行動。中情局軍事行動老手魏斯納（Frank Wisner）受命主持，被派去馬尼拉統籌。[60] 海克計畫跟後來失敗收場的一九六〇年古巴豬玀灣軍事行動極為相似，企圖將蘇拉威西（Sulawesi）島上和蘇卡諾不同調的一群印尼軍官武裝起來，以在印尼取得立足點，攻打蘇卡諾的部隊。但要如何做到這點，始終未有具體構想。從一開始，此軍事行動就受困於一廂情願和無能。叛軍的造反行動，才剛起事就一敗塗地。蘇卡諾軍方得悉陰謀，出動空軍和海軍陸戰隊前去平叛。海克計畫軍事行

圖2.8　蘇卡諾總統官方肖像（1949）
來源：公有領域

動徹頭徹尾是個大鬧劇，失敗至極。艾森豪總統和國務卿杜勒斯（John Foster Dulles）被人問起此事時，都否認美國涉入，把這場流產叛亂斥為「傭兵」所為。[61]

已然緊繃的美國—印尼關係，在一九六三至一九六六年蘇卡諾政府與新成立的馬來西亞聯邦「對抗」(konfrontasi) 期間，又一次受到大考驗。[62] 這波外交、軍事上的對抗，使整個東南亞島嶼地區情勢極為緊繃。華府不顧蘇卡諾反對，公開支持馬來西亞。這是美國與蘇卡諾政權關係上的一個轉捩點。華府之所以承認這個新馬來西亞國有其理由（馬來西亞與英國關係穩固且傾向反共是主要理由），但蘇卡諾把這視為檢驗雙方關係的試金石。他想要兼顧與美國、與北京和莫斯科的關係，同時跟其他中立的發展中國家經營他的「第三條路」外交——此舉使華府決策者愈來愈惱火。更糟糕的是蘇卡諾日益接納印尼共黨。一九六五年，印尼共黨已擁有約三百萬黨員，成為當時世界上第三大共黨，僅次於中共和蘇共。一九六三年，蘇卡諾讓印尼共黨主要領導人出任政府部長。

蘇卡諾於一九六三年啟動與馬來西亞的「對抗」時，美國已在用日益提防的心態盯著他。印尼軍隊裡的保守反共軍官亦然。其中許多軍官受過美國人訓練（而且有些人是在美國受訓），他們都對共黨深懷疑忌。隨著蘇卡諾日益左傾，美國國務院、國家安全會議、中情局都開始擘劃要在印尼國內展開各種行動——其中許多是暗中行動——以削弱蘇卡諾和印尼共黨所得到的支持。保守的印尼軍官，尤其高階軍官，是此一新策略的關鍵。有一點很重要務必注意，即未有證據顯示美國真的想挑起反蘇卡諾政變，但有不少證據顯示美國支持印尼陸軍打倒（以及可能的話剷除）印尼共黨的行動。[63] 蘇卡諾本人則在諸多場合上日益好鬥，包括一再出言不遜抨擊美國。一九六五年三月，即印尼為抗議馬來西亞出任安理會理事國而退出聯合國的兩個月後，蘇卡諾對美國大使說：「去你的援助！」[64] 同一個月，關係急速惡化之際，美國政府內部的一份一九六五年三月情勢檢討報告判斷，雙邊關係「在決裂邊緣」——八月，大使格林（Marshall Green）表示美國應為關係破裂做好準備時，附和上述報告看法。[65]

與此同時，蘇卡諾及其親印尼共黨的政府，與印尼保守軍官的不和更加嚴重。然後，一九六五年十月一日凌晨，突然爆發未遂政變。親印尼共黨的軍官先動手，拘捕、殺害印尼六名主要將領（陸軍參謀部一半成員）。但有一人逃脫：國防安全統籌部長暨陸軍參謀總長納蘇蒂安（Abdul Nasution）將軍。政變策劃者把矛頭對準納蘇蒂安將軍，最終還殺掉他女兒伊爾瑪（Irma），但這位將軍設法翻過住所圍牆，進入隔壁的伊拉克大使館，躲藏於該處，因而逃過一劫。陸軍戰略後備隊司令蘇哈托（Suharto）少將於黎明時被叫醒，迅即接掌兵權，平定這場未遂政變。那日結束時，蘇哈托將軍，在納蘇蒂安將軍助陣下，大權在握。華府迅即認可新局，表示願繼續支持。美國刻意交好印尼保守軍官數年，終於有了回報。

這場未遂政變和反政變後，印尼軍方對全國各地印尼共產黨員和支持共黨者（其中有許多是華人）展開長期血洗，釀成史上數一數二惡劣的集體屠殺事件。據保守估計，二十五萬人遇害，據較寬鬆的估計，高達兩百萬人喪命。許多殺人手法令人髮指：砍頭、肢解、吊死、溺死、草草處決、大逮捕、大屠殺。如今已有證據曝光，顯示美國駐雅加達大使館館員曾向印尼軍方提供其所編列的印尼共黨黨員嫌疑分子，協助印尼軍方血洗。[66] 集體殺戮持續了數個月。印尼共黨黨員遭撲殺殆盡，諸多領導人遭處決。這個「危險年」（譯按：蘇卡諾在一九六四年印尼獨立紀念日演說的標題），在生靈塗炭中結束。[67]

蘇哈托將軍迅速鞏固其統治。蘇卡諾名義上仍是總統，將手中權力逐步轉交給蘇哈托。一九六七年三月，蘇哈托被任命為代總統，一年後獲國會確認而真除。他自此統治印尼三十一年，一九九八年才遭抗議民眾推翻。對內，他的「新秩序」政策受到華府歡迎。至於印尼的外交政策，蘇哈托表面上延續不結盟、中立傳統，但事實上整個冷戰期間明顯倒向美國。只要蘇哈托反共，他就是美國的人。但如同在其他地方，這一只看眼前利益的做法，使華府忽視（從而縱容）此政權的高壓和貪腐。

越戰後的美國政策及其與東南亞的關係

一九七五年四月三十日西貢南越政權垮掉後，美國理所當然傾向縮手，並且相當程度從東南亞地區抽身。二十餘年代價高昂的海外戰爭和國內社會分裂，給美國留下難以平復的創傷。雖是可想而知的結果，但此舉使美國在亞太地區的其他盟邦（澳洲、日本、紐西蘭、菲律賓、南韓、泰國）懷疑起美國維護它們安全的決心。早在越戰落幕之前，尼克森政府已於一九六九年七月針對戰爭的「越南化」在關島發表演說，並把更多防衛負擔轉移給亞洲盟邦和國家（後來人稱「尼克森主義」），藉此表明要減少直接介入此地區。尼克森其實在一九六七年刊於《外交事務》的文章〈越南之後的亞洲〉（Asia after Vietnam）中，就預告了他的主義。[68] 這篇文章並不是為了撤離該地區而擬出的藍圖，而是展現美國的一種新嘗試，希望突破以越戰為核心的地區政策思維框架，轉向構想戰後秩序。在這一戰後秩序裡，美國的角色是擔當地區盟邦的定錨，建立新關係。也是在這篇文章裡，尼克森間接表露想與中國修好的意向。尼克森避免使用「紅色中國」或「共產中國」這些標準用語，伸出橄欖枝：

> 長遠來看，我們根本承擔不起讓中國永遠待在國際大家庭之外，任其在那裡妄自揣測、心懷

恨意、威脅鄰邦所帶來的後果。在這個小小星球上，不該讓十億可能最能幹的人活在憤怒孤立之中。[69]

尼克森的戰後秩序觀，想把中華人民共和國帶進「國際大家庭」，言下之意，即在亞洲圍堵中國不是長久之策。

起先，儘管美國想把更多心力放在東南亞島嶼區，其政策仍是被中南半島大陸推著走。首先，如某些人所料，隨著巴特寮（Pathet Lao）共產主義革命勢力在寮國掌權和赤棉（Khmer Rouge）在柬埔寨掌權，「骨牌」的確倒下，不久後的一九七五年四月三十日，越共攻占南越，以武力完成國家統一。整個中南半島變「紅」。即使已有五萬八千多人犧牲性命，美國最害怕的夢魘還是成真。而且整個過程，如同這場曠日費時之戰的其他情景，透過客廳電視，呈現在全美人民面前。電視播出西貢淪陷、四月二十九日美國直升機從美國大使館屋頂撤離美國人員與越南人的混亂畫面；隔天則是播出越南人民軍（PAVN）T－55坦克和士兵進入西貢，一些西貢市民向「解放人民」的軍隊揮舞花朵、歡欣鼓舞的畫面。

美國在越南二十年的付出和經營化為泡影，清楚呈現在每個人眼前。那一天和這整場戰爭，對美國政府和人民的心理影響深遠。當然，越戰對越南人民的影響更為深遠，因此喪命的越南人，據估計為南北雙方兩百萬平民、一百一十萬北越和越共戰士、約二十五萬南越軍人，此外越南國土還蒙受無法估算的實質傷害。[70] 許多美國人急欲拋開這場長長的越南惡夢，治癒那段痛苦時光帶來的身心創傷。當然也有人事後回顧，想為「哪裡出了錯？」找到答案。

有些人不只一心要找出原因，而且要接受並處理不樂見的現實，其中最重要的一位莫過於前國防部長麥納馬拉（Robert S. McNamara，圖2.9）。

圖2.9 麥納馬拉　來源：MPI/Getty Images

麥納馬拉以他善於客觀剖析的作風，把接下來的二十年人生用於仔細審視越戰史，而他下令製作的內部研究報告「五角大廈文件」（Pentagon Papers）對他幫助甚大。他為此付出的努力，包括去河內見了北越軍事謀略的第一把手武元甲將軍。麥納馬拉的這番探究歷經二十年才有成果，並以兩種形態問世。第一種是他的著作《回顧：越南的悲劇和教訓》（*In Retrospect: The Tragedy and Lessons of Vietnam*），一九九五年出版。[71] 第二種是二〇〇三年的影片《戰爭迷霧》（*The Fog of War*）。這部影片的拍攝靈感來自他的著作，問世後拿到二〇〇三年奧斯卡金像獎最佳紀錄長片。片中，製片莫里斯（Errol Morris）把檔案影像片段與一對一訪談麥納馬拉（加上其他重要政府官員）的二十小時內容，穿插在一塊。影片根據麥納馬拉在其傳記著作末尾所總結的十一個「教訓」編排（但此影片所傳達的教訓不同於該書）。麥納馬拉得出的十一個教訓，深刻且非常值得每個美國人重讀，尤其是決策者。[72] 除了十一個教訓，麥納馬拉在結尾還補充了一段他的觀察：

在我看來我們都想做對事——認為我們正在做對的事——但事後來看我們錯了。我們既高估了失去南越對西方安全的影響，也未能堅守以下根本原則：歸根究柢，南越人如果要得救，必須靠自己打贏這場戰爭。我們偏離了此一關鍵真理，在原本就不穩的基礎上投入愈來愈多的心力。政治秩序和穩定必須靠人民為自己打造，來自外部的軍力無法代為效勞。

麥納馬拉的思考概括說明了越戰的多重衝擊、美國東南亞地區戰略的大原則、針對中蘇角色所做出的假設（這些假設指導美國對此地區的涉入達二十五年）。麥納馬拉是我父母的朋友，因此，我在這段期間與他有親身的互動（包括跟他一起造訪中國），我不只能證明他深具使命感，誠心誠意想對這些事件乃至他造成的影響做深切的反省，也能證明他富有濃厚愛國情操，竭力汲取可供國家和後代子孫借鑑的教訓。

越南經驗深深刺痛了美國，因此，這個國家（和政府）傾向從該地區收手，退入孤立主義，也就不足為奇。從某種程度上來說，美國的確這麼做了。但該地區的現實情況不容美國完全收手。當時，美國在亞洲仍有七個締結條約的盟邦（泰國、菲律賓、澳洲、紐西蘭、南韓、日本、臺灣的中華民國），這些盟邦仍指望美國保障其安全。美國的商業連結、文化連結，在東南亞地區全境依舊深厚。而此時，在尼克森總統才剛戲劇性地擁抱中華人民共和國後不久，全新的地緣戰略轉移已發生。所以，儘管美國的本能傾向是收手，在越戰後療傷止痛，地緣政治現實卻不容它這麼做。在東南亞，有新挑戰等著美國去應付。

戰後中南半島：福特政府和卡特政府

越共如秋風掃落葉取得勝利時，鄰國柬埔寨、寮國的共黨亦然。[73]赤棉於一九七五年四月十七日拿下金邊，奪取政權（比西貢陷落早了十二天），巴特寮則於一九七五年十二月二日攻占永珍。鄰國寮國、柬埔寨的骨牌差不多同時倒下，但中南半島境內據信是由北京指導的共黨勢力，卻未如預期結為鐵板一塊的共黨集團。共黨攻城略地之勢，不久就轉為赤棉與越共間、中國與越南間的內鬥。

赤棉攻占柬埔寨，寫下世界史上最駭人的篇章之一。在波布（Pol Pot）、英薩利（Ieng Sary）、喬森潘（Khieu Samphan）、宋先（Son Sen）、農謝（Nuon Chea）領導下，赤棉統治柬埔寨四年（一九七五—一九七九）——後來這四人都被聯合國特別法庭判決犯下種族滅絕罪、反人類罪。他們的殘暴統治奪走約兩百萬柬埔寨人性命，占全國人口約一半。[74]

赤棉奪權後不到一個月，扣押美國貨櫃船馬亞圭斯號（Mayaguez）。該船闖入柬埔寨十二浬領海，但福特（Ford）政府不承認赤棉政權，因此不承認其領海主張，從而把此奪船行徑視為海盜行為。美國因此發動攻擊暨解救行動，動用了六百名海軍陸戰隊員和從泰國烏打拋空軍基地派出的一些飛機、直升機。赤棉已把船員移走，但美國並不知情，以為船員被困在通島（Koh Tang）海灘，於是進攻隊伍登上海灘時未見到船員，反倒遭遇猛烈的火力攻擊，需要請求救援。接下來雙方交戰十四小時。一架參與行動的奇努克（Chinook）直升機墜毀，機上二十三名空軍士兵喪命，赤棉的地面火力擊穿參與救援任務十一艘直升機中的八艘。交火後不久，赤棉決定釋放船員和船。

赤棉和越共各在金邊、西貢奪得政權後，立即開始在言語上互相譏刺、挖苦，派兵偵察兩國接壤的地區（從而導致一九七七年的兵戎相向）。赤棉殘害人民之事，隨著逃至泰國的難民日益為外界所知，柬埔寨（這時改名為民主柬埔寨）日益受到國際關注。

當時我任職於國務院情報與研究局（Bureau of Intelligence and Research）中南半島課，尚是個年輕的情報分析師，來自泰國邊境地區的那些難民報告都會傳到我手上。我原任職於東北亞司中國組，後來，由於有個負責中南半島三國情報的分析師職缺，我被轉調到東南亞司。在此部門，我埋頭研究該地區的複雜情勢和大量湧入的每日情報，為「國務卿每日簡報」（Secetary's Daily Brief）撰寫每日報告，為範圍更廣的情報圈撰寫評估報告。有天，我被叫去職司東亞暨太平洋事務的助理國務卿郝爾布魯克（Richard Holbrooke）的辦公室，郝爾布魯克要我和情報與研究局的其他分析師就當前情勢做正規簡報。不久後的某天，我跟其他人一起被叫去國務卿范錫（Cyrus Vance）的辦公室向他簡報。

幾天後，隨著柬埔寨境內情勢升高，我又出席了國務院的一場跨部門會議。喝咖啡休息時間，國家安全會議成員奧森伯格（Michel Oksenberg）找上我聊天。他是著名的學院派中國專家，暫離密西根大學教職，成為布里辛斯基（Zbigniew Brzezinski）與卡特總統（President Carter）最重視的頂尖亞洲專家之一（另一人是阿馬科斯特〔Michael Armacost〕）。在國家安全會議，奧森伯格不只掌管中國事務，也掌理中南半島事務，阿馬科斯特則負責日本、朝鮮半島、東南亞「島嶼區」、南太平洋島嶼。奧森伯格開口就問我在國務院工作順不順利。我回道：「很好，我被授予新職，在中國部門工作，現在負責中南半島事務，學了很多。」然後奧森伯格嚇了我一大跳，他問：「嗯，我從別人那兒得知你在這裡工作得很好，我一直在讀你的報告。想不想過來國家安全會議當我的助理？」我驚訝到雙手發抖，濺出杯中的咖啡（幸好沒摔落咖啡杯）。於是，我的人生和職業生涯在那一刻轉了彎，從此與奧森伯格密不可分，直到二〇〇一年他早逝為止（包括成為他在密西根大學的博士生）。此前我與他素不相識（只看過他演講），光是面對面和他講話，就夠嚇人的。他性格堅毅且具領袖魅力，總之我很緊張。現在他竟問我要不要去白宮當他的助理！「當然好！」我立即回道，沒多想離開國務院職位的尷尬。「幾個星期後我這邊才會收到你參與機密工作的許可，但我的中南半島事務需要幫手」，奧森伯格告訴我。結果，從一九七七年中期至一九七八年結束，我不只專職追蹤中南半島的情勢發展，他還要我處理多項與中國有關的事務：對中國內外情勢的情報評估、美國出口管制（白宮想要放寬這些管制）、美國公司在中國境內遭收歸國有產生的商業「索賠和資產」問題，以及美國哪天若正式承認中華人民共和國，在政策、法律方面必須進行的調整等若干實務。那段時間我幹得很起勁，從中學到很多東西。一九七八年底我離開國家安全會議，好專心念完博士學位，此時正值中美宣布兩國外交關係正常化之際。我何其有幸參與了前置作業，也很榮幸能在鄧小平一九七九年一月來美國事訪問期間見到他。由於任職於國務院和國家安全會議，我也得以一窺在這個過渡時期促使中南半島、東南亞改變的相激相盪力量（從此成為我的長年研究關懷）。

越共與赤棉間的緊張有增無減。越柬邊境（尤其柬埔寨東南部鸚鵡嘴〔Parrot's Beak〕地區）小衝突升高，而且直至一九七七年結束未歇。最後，一九七八年聖誕節那天，河內終於動手，出兵十五萬至二十萬入侵柬埔寨（河內老早就想一統中南半島）。

一九七九年一月七日，越軍在柬國東部打敗抵抗的柬軍，兵抵首都金邊。但在金邊，越軍絲毫未遇抵抗，因為一九七五年奪權後赤棉已清空金邊居民，消滅政府人員，把城中人口移到位於內陸叢林集中營。越軍逼近，赤棉部隊退到內陸叢林深處。於是，越南人抵達金邊後，宣告成立新的柬埔寨共和國，扶植韓桑林（Hen Samrin）為傀儡總理，開啟對此國的十年占領。

鄧小平才剛回北京重掌大權，一九七八年五月，北京停止對越南的所有援助，開始公開批評河內與北京的頭號敵人莫斯科日益勾結。鄧小平斥越南為「東方古巴」（意指古巴為蘇聯的代理人）。一九七八年十一月，莫斯科和河內簽署二十五年期的「友好」條約，鞏固雙方關係，條約中有共同防禦條款。不久，蘇聯軍艦駛入金蘭灣（一九〇五年來首次），中國覺得被蘇聯包圍，中蘇關係非常緊繃。

在這一瞬息萬變的戰略環境裡，鄧小平因而加快與美國祕密協商外交關係正常化的腳步。一九七八年十二月十五日雙方在北京談定建交並公開宣布此事（一九七九年一月一日建交）。

該月，鄧小平訪美以慶祝雙方關係正常化時，告訴卡特總統和其國家安全顧問布里辛斯基，他返國後會「教訓越南」。卡特不贊同（並把此意見告訴鄧小平），但布里辛斯基極支持中國懲罰越南，因為他也視越南為蘇聯的附庸國。

鄧小平返回北京後，中國即於一九七九年二月十七日出兵攻打越南（北京稱之為「自衛反擊戰」）。這場後來人稱第三次中南半島戰爭的戰事，從此全面開打。[75] 中國對於這位前戰友的行事，愈來愈感不安。越戰期間，中國派三萬五千名軍事人員援助北越（一九六五—一九六八），提供多種物資和軍援，及戰略建議。但越戰結束，中越千百年來的宿怨迅即重新浮現。從中國人的角度看，河內於越戰期間受中國援助卻不知感激，而最不可忍的是，河內與北京的宿敵莫斯科簽約締結軍事同盟。此外，在北京眼中，越南正威脅其在柬埔寨的長期附庸（施亞努親王和赤棉皆是）。

但中國攻越並不甚順利。久經戰鬥鍛鍊的越南正規軍和民兵在邊境地區抗擊入侵的中國軍隊，將其擊退，在長達一個月的衝突中使中國損失慘重（四萬至五萬人陣亡）。最後，連高平、老街、諒山這三個邊城，中國軍隊都費了很大工夫才得以拿下。達成兵抵這三個城鎮的最起碼目標後，北京單方面宣告「獲勝」，宣布撤軍。如果說有誰「得到教訓」，得到教訓者不是越南，而是中國——認識到當時的中國人民解放軍有多落伍，戰力有多差。這是迄今為止中國打的最後一場戰爭。

中國攻越其實對其兩大目標的實現——把越軍趕出柬埔寨和削弱莫斯科對越南的支持——毫無助益。一九七九至一九八一年，蘇聯提供河內總值二十億美元的武器和軍援、十億美元的民用援助。此外，兩千名蘇聯軍事技術人員進入越南。蘇聯海軍在金蘭灣的部署迅速升級，從一九七九年在港五至十艘，一九八〇至一九八五年間增為二十五至三十五艘（包括航母、驅逐艦、護衛艦、掃雷艦、潛艇）。金蘭灣成為莫斯科在蘇聯境外最大的海軍設施，從而使蘇聯在南海區、印度洋區的海軍部署能力提高了一倍。莫斯科終於一償長久以來希望擁有一座溫水港的戰略夢想。此外，蘇聯空軍在附近峴港部署的軍機，從十至十五架增為一九八五年時的三十五至四十架，包括數架「獾」（Bager）長程轟炸機、一個中隊的米格二三、數架長程偵察機和運輸機。

回頭看華府。在越南入侵柬埔寨和中國出兵報復之前，卡特政府正在費心於以下敏感問題：要不要將美國與中國、與越南的外交關係都正常化，以及若要正常化，該如何做。對中、對越關係正常化之事，雙軌並行。對越之事，主要由國務院和職司東亞、太平洋事務的助理國務卿郝爾布魯克處理，對中之事則集中由白宮、國家安全會議處理，且由卡特總統的首席中國事務顧問奧森伯格主掌。雙軌各走各的，互不干涉——直到一九七八年秋兩者都快有成果時，才合併考量。在這緊要關頭，十月十一日白宮橢圓形辦公室的一場會議中，卡特總統詢問伍考克（Leonard Woodcock），什麼事可能影響到伍考克正在北京進行的祕密協商。伍考克是卡特派去北京的代表，在與中國祕密協商就要走到最重要階段時，被召回華府接受徵詢。伍考克直率告訴卡特和其他在場者，依他的看法，如果與越南關係正常化之事繼續進行，會使「與中國關係正常化告吹」。[76]中越緊張情勢一路升溫，伍考克從與北京的會商中強烈感覺到這點。他很清楚，也告訴卡特總統，祕密協商正值敏感的關鍵時刻，中國會覺得遭出賣，覺得美國出這一招是在搞兩面手法。卡特聽進伍考克的意見，與越南關係正常化之事就此擱置數年（說來有點諷刺，伍考克以特使身分被派去北京的一年之前，卡特於一九七七年三月才派他去越南摸底）。與越南協商順利與否，取決於美國要求徹底弄清楚失蹤美軍下落和河內要求賠償、援助等事情能否如願，但「中國因素」使協商就此打住。十七年後的一九九五年七月十一日，美越才終於建交。

經過在中南半島二十五年的戰爭，美國出於本能想縮手，但由於越南與蘇聯締結戰略同盟，加上柬埔寨、寮國這兩張「骨牌」已倒入共黨陣營，美國在東南亞仍有嚴重的安全隱患要防杜，包括要阻止蘇聯太平洋艦隊阻斷麻六甲海峽、南海及通往日本的海路；阻止越南揮兵入侵泰國或此地區其他地方；阻止此地區的共黨叛亂勢力威脅泰國、馬來西亞、印尼、緬甸、菲律賓當權政府。

為反制這些剩餘的威脅，而且符合尚存的「尼克森主義」的要求（強化地區諸國的防禦能力使它們更能自保並「分攤」地區安全的維護責任），美國與此地區諸國了啟動新一輪安保合作，包括澳洲、印尼、馬來西亞、紐西蘭、新加坡、泰國。[77]但這條戰略線有個不夠牢靠的環節，位在菲律賓。雖然馬尼拉附近的克拉克空軍基地、蘇比克灣海軍基地駐有一萬六千名美國軍事人員，但菲律賓政府對美軍的存在開始日益感到不安。

雷根政府

雷根（Reagan）政府上臺後，很快碰上東南亞的另一場危機——這一次發生於菲律賓。自一九五六年以來一直掌權的馬可仕（Ferdinand Marcos），變得日益專制獨裁。他於一九七二年九月宣布戒嚴，然後以嚴厲手段對付公民、媒體、反對勢力、司法、公民社會。先前卡特政府時期，馬可仕此舉已導致他與美國產生齟齬，畢竟卡特政府在外交政策上高舉人權大旗。雷根總統最初如同先前歷任美國總統，欣然接受馬可仕，一九八二年在白宮接待前來國事訪問的馬可仕（圖2.10），稱許他「懷有自由、民主、公義、平等這些美國價值觀」。[78]

但馬可仕及其高壓統治日益不得民心。一九八一年，他的最大對手，前參議員艾奎諾

（Benigno Aquino）獲釋，獲准前往美國做心臟繞道手術。此前，因為莫須有的煽動叛亂、謀殺罪名，自一九七二年起，他一直是馬可仕政權的階下囚。手術成功後，主要在波士頓活動的艾奎諾，成為把全世界反馬可仕勢力團結起來的主要人物之一。一九八三年八月，馬可仕的健康漸漸惡化之際，艾奎諾獲准返回馬尼拉。艾奎諾自認回去後安全無虞，於是搭機返國，卻在飛機降落後遭馬可仕的保安部隊帶下飛機，在機場跑道上遭暗殺身亡。情勢自此有了重大轉變，馬可仕政權開始走上末路。「人民力量」群眾運動於焉誕生，最終於一九八六年將馬可仕及其腐敗家族趕下臺。美國盡可能維護這位長期盟友使其不致崩潰，催促他交出政權，安排他流亡夏威夷。

圖2.10　雷根總統與馬可仕夫婦　　來源：Ronald Reagan Presidential Foundation

與此同時，在東南亞其他地方，雷根政府跟卡特政府一樣施壓越南。這時，越南依舊占領柬埔寨，支配寮國，威脅泰國。海格（Alexander Haig）辭去國務卿之職，由舒茲（George P. Shultz）於一九八二年遞補之後，雷根政府東南亞政策的位階獲得提升。舒茲對亞洲政策產生深遠影響，他使美國較為疏遠北京——北京是卡特當總統期間和雷根當總統頭兩年期間美國的冷戰焦點——轉而執行「亞洲優先」（有別於「中國優先」）的地區政策。舒茲認為最佳的中國政策，是一種促使美國將注意力集中在亞洲地區盟友與夥伴上的亞洲政策。這是舒茲本人出於直覺的看法，但他的想法也受到席格爾（Gaston Sigur）、沃爾佛維茨（Paul Wolfowitz）、阿米塔吉（Richard Armitage）這三位資深亞洲通的認同與影響。席格爾是喬治華盛頓大學（George Washington University）教授（也曾教過我），日本通，反共，因而深深覺得不應討好中國。舒茲於一九八二年任命沃爾佛維茨為主掌東亞與太平洋事務的助理國務卿，後來，一九八六至一九八九年沃爾佛維茨擔任駐印尼大使。原在國家安全會議事務局擔任亞洲事務資深主任的席格爾，成了雷根心腹，協助擬定亞洲政策，一九八六年接替沃爾佛維茨的助理國務卿之職，一九八九年二月卸任。促成雷根與日本首相中曾根康弘建立深厚交情的就是席格爾。阿米塔吉於一九八一至一九八三年擔任國防部掌理東亞、太平洋事務的副助理部長，接著成為掌理國際安全事務的助理部長，一九八九年卸任。還有兩個高階官員也很重要：李潔明（James Lilley）和葛瑞格（Donald Gregg）。李潔明於越戰期間是派駐寮國的中情局行動官員（operations officer），但也擁有來自長期歷練的中國事務專長（他生於中國，一九七〇年代初期擔任中情局站長，一九八九至一九九一年擔任美國駐中大使）。葛瑞格也曾為中情局效力，擁有朝鮮事務專長（一九八九至一九九三年擔任美國駐南韓大使）。

這些人在雷根時期的東南亞政策上舉足輕重，因為他們對此地區都有長期閱歷，且不用受制於從尼克森政府至卡特政府把持美國亞洲政策的其他許多人所採行的「中國優先」路線。於是，雷根政府亞洲政策的遺產之一，是看重位於「邊陲」的海洋亞洲，進而從近海向中國施加了戰略壓力。雷根當政期間，他們把說服馬可仕離開菲律賓，以及與柯拉蓉・艾奎諾（Corazón Aquino）新民選政府打交道這兩件棘手事，處理得妥妥當當（艾奎諾政府對華盛頓的態度始終若即若離）；另持續施壓越南，直到一九八九年九月越南人撤離占領十餘年的柬埔寨為止；並強化與泰國的同盟關係、成功化解與馬來西亞的緊張關係；此外，他們還推進了美國和新加坡的防衛夥伴關係。

老布希政府

老布希（George H. W. Bush）承繼了美國在東南亞的這一穩固地位，但他對東南亞的看法有別於舒茲與雷根政府諸亞洲通的看法。對老布希來說，還是「**中國優先**」。在他執政初期，這就明顯可見。他上任後未循美國新總統的慣例，以英國和歐洲為首個出訪地，反倒選擇走訪北京（和東京）。老布希個人明顯喜愛中國這個國家和鄧小平這位領導人，因為一九七四至一九七五年他曾任美國駐中國聯絡辦事處（US Liaison Office）代表。那時，老布希和妻子芭芭拉（Barbara）在冷清寂靜的北京街道騎腳踏車逛來逛去，經常打網球，除此以外就是和外交圈交際。[79] 這時，鄧小平剛從文革整肅中得到政治「平反」，老布希與鄧小平往來，相信鄧是他的「好朋友」。老布希自認與鄧小平「交情匪淺」，在一九八九年六月四日北京天安門「屠殺」後的餘波蕩漾期，這份信念受到考驗，但這番波折過去後，老布希竭盡所能使美中關係「回到正軌」。[80] 對老布希來說，日本很重要，但對美國的亞洲政策來說，中國才是重中之重。

因此，東南亞在老布希——或其政府——的世界觀或政策裡並不是特別重要。但在他當政期間，美國在菲律賓租借的軍事基地，租約就要到期。老布希派阿米塔吉去重議租約展延之事。阿米塔吉不負使命，但菲律賓參議院不願修改協議（反映菲律賓人民對美國的深刻矛盾）。老布希政府在促成由聯合國居間協調談成的一九九一年柬埔寨和平協議上，也居功厥偉（國務院官員索羅門〔Richard Solomon〕於此中扮演關鍵角色）。不過，除上述例外，老布希政府的外交政策並不太看重東南亞。由於中國情勢劇變（天安門事件）、東歐全境反共暴動蜂起、德國統一、蘇聯由內崩解、第一次波斯灣戰爭，東南亞受冷落可想而知。

柯林頓政府

柯林頓（Clinton）總統當政時，東南亞重新得到華府關注。柯林頓上臺於一九八九年天安門屠殺後。中國境內人權狀況在那之後的三年裡持續惡化。競選總統期間，柯林頓察覺到老布希政府的一個政治罩門，即很想要保住與北京關係——於是他批評老布希政府「縱容從巴格達到北京的眾多獨裁者」。上臺後，柯林頓繼續疏遠後天安門時代的中國領導階層，繼續維持美國對中制裁和多邊對中制裁，繼續將每年一度貿易最惠國待遇的重訂與中國人權的明確改善掛鉤。

這情況自然而然促使柯林頓及其政府採取「亞洲優先」政策，類似前面提到的雷根路線。不管是從美國內政，還是從外交政策角度來看，沿襲老布希政府主動與中國統治者接觸的路線，毫無附加價值可言。反之，柯林頓總統聽從其國務卿克里斯多福（Warren Christopher）、國家安全顧問雷克（Anthony Lake）、幕僚長潘內達（Leon Panetta）、職司東亞與太平洋事務的助理國務卿羅德（Winston Lord）的意見，在第一次任期期間，始終刻意與中國及其領導階層保持距離（第二次任期期間對中政策會有顯著改變）。

對東南亞來說，這意味著美國重新擁抱這個地區。在職司東亞與太平洋事務的助理國務卿暨資深亞洲通陸士達（Stanley Roth），以及主掌同區域事務的國防部官員建議和指導下，第二任柯林頓政府的意向，明確傾向於延續亞洲優先路線和維持疏遠北京的立場。尤其，陸士達先前在國會任職過數年，因此有深厚的東南亞事務背景，對此地區極為關注。國防部長裴利（William J. Perry）及其主掌國際安全事務的助理國務卿、哈佛大學教授奈伊（Joseph Nye），認同這一大方向。但第二任柯林頓政府的亞洲團隊已有所變動，裡面包含具有深厚中國事務背景且贊成與北京政府重啟接觸的人。國家安全會議亞洲事務資深主任李侃如（Kenneth Lieberthal）和副助理國務卿謝淑麗（Susan Shirk）力推朝此方向走（兩人都是學者從政且都是研究中國的主要學者）。一九九五至一九九六年發生臺海危機（在這期間中國朝臺灣附近海域發射了彈道飛彈，柯林頓政府部署兩個航母戰鬥群至該區域），一九九九年位於南斯拉夫貝爾格勒（Belgrade, Yugoslavia）中國大使館遭美軍誤炸，但想要把美中關係擺在更穩固、更前瞻基礎上的想法依然存在。國家安全會議和國務院為此擬出數個步驟，包括柯林頓、江澤民於一九九七、一九九八年互相國事訪問，以及把一年一度貿易最惠國待遇的審批與人權「脫鉤」，給予中國永久正常貿易關係的待遇。

在東南亞，柯林頓政府也強調人權。當時，緬甸、印尼、馬來西亞境內都出現嚴重侵犯人權之事。同時，在東南亞，「亞洲價值觀」的論辯也正在成形，尤其在馬來西亞和新加坡——這兩個國家都反擊，而且是用力反擊華府提倡民主、批評威權主義政權之舉。這時是「單極時代」（unipolar moment），冷戰已結束，蘇聯已瓦解，華府陶醉於福山（Francis Fukuyama）所謂的「歷史終結」這個具有自由主義思想的說法。柯林頓當政時，冷戰「圍堵」政策正式退場，由「擴大」世界民主陣營取而代之。在亞洲部分地方，特別是南韓和菲律賓，人民民主力量的確似乎正大展身手，但在其他東南亞國家，並非如此。尤其，馬來西亞總理馬哈地（Mahathir bin Mohamad）反擊美國大肆傳播人權福音和行銷民主。新加坡某些官員亦然。

柯林頓政府與新加坡的關係，因一九九四年費爾（Michael Fay）事件而更加緊繃。費爾當時是就讀於新加坡美國學校的十九歲高中生，因蓄意破壞汽車和偷走道路標誌遭捕，判處六下鞭刑（在新加坡稀鬆平常的刑罰）。奇怪的是，費爾犯的是微末小罪，他的案子卻大大刺激華府更加認定新加坡侵害人權。柯林頓總統本人，以及他的政府和數名參議員，抗議此懲罰，要求寬大處理。費爾的刑罰從六鞭稍減為四鞭，但此事加劇因「亞洲價值觀」而起的雙邊緊張關係。

強調人權，立意再怎麼良好，卻一定會危害華府在此地區更大政治目標的實現和其他一般來說正面的關係。新加坡學者廖振揚（Joseph Liow）評論道：「關於美國外交政策提倡人權一事，有一點應該指出，即此事之所以攸關美國—東南亞的關係好壞，不是因為它是新的待處理事項。爭議關鍵反而在於柯林頓政府推動此目標時太強聒不舍。」[81]

在東南亞其他地方，美國與泰國關係穩固，因為泰國正處於結束軍事政變而下一場軍事政變尚未到來之時的民主階段。一九九八年，美國與菲律賓締結《軍隊互訪協定》（*Visiting Forces Agreement*），使美軍再度得以在菲國長期駐軍、重新訓練菲律賓的武裝部隊。儘管反對黨領袖安華（Anwar Ibrahim）遭總理馬哈地政治迫害，馬來西亞境內也明顯出現要求更穩固民主的呼聲。鄰國緬甸的情況也開始好轉。一九八八年爆發前所未見的示威，抗議長期主政的軍事執政團，後來在一九九〇年舉行了全國選舉。反對黨全國民主聯盟（National League for Democracy），拿下過半國會議席（四九二席裡的三九二席）。全國民主聯盟領導人是具有領袖魅力的翁山蘇姬（Aung San Suu Kyi），已獲軍事執政團解除居家軟禁。但軍事執政團，即國家法律與秩序恢復委員會（State Law and Order Restoration Council），不願承認選舉結果，宣告無效，重新鞏固其鐵腕統治。這一高壓情勢持續至二〇一一年。印尼也於柯林頓執政時期重拾民主。在一九九七年亞洲金融危機爆發，以及國內政治人物反對數十年的暴力壓迫與家族貪汙盛行後，掌權三十一年的蘇哈托將軍於一九九八年辭職。柯林頓政府在逼蘇哈托下臺、接著支持印尼重拾民主上，扮演了一定角色。於是，在非共黨主政的東南亞地區，柯林頓政府見證——

並支持──後冷戰時代民主的回潮。就連在越南，柯林頓政府都支持「革新」（Doi Moi），開始促成這兩個曾在戰場上廝殺的國家揮別傷痛，將關係正常化。一九九五年七月十一日，柯林頓於白宮宣布兩國建交，打過越戰的參議員麥侃（John McCain）、凱瑞（John Kerry）、羅布（Charles Robb）分立於柯林頓兩側。兩年後，柯林頓終止貿易禁運，敞開大門讓兩國政府和社會自由互動（軍事交流也開始，但要到歐巴馬執政時才解除武器售越禁令）。

總而言之，柯林頓執政時期，美國與東南亞的關係可以說非常正面。最棘手的問題出現於一九九七至一九九八年亞洲金融危機時，該地區（和全球）經濟因而日益混亂失控。在東南亞，泰國和印尼受創最烈，但馬來西亞、新加坡、菲律賓也遭池魚之殃。美國的應對之道是阻止失血和幣值崩跌，為此與國際貨幣基金（International Monetary Fund）進行雙邊、多邊的合作。國際貨幣基金，連同美國、日本等經濟合作暨發展組織（OECD）成員國所提出的紓困計畫，的確穩住岌岌可危的情勢。但受援國得付出代價。國際貨幣基金和美國堅持受害國必須施行多種法規、法律措施，處理此危機的肇因，並試圖防止重蹈覆轍。但對此地區來說，這些都是叫人難以吞下的苦藥。有張饒富深意的著名照片，一九九八年一月十六日，國際貨幣基金總裁康德蘇（Michel Camdessus）抱胸站在虛弱的蘇哈托總統旁，看著他簽字同意紓困條件。[82]反之，中國迅速提出紓困方案，而且很乾脆，不問問題，不帶條件。新加坡學者廖振揚回顧當時情勢和柯林頓政府的回應之道，有感而發評論道：「美國支持國際貨幣基金紓困，但對此地區的國家來說，問題在於美國的援助不只來得慢，而且援助送來時，附加了叫人吃不消且總是使東南亞情勢更加不穩的政治要求和期望。」[83]相較之下，中國金援印尼、馬來西亞、泰國時十分大方，「不帶條件」。從某種意義上說，這是中國對東南亞於一九八九年天安門屠殺事件後，未譴責北京當局的「回報」。金援之舉大大改善了中國在整個東南亞的形象，美國則日益被視為恃強凌弱、要求太苛。

小布希政府

二〇〇一年一月小布希（George W. Bush）繼柯林頓之後主政。那年九月十一日紐約、華府遭恐怖攻擊事件，左右了小布希主政期間美國的外交政策，對東南亞的政策當然也受到影響。九一一恐攻之前，小布希政府已表露出改變亞洲政策的跡象。他批評競選對手高爾，以及柯林頓政府一九九八年要與中國建立「戰略夥伴關係」的政策，反駁說中國其實是「戰略競爭者」。老布希認為有必要維持與北京的良好關係，小布希本人似乎局部認同父親的想法，但小布希身邊許多人走馬上任時，對北京政權及其據說想要將美國推出亞太的念頭，深懷疑慮與不喜。[84]二〇〇〇年五月EP-3危機（一架中國戰機攔截、撞上一架美國偵察機，迫使這架偵察機迫降海南島），更加深這些看法。

因此，接下來美國會再次採取「亞洲優先」（Asia first）地區政策，並且將中國在美國外交政策裡的位階降級，似乎是順理成章的事。屆時，東南亞自然會得利。然後，發生九一一事件。華府更加看重東南亞，但是出於別的理由。九一一事件後，中國向美國伸出援手，成為小布希「全球反恐戰爭」（global war on terror, GWOT）的夥伴。華府與北京的關係因此有了自一九八〇年代以來最佳的八年。

但對美國與東南亞的關係來說，東南亞在華府眼中的地位既有所提升，也有所窄化。這時，東南亞被美國劃為全球反恐戰爭裡的「第二戰線」（second front），這樣的劃定有充分理由。賓拉登（Osama Bin Laden）蓋達（al-Qaeda）組織已立足於印尼、菲律賓，並且涉及二〇〇〇年聖誕夜發生於雅加達等印尼九座城市的炸彈攻擊。在馬來西亞、菲律賓、新加坡、泰國，也偵測到曾於阿富汗境內蓋達營受過訓練的蓋達特工。[85] 九一一事件後的二〇〇一年十二月，印尼警方查抄到一份文件，裡面詳載要在印尼、馬來西亞、新加坡發動更多攻擊的計畫，文件來自與蓋達組織掛勾的伊斯蘭祈禱團（Jemaah Islamiyah）極端團體。伊斯蘭祈禱團被認為與後來二〇〇二年峇里島夜總會炸彈攻擊、二〇〇三年八月雅加達JW萬豪酒店（J. W. Marriott）攻擊、二〇〇四年九月雅加達澳洲大使館外汽車炸彈攻擊有關係；除此以外，另一與蓋達組織掛勾的菲律賓阿布沙耶夫（Abu Sayyaf）團體本想在一九九五年炸掉十一架來往太平洋兩岸美國班機，這樁密謀伊斯蘭祈禱團亦參與其中。[86]二〇〇二年想要在新加坡攻擊美國海軍軍艦的密謀也受阻而未得逞。

東南亞或許被小布希政府劃定為「第二戰線」，但這些密謀，以及沙烏地阿拉伯等中東國家所支持之恐怖主義團體與東南亞境內恐怖主義團體關係深厚，諸如此類的情報，可是千真萬確，使此地區成為小布希政府全球反恐戰役的「前線」之一。因此，美國與東南亞諸政府的互動層級提升，尤其在軍事、情報、執法、反恐諸領域。[87]

這些麻煩事很大程度上主宰了小布希政府對東南亞諸國政府的看法，以及美國與這些政府的關係，同時也為美軍返回菲律賓移除了障礙。菲律賓總統雅羅育（Gloria Macapagal-Arroyo）搬出一九五一年的《美菲共同防禦條約》（*US-Philippines Mutual Security Treaty*），表示願提供蘇比克灣海軍基地和克拉克空軍基地供美國作戰之用，表達了樂見美軍重返的意向，她也公開表示「如有必要〔菲律賓〕願意不惜任何代價」支持美國反恐作戰。[88]先前，老布希主政期間，菲律賓參議院否決讓美國繼續使用菲律賓境內基地的新協議，美國自此不得使用那些基地，因此，雅羅育的上述表態，華府當然非常樂見。於是，兵力超過千人的美國特種部隊到菲律賓南部部署。針對泰國，美國採取了類似措施，包括設立「黑牢」（black site）拘留所，供中情局訊問、拷打被俘的蓋達特工。但在另一方面，馬來西亞提供給美國的幫助就少得多——事實上，在華府看來，馬國形同絆腳石。馬國總理馬哈地公開譴責小布希的「反恐戰爭」和此舉隱含的伊斯蘭恐懼症心態。由於情報顯示馬國境內有蓋達特工，二〇〇二年華府把馬來西亞標定為「恐怖主義風險國」。

除了反恐，小布希政府也在推進美國與東南亞的商業關係上有實質成果。經由談判，美國與新加坡締結《雙邊自由貿易協定》（*Free Trade Agreement, FTA*）——至今仍是美國在此地區所締結的唯一貿易協定。同樣在小布希當政期間，開啟跨太平洋夥伴關係（Trans-Pacific Partnership, TPP）談判，儘管這些談判與歐巴馬政府的關係更密切，而且是在歐巴馬執政時談出成果。總而言之，小布希政府有資格對其主政期間美國與東南亞的關係感到相當滿意。沒有哪個關係惡化（或許只有與馬來西亞的關係例外），而且許多關係顯著改善。

回顧

本章中，我們看到美國在東南亞地區留下的遺產。十九世紀上半葉商人和傳教士打頭陣，十九世紀下半葉由外交官接棒，雙方締結正式關係，接著，十九、二十世紀之交，美國武裝部隊進入。同樣是在十九、二十世紀之交之時，美國的商業利益和足跡不斷擴大並加深。教育、宗教方面也締結良好關係。美國支持此地區所有國家自決、獨立，這也使得美國有別於其他歐洲盟邦和前殖民列強。而且除了菲律賓，美國大致被視為宅心仁厚的夥伴——但此時美國還不被視為強權。二次大戰和冷戰，轉變了美國的形象。

隨著中國、北越、北韓落入共黨之手和後來爆發韓戰，東南亞在華府眼中的定位一夕翻轉。這時，東南亞成為全球兩大反共戰場之一，美國因而決定插手越南和中南半島事務，過程曠日費時且大傷元氣（一九五八—一九七五）。這場衝突深深影響美國與此地區所有國家的關係，強化了美國與此地區幾乎所有國家的關係。但隨著中南半島上這場漫長且大傷美國國力、撕裂美國社會的衝突結束，美國對東南亞的關注自然而然開始減少、消散。但美國無法率性甩頭就走——因為東南亞諸國在這段期間已各憑本事躍居要位。東南亞地區的情勢，尤其是越南入侵、占領柬埔寨，也不容華府轉身走人。

因此，如先前所述，從卡特政府至小布希政府，美國持續與東南亞地區交往，建立彼此之間的關係。這一交往關係並非總是如某些東南亞國家希望的那樣強健或穩定（對於某些東南亞國家來說反倒覺得關係太強健），但從本章勾勒的概況可以清楚看出，美國或許並非始終把東南亞地區列為首要關注對象，但始終與東南亞地區保持交往且自認是扮演好人角色。[89] 至少許多美國人這麼看待他們與此地區的關係。但對東南亞人來說，美國並那麼善良。美國往往讓人覺得三心二意、傲慢、盛氣凌人、易變、太自我。如同廖振揚所貼切指出的，[90] 這造成東南亞人對美國的感覺十分矛盾。

第三章

美國當代在東南亞的角色

總統任期初期，我決定要讓身為太平洋國家一員的美國，
重新平衡我們的外交政策，在亞太扮演更巨大更長遠的角色，
包括要與東南亞和東協交往。

——

歐巴馬總統，

二〇一六年二月十五日[1]

在我們對此地區的未來構想裡，
東協是最重要的環節；
東協是我們不可或缺且不可替代的戰略夥伴。

——

美國前副總統（Mike Pence），

二〇一八年十一月十四日[2]

前一章回顧了從十九世紀初期至小布希任期結束，美國歷來對東南亞的看法和美國在東南亞所曾扮演的角色。本章上承那段歷史探究，檢視「當代」時期，即歐巴馬、川普兩任政府在東南亞地區的政策和作為，接著審視美國目前跨足的三個範疇：商業、安全、軟實力／公共外交。我認為，美國在東南亞的**存在感**和**影響力**，整體看來非常巨大且重要，遍及多個領域，儘管就外界的**觀感**來說，遠沒那麼有分量。美國的角色顯然未得到此地區許多觀察家正確評價，甚至被視為理所當然而受到忽視。誠如新加坡資深外交官許通美所告訴我的，「你們的存在感沒變。在有所改變之前，我們往往視為理所當然而不當一回事。新出現且有改變的，是中國的存在感和影響力。為何他們引起所有人注意，原因在此。」[3]

歐巴馬政府的東南亞政策

從東南亞的角度來說，它與美國的關係，在歐巴馬當政期間（二〇〇九—二〇一七）來到史上最佳，從美國的角度來說亦然。前一章敘述了歷來美國對此地區關注程度的起落和「良性冷落」(benign neglect) 傳統，但歐巴馬當政八年，眾所公認此地區得到的關注大幅躍進，也更連貫，為越戰結束以來**歷任**美國政府之最。這有一部分是歐巴馬政府對整個亞洲採取「重返」

或稱「再平衡」政策所無心促成，有一部分則是因為歐巴馬政府更加體認到東南亞的重要性，還有一部分原因是跟歐巴馬總統本人有關。歐巴馬不只在夏威夷長大，而且在攸關其人格形成的六至十歲是於印尼雅加達度過，因此對此地區有一份喜愛和瞭解。歐巴馬自稱是第一位「太平洋總統」，提升了東南亞在外交政策裡的位階。

上任頭一年，歐巴馬政府簽約加入東協創始條約《東協友好合作條約》（*ASEAN Treaty of Amity and Cooperation*），二〇一一年任命美國第一任駐東協大使（東協祕書處位於雅加達）。接著，歐巴馬政府將美國與新加坡的雙邊關係提升為「戰略夥伴關係」（strategic partnership），與馬來西亞、印尼、越南的關係提升為「全面夥伴關係」（comprehensive partnerships）。[4] 有些美國官員表示，這兩個名稱其實沒有差別，但馬印越三國政府都不願使用「戰略」一詞；另有一些前歐巴馬政府官員則指出，「戰略夥伴關係」的定位使該國有資格以實質「重要非北約盟邦」（de facto "major non-NATO ally"）身分，向美國購買較先進武器。

東南亞的優先地位，在二〇〇九年開始舉辦的一年一度國家元首級「領袖會議」（Leaders Meetings）上更形凸顯。二〇〇九年十一月第一場會議閉幕時，他們發表了涵蓋範圍甚廣的〈聯合宣言〉（Joint Declaration），為美國與東協在諸多領域大幅提升合作關係擬定了可供依循的準則。[5] 二〇一六年，美國與東協將雙方的集體關係升級為「戰略夥伴關係」，二〇一六年二月在加州蘭喬米拉（Rancho Mirage）陽光莊園（Sunnylands）召開第一次由美國獨立主辦的雙邊領袖高峰會（Leaders' Summit），[6] 會後發表了更新版全面性聯合聲明。[7] 二〇一四年起，美國—東協防務論壇（US-ASEAN Defense Forum）也開始活動，出席者為各國國防部長。

東南亞之所以成為歐巴馬政府的新關愛焦點，原因在於歐巴馬政府將注意力再次大幅轉向亞太，而東南亞是亞太的一環。歐巴馬政府的資深官員認為，九一一事件後的「反恐戰爭」、阿富汗與伊拉克境內的軍事行動，以及獵殺賓拉登，使得美國把戰略重心全放在（或者說深陷於）中東和西南亞，因此他們決定系統性地將戰略眼光由中東移向整個亞洲（南亞、西南亞、東北亞、中亞、澳大拉西亞、太平洋

圖3.1 歐巴馬總統在東亞高峰會上 來源：Jim Watson/AFP via Getty Images

島嶼）。

重返政策大體上出自坎博的構想。總統歐巴馬和國務卿希拉蕊（Hillary Clinton）任命他為主管東亞暨太平洋事務助理國務卿。坎博是理智型人物，愛交朋友，精力充沛，幹勁十足，而且從政資歷甚深。先前他當過柯林頓政府的國防部副助理部長，主管亞太事務，表現甚受肯定。更早之前，坎博曾獲選為聲名卓著的「總統管理人員」（Presidential Management Fellow），服務於財政部、白宮西廂辦公室、國家安全會議事務局。他也在哈佛大學教過書，並且多次受華府重要智庫聘任。坎博求學時並非專攻亞洲地區（他在牛津是憑鑽研前蘇聯拿到博士學位，也曾在前蘇聯亞美尼亞共和國學小提琴），但接掌亞洲事務後，很快就上手。坎博在亞洲事務上的過人之處，在於他對此地區認識的廣博——大部分亞洲通只深入瞭解某個國家（日本、中國、韓國、印度或東南亞），腦袋往往被「他們熟悉的國家」「迷住」，懂得那國的語言，從那國的角度看該地區，結果往往未能全盤掌握該地區的情況，見解不夠周全。坎博對此地區認識的廣博，一直是他從政生涯裡的一大優勢，因為他對此地區的許多行為者有充分的理解。另一個值得一提的特點，是他對中國抱持合理的懷疑，但不抱敵意。多年來他靠中國人的配合解決了國防、外交領域的多個問題，但始終不受中國是美國在亞洲最倚重國家的想法拘束。這為他在中國贏得了「圍堵博士」（Dr. Containment）的綽號——但這個綽號對他來說並不公允，坎博是務實主義者，他知道必須與中國打交道，在某些問題上中國可以是美國的助力。儘管如此，他對中國採行「約束」（constraining）原則，手段是透過強化美國與中國周邊地區國家的關係。

由於上述背景，坎博是擔任東亞暨太平洋事務助理國務卿和構思、執行「重返」亞洲一事的絕佳人選（卸下公職後，他以「重返」亞洲為題寫了本書）。[8] 國務卿希拉蕊找坎博擔任她處理此地區事務的主要副手時，告訴他：「亞洲是未來所繫，我們的外交必須在更根本的層面上反映這點……中國很重要，這毋庸置疑。但我們要能成功，也必須與其他國家更有效地合作，必須把我們的中國政策牢牢扎根在更大的亞洲戰略裡。」[9] 構思並執行重返政策者，當然不只坎博一人。國家安全會議事務局裡跟他工作性質類似的亞洲事務資深主任貝德（Jeffrey Bader），是歐巴馬政府裡最有經驗、最頂尖的亞洲事務外交官之一。貝德去職後，由另一位老練外交官羅素（Danny Russel）接替他在國家安全會議的職務，羅素於歐巴馬第二次任期期間調任東亞暨太平洋事務助理國務卿時，遺缺由學者麥艾文（Evan Medeiros）接掌。這些人，在諸多政府部會的其他許多人共同參與下，一起擬出並執行了重返亞太政策。

東南亞是其中一個主要環節。就美國外交來說，這是重大改變。美國外交原本向來「偏重東北亞」，但國務卿希拉蕊認為不該如此，她在回憶錄《抉擇》（*Hard Choices*）裡指出：「曾任駐新加坡、印尼、中國大使的芮效儉（Stapleton Roy），力勸我切勿忽略東南亞，吉姆（Jim Steinberg）和柯特（Kurt Campbell）也這麼勸我。多年來由於日本、南韓是我們的盟邦，我們在這兩地有駐軍，美國往往把注意力放在東北亞，但印尼、馬來西亞、越南等國家，經濟、戰略方面的重要性正與日俱增。〔大使〕芮效儉和其他專家支持我們與東南亞簽訂條約的計畫，此事若成，將為美國大開方便之門，提升在該地區的滲透參與。照這條路走，似乎不必花多大工夫，就能帶來實質好處。」[10] 國務卿希拉蕊貫徹她的政策，親自走訪東南亞全部十國，她是第一個這麼做的美國國務卿。歐巴馬政府國家安全會議事務局的首席亞洲顧問貝德，在他寫於此時期的回憶錄裡呼應此看法：「從國務卿〔希拉蕊〕柯林頓首次出訪起——包括出訪印尼——歐巴馬政府就想彰顯我們對東南亞的關注遠遠超過美國歷來對東北亞的偏重……總之，在東南亞正準備於新浮出的世界秩序裡，在崛起的中國與崛起的印度之間，找到自己應有的位置時，歐巴馬政府也想要擴大美國在東南亞的存在。目標不是要跟中國搞零和對抗，而是要成為此地區的積極參與者，以免美國被視為愈來愈無足輕重的強權。」[11]

當總統八年期間，歐巴馬也走訪了東南亞十國裡的九國（略過汶萊），簽署許多雙邊協定，包括軍援協定，以及與印尼、馬來西亞、菲律賓、新加坡簽訂的《強化防務合作協定》（*Enhanced Defense Cooperation Agreement*）。二〇一〇至二〇一六年歐巴馬政府撥給此地區四十億美元的開發援助，啟動「湄公河下游行動計畫」（Lower Mekong Initiative），支持該地區的永續發展。[12] 美國與數個東協成員國締結新的雙邊執法合作協定，這些協定整合為華府所提倡的「東南亞海域執法倡議」（Southeast Asia Maritime Law Enforcement Initiative）——旨在強化印尼、馬來西亞、菲律賓、越南的海事能力。歐巴馬當政期間，美越關係提升到史上最佳，包括解除（自越戰結束以來一直施行的）武器禁運，這兩個曾相互為敵的國家也開始在防務上建立密切聯繫。隨著緬甸從完全軍事統治轉變為讓某些民主元素有空間發揮的混合制，長年不得平靜的美緬關係正常化（但在防務領域例外）。與小國汶萊的關係也改善，汶萊蘇丹難得出訪白宮。但與泰國這位一八四年簽約夥伴和六十年盟邦的關係，在二〇一四年曼谷軍事政變後，變得頗為緊繃。[13] 與菲律賓的關係，在杜特蒂二〇一六年當上總統後，也出現類似的急劇反轉。

美國與東南亞關係強化一事，清楚反映於東協—美國「二〇一六至二〇二〇年行動計畫」（ASEAN-US Plan of Action 2016-2020）。[14] 除了提升文化、商業領域的各式各樣交流，此行動計畫承諾美國會在未來幾年與東協進行全面性的雙邊、多邊交往。

雖然此地區許多觀察家開始批評歐巴馬的重返政策口惠多於實質，[15] 這樣的批評有部分屬實，但公允而論，美國與東南亞的關係，在歐巴馬當政時，或許來到史上最佳。歐巴馬卸任後，此地區面臨的問題在於，川普（Trump）政府會在已改善的基礎上往前邁進，還是回頭重拾斷續往來、相對冷落的傳統模式。

川普政府與東南亞的關係

川普當政時，美國回頭重拾長年以來良性冷落的做法——或者說「忽冷忽熱的交往」（ambivalent engagement），此貼切形容出自新加坡學者廖振揚研究美國與東南亞地區關係的精闢之作。[16]川普政府重拾美國傳統的斷續外交模式，雙方高階政治人物幾無互動數個月後，美國官員猛地飛到此地區，展開「空降外交」（parachute diplomacy），說些安定人心的話，表達美國的承諾與決心不變，然後就飛走了。有幾次，美國政府變得積極主動，邀請東南亞的國家元首、高階官員訪問白宮和華府。但這類急劇增溫的美國外交，通常繼之以一連好幾個月的相對冷漠——然後重複這種熱絡繼之以冷落的模式。

儘管川普政府是回復斷續外交模式，但東南亞地區的認知卻不是這樣，而且觀感負面。二〇一九年針對東協全部十國、超過千人受訪的全地區民調，顯示東南亞人不只認為美國重拾良性冷落，對川普政府更是評價甚低。[17]當被問到「川普當政時美國與東南亞交往的程度為何？」，五一·二%的受訪者說「降低」，一六·八%說「大幅降低」（兩者加總達到驚人的六八%）。因此，不得不說此地區的觀感是**冷落**，而非斷續性交往。許多作為促成此觀感。在重要國家（例如新加坡、泰國）未派駐大使，或許是其中之一。川普政府在就任快滿三年時，才任命了一位東亞暨太平洋事務助理國務卿史達偉（David Stilwell）。對東南亞人來說，另一個重要指標是川普沒有出席此地區的重要會議——只出席了一次，其他次則是派副總統彭斯、國家安全顧問奧布萊恩（Robert O'Brien）、乃至商業部長羅斯（Wilbur Ross）與會。東南亞人把「現身」與否視為關注或漠視的重要指標。

因此，我們可以理解和諒解，為何東南亞老是懷疑美國的關注與支持能否持續。不過這一次，針對美國關注範圍和持久程度，積澱在東南亞人心底的懷疑和質疑更深。原因除了東南亞人本就隱隱覺得美國正在往下坡走，國力持續緩步衰退（第一章有談到），另有兩個因素加劇他們的懷疑：川普本人行事的不可捉摸和善變，以及中國在此地區的角色迅速加重。

川普已證明川普政府最大的禍害就是他自己。一大早在推特發咄咄逼人的推文，或以貶低的口吻對外國領導人品頭論足，加上這位總統對多邊主義毫不掩飾的鄙視、看貶盟邦的重要性、幾乎公然表露對某些種族與宗教的偏見、對國際貿易流於簡單的重商主義看法，**都**傷害了美國與東南亞關係。某位馬來西亞官員對我說：「我們東南亞人性情含蓄，但川普口無遮攔，炮火四射。」[18]川普的反移民政策，以及把矛頭特別鎖定穆斯林移民，在汶萊、印尼、馬來西亞引來極大反感。他突然退出跨太平洋夥伴協定（TPP）之舉，震撼整個東南亞，傷害無法挽回。但平心而論，川普個人對東南亞似乎並不特別有敵意，從他兩次走訪此地區及二〇一七年歡迎馬來西亞、新加坡、泰國、越南領導人訪問白宮的表現來看，更可說他對東南亞抱持正面態度。但川普的衝動、善變，令東南亞人坐立難安。川普對中國打關稅戰、貿易戰，也給東南亞帶來直接衝擊，因為有些美國公司開始重設供應鏈，把某些生產設施從中國移至此地區（主要是越南、印尼、馬來西亞）。

川普當政時促使美國重視東南亞的第二個因素——亦即最主要因素——是中國在東南亞全境踏下的足跡愈來愈廣且深。川普政府的《印太戰略報告》（*Indo-Pacific Strategy Report*），二〇一九年六月由國防部提出，載明：「中國在經濟和全球事務上的優勢持續提升，短期內尋求稱霸印太地區，長期則要稱雄於全球。」[19]這份報告批評中國在此地區的一些作為，包括軍事、經濟、政治各方面，表示：「中國正利用經濟誘因和懲罰、影響力的行使、未明言的軍事威脅，勸服其他國家照其計畫行事。」[20]這份報告把矛頭特別對準中國於東海與南海造島及擴大軍事勢力之舉。報告中說：「這些作為可能危害自由貿易、威脅到其他國家的主權，以及削弱此地區的穩定。」[21]上述針對中國在此地區行為的批判，與川普政府剛上臺時所發布的兩份著名政策聲明意向一致，《美國國家安全戰略》和《美國國防戰略》（*National Defense Strategy*），都稱中國為

「修正主義強權」（revisionist power）。

中國的地位和影響力的確蒸蒸日上（這部分第五章會詳述），但川普的「美國優先」外交政策及其與東南亞的斷續交往，凸顯了此現象（或至少凸顯了此**觀感**）。許多分析師盱衡全局，認為美國在東南亞造就出戰略真空，而中國正輕易且欣然填補該真空。這是此地區的盛行看法，也是此地區媒體的普遍說法。不管在哪裡或什麼書報文章裡，中國都被視為東南亞境內日盛一日且勢不可擋的支配強權，美國則被視為愈加孤僻、內政失靈、日益專斷且國力漸衰。在此大環境下，下面說法應運而生：東南亞國家正選擇擁抱中國而棄美國，美國就要把此地區「輸給」中國。[22]

不過這些說法是否為客觀事實就是另一個問題了。我有理由認為它們**不實**。本章後文將說明，美國實力仍然非常強大——比中國在此地區的實力**強大許多**。但人的直觀認知不盡然與客觀事實一致，而且往往變成自以為是的真實（「迷因」）。且不管直觀認知為何，如同第一、六、七章的內容所述，如今誰都看得出來，美中兩國正陷入漫長且全面的支配力、影響力爭奪戰中。[23]

川普東南亞政策的演變

在與東南亞的關係上，川普政府一開始的起步極緩慢。川普投注不少時間和心力在東北亞諸國領袖上，尤其日本的安倍晉三和中國的習近平，而最初東南亞得不到他青睞。上任頭四個月，川普未與東南亞哪個領導人開過會或通過電話，同一期間他卻與中東的國家元首通了十五次電話，與歐洲的國家元首通了十四次電話，與拉丁美洲的國家元首通了七次電話，與東北亞的國家元首通了六次電話，與非洲的國家元首通了三次電話，與北美的國家元首通了兩次電話，與大洋洲的國家元首通了兩次電話，與南亞的國家元首通了一次電話。[24]

川普上任第三天即退出跨太平洋夥伴協定之舉，儘管事前他已示警會這麼做，還是震撼了全亞洲。當時我住在新加坡，親身經歷這股強烈的震撼和遭美國出賣的感受。跨太平洋夥伴協定被視為歐巴馬重返政策在經濟上的重要一環，川普退出之舉重創美國在此地區的形象和信譽。幾個東南亞國家（汶萊、馬來西亞、新加坡、越南）為了加入跨太平洋夥伴協定，在經濟上做了辛苦的調整和妥協。華府八年來哄誘、催逼它們加入，結果川普一上任卻閃身走人，棄它們於不顧。但川普退出之舉在旁人看來意義遠超過一個經濟動作——此舉再次向東南亞人顯示，美國行事不可捉摸、不可靠。川普掛在嘴上的「美國優先」（America First）之說，也令他們極為不安，[25]因為這句口號讓許多人覺得美國將邁入孤立主義，會單方面拱手將地盤讓給中國。

但二〇一七年四至六月間，經過東南亞地區美國大使館的懇切請求，以及美國政府內部的政策檢討，川普團隊開始把注意力集中在此地區。川普政府推出一系列經過精心策劃的措施，藉此發出讓東南亞安心的信號。副總統、國務卿和國防部長、總統本人，都造訪此地區。副總統彭斯過境訪問雅加達，簽署數個商業協議，走訪美國駐東協代表處和東協祕書處。[26]國防部長馬蒂斯（James Mattis）首度出席在新加坡舉行的香格里拉對話（Shangri-la Dialogue），[27]接著國務卿提勒森（Tillerson）邀東協十國外長與他和行政團隊在華府會晤。[28]此外，川普在白宮接待了馬來西亞、新加坡、泰國、越南的領導人。

川普政府想要藉由這些舉動讓東南亞放心，表達美國持續交往之意。箇中意涵令此地區有些人感到鼓舞，[29]但也有些人懷疑這會不會只是華府斷續交往的最新表現。[30]另有觀察家注意到「交易外交」（transactional diplomacy）或「禮物外交」（gift diplomacy）的新模式。[31]也就是，配合川普不時掛在嘴上的「買美國貨」（buy America）論調，來訪的外國領導人這時不再能像過去那樣，從華府那兒得到許多優惠信貸、貿易協議、國防協議，反倒要帶著龐大的採購案這類禮物上門。馬來西亞總理納吉（Najib Razak）二〇一七年九月十二日拜訪白宮時，向川普爽快宣布他這次來要買總值一百億美元的二十五架波音噴射客機，表示馬來西亞願投資三十至四十億美元在美國的基礎建設上，另投資一百億美元在科技上。[32] 泰國總理帕拉育帶來一份長長的採購清單，要砸大錢替F－16戰機升級、買數架黑鷹直升機、一架眼鏡蛇武裝直升機、數枚魚叉飛彈和其他軍事裝備。他也為泰國航空公司下訂了二十架波音客機。帕拉育和川普還簽了一連串農業、能源協議。[33] 新加坡總理李顯龍不甘示弱，來到白宮表示要買三十九架波音飛機。局面確實扭轉了，白宮訪客帶著龐大的商業協議作為獻禮上門，而不是前來領受美國補助的大禮。

二〇一七年十一月，川普總統為美國在東南亞的一連串外交活動劃下圓滿句點，他親自出訪此地區，出席一年一度的亞太經合會高峰會、東亞峰會（但早早就離開）、美國

圖3.2 川普總統與菲律賓總統杜特蒂打招呼

來源：Athit Perawongmetha/AFP via Getty Images

─東協五十週年紀念峰會，以及赴越南做雙邊互訪性質的國事訪問。此次出訪與政策相關的最重要活動，是川普在越南峴港的亞太經合會企業領袖高峰會上的演講。但川普利用此機會針對他的「美國優先」經濟計畫，發表了措辭非常強硬的演說，許多人聽了心裡忐忑不安。美國總統親自到訪，令許多東南亞人感到安心，但總的來說，川普此行在此地區招來的評價有褒有貶。[34]

二〇一七年五至十一月華府以一連串教人目不暇給的舉動，表明要與東南亞重新交往的意向，但接下來，美國再度走上良性冷落的常態。之後直到二〇一八年六月十二日川普飛到新加坡，和北韓領導人金正恩舉行歷史性峰會，才再有高階互動。從外交來講，此行當然不是要造訪東南亞，但川普的確在新加坡總統府（The Istana），另外與新加坡總理李顯龍進行雙方會談，會中他親口確認會在十一月再來新加坡參加一年一度的東協峰會和東亞峰會（但最終食言）。另一個重要的訪問行程，是國防部長馬蒂斯第二次出席香格里拉對話。二〇一八年六月二日，馬蒂斯在該會發表了重要演說。演說中，馬蒂斯概述了川普政府對東南亞地區的政策想法和優先事項。這是至當時為止，美國高階官員針對川普政府的地區秩序構想所做的最完整解說（但在戰略和知識層面，此構想仍讓人很不滿意）。[35]

馬蒂斯強調川普政府「自由開放印太」（Free and Open Indo-Pacific）的中心思想，此為川普政府亞洲戰略、亞洲政策的最重要綱領。馬蒂斯說：「別懷疑，美國會留在印太。這是我們看重的區域。我們的利益與此地區緊密交織，密不可分。」[36]其實，同年更早時，川普政府在《美國國家安全戰略》和《美國國防戰略》，已透露「自由開放印太秩序」戰略。[37]這兩份文件都把中國斥為破壞印太地區穩定的元凶：

> 中國正利用軍事現代化、資訊操弄、掠奪性經濟來脅迫其鄰邦，重塑印太地區秩序以符合他們的利益。隨著中國在經濟、軍事方面的實力持續上升，透過全國性長期性戰略展現力量，可預期中國將繼續施行軍事現代化計畫，求取在短期稱霸印太地區，在未來取代美國稱霸全球。[38]

川普政府的印太戰略在這兩份文件中初露端倪，但直到二〇一九年六月，隨著《印太戰略報告》出爐，此戰略才得到完整闡釋。不過，在那之前，已有一些川普政府的中階官員公開預告此戰略。國防部主管亞太安全事務的副助理部長薛瑞福（Randall Schriver），在參議院聽證會上證稱，美國把東南亞視為最優先關注地區。[39]國務院裡主管同地區事務的官員史達偉，有類似的說法：「支持強大團結的東協，仍是我國印太戰略的核心。東協對印太的看法和我們對該地區的願景不謀而合。」[40]

二〇一九年十一月，亞太經合會年會和東亞峰會在曼谷召開前夕，國務院終於推出正式版本的川普政府印太戰略和政策。[41]這份文件取名《自由開放的印太：促進共同的願景》（*Free and Open Indo-Pacific: Advancing a Shared Vision*），把美國針對以下遼闊地區所提的各種倡議熔於一爐：北起日本和南韓；東南至澳洲、紐西蘭、太平洋島嶼；南至東協；西南至印度和其他南亞／印度洋國家。此文件列出美國形形色色的計畫和倡議，清楚表示：

> 美國的亞太願景沒有把哪個國家排除在外。我們不要求國家在夥伴上只能二擇一，反之我們希望諸國在此地區秩序的核心原則受威脅時維護這些原則。美國正強化、深化與我們有共同價值觀之國家的夥伴關係。[42]

報告雖未特別點名中國，但在提到湄公河時說：

> 此地區正面臨自主性和經濟獨立陷入險境的新挑戰，包括債務依賴、大肆建造會使下游河水遭一手把持的水壩、爆破和疏濬河床的計畫、境外河域巡邏、日益嚴重的組織犯罪和走私，

以及某些人想要以削弱既有機構的方式打造此河新管理規則的心態。[43]

如果說這樣拐彎抹角影射中國還不夠清楚，這份官方報告接下來則直接點名中國了：

中華人民共和國在國內外施展壓迫。北京不容異議，強勢控制媒體和公民社會，殘酷鎮壓居於弱勢的族群和宗教團體。這類做法，被北京透過其政治、經濟影響力輸出到他國，破壞了數十年來促進印太穩定與繁榮的條件。[44]

儘管有如此不客氣的措辭，此報告從頭至尾都沒提到中國想要支配此地區之事（在華府常聽到的一項指控）。然而，中國把這個印太戰略視作對其幾無掩飾的圍堵。中國南海研究院院長吳士存說：「中國是其針對的主要目標……『印太戰略』的真正意圖是要建立一個反對中國的排他性區域集團。」[45]

川普政府推出標誌性政策「自由開放印太」概念後，最初在此地區激起頗為混亂的反應，[46]在華府政策圈亦然。[47]有些觀察家認為這個政策，只是把長年以來美國所偏好的地區秩序，重新包裝更新一下而已。[48]有些東西被視為新思維，有些則被視為老調重彈。例如，五角大廈《印太戰略報告》開篇第一句話首度清楚表明：「印太地區攸關美國的未來，其重要性獨一無二。」[49]談到中國如何破壞地區穩定時，語氣之直白也是前所未見。這份國防部文件也不只聚焦於軍事領域，以一份五角大廈文件來說，這點很不尋常。內容把政治、治理、環境、經濟方面的要素和此地區發展的其他特點串連在一塊。[50]但這份國防部文件在某種程度上只是歐巴馬時代政策的舊酒裝新瓶。例如，《印太戰略報告》的副標題是「提升準備、強化夥伴關係及推動網絡區域」(Preparedness, Partnership, and Promoting a Networked Region)。**提升準備**，暗指要升級軍事裝備和備戰狀態，這是歐巴馬「重返」政策下開始出現的一股趨勢。**強化夥伴關係**，是指要加強地區同盟關係（歷任美國政府都有做的事），穩固與某些國家（例如新加坡）在防務、情報方面的非結盟夥伴關係，以及強勢參與多邊論壇和機構。最後一項也是先前幾任美國政府的政策重點，或許值得一提的是，雖然川普政府對亞洲這些多邊機制有所提防，偶爾公開表露鄙視之意，而且還退出許多這類機制（包括跨太平洋夥伴協定），但他始終堅決支持這些機制。**推動網絡區域**，也是延續自歐巴馬時代所創立的多國、多節點、多軍種防務網絡。

有個想法看來正在興起，即重出江湖的「四方」(Quad)概念，指美日印澳四邊進行安全合作。這並非新概念（原是日本首倡），小布希當政時就有人提出，但當時澳洲總理陸克文（Kevin Rudd）認為那會激怒中國，因此表明澳洲不會參與，此概念隨之胎死腹中。2.0版「四方」安全合作似乎會有比較好的成果，因為此時這四個民主國家的利益扞格少了許多，澳洲同意參加，具體的海軍合作和情報分享已在進行，四國都對中國在東南亞地區周遭安全上扮演的角色日漸吃重感到憂心。

總而言之，川普上臺後，我們看到其政策既有延續自歐巴馬政府的，也有中斷的。最顯著的改變是相較於歐巴馬當政時期，川普政府較不重視此地區。但回顧長期歷史，歐巴馬政府是**例外**。歐巴馬政府是**歷來**最看重東南亞的美國政府。川普當政後，美國在與東協、東協成員國交往上就又重拾時斷時續模式。川普政府的確曾有七個月（二〇一七年五月至十一月）表現很值得肯定，在那期間明確將東南亞視為優先關注地區。能走到這步頗費了一番工夫——這全拜川普政府上臺頭幾個月權力處於明顯真空期，又完全不關心東南亞之賜。由歐巴馬政府過渡到川普政府期間，美國在東南亞地區的大使館似乎處於根據歐巴馬政府路線行事的「自動導航」模式，因為得自華府的政策指導甚少（我走訪此地區和印度境內的幾個大使館時都清楚感覺到這點）。但經過諸大使館向華府懇求和二〇一七年四至五月的內部跨部會檢討，川普政府開始大幅提升與東南亞地區交往的程度，有計畫地啟動多個層級的官方交流，直至該年結束。然後，美國在東南亞地區的外交再度後退，直到副總統彭斯出席二〇一八年東亞峰會、亞太經合會峰會、美國—東協峰會及二〇一九年八月國務卿蓬佩奧（Mike Pompeo）旋風式走訪此地區多國才改觀。這兩人做法都是美國斷續式外交的典型例子——突然造訪、說些令東南亞安心的言論、接著走人。兩人也都發表了批評北京在東南亞地區種種行為的演說，試圖力抗中國進逼。[51]蓬佩奧公開駁斥中國已在此地區搶占先機之說，認為「此地區某些國家是受中國擺布的附庸國」一說不實。[52]因此，他也駁斥這次走訪東南亞地區意在「贏回」盟友和國家的指控，他說：「我們與此地區的往來互動，從來不是零和遊戲，未來也不會是。我們和你們本來就利益一致，彼此共蒙其利。」[53]

要評論從歐巴馬到川普這段期間美國與東協關係的常與變，最好從兩者關係一些實務層面的延續角度予以檢視。拿二〇一九年國務院報告《自由開放的印太》與歐巴馬時期類似的政策文件相比較，可看到其中許多實務層面並未中斷。

接下來檢視美國與東協的關係，特別檢視三大領域：商業、安全、公共外交。

美國與東協的總體關係

有一點必須強調，即東協既是個組織，也是個構想，或一套理想。它不是西方所認為的那種組織，更絕對不是歐盟那樣的組織。最好把東協當成資源不足但抱負不凡的組織，而非把它當作決策權力集中的成熟組織。這帶給外國人無窮困擾，他們想在此地區不同國家間找尋並期待**一致性**，希望有個團體可以把此地區不同國家團結起來和**代表**這些國家。美國人和美國政府所犯下的最根本錯誤在於，首先，把東協看成一個作為其十個成員國之共同代表且獲授權代表它們行事的泛地區組織，其次，把東南亞等同於東協。這兩個看法都背離事實。東協仍是個不夠制度化、資源不足的組織，代表成員國發聲的權力甚微，執行能力差，絕不等同於東南亞。

但自一九六七年成立以來，東協已有長足進展，近來慶祝成立五十週年，[54]成就斐然。光是東協有個相對來講較新的憲章（二〇〇八）一事，就足以說明東協的進展。此憲章的用意，正是要解決該組織缺乏定性和外界對其成效（不彰）的批評（言之有理的批評）。東協正努力在多個議題上找到一致性和有意義的共識（而非最小公分母），已把三大支柱（政治安全共同體、經濟共同體、社會文化共同體）視為最重要的事項，要以這三大支柱為核心擬出泛地區政策，並且加倍致力於將域外國家拉進來對話、交流。東協原是排他性組織，如今開放非成員國與其互動（邀多位域外「對話夥伴」與之互動）。

美國於一九七七年正式成為東協的「對話夥伴」（dialogue partner），二〇〇九年成為《東協友好合作條約》簽約國後，夥伴身分更為提升且正規化。二〇一〇年起，美國開始派任駐東協專職大使、駐東協使團。大使和使團都是具有自主權的編制，但設在印尼雅加達的美國大使館裡。二〇一八年我拜訪該使團，發現人員配置極不足，連自己的專用設施都沒有（反之，其他許多國家的駐東協使團有專屬辦公室）。如同川普當政時期的許多外交使團，加上政治任命的大使依慣例隨著總統易主一起走人，美國駐東協使團沒有常駐大使。代辦和僅三名成員的小組殷勤有禮，但他們只提供我一場標準的官方樣板簡報，用詞非常謹慎，所提供的實質資訊大抵不脫使團網站上所能看到的。[55]他們的確給了我一份《落實東協—美國戰略夥伴關係的行動計畫（二〇一六—二〇二〇）》（*Plan of Action to Implement the ASEAN-US Strategic Partnership (2016-2020)*），內容充斥外交用語（「支持」這個，「提倡」那個，「鼓勵」這個，「強化」那個），以及建立環繞於前述東協三大支柱所進行的交流活動。[56]這份「行動計畫」說明了美國與東協交往層面之廣（政治諮詢；國防諮詢；海上合作；良善治理、人權、法治提升；貿易與投資提升；對中小企業的支持；最佳的能源管理方式；糧食與農業標準；執法；反恐；災難管理；環境與生物多樣性；科學與技術合作；女性賦權等）。

這些是美國在東南亞全境，與官方性質、非官方性質利害關係人交往的領域，洋洋灑灑列出來，的確非常可觀。但我很清楚美國駐東協使團的職責，只是為促進駐東協十國各個美國大使館之間的聯繫，因為該使團既無人力也無財力從雅加達落實上述計畫。所以，美國駐東協使團無疑屬於政策的**執行**端，看起來並不熱中於**制訂**美國對此地區的政策（這還是最好的情況）。例如，我問他們，「針對監控、反制中國在此地區的活動，你們正在執行什麼樣的美國戰略？」對方回以尷尬的沉默和茫然的眼神。從他們的肢體語言，我覺得他們在心裡自問，戰略？什麼戰略？中國？我們與中國在競爭？我們該監控他們？經過一陣尷尬的沉默，那位美國代辦簡短生硬地回答：「我們沒有追蹤中國在此地區的動態。」[57]

或許這樣說並不公道，但這趟拜訪美國駐東協使團讓我強烈感覺到，美國的東協政策只是把美國與東南亞地區諸多個別國家的關係拼湊在一塊，沒有一套統籌且同步的戰略以因應與中國在此地區的競爭。我必須說，拜訪此地區一個個美國大使館，我得到一模一樣的觀感。這些大使館都讓我覺得只專注於把自己手中的拼圖塊擺上正確的位置（維繫好自身與駐地國家的雙邊關係），而未能掌握拼圖全局。美國在此地區的大使館給我這樣的觀感，但川普政府高階官員與我的談話，又讓我覺得一個與中國競爭的戰略**的確存在**。也就是說，華府看起來是有這樣的戰略性思維，但與美國在此地區的大使館似乎非常缺乏溝通聯繫。

即使未挑明將矛頭對準中國，但川普政府不斷強調東協攸關美國對此地區戰略的成敗，至少辭令上如此。在二〇一八年於新加坡舉辦的第六屆美國—東協峰會上，副總統彭斯清楚表示：「東協攸關我們對此地區的願景：東協是我們不可或缺、無可取代的戰略夥伴。東協成員國切勿對此有所懷疑。」[58]這是美國副總統的有力聲明，但喜歡打破砂鍋問到底的人會想知道：美國與東南亞的關係難道只是與東協各成員國之關係的總和？接下來三節將闡明，美國在東南亞地區的計畫與活動——包括官方與非官方——其廣度和深度都令人驚嘆。最終，說到底，存在與互動的**實質**，才是最重要的事情。但如果美國政府採取一套連貫、有系統、清楚表達的基礎**戰略**，把接下來三節所談的眾多組成部分合而為一，那會更理想。

美國與東協的商業關係

商業老早就是美國與東南亞交往的主要支柱之一。從一八七三至二〇〇七年，除二次大戰期間，美國一直是東南亞的最大貿易夥伴。美國公司在此地區全境扎根甚深。美國與東協國家的貨物貿易，二〇一八年時達三三四〇億美元（從一九九〇年代以來增長了四倍）。[59]東協，作為一個集合體，現在是美國第四大貿易夥伴。美國對東協的出口，支撐美國境內五十多萬份工作。[60]美國的貨物、服務出口始終有增無減：二〇一七年貨物出口七五〇億美元，服務出口三一〇億美元，十年間成長了五九％。[61]令人遺憾的是，美國逆差八三九億美元（表3.1）。撰寫本書之時，此事似乎尚未引起川普總統的注意，因為他（尚）未把憤怒的矛頭對準此地區。

比貿易更重要者，是美國在此地區的投資。美國在此地區的直接投資額，至二〇一八年為止累計達三二九〇億美元，比中日南韓三國的投資額加總還多！[62]來自美國法人實體的一年外來直接投資額，二〇一七年達二四九億美元（是中國約一三七億美元的近**兩倍**）。[63]東協是美國在整個印太地區最大投資目的地。與此同時，東協諸國在美國的投資，至二〇一七年為止累計達二八〇億美元。[64]雙向觀光也很熱絡——二〇一五年七十八萬來自東協的人去過美國，三五〇萬美國人去過東協國家（但比起二〇一八年赴東協觀光的二五〇〇萬中國人仍相距甚遠）。[65]

美國在此地區只有一個雙邊自由貿易協定（與新加坡所簽），但有數個利於商業的官方協定，包括二〇〇六年「東協—美國貿易與投資框架安排」（ASEAN-US Trade and Investment Framework Arrangement）、二〇一二年「東協—美國擴大經濟交往協定」（ASEAN-US Expanded Economic Engagement）、「美國—東協連結」（US-ASEAN Connect）。「美國—東協連結」由四個計畫領域組成，即商業連結、能源連結、創新連結和政策連結，旨在提升官方—民間夥伴關係及合作。[66]

總部設在華府的美國—東協商業理事會（US-ASEAN Business Council）和位在個別東南亞國家裡的美國商會（American Chambers of Commerce），為提升雙向貿易與投資付出很大心力。[67]今日整個東協地區有四千兩百多家美國公司在營運，[68]包括新加坡境內一七八二家、馬來西亞境

表3.1　美國與東南亞的貨物貿易（2016）　（單位：十億美元）

國家	出口額	進口額	順逆差
新加坡	26,724.9	17,833.4	8,891.5
馬來西亞	11,831.9	36,630.0	-24,798.1
泰國	10,444.9	29,477.0	-19,032.1
越南	10,100.4	42,098.8	-31,998.3
菲律賓	8,199.8	10,044.0	-1,844.2
印尼	6,023.7	19,194.4	-13,170.7
汶萊	614.7	13.8	600.9
柬埔寨	360.7	2,814.3	-2,453.6
緬甸	192.9	244.7	-51.9
寮國	30.4	55.1	-24.2
總計	74,524.8	158,405.5	-83,880.7

來源：美國普查局（US Census Bureau）

內七八四家、泰國境內六四四家、菲律賓境內五一三家、印尼境內四八九家、越南境內三〇九家、柬埔寨境內三十三家、汶萊境內二十一家、緬甸境內二十一家、寮國境內十家。[69]二〇一八年美國商會《東協商業前景調查報告》（*ASEAN Business Outlook Survey*），以一年一次對美國公司的調查為基礎寫成，非常看好美國企業在此地區的機會：大部分受訪者（八成七）認為接下來五年其公司在東協的貿易、投資、獲利水準會成長。[70]越南、印尼、緬甸、新加坡、泰國被視為成長最快速的市場，就美國的商業擴張來說，具有最大的成長潛力。[71]

美國在東南亞的商業布局頗為多元。通用汽車（General Motors）和福特（Ford）在泰國設廠生產汽車、卡車已有多年（但二〇二〇年初期，原本每年組裝五萬部車子的通用汽車，面臨國內銷售需求不振的局面，斷然將在羅勇〔Rayong〕省的製造廠賣給中國的長城汽車）。[72]開拓重工（Caterpillar）生產營造和採礦設備、柴油引擎和天然氣引擎、工業燃氣渦輪發動機、柴電機車。奇異（General Electric）一九七五年首度將商業版圖拓展至馬來西亞，今日已在這個國家從吉隆坡到砂勞越諸地，僱用一千三百名員工。英特爾（Intel）也設了一座大廠，是檳城（Penang）僱用最多員工的企業。同樣在馬來西亞，可口可樂、安森美半導體（ON Semiconductor）、大都會人壽（Met Life）、摩根大通（JP Morgan），也都營運多年。[73]花旗自一九〇二年就在此地區營運，寶僑（Procter & Gamble）自一九三五年起，可口可樂在這裡營運已超過百年。雪佛龍（Chevron）

等大型石油公司一九七〇年代起就在近海探勘。波音的客機、噴射戰鬥機、運輸機、直升機和其他飛行器，在此地區銷售甚旺（光是二〇一五至二〇一七年就簽下至少七十五架大型客機的合約）。[74] 波音、聯合技術（United Technologies）、奇異、洛克希德（Lockheed）、博思艾倫漢密爾頓（Booz Allen Hamilton）等公司，支配整個東南亞的國防業務。埃克森美孚（Exxon Mobil）、哈利伯頓（Halliburton）、陶氏化學（Dow Chemical）等美國能源巨頭，其多元的上下游業務遍及全東南亞。就連貝泰（Bechtel）都在缺席數年後回到此地區，角逐基礎建設工程。

川普當政時期，美國也為重新打入基礎建設業務和反制中國的帶路倡議，付出顯著努力。為達目的，川普政府啟動《善用投資促進發展法案》，簡稱《建設法》，並針對該法，初步撥款六百億美元用於全世界，讓他國在中國的帶路倡議之外有另一個選擇。此外，二〇一八年十二月，美國國會通過《亞洲再保證倡議法案》（*Asia Reassurance Act*），接下來五年美國政府要配合該法每年編列一五〇億美元預算，其中許多預算指定用於東南亞。《亞洲再保證倡議法》規定，美國政府應該與東協內部協商升級「經濟與戰略交往框架」，並每年一次向國會回報執行成效。

不過，美國在東南亞的商業活動已日益轉向多種服務業和「軟性」產業——包括金融服務、多媒體、資訊科技、消費性零售、電子商務、藥品、保險、保健服務、諮詢服務、法律服務、會計服務、觀光促進、運輸。從美國商會和美國—東協商業理事會的成員組成，清楚可見此轉變。Adobe、Airbnb、歐布萊特石橋集團（Albright-Stonebridge）、亞馬遜（Amazon）、蘋果（Apple）、亞洲集團（The Asia Group）、信諾（Cigna）、eBay、智遊網（Expedia）、臉書（Facebook）、聯邦快遞（FedEx）、谷歌（Google）、嬌生（Johnson & Johnson）、麥拉提策略顧問公司（McLarty Associates）、美敦力（Medtronic）、甲骨文（Oracle）、普華永道（PricewaterhouseCoopers）、時代華納（Time Warner）、Uber、優比速（United Parcel Service）之類公司，在這兩個組織裡的占比愈來愈高。前述《二〇一八年東協商業前景調查報告》，指出美國企業在下列五個領域「前景最看好」：資訊科技／電信、保健、銀行與金融、諮詢顧問、教育。[75] 標準業（產品製造的技術規範），對美商來說也是有所成長的領域。美國駐新加坡的商務參贊瑪格麗特．漢森—繆思（Margaret Hanson-Muse）甚至表示：「技術規範是美商在東協最具比較優勢的強項。標準等同於價值。」[76] 美國—東協商業理事會主任米夏拉克（Michael Michalak）同意此說：「服務的確是美國企業在東南亞最具相對優勢的強項。」[77]

至於美商在東南亞的弱項，那就是進入電子商務業的腳步太慢。根據二〇一八年谷歌—淡馬錫（Google-Temasek）針對此地區數位經濟所做的年度調查報告，東南亞的網路經濟二〇一八年據估計達到七二〇億美元，二〇二五年時據估計會成長至兩千四百億美元。[78] 美國公司沒有投入蒸蒸日上的行動支付業，該產業由中國的支付寶、中國銀聯和東南亞本土公司主宰。[79]

美國銀行主宰的信用卡（Visa, Master）仍廣泛被使用，但此地區五十歲以下的人有頗高比例愈來愈常使用「電子錢包」（基本上就是向銀行或中間公司申請開設的直接扣款帳戶）。根據谷歌—淡馬錫的調查報告，線上旅遊服務占此地區電子商務收入的大宗（二三〇億美元）。由於社交媒體盛行，線上媒體銷售額劇增（一一〇億美元），線上叫車服務也是個大市場（八十億美元），而美國公司Uber在此市場的份額已被兩家地區公司Grab、Go-Jek瓜分，也日益被中國的滴滴出行分食。Grab創立於馬來西亞，目前總部設在新加坡，Go-Jek總部在印尼。[80]

不過，總體而言，美國在東南亞的商業勢力來到史上最強，而且只會更強——更強許多。原因之一在於美國、西方公司在中國的經營持續遭遇困難。這個情況出現在川普政府對中國打關稅、貿易戰之前，因此大部分公司當時就已施行「中國加一」策略，亦即把生產足跡多元化，擴及其他國家，藉此維持（但降低）在中國的生產足跡。但由於美中貿易衝突和供應鏈調整（所謂的「脫鉤」），大批美國公司現在正將更重要的業務遷移到東南亞，特別是越南、馬來西亞、印尼、泰國。於是，東協成為這一多元化、脫鉤過程的主要受益者。

美國的《海外反貪腐法》（*Foreign Corrupt Practices Act*）也為美商在整個東南亞地區掙得好名聲、好形象。我在此地區各地遊歷、訪晤，請企業家比較美中兩國商人經商做法的差異時，常聽到對方指出這點。中國公司以貪腐著稱，而且名不虛傳，美國公司則被認為乾淨、透明。

美國國務卿蓬佩奧，二〇一八年七月三十日在印太商業論壇（Indo-Pacific Business）進行演說時，強調了這一點。當時他表示：「美國公司是促進整個印太地區繁榮、福祉的力量。從我們支持經濟發展，同時也尊重本地自主和國家主權，可以清楚看出我們是真心誠意的夥伴。美國不為施加政治影響力而投資，而是希望實踐**夥伴經濟學**（partnership economics）。」[81] 副總統彭斯二〇一八年在巴布亞紐幾內亞舉行的亞太經合會企業領袖峰會上，表達了類似主張：「我們不讓夥伴債務纏身，不脅迫，不破壞你們的獨立自主。美國行事公開、公正，不奉上具約束力的帶子或單向的路。」[82] 此話擺明在諷刺中國的帶路倡議。除了通過前述的《建設法》，以及特別選擇跟日本聯手與中國爭奪此地區的基礎建設項目，川普政府同時也跟此地區其他國家合力打造「藍點網絡」（Blue Dot Network），這是一個協助估價、評級、批准高品質基礎建設工程的多領域平臺。[83] 美國—東協商業理事會高級副總裁暨前駐越南大使米夏拉克，同意乾淨、透明的美國企業作風在整個地區受到看重和尊重，但也告訴我：「美國最不利之處，在於我們不像中國那樣財力雄厚。」[84] 另一個美國倡議是「美國—東協智慧城市夥伴關係」（US-ASEAN Smart Cities Partnership）。這是副總統彭斯二〇一八年十一月在美國—東協峰會上宣布的計畫，旨在將二十六個成員國城市裡的美國、東南亞公私部門連結在一塊，處理與都市化、強化網路安全能力有關的諸多問題。

因此，美國在東南亞的商業存在極廣、極深且屹立已久，美國的商業作風也在整個地區受到尊敬。這是美國立足這裡的根本實力，雖遭低估，卻是貨真價實的寶貴利器。

美國與東協的安全關係

東南亞諸國的軍隊幾乎全與美軍有廣泛的連結。就安全／防務關係來說，與新加坡最為密切，與印尼的關係強固許多，與馬來西亞的關係低調但收到成效，與越南的關係大有改善，與汶萊的關係得到深化，與盟邦泰國、菲律賓的關係差點破裂但撐了過來。美國與這些國家都有廣泛的培訓和專業軍事教育交流、裝備的轉移和銷售、聯合演習、高階領導人交往，以及和其中大部分國家有軍種與軍種間的交流。在某些國家（馬來西亞、菲律賓、新加坡、泰國），有美國軍事人員部署其境內，並使用駐在國的軍事基地和設施。

美國對東南亞的安全協助，一般來講包括三大項：國際軍事教育和訓練（International Military Education and Training, IMET）和擴大國際軍事教育和訓練（Expanded IMET）計畫、外國軍事銷售（Foreign Military Sales）和外國軍事融資（Foreign Military Financing）計畫、剩餘國防物資（Excess Defense Articles）計畫。

國際軍事教育和訓練計畫是美國最重要的軍事計畫之一，是美國訓練外國軍官的主要機制之一。美國的許多軍事基地、參謀學院與各軍種學院、國防大學（National Defense University）、位於檀香山的井上健亞太安全研究中心（Daniel K. Inouye Asia-Pacific Center for Security Studies），都是此計畫的執行地。國務院決定哪些國家有資格派員接受國際軍事教育和訓練計畫，但由國防部執行。美國對印尼、越南的限制已取消，因此，今日除緬甸以外的東南亞國家都有資格參加這個計畫。緬甸方面，美國國會人員堅決反對讓緬甸參與此計畫，成功阻止此計畫和其他類型的兩國正常軍事交流。

井上健亞太安全研究中心（圖3.3）成立於一九九五年，為國際軍事教育和訓練計畫的一環，就美國對東協國家（和其他亞太國家）的安全援助來說，是特別重要的機構和貢獻者。[85]亞太安全研究中心是說明多國防務教育與安全合作該如何運作的絕佳例子。它設在檀香山市中心，為來自整個亞太地區的安全事務人員主辦多種會議和課程，「透過教育、連結及授與安全事務人員提升亞太安全之權，藉此培養能力和利益共同體」為宗旨。[86]在亞太安全研究中心受過訓的人，如今超過一萬兩千名，其中的傑出人士包括四個總統和總理、十一個副總統和副總理、六十三個部長級官員、一五八個大使、八五二個海軍將官。[87]這就是**影響力**！我拜訪該中心時，有人告訴我：「我們創造了對美國的『戰略性好感』。」[88]在該中心受過訓的軍文職人員遍及亞太各地。中國沒有派人參與該中心課程。我拜訪該中心時，有人告訴我那是因為該中心接受了來自臺灣的學員。

亞太安全研究中心每年經費兩千一百萬美元，由美國國防部長辦公室透過美國國防安全合作署（Defense Security Cooperation Agency）予以支持。該中心的課程和講習班一般來講為期五週，有七種形式，涵蓋多種主題：反恐、危機管理、人道援助、救災，以及多種「非傳統」（nontraditional）的安全題目，例如網路、水、海上劫掠、公共衛生。進階安全合作課程（Advanced Security Cooperation Course）和全面性危機管理課程（Comprehensive Crisis Management Course）是針對「處於職業生涯中期及資深政策執行人員」（中校、上校、准將及同等級文職人員）開設的

National Security Coordination in Southeast Asia
HONOLULU, HAWAII | AUGUST 29 - SEPTEMBER 1, 2017

圖3.3 亞太安全研究中心東南亞國家安全課程　來源：DKI APCSS官方照片

最重要課程。跨國安全合作課程（Transnational Security Cooperation Course）鎖定將領和副部長級文職官員。亞太區域介紹（Asia-Pacific Orientation Course）和資深官員亞太區域介紹（Senior Asia-Pacific Orientation Course）是亞太安全研究中心的基本課程。這些課程獨一無二且重要的特色之一，是在模擬練習時著重角色扮演，以讓前來受訓的軍文職學員從他國的視角審視雙邊、多邊安全議題。

外國軍事銷售（FMS）和外國軍事融資（FMF）這兩個計畫，現今也在柬埔寨、寮國、緬甸之外的其他每個東協國家運作。除了銷售新式軍事裝備和武器，另透過剩餘國防物資計畫（EDA）把二手裝備轉移給東南亞國家的軍隊。例如，菲律賓、越南都收到數艘退役的美國海岸防衛隊武裝快艇。美國軍方也維持雙邊訓練計畫，與數個東南亞國家的軍隊每年舉辦聯合演習。[89]二〇一五年，美軍與汶萊辦了三場聯合演習，與柬埔寨辦了四場，印尼七場，馬來西亞八場，菲律賓七場，新加坡七場，泰國六場，越南三場。國防部主導的另一個重要倡議，則是東南亞海上航道執法行動計畫，二〇一二年推出。美國軍文職情報機關也與許多東南亞國家的對等機關維持密切關係。

透過上述這些軍援計畫，美國對東南亞軍隊提供非常具體的支持。這些計畫在此地區並不廣為人知——事實上東南亞政府不太願意張揚。在幾個國家，尤其在穆斯林居人口多數的馬來西亞、印尼，政府如果被認為與美國走得太近，特別是防務和情報領域，對政府來說是個大麻煩。就連船艦到訪和例行演習，相關當事國或當地媒體都鮮少報導，儘管美國海軍船艦定期停靠此地區諸多港口。

美國印太司令部

從執行上講，設在夏威夷檀香山的美國太平洋司令部（Pacific Command）是美國軍事援助、安全援助計畫的核心。二〇一八年五月三十日，配合川普政府的印太戰略，太平洋司令部改名為印太司令部。其實，不管改名與否，這個司令部的作戰區一直以來就包含印度洋和南亞（圖3.4），從美國大陸本土的西海岸一路綿延到阿富汗和中東（中東歸中部司令部管轄）。這是美國六個地區性作戰司令部裡最大的一個，管轄區廣達一億平方英里、一半地表、三十六個國家。

二〇一八年五月拜訪位於檀香山史密斯營（Camp Smith）的印太司令部總部時，有人向我做了內容可公開的簡報，其中談到美國在此地區的軍事實力。[90] 奉派任職於印太司令部的軍文職人員共約三七萬九二〇〇人，包括以下部隊：

- 美國太平洋艦隊（十四萬人、一千一百架飛機、五個航母打擊群、兩百艘船）

- 美國太平洋陸軍（十萬六千人、三〇九架飛機、一個軍、兩個師）
- 美國太平洋空軍（四萬六千人、四二〇架飛機）
- 美國太平洋海軍陸戰隊（八萬六千人、六四〇架飛機、兩支遠征軍）
- 太平洋特種作戰司令部（一千兩百人、十二架飛機）

自歐巴馬政府宣示重返亞太以來，印太司令部成為在資源、裝備、訓練、演習、防務夥伴關係、部署方面**受看重**的地區性司令部。[91] 二〇二〇年時，已有六成美國空軍資產、五成最新型飛機（F-22、F-35），以及六成美國海軍船艦，包括五成海軍濱海戰鬥艦（Littoral Combat Ships），部署於印太作戰區。[92] 後勤和裝備維護同樣升級了，戰機戰備率要達到八成。[93] 前述《印太戰略報告》，還列出其他軍事現代化倡議，[94] 包括購買一一〇架第四代、第五代戰機和增購十艘驅逐艦。

雖有上述種種倡議，華府卻似乎沒有提供充足的經費予以支持。二〇一九年三月二十二日，印太司令部司令、海軍上將戴維森（Phil Davidson）突發驚人之舉，寫了封信給參議院軍事委員會，信中談到國防部二〇二〇年財年預算所撥經費不足以支應印太司令部「當下必要的資源」。此信未公諸於眾，但有份副本被洩漏給《華爾街日報》，於是內容經由該報曝了光。[95]

海軍上將戴維斯的信沒有明說他希望的撥款數目，但據報導，二〇一八年財年預算是七十五億美元。[96] 戴維森列出當下種種需要，包括美軍和美國在此地區盟邦與夥伴的需要。他的要求裡，包括「用以保衛關島的常設陸用式防空與飛彈防禦整合系統」——關島是印太地區軍事行動的重要中樞。

中國目前已有能力朝關島發射大量彈道飛彈，有能力在不遠的未來發展出從空中攻擊該島的能力，使這位海軍上將更加憂心。事實上，戴維森在說服懇求軍事委員會時這樣說：「我很感激你們持續支持與擁護那些關鍵能力，這對於我們反制實力近乎旗鼓相當之對手的惡行，是不可或缺的。」這句話幾乎不加掩飾地直指中國，而戴維森在別處也發出類似嚴厲警

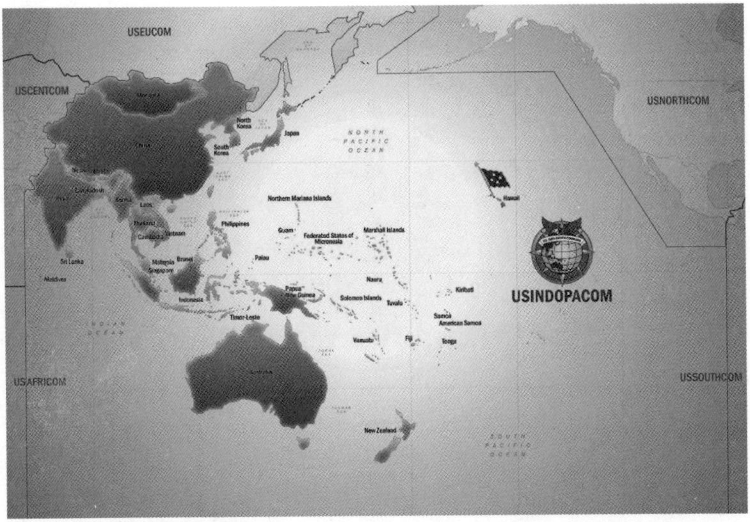

圖3.4 印太司令部作戰區　　來源：US Indo-Pacific Command

告。在二〇一九年的香格里拉對話上，他說美國在亞洲的軍事戰略目標，是「撲滅中國實現野心的念頭。中國的野心，短期來講，以第一島鏈為重心，但長期來講，志在更廣大的地區，乃至全球」。[97] 海軍上將戴維森並非這時候才有此看法。戴維森跟曾直率表示「我相信中國想稱霸東亞」的前任印太司令部司令哈里斯（Harry Harris）海軍上將一樣，[98] 在談到眼前所見來自中國的威脅，以及美國因應這些威脅的準備不足時，都直言無諱。二〇一八年四月參議院召開聽證會審戴維森的人事任命案，戴維森在所擬的聲明中說：

> 戰爭成敗難料，我對未來日益憂心。中國過去三十年軍事急速現代化，在一些重要領域就要和我們旗鼓相當；未來美國若與中國衝突，沒把握打得贏。[99]

海軍上將戴維森的國會證詞，反映出美國日益警覺到，中國軍力急速崛起對於美國及其盟邦所帶來的顯見威脅。有一點應記住，即美國不只考慮到**自身**的防衛，還考慮到防衛其**盟邦和夥伴**、維持整個地區海路與公共海域的通行無阻。因此，美國在地區安全和穩定方面提供巨大的「公益」援手。這使得印太地區大部分軍隊——**尤其是東南亞**——得以「搭便車」，在防務、安全、發展、福祉上享有美國的物資供給。

為實現上述目的，印太司令部和美國國防部在這整個地區執行了各式各樣雙邊、多邊計畫，包括聯合軍演、人道援助和救災、專業軍事教育、情報聯絡和訓練、[100]反海盜軍事行動、反恐合作、軍事訓練。與東南亞軍隊明確相關的軍事活動，包括環太平洋（Rim of the Pacific）、雷霆對抗（Cope Thunder）、黃金眼鏡蛇（Cobra Gold）、英雄戰士（Pahlawan Warrior）、肩並肩（Balikatan）、太平洋天使（Pacific Angel）、金翅鳥之盾（Garuda Shield）、聯合海上戰備訓練（Cooperation Afloat Readiness and Training）、東南亞合作與訓練（Southeast Asia Cooperation and Training）、東南亞海上航道執法行動計畫、可汗探索（Khan Quest）等軍事演習。美國與寮國、緬甸之外的**每個**東南亞國家舉行雙邊演習（目前除了緬寮兩國，柬埔寨也不與美國舉行聯合演習）。二〇一九年，美國首度與東協全部十個成員國在暹邏灣和南海舉行多國聯合演習。[101]與檀香山印太司令部人員晤談之後，我得知這類演習的年度預算是一億美元。[102]美國也透過對外軍售計畫將多種武器系統性出售、轉移給此地區國家的軍隊，以及協助這些軍隊維護這些武器系統。美國也參與一些地區性防務性質的外交活動和會議，例如東協防長擴大會議（ASEAN Defense Ministers Meeting Plus）、東協地區論壇（ASEAN Regional Forum）、東協海事論壇擴大會議（Expanded ASEAN Maritime Forum）、香格里拉對話，以及與東協成員國的多種雙邊防務、安全對話。

透過這些和其他機制，美國國防部、印太司令部、美軍個別軍種，與東南亞軍隊進行集體和多邊的交往、結為夥伴關係。透過所有這些機制，美國深入參與整個東南亞的安全、軍事領域。個別的軍隊對軍隊雙邊協定，也打下極深厚的關係。二〇一九年《印太安全戰略》載明：「美國正在優先處理與越南、印尼、馬來西亞建立新的〔防務〕關係之事。」[103]除了這三個相對較新的重點關係，美國也繼續維持與菲律賓、泰國的長期盟友關係，維持與新加坡的深厚防務夥伴關係。接下來的探討，將著重於美國與東南亞軍隊在防務合作與援助上有關的多個主要領域。

菲律賓

美國與菲律賓的防務關係，穩穩建立在互為盟友和百餘年的密切互動上。誠如第二章所討論過的，在殖民統治時期，這未必是讓菲律賓人感到愉快或具正面效益的關係，菲律賓部分人民至今仍對此耿耿於懷。但對菲律賓武裝部隊來說，超過半世紀以來，美國一直是極密切的結盟夥伴和恩人。美軍於二次大戰末期將占領菲律賓的日本人趕走，這番貢獻有助於美軍在一九四六年七月四日菲律賓獨立後長駐該國。

不久後的一九四七年，兩國簽署《軍事基地協定》（*Military Bases Agreement*）和《軍援協定》

（*Military Assistant Agreement*）。一九五一年《美菲共同防禦條約》進一步鞏固雙邊關係，使美國得以在菲律賓駐紮龐大軍力長達四十年。隨著一九九一年《軍事基地協定》終止，美軍才撤出菲國（見第二章對此時期的探討）。在這期間和整個越戰期間，菲律賓成為美軍在東亞和西太平洋的重要戰略資產和後勤中心。在這期間，克拉克空軍基地是美國空軍第十三航空隊的總部所在，該總部是西太平洋所有美國空軍作戰活動的指揮、控制中心，下轄數個戰鬥機聯隊、偵察機和其他種類飛機。[104] 蘇比克灣海軍基地同樣是這期間，美國海上軍力進行前沿部署和武力投放的中心環節，可由此進入東南亞、以及往返夏威夷、日本、西南太平洋之間。當時，蘇比克灣海軍基地是美國最大的國外海軍基地，太平洋第七艦隊的「第二總部」（第一總部為夏威夷）。

克拉克、蘇比克等設施的使用，都屬《軍事基地協定》的一環，而該協定會在一九九一年到期。老布希政府，尤其副國務卿阿米塔吉，費了很大工夫，與菲律賓議定延展該協定的有效期，新約考慮到菲律賓人對治外法權的疑慮，但最終談定的協定遭菲律賓參議院否決——從而迫使美軍於一九九二年時完全撤出菲國。然後，一九九八年，雙方同意簽署《軍隊互訪協定》（*Visiting Forces Agreement*）。此約未如先前的《軍事基地協定》給予美國使用菲律賓基地的權利，但為美國武力、裝備、人員在菲律賓境內的多種輪調部署（其中有許多是長期部署），以及聯合演習、情報分享、其他防務合作，提供了法律依據。此約也允許美國將菲國基地部分區域用於後勤。二〇〇二年，《後勤相互支援協定》（*Mutual Logistical Support Agreement*），進一步補強此關係。九一一恐攻和小布希政府發動「全球反恐戰爭」，促成雙方更密切合作。美國將特種部隊部署於菲律賓南部島嶼民答那峨，與蓋達、伊斯蘭國（ISIS）有關連的伊斯蘭主義激進戰士（阿布薩耶夫），在該島上長期從事游擊戰和恐怖行動（至今未停）。雙方這份合作關係的守護者是美軍駐菲聯合特遣部隊（Joint Special Operations Task Force-Philippines）。[105] 但二〇二〇年二月，菲國總統杜特蒂突然發布通知，稱他的政府要正式退出《軍隊互訪協定》，雙邊防務合作因此被打亂，而且前景堪慮。[106] 但杜特蒂此人行事多變難捉摸，四個月後的六月，杜特蒂政府又忽然宣布「暫時中止」杜特蒂的「廢約」之舉。於是，美菲《軍隊互訪協定》和深厚防務關係，眼下似乎照常。

歐巴馬當政時期，兩國締結二〇一四年《強化防務合作協定》（*Enhanced Defense Cooperation Agreement*），補強了《軍隊互訪協定》和《後勤相互支援協定》。[107] 根據這個首期期限十年並可自動展期的重要協定，美菲兩國清楚界定了新的防務關係。此約讓美國有權利使用菲律賓境內八個「協定地點」（基地），其中包括克拉克、蘇比克，美國在這八個地方可出於作戰需要完全掌控設施、裝備、預先存放的武器及人員。這樣做既符合新框架，也符合尊重菲律賓主權的「聯合」夥伴關係。此約也載明並催生美國向菲律賓武裝部隊提供多種訓練和援助計畫，其中包括將「剩餘國防物資」移交給菲律賓海軍，例如退役的漢米爾頓級（Hamilton）美國海岸巡防隊巡邏艦。尤其值得一提的是，美國正協助建立菲律賓的海洋狀況掌握能力、沿海安全及剛起步的海軍力量。由於菲國地近南海和中國在南海的七個軍事化基地，這是很重要的行動。菲律賓海軍絕對不是此區域中國海軍、海上武裝船隻的對手，但美國所要達成的成效，是使菲國有實力保衛主張為其所有的領海。美國也賣了多種其他武器，主要供維持治安和平定叛亂之用。二〇一八年美國軍售總額約一億美元。

美菲防務關係也不時因為在菲美軍士兵的犯罪行為而陷入動盪，包括二〇〇六年一名海軍陸戰隊員被判定強姦罪成立，判刑四十年。菲律賓參議院一九九一年否決已議定展期的軍事基地協定，造成雙方合作中斷，給雙方防務關係帶來另一個打擊。菲國美軍基地，尤其克拉克和蘇比克，大大造福當地經濟，僱用了成千上萬菲律賓人，產生可觀的收益，但也造成暗自滋長的民怨，並在屢屢爆發的示威裡展露無遺。如今，美國駐馬尼拉的大使館官員告訴我，美國與菲律賓武裝部隊的關係「相當好」，菲律賓武裝部隊裡支持此關係的意向很濃，但總統杜特蒂未必支持。美國大使館官員也說，菲律賓國會「對美軍足跡依舊很敏感，對其施以較嚴格的審查」。[108]

杜特蒂總統自己很反美，其政府又擁抱中國，一直是令美國特別不快的障礙（見第六、第七章的探討）。杜特蒂甚至曾示警，他的政府有可能會停止收受美國武器。[109] 他斷然退出《軍隊互訪協定》一事，也顯示其行事捉摸不定。他如此放話威脅，是因為美國國會批評他打擊那些據說是販毒老大的人手段凶殘（已奪走七千多條性命），以及他想要向中俄購買武器，這都可能會引發美國制裁。美國中止兩萬六千枝M－4突擊步槍出售案後，杜特蒂數次發出威脅。

雖有上述的緊張關係，整體來看，美軍與菲律賓之間的軍事關係，深厚、長久、穩固，為他國（甚至泰國）所不能及。雙方關係的緊張是杜特蒂本人所致，但檯面下行之有年的關係依舊頗為強固。但在第六章各處我們可以清楚看到，此現象說明東南亞國家的內政，是美中競爭大戲裡多麼有力的一個自變數和影響競爭局面的因素。

泰國

美國在東南亞的另一個盟邦是泰國。雙方關係建立已久（結盟始於一八三三年），卻是個錯綜複雜、不易釐清、有時令人憂心的關係。此結盟關係具有傳統同盟的許多特點，卻也在幾個重要方面與眾不同。東南亞學者凱薩琳・達爾皮諾（Catharin Dalpino）指出，「跟美國在亞洲的其他條約盟國——日本、南韓、菲律賓——截然不同，美國與泰國的同盟關係欠缺由白紙黑字寫下、定期進行檢討、雙方同意批准且目前尚處有效期的條約加以規範之。美泰安全合作，沒有像美國與日本、南韓那樣簽訂《駐軍地位協定》（*Status of Forces Agreement*），沒有像美國與菲律賓那樣簽訂《軍隊互訪協定》，而是大體上以先前和目前仍在進行的對話為基礎。」[110]這份關係也沒有相互保障安全條款（第五條），此條款為同盟關係必不可少的定義，於是，是否應將美泰關係稱作「同盟」，有了疑義。

美泰防務關係的框架，可回溯至一九五四年泰國被納入《馬尼拉條約》和一九六二年《他納—魯斯克協定》（*Thanat-Rusk Communique*）。《東南亞條約組織》於一九七七年壽終正寢後，美泰關係重整並升級。誠如第二章所指出的，泰國於越戰期間向美軍提供了極重要的基地和其他支援。二〇〇三年，泰國獲美國指定為「重要非北約盟國」。此一身分使非北約國家（包括非盟國）得以享有和北約國家差不多等級的軍援和金援。二〇一二年，兩國發表〈泰美防禦同盟聯合願景聲明〉（Joint Vision Statement on the Thai-US Defense Alliance），為雙方的軍事關係注入新活力。[111]

由於長年的軍事關係，一代又一代泰國軍官前往美國受訓或在泰國受美國人訓練。至二十一世紀初期，已有兩萬一千名泰國軍官在美國受過訓。[112]泰國部隊編制走美國的路子。就武器採購來說，美國本來一直是泰國的唯一主要供應國，直到近年泰國也開始向中國買一些武器，情況才改變。兩國軍隊之間的關係很緊密。但泰國軍方一再動不動就透過政變干預內政（一九四七年至今十八次！），使這份關係頻頻受到挑戰。二〇一四年的政變就是一例，雙方的軍事交流因此事而大幅倒退。事實上，美方（根據國會的命令）幾乎暫停了一切交流。根據《外援法》（*Foreign Assistance Act*）第五〇八節，美國不得向民選領導人遭政變罷黜的國家繼續提供軍援。因此，多種軍援和合作遭暫時中止。但主要組成部分，一年一次的黃金眼鏡蛇演習，繼續舉行，儘管規格降低。經過關係非常緊繃的幾年（有分析家稱之為「疏遠時期」），在川普上臺並邀（策劃此政變的高級軍官）泰國總理帕拉育訪問白宮後，軍事交流開始恢復。於是，五角大廈說「二〇一九年（一年）有一百三十幾次軍隊對軍隊的『交往』」，[113]包括完全恢復原規格的一年一度黃金眼鏡蛇聯合軍演。二〇一九年九月，泰國也頭一次主辦美國海軍與東協全部十國海軍的聯合海軍演習。據美國駐曼谷大使館的聲明，這場為期五天的海上演習，旨在「維護海上安全，著重於防範未然，預先制止海上不當行為」。[114]美軍也繼續享有使用泰國基地的權利，尤其烏打抛空軍基地和梭桃邑（Sattahip）海軍基地。泰國已再度取得國際軍事教育和訓練計畫的軍官訓練課程上課資格。高階軍事交流也已恢復，最高達到國防部長層級。泰國也表示願意讓美國在國內操作一連串兼具軍事價值、情報價值的通信設施（委婉稱之為「合作安全據點」〔cooperative security locations〕）。

儘管美泰防務合作恢復，與泰國軍方有長久淵源的兩名澳洲安全事務專家，二〇一四至二〇一七年針對一千八百名泰國軍官做的一項史無前例的調查，顯示二〇一四年政變後泰國軍官的看法出現大幅改變。[115]他們以李克特量表（Likert Scale）衡量影響力高低，得出最重要的調查結果：今日泰國軍官對中國、中國影響力的看法，比對美國的看法**更為正面**，而且兩者差距愈來愈大。另外，儘管差距甚微，但泰國軍官甚至認為相較於中國，美國對泰國國家安全的**威脅**更大！參與這項調查的學者，澳洲國立大學戰略與防務研究中心（Australian National University Strategic and Defense Studies Centers）的布雷克斯蘭（John Blaxland）和雷蒙（Greg Raymond），推斷這些調查結果不僅僅是二〇一四年政變後，美國對泰國祭出懲罰措施令泰國軍方氣憤而導致的暫時性偏差，更反映出泰國（軍文職）菁英階級想法上的深層轉向。不過，他們也認為「〔英語〕語言和信條有利於〔泰國〕與美國結盟而不是與中國」。[116]他們指出，即使美國於政變後中止裝備交付，而且中國製武器價格低廉，又只要開口就可取得，泰國武器仍以美國製為主流。

泰國軍方與中國剛萌芽的關係，是美泰軍事關係裡（從美國角度看）另一個日益棘手的麻煩。兩方的關係在二〇一四年政變前就存在，但由於政變後美國的懲罰舉措，關係變得密切許多。中泰密切的軍事關係（第五章會有更充分的描述），包括大批泰國軍官在中國軍校受訓（有些人說數量多達一半的泰國軍官）；購買中國的柴油潛艇、坦克、輕武器、軍用車輛；在泰國建立了一個聯合武器與彈藥製造所。泰國轉向中國爭取軍事支持，某種程度上是美國收回類似支持所致——但同時這也象徵近年泰國外交政策更加偏向中國的定位調整。泰國外交部副部長維拉沙帝（Virasakdi Futrakul）在曼谷受訪時告訴我，「西方多用力推我們，我們就往中國靠多近。」[117]

東南亞所有國家中，泰國是維持多種對外關係、兩面下注避險、平衡利弊得失的能手。誠如新加坡某位退休資深外交官所說，「泰國人是世界上最擅於搞平衡的人」。[118]但泰國近年轉而靠向北京，似乎是較深層的轉向，並非一時戰術性的轉進。因此，對美國人來說，必須認識到在泰國人眼中與美國的「結盟」並非排他性的（防務）關係。美國人往往認為結盟意味著**只**與美國有軍事關係，但泰國人不這麼想。事實上，我在曼谷與一些泰國官員聊過，從中理解到「結盟」一詞對他們意義不大。與我談過話的幾個官員，在被問到美泰結盟關係時，只是聳聳肩，而且毫不花力氣針對與美國的戰略／軍事關係表達定將同心協力之意好讓我安心。泰國人可以說在外交上、戰略上用情不專——因為不特別忠於哪個外國夥伴。泰國或許正是靠此行事作風，成為東南亞**唯**一沒有遭遇殖民支配的國家——透過巧妙且持續的操作達成。但美國人不這麼看待盟邦，不認為盟邦該有這樣的行徑。

令人驚訝的是，泰美同盟維持如此之久，但未來還能維持多久，的確令人憂心——尤其在泰國人日益靠向中國之際。有些長期觀察泰美關係的人士認為，雙方關係已走到險峻的十字路口，華府若不立即採取全面性的補救措施，美國可能失去在東南亞最重要的戰略資產。[119]總的來看，泰國人似乎對泰美關係和同盟沒有投注太大心血。目前雙方關係起起落落不斷變動，結果是導致泰國變得較靠近中國。

馬來西亞

美國與馬來西亞的防務關係頗為深厚，但「悄悄」運行。這是刻意而為。馬國是伊斯蘭教為主的社會，馬來政府對於公開與美國的關係一事極為顧忌（尤以防務、情報領域的關係為然）。二〇一四年，美馬宣布兩國為「全面夥伴關係」。作為此關係的一部分，五角大廈說馬來西亞是「東南亞的重要參與者」之一，「我們每年與馬來西亞在防務上有百餘次的往來，包括演習、精通特定領域專家的交流、在海上安全與反恐之類共同目標上結為夥伴。我們透過在馬國多個地點的海、空、兩棲綜合訓練，改善彼此協同作戰的能力。」[120]美國如此描述兩國在防務上的關係，但在馬來西亞媒體上絕對看不到這樣的描述，也絕不會聽到馬來西亞政府公開講述這類活動。美國駐吉隆坡大使館武官室告訴我，雙方軍事合作「穩固」。[121]每年有數場聯合演習，美國軍艦和潛艇停靠馬國港口（主要停靠遠離大城市且不惹人注目的砂勞越港口）。

馬國軍官在美國賓州的陸軍戰爭學院（Army War College）、阿拉巴馬州的空軍戰爭學院（Air War College）、羅德島的海軍戰爭學院（Naval War College）進修，馬國士官在西點軍校和科羅拉多泉的美國空軍學院（US Air Force Academy）受訓。[122]

印尼

影響美國與馬來西亞軍事合作的那些宗教、政治顧慮，有一部分在印尼也清楚可見。如同與馬來西亞，美國與印尼也於二〇一五年十月同意締結「全面夥伴關係」。[123]五角大廈的《印太戰略報告》概述了六個聯合防務合作領域：「海上安全與海洋狀況掌握能力；防衛物資採購和聯合研發；維和行動與訓練；職業化；人道援助與救災；反制恐怖主義與海盜之類跨國威脅……未來的合作領域包括發展防務產業夥伴關係，進而擴大在採購、技術轉移、合作研究、工業合作、後勤支援方面的協同性。」[124]

根據此一官方說法，可看出美國與印尼的防務關係，比起與馬來西亞的防務關係走得更前面、深入許多。尤其是，這份報告的用語顯示，雙方防務關係顯然包含共同發展武器（而非只是轉移武器），儘管這方面的資訊，可取得者不多。二〇一八年與美國駐雅加達大使館武官室的訪談，讓我知道印尼軍方（TNI）[125]剛收到要價十六億六千萬美元的二十四架F－16之C型

D型和八架阿帕契直升機。[126]此外，我獲告知印尼軍方正「仔細審核」要價十六億美元的軍售案。若敲定，印尼會買進新的F－16「蝰蛇」（4.5代戰機）、C－130重型運輸機、黑鷹直升機、奇努克直升機、更多阿帕契直升機。

一九九五至二〇〇五這十年，雙方防務合作受到重創，因為美國以印尼在東帝汶侵害人權為由制裁印尼和印尼軍方。但後來，自二〇〇六年起，用美國大使館防務合作辦公室主任的話說，軍事關係「一飛沖天」。二〇一八年間，規劃了兩百二十個「作戰、活動、行動」（operation, activity, action），涵蓋《印太戰略報告》裡提到的各個領域，以及雙邊「防務對話」（Defense Dialogue）、「年度軍種會談」（Annual Service Talk）、約九百名印尼軍事人員在美國各軍種戰爭學院、班寧堡（Fort Benning）的遊騎兵學校（Army Ranger School）、華府的國防大學受訓。

目前美國與印尼防務關係「穩固」，但印尼軍方沒有忘記長達十年擱置交流的過往，擔心這樣的事會再發生。事實上的確可能發生。二〇一八年，印尼軍方與俄國簽下購買十一架蘇愷三五（Su-35）戰鬥機的合約——有人告訴我，如果成交，此交易會自動啟動《以制裁反制美國敵人法案》（*Countering America's Adversaries Through Sanctions Act*）。另一處有嫌隙的地方，是美國以印尼特種部隊（Kopassus）曾侵害人權為由，仍拒絕與該部隊合作。目前印尼特種部隊正在改革缺失，改革後，訓練和合作能重啟。對於十年擱置交流一事記憶猶新的印尼軍官會在二〇二一年時開始退休，美國希望下一代受過美國訓練的軍官會協助推進兩國軍事關係。誰都看得出，五角大廈（和美國政府大體上）非常看重印尼，而且有其充分理由。印尼是東南亞最大、最重要的國家——從地理上、人口上、戰略上、經濟上和其他方面來看皆然。印尼也是東南亞實質上的老大（儘管它的行事風格沒有老大風範）。但出於兩個理由，美國不該抱持太高的期望。首先，如同其他東南亞國家，印尼自傲於本身的獨立自主，避免與境外強權走太近。其次，印尼政府極**側重內部事務**。印尼公開表示不願在東協當領導人，這是原因之一。[127]在雅加達與印尼官員和專家進行討論時，還有遊歷印尼時，都不難察覺到印尼的孤僻。

越南

越南社會主義共和國在過去十年被美國列為建立全面關係的極優先國。兩國政府已化解過去的惡感，認識到雙方許多潛在的共同之處和合作領域，包括防務領域。二〇一一年的〈合作瞭解備忘錄〉（Memorandum for Understanding）啟動了一套框架，拓展雙方在數個領域與軍種的連結。

但從華府（及美國駐河內大使館武官室）角度來看，軍事關係發展不夠快，而在推進關係上腳步遲緩者是越南一方。近幾年美國提了各式各樣的倡議，只有約三分之一得到越南人採納。

二〇一八年三月，美國人所一再「請求」的一個事項終於如願以償——讓航母進入峴港。美國軍艦卡爾文森號（圖0.1）靠港四天，為越戰結束以來頭一遭。這是具象徵意義的一步，美國希望乘勝追擊，讓雙方關係更上層樓。二〇二〇年三月，美國軍艦老羅斯福號成為第二個停靠峴港的航母戰鬥群。但對河內來說，如同對東南亞其他國家來說，一切以**平衡**對外關係為要。誠如美國駐河內大使館某官員所說，「如果越南跟我們做了什麼，他們覺得必須對中國、日本、印度、俄國援例照辦。美國與越南的軍事關係朝正面發展，但是逐步漸進發展。」[128]

美國和越南對中國懷有同樣的安全隱憂和其他疑慮，但河內小心翼翼，深怕過度挑釁北京——而且，如第五、第六章所闡明的，這兩個相鄰的共產主義國家其實關係全面且深厚。越共對外關係部部長阮榮光（Nguyen Vinh Quang）告訴我：「越南和中國有數千年關係史，包括某些非常友好的時期。與中國有不少互補之處，在政治上亦然。我們兩國的政治體制非常類似：社會主義。我們努力相互學習。」[129]講了這番頗為樂觀的話後，阮先生話鋒一轉，信誓旦旦表示：「在東南亞，與中國有最嚴重麻煩的國家是越南。如今我們與中國的麻煩是領土糾紛，因為中國想要一手掌控南海。中國愈來愈強大，愈來愈咄咄逼人，因為它愈來愈傲慢。越南什麼都沒變，是中國變了。中國的硬實力變得強大許多，於是變得強勢許多。」[130]

如同在美國與印度關係裡所見，不信任中國是華府和河內共有的戰略心態。這**的確**促成美越在防務關係上更為密切，但美國要與河內、與新德里建立防務關係，應以更大的視野為基礎，而非只立基於「敵人的敵人就是朋友」這句老話。

新加坡

在東南亞，與美國的防務關係最穩固且最全面者，非新加坡莫屬。嚴格來講新加坡並非美國盟邦，但無盟邦之名而有盟邦之實。兩國為何從未締結完全同盟關係，原因不明（特別是新加坡與澳洲、馬來西亞、紐西蘭、英國同為《五國聯防協定》成員），但防務關係卻是最為緊密（情報合作也非常密切）。一連串協定架構起這樣的關係：一九九〇年〈諒解備忘錄〉、二〇〇五年《戰略框架協定》（*Strategic Framework Agreement*）、二〇一五年《美國—新加坡提升防務合作協定》（*US-Singapore Enhanced Defense Cooperation Agreement*，二〇一九年展期並升級）。前述最後一個協定把新加坡稱作「主要安全合作夥伴」（Major Security Cooperation Partner）。據報導，根據《美國—新加坡提升防務合作協定》，「雙方談定一個大框架，提供涵蓋五大領域的防務合作事務依循，分別為：軍事、政策、戰略領域、技術領域，以及合作打擊恐怖主義、海盜之類非傳統性質的安全挑戰。雙方也同意在包括人道援助與救災、網路安全、生物安全、公共傳播等新領域提升合作。此提升合作協定也推動雙方新任高層對話。」[131]

在與美國駐新加坡大使館武官室官員談論後，我對防務合作領域有了一些認識。[132] 美國有權利使用新加坡的海空軍設施。最重要的空軍基地是新加坡東部的巴耶利峇，P－8偵察機從沖繩沿著中國海岸、越過南海做偵察飛行後，常降落於該基地（中國官方為此向新加坡抗議）。此基地也是來往關島、地牙哥加西亞島（Diego Garcia）之間的美國空軍飛機主要的中轉站、燃料補充站之一。新加坡的樟宜東區空軍基地（Changi Air Base East）目前在建設中，據認建成後會有多種美國飛機輪流進駐。但受惠於新加坡最大者是美國海軍。自一九九二年「失去」菲律賓蘇比克灣海軍基地後，新加坡為美國船艦提供了一組絕無僅有的海軍設施，尤其每年有三十至四十艘美國船艦停靠的樟宜海軍基地。這個海軍基地包含一個特別建造的碼頭，能供航母停靠（我就是在這裡登上美國軍艦卡爾文森號，序言裡有提到）。西海岸更北邊，坐落著三巴旺海軍基地（Sembawang Naval Base），每年為約六十艘船提供維修設施。三巴旺也是美國西太平洋後勤支隊（Logistics Group Western Pacific）總部，第七艦隊的重要設施，同時也是美國空軍第四九七戰鬥訓練中隊（USAF 497th Combat Training Squadron）基地。但這些設施並非免費使用。船入三巴旺修理，每天收費約五千美元，船停靠樟宜，每天收費更貴上許多，達兩萬三千美元（航母收費更高）。美國潛艇也使用這些基地。

除了美軍飛機和船艦造訪，美國、新加坡兩國軍隊也參與多種海軍、空軍、海軍陸戰隊、特種作戰部隊的演習和聯合訓練。新加坡面積極小，因此把戰鬥機、武裝直升機中隊的部分飛機留在美國──數架F－15在愛達荷州，數架F－16和阿帕契直升機在亞歷桑納州。飛行員也在美國受訓（無論何時都有約一千名新加坡空軍在美國）。陸軍人員也被派至美國受訓（總理李顯龍在堪薩斯州利文沃思堡〔Leavenworth〕待過一年，言談中很懷念待在那裡的時光）。新加坡軍費居東南亞之冠，美國是其最中意的軍火供應國，賣給星國戰鬥機、直升機、坦克、多種空對空飛彈。

總之，與新加坡的防務關係，對美國在東南亞的地位極為重要，美國則對新加坡的自衛能力極為重要。這份關係令北京大為惱火，但至目前為止，新加坡政府對中國的抗議置之不理，同時與中國人民解放軍打造軍隊對軍隊的關係（主要是人員交流和偶有船艦造訪中國港口）。新加坡努力平衡對美、對中關係，但在防務上不然。但美國、新加坡的防務關係絕非單邊關係，因為新加坡向美國提供的設施，與美國向新加坡提供的軍援同樣重要。雙方都受益，而且受益甚大。

其他國家：汶萊、柬埔寨、寮國、緬甸

剩下的四個東南亞國家與美國軍方的防務關係都不深，但就這四國來說，汶萊與美國軍

方的關係最好。汶萊皇家武裝部隊（Royal Brunei Armed Forces）偶爾與美進行高層諮詢、聯合海軍演習與聯合特種部隊演習、港口停靠、防務事務聯絡，以及參與訓練計畫。二〇一九年二月，美國太平洋陸軍副指揮官造訪汶萊進行諮詢。用美國前駐汶萊大使（二〇一四—二〇一八）艾倫（Craig Allen）的話來說，「軍隊對軍隊的關係正常、廣泛且強固，但不是特別深厚。」[133]

至於寮國，防務事務交流屬次佳。寮美雙邊防務對話（Lao-United States Bilateral Defense Dialogue）已舉行十三回，但都是頗流於形式的接觸。此外，兩國在軍醫訓練、防務教育交流（在夏威夷的亞太安全研究中心）、救災、移除未爆彈、地區性安全事務研討會方面有合作。[134]

歐巴馬政府時美國開始與柬埔寨有軍事交流，但二〇一七年初期，柬國政府斷然中止所有交流（有人主張是北京施壓所致）。我們在第五、第六章會談到，柬埔寨形同中國的附庸國。

緬甸方面，與美國的防務事務交流幾乎不存在。美國駐仰光大使館裡有一名武官，但由於美國國會制裁和反對緬甸軍方，雙方未有實質的防務事務合作。但這並非大使館或五角大廈無意合作所致。他們認為阻礙完全來自國會，特別是來自參議院撥款委員會（Senate Appropriations Committee）一位國會議員。[135]唯一獲准做的事，是讓緬甸軍方派人赴夏威夷參加亞太安全研究中心的講習班和訓練課。因此，緬甸跟柬埔寨的狀況一樣，是政治因素阻礙軍事接觸。

美國的軟實力和美國在東協的公共外交活動

在整個東南亞地區，美國依舊是鼓舞、吸引人心的軟實力大國。不管去到哪裡，都可清楚看到這點（即使在川普當政時也是）。就連在緬甸、柬埔寨、寮國之類較窮的國家，仍不時可見美國貨、美國媒體、美國觀念、美國教育人員和英語老師、美國運動賽事、美國電影，以及其他彰顯美國大眾文化的東西。

美國政府也繼續在整個東南亞施行一系列穩健的公共外交計畫。其中許多計畫與在全世界推行的計畫沒有兩樣，但有些則是針對此地區、個別國家所特別擬定。在華府，這些計畫主要交給國務院的公共外交局（Bureau of Public Diplomacy）、教育暨文化事務局（Bureau of Educational and Cultural Affairs）掌理。如同所有地區性的局，東亞暨太平洋事務局內也有被分派過來的公共外交官，負責統籌和專門針對東南亞受眾量身訂做各種計畫、政策和訊息。這些部門和東南亞地區的美國大使館有密切的工作關係。每隔三年，大使館和前述部門會針對特定國家擬出一個「整合性國家戰略」（Integrated Country Strategy），確立各領域的目標、方法和評量標準。

這些公共外交，以及教育與文化事務策略，鎖定東南亞社會、公共機構、媒體的不同切面；也運用位在當地國和美國境內的各式各樣機制，包括形形色色的計畫，例如國際領袖人才參訪計畫（International Visitor Leadership Programs）。此計畫邀個人或小團體（例如編輯、記者、智庫成員等）來美做三星期的參訪，鎖定「當前和正要冒出頭的外國領導人」。參與過此計畫者包括五百多位當前或前任國家元首。[136]歐巴馬所推動的「東南亞青年領袖倡議」（Young Southeast Asian Leaders Initiative）成果斐然，已有將近十五萬個十八至三十五歲的年輕人參與，另有八萬人投入該計畫的數位平臺。[137]就讀美國大學的東協諸國留學生也愈來愈多，二〇一九年在美留學的東南亞人約六萬。[138]東協—美國科學與技術研究員計畫（ASEAN-US Science and Technology Fellows Program），支持東協科學家展開雙邊合作，參與和政策相關的事務。還有多種藝術交流計畫，例如美國音樂出訪（American Music Abroad）計畫、美國舞蹈動作（Dance Motion USA）計畫、美國博物館文物巡迴展。巡迴球隊也投身交流活動；除了熱熱鬧鬧舉辦球賽，也特地費心思觸及邊緣化的社群。美國空間（American Spaces）、美國角落（American Corners）、美國中心（American Centers），都是用來規劃、推廣、從事多種活動的實體空間。位於雅加達，名叫@America的美國中心，是特別值得一提的新創舉，這個多媒體互動設施正成為典範，供其他國家仿效。[139]自由亞洲電臺（Radio Free Asia）是美國政府資助的長波電臺，以多種亞洲語言全年全天無休廣播。「美國之音」（Voice of America）在東南亞地區也有數百萬聽眾，以當地語言向印尼、緬甸、泰國、越南、寮國、柬埔寨廣播。[140]

透過上述公共外交計畫，美國在整個東南亞維持住堅實——但受低估——的文化存在。它們是美國得以在此地區儲備龐大軟實力的推手。令人遺憾的是，川普政府大幅削減國務院預算裡的公共外交經費，這是重大的戰略失策。在此次削減經費之前，二〇一七年財年，**針對**整個亞太地區的公共外交預算是五億兩千一百萬美元。[141]由於經費縮減，某些計畫受到掣肘，但整體衝擊為何，尚不明朗。川普當政期間公共外交方面的另一個重大改變，是把優先推行項目從前述旨在打造個人連結、提倡美國價值觀的「長期」計畫，明確轉移為較「短期」的政策導向目標。在川普做這些調整之前，公共外交局將三分之二經費用於「價值觀導向」的計畫，將三分之一用於推進當前優先的政策；川普上臺後，此一比重分配反轉。[142]美國在此地區的公共外交所**沒有**做的事，是反制中國的宣傳活動（儘管應該這麼做），也沒有大張旗鼓宣傳美國願意提供給東南亞而中國尚未提供的東西。美中在東南亞地區的競爭會在多個領域上演，但就我看來，最重要的領域或許是資訊領域。美國必須改善在東南亞和全世界的公共外交作為，不能被中國比下去。

此外，許許多多公立、私立教育機構自行開展與此地區的文化、學術交流活動，位於檀香山、華盛頓特區的東西中心（East-West Center）是其中的犖犖大者。東西中心為來自此地區的博士前學生提供八種獎學金計畫，[143]以及數種訪問學者計畫。[144]東西中心一九六〇年由美國國會成立，掌理多項公眾推廣、文化交流計畫，在整個東南亞地區有數千校友。這些計畫對於幾個東協國家裡的「能力打造」（capacity building），有直接或間接貢獻。

美國軟實力工具箱裡另一個非常重要的機構是亞洲基金會（Asia Foundation）。此基金會一九五四年根據一個國會法案成立，如今在十八個亞太國家境內運作，包括東南亞九國（汶萊不在其中）。[145] 此基金會得到廣泛授權，投身教育、文化、法治、公衛、女人賦權和其他領域工作。[146] 亞洲基金會列為優先工作對象的國家會隨時間而不同；目前重點擺在緬甸——就前述該基金會許多已有運作經驗的領域來說，緬甸是理想的運作環境。如今，亞洲基金會的年度預算約一億美元，每年提供約八百筆補助，受補助者形形色色。美國致力於和此地區諸多國家、政府、民間實體一同提升社會發展和包容性、良善治理、衝突解決、政治參與、強化全國性與地方性機構、地區內合作，而亞洲基金會在這方面成就斐然，貢獻甚大。

因此，這些官方、非官方的公共外交和能力打造計畫，雖未得到媒體廣為宣傳或關注，卻都對美國在整個東南亞打造「軟實力」魅力貢獻甚大，直接推進了美國在這整個地區的國家利益。這樣的美國是最佳狀態下的美國。

總評

東南亞對美國的重要性來到前所未有的程度，反之亦然。對美國來說，東南亞之所以重要，既因為東協諸國固有的活力和多元，也因為此地區在美中兩國日益劇烈的地區性、全球性競爭裡戰略價值上漲。對東南亞來說，美國依舊是地區安全和穩定的重要保障，但美國的商業貢獻和軟實力魅力也是極有吸引力的特點。

如果說美國在此地區有個顯著的罩門，那就是在外交參與領域。這並非現在才有的現象，因為東北亞在戰略、經濟上的重要性，加上東南亞對美國來說「鞭長莫及」，長久以來限制了華府的關注範圍。歐巴馬政府是唯一例外，因為歐巴馬政府對東協地區的關注史上最高。相較於歐巴馬當政那些年，川普政府似乎相對較不看重此地區。不過，這一貶低是相對於前屆政府而言，其實川普政府只是重拾美國比較傳統的斷續性關注模式。

美國對東協、對東協成員國的做法，看起來有變動也有延續，不過「探戈要兩個人才跳得成」。從華府的角度來看，而且在此地區也明顯可見的是，東南亞諸國政府似乎不願意**大方公開**認可美國對此地區的重要性，這是沒必要的。過去三年我走遍此地區並為本書做研究期間，除了新加坡這個顯著的例外，我**從未**讀到哪篇報紙文章或聽到哪個中央級官員公開讚許美國在此地區的角色。

反之，東協諸國政府和此地區媒體的報導**極度偏重**中國的角色及其崛起。這或許是美國的存在被**視為理所當然**而受到漠視所致——新加坡無任所大使許通美（Tommy Koh）先前已指出此理所當然觀。或許此地區諸國政府因為日益倚賴中國，擔心若公開認可美國在此地區的存在和角色會惹火北京，因此不敢表露心聲。或許那是因為在印尼、馬來西亞之類社會裡有宗教顧忌。同樣不容否認的，反美心態在幾個東南亞國家非常強烈（尤其柬埔寨、印尼、馬來西亞、緬甸和菲律賓）。不管原因為何，如果東南亞國家的政府和媒體願意**坦然**承認美國對它們社會、對此地區穩定與安全的所有貢獻，那會是令人樂見之事和得宜之舉。就是這種緘默，讓某些美國人覺得未得到應有的感激，覺得被占了便宜，而主張應縮減美國在此地區的存在。東南亞這種緘默助長了美國的孤立主義衝動。假使東南亞人真的想要受中國支配，這確實是一個能如他們所願的方法。東南亞的緘默助長了美國對此地區的冷落，結果反把東南亞推進美國所不樂見的中國勢力範圍內。

此一緘默不只明顯可見於此地區，也可見於華府。東南亞駐華府的大使館需要增強存在感，大幅提升公共參與，積極與國會、媒體、大學、智庫打交道。

如果東南亞人不希望美國走人，想要繼續其平衡美中、兩面下注的行為，想要限制中國在此地區的影響力，最好的辦法之一就是**公開**承認並感謝美國對東南亞已經付出和仍在付出的心血。小小讚揚功效大，說不定可提升美國對此地區的關注和撥款。

對美國來說，最佳的東南亞戰略很簡單，就是繼續當個穩定、在場、關注、投入、行事可預測的夥伴。誠如資深的美國前外交官、亞洲通暨美國駐越南大使施大偉（David Shear）所告訴我的，「我們的目標應是協助他們兩面下注」。[147] 就連馬凱碩——以尖銳批評美國著稱的前新加坡外交官和公共知識分子——都在其最新著作裡主張，美國在東南亞蓄藏著固有吸引力和支持，如果華府處置得當，能讓雙方都受惠：[148]

> 對美國來說，東協仍是很有機會在地緣政治上大展身手的地區……東南亞是世界上最親美的地區之一……令人高興的是，東南亞這股蘊藏的親美心態不會很快就消失。如果美國能針對東南亞擬出一個明智、深思熟慮、全面且長期的戰略，美國會找到一個強大的夥伴……簡而言之，如果美國有心試行外交優先的戰略，以抗衡中國在世上與日俱增的影響力，東協地區仍是世上最重要的地區之一。

美國應發揮其所長，修補其弱點，包括發動大型公共外交運動，以宣揚美國對東南亞地區的用處，讓東南亞公眾認識此用處，因為許多東南亞人對本章所描述的內容，以及美國在此地區所做的事，一無所知。美國與中國在此地區的競爭，最終或許會在資訊領域定輸贏。美國必須在講述自己故事方面做大幅度改善，而東南亞諸國政府和媒體必須大幅改善的則是，多加認可美國對於此地區的活力維持、成長、安全和穩定具有持久的重要性。

◎第二部◎

中國與東南亞的相遇

◉第四章◉
中國在東南亞的遺產

就在凱撒和其繼任者將不列顛群島
首度併入羅馬歐洲的差不多同時，
今日越南人的先民……
被中國軍隊征服，併入早期的中華帝國。

——

伍德塞德（Alexander Woodside），
歷史學家，一九八八[1]

部分出於官方意圖，
部分透過不同文化體系發揮作用，
華人在東南亞取得始終有別於本地人
且通常優於本地人的社會、經濟地位。

——

施堅雅（G. William Skinner），
人類學家，一九五九[2]

歷史上，中國於地理、文化、軍事、經濟上對東南亞影響甚大。十六世紀歐洲殖民列強到來前尤其如此。歐洲列強到來後，不只侵犯東南亞，也侵犯中國，並開始限制先前中國與東南亞的互動。在那之前，中國與東南亞的互動，由以下諸多活動構成：跨邊界的遷徙和經濟交流；欣欣向榮的海上貿易；赤裸裸占領、制伏一國（越南）；周邊許多國家遵循「朝貢體制」向中國稱臣納貢。

中國與東南亞關係的漫長演變

上述四項遺產都相當錯綜複雜，而且見諸史籍的記載不夠詳盡。既有的文字記載大多來自中國。西元一六〇〇年之前的東南亞早期王朝，相關史料稀少，只留下中國暨東南亞領域傑出史家王賡武所謂「片斷且未有文獻佐證的過去」（本書即獻給王賡武）。[3] 王賡武指出，這造成的影響之一，就是使歷史解釋偏向有利於中國的「朝貢體制」範式。[4] 誠如東南亞史家史都華—福克斯（Martin Stuart-Fox）所進一步說明的，「氣候、在東南亞作為主要書寫媒材的貝葉本身不易久存、易招黴菌和昆蟲危害的低劣儲存設施，加上戰爭破壞，都使東南亞境內的書面資料相對於中國顯得十分貧乏……然而，其中幾乎找不到任何段落提及和中國的政治關係，乃至經濟關係……不意外的是，也幾乎沒提到派往中國的貢使團。不提中國，是因為這麼做，既不會增添國王的光采，也不會強化東南亞的（印度教／佛教）世界觀。反之，在中國人保存的紀錄裡，連東南亞最小、最偏遠的公國都遣使來朝，則明顯想藉由誇大皇帝德威遠被，以強化『普天之下莫非皇土』的中國宇宙觀。」[5]王賡武認為，千百年來東南亞商人和貢使每隔一段時間就前往中國。他們既獻禮，也收受賞賜。因此，他主張，這堪稱是**互惠**關係，但只是象徵性的互惠關係。[6]廈門大學史學家聶德寧，是研究帝制中國與其他地區人民互動的中國權威學者之一，接受我訪談時他也把這說成是互惠關係：「我們（與東南亞）的關係開始得很早，始於漢朝。從那之後，那些國家前來中國朝貢，帶來皇帝從未見過的當地產物，我們則回送他們一些我們的產物。明朝之前，沒有固定的使團，但明朝之後變得比較固定。西元十世紀之前，出海的中國人不多。在那之前，總是外國人過來，但那之後，情況改變，中國人開始出海。」[7]不過，在大部分個人著作裡，王賡武仍認為雙方關係的區分尊卑性質遠大於互惠性質，因此東南亞人民在與中國漫長的互動史裡能動性甚低。其他大部分史家也這麼認為。根據帝制中國的檔案紀錄所能得到的主要範式，依舊不脫中國於商業、文化、族群、軍事上不斷往南探索及擴張的那種敘事典型。

然而。這一角度讓人忽略了此地區的**主要影響力**——並非中國，而是印度和伊斯蘭。千百年來，印度教商人和佛教僧人、朝聖者，以及阿拉伯／穆斯林船隻，每隔一段時間就從印度和伊斯蘭世界駛來東南亞，此時中國人仍固守著大陸。沒有證據顯示八世紀前有中國船隻冒險遠行，直到十二、十三世紀，中國人才真的開始涉足大海。[8] 因此，如果說在現代之前（即中世紀結束之前）東南亞境內有個最大的外部影響力，這影響力不是來自中國，而是來自印度和伊斯蘭世界。此說法有個例外就是越南，但越南真的就是通則中的例外。

因此，如何解讀前現代時期中國與東南亞的這些互動，離不開可取得的史料，而由於得到保存的東南亞史料付諸闕如，解讀時不可避免偏向有利於中國朝貢範式。本章以比較濃縮的方式描述前現代和現代時期中國與東南亞的漫長互動史，然後談一九四九年後的情況。由於我不是歷史學家，也無法取得一手史料，所以我在解讀這段歷史時是倚賴其他學者的大作。

早期相遇

考古證據顯示，早在商朝時（西元前一五二三—前一〇二七）就有接觸，[9] 但據最早的史料記載，中國人與南方民族的互動始於秦朝（西元前二二一—前二〇六），互動對象是越人。越人主要分布於長江以南今日浙江、福建、廣東三省境內，但也往南及於安南（越南北部）邊境沿線，並一路往西至雲南（舊稱大理）和暹邏（泰國）北部。數支越人生活在上述各地區，統稱「南越」。其實所謂越人包含許多分支族群，因此被統稱為「百越」。中國的檔案和考古研究結果顯示，秦前和秦時有數個從事種稻、捕魚、基本物資交換的部落文化體。當時，「中國人」與越南的互動局限於廣東、廣西兩省邊境地區，最南僅及於越南北部的紅河流域。但證據顯示，西元前約一〇〇〇年後，出現鑄銅作為工具、器具、裝飾品、武器的較先進社會——間接顯示與中國長江、淮河流域有互動，以及來自該流域的「滴漏效應」(trickle down)。

中國與南越的關係，在秦朝一統中原後有了質的改變。秦始皇及其強大軍隊將整個中國南部納入更加中央集權、更加軍事化的控制。經過五次出兵並遭遇強力抵抗後，西元前二一四年，他的軍隊終於降服越人居住的全境，[10] 包括安南（越南）。從那裡開始——越南北部的紅河流域——漢人首度遇到不屬越人的南方民族。[11] 漢人先是遇到住在越南中部、南部沿海地區的占人（此地區古稱占婆，當時中國人稱之為林邑）。接著，中國人再往南往東走，遇到吳哥王朝和今日柬埔寨南部（中國人稱之為扶南）的高棉人。

這些相遇的性質為何，史料記載不詳，但「尚」非屬軍事性質。他們似乎是漢人所派到南方探索，較偏考察性質的隊伍。也沒有史料提及他們遭遇凶猛高棉人武裝抵抗。事實上，他們建立了一套正式的互動——據中國正史記載，西元二四五至二五〇年中國兩次遣使訪問扶南，後來，第一個見諸記載的「使團」奉派前去北方，與中國朝廷互換禮物，因此，這大概是中國與南方民族關係史上第一個朝貢性質的交流。[12]

有一點也值得注意，即這些相遇似乎取道陸路，而非海路。今日中國聲稱南海或南洋為其所有，從歷史看，有其根據，但證據顯示，直到八世紀至十世紀的隋唐期間，才有中國船南航，遠至汶萊、婆羅洲、南蘇門答臘、麻六甲、爪哇——南洋海上貿易於焉展開。中國與東南亞地方和人民的互動擴及海上領域時，陸上聯繫並未中斷。例如，唐朝史料顯示，光是唐初十年，吳哥（扶南）的後繼國真臘就遣使十五次，赴中國都城長安（今西安）向唐高祖獻貢。[13]

帝制中國與前現代越南、柬埔寨人民這些早期相遇，唐時出現兩個重大變化。首先，如先前所指出，中國人出海活動開始變多，其次，越南人開始抵抗中國的宗主權和征服。接下來兩節將分別探討這兩點，但切記它們是同時發生。

越南的特殊情況

帝制中國與數個東南亞民族、王國維持朝貢關係，其與越南的關係卻與眾不同。越南受中國支配，被併入中華帝國，長達千年（西元前一一三—西元九三八）——有時直接設縣治理，有時作為附庸國——儘管這樣的關係並非連續不斷，因為有幾個時期反抗中國人統治。除朝鮮外，中國周邊的非漢人社會，就屬越南受中國支配最久或最徹底。這使該國文化跟朝鮮一樣走向「漢化」，同化於儒家士大夫原則之下，並受中國軍事支配。誠如傅好文（Howard French）在其精闢之作《天下萬物》（*Everything Under the Heavens*）裡所貼切指出的，「千百年來，為了打消當地人對中國方案的抵抗，中國用上幾乎每個想得到的辦法，結果都只能收到一時之效。這些辦法包括焦土戰役、文化洗腦、由上而下的嚴格治理，以及藉由薄賦輕斂之類作為爭取當地民心的較軟性做法。」[14]維吉尼亞大學學者吳本立（Brantly Womack）在其代表著作《中國與越南》（*China and Vietnam*）中同樣主張，千百年來的中越關係展現了數種「不對稱性」（多達九種），中國始終是支配方，越南則始終是從屬方，但雙方的做法長年以來並非一成不變。[15]對越南人來說，他們變得善於「佯從」之道。[16]換句話說，有很長時間，中國佯稱統治越南，越南則佯裝受中國統治。越南佯裝順服中國人，但出於現實利害考量多過真正的尊重。中國人要求越南人遵守「朝貢體制」一切禮制，越南人默從：承認中國皇帝為天子，遣使獻貢，口頭上向皇帝致敬。如同吳本立的貼切觀察，「朝貢體制與其說是國際關係理論，不如說是帝國管理其與控制區外社會關係的習慣做法，而且是不斷在演變且儀式化的做法。基本原則很簡單：中心不會干預邊陲的自主。朝貢體制是拿順服換取自主的儀式化作為。」[17]

我們將在後續跟海上貿易有關的章節中看到，北方民族與王國——來自北方乾草原的蒙古人、匈奴人、滿人、突厥人——加諸中國王朝的軍事壓力大體上沒有間斷。這帶來兩個後果。

首先，帝制中國在「國安」方面的注意力始終重北輕南，這有攸關存亡的理由。其次，南方領土對於中國來說，既提供了所需的經濟物資，也提供了退路。中國的長期支配，在越南引發極大民怨——有效催化了越南人民族認同的生成，以及獨立和抵抗意識的深植。越南的民族英雄往往是挺身抵抗中國統治者。其中最受推崇者或許是二徵姊妹（徵側、徵貳）。西元前四〇至四二年，她們率領人民起事三年，後來遭漢朝將軍馬援消滅。

與中國關係最長久且留下最多傷痕的亞洲國家是越南。但國土相連和共同信仰的儒家思想，使越南長久以來遷就中國。長達千年的從屬關係，大約可分成四個階段。在每個階段，中國都動武。有時非常殘暴，如同在蒙元和明朝時期所見。中國人因此給越南取名安南，意為「安定的南方」。第一階段從西元前一一一年至西元四〇年，出現前述的徵氏姊妹叛亂。這個階段大致是西漢時期（西元前二〇六—西元二五年），越南貴族在這期間獲准擁有高度自主權。第二階段從西元四三至五四四年，與東漢時期（西元二五—二二〇年）有部分重疊，越南在文化上徹底漢化，受中國直接政治統治。但隨著漢朝覆滅，中國步入魏晉南北朝時代（西元二二〇—五八九年），中國對越南的控制變弱，越南境內隨之爆發新叛亂——這一次發生於越南中部占婆。叛亂導致第三個遭中國支配的階段，從六〇二至九〇五年，相當於隋朝（五八一—六一八年）後期和唐朝時期（六一八—九〇六年）。唐朝對越南強硬，數次派兵鎮壓民亂，尤其在七二二至七二八年間。有份史料聲稱，唐軍斬首八萬叛民，將他們的屍體堆積成山，以儆效尤。[18]

九〇六年唐朝覆滅，繼之而起的宋朝專注於北部邊疆，無力鎮服越南，越南得以擁有該國歷史上最久的獨立時期。此時期從九三八至一四〇七年，涵蓋吳朝、丁朝、前黎朝、李朝、陳朝、胡朝。一二八七年元朝欲入侵越南，遭強力擊退。後來，一四〇七年，明朝再度欲將安南（越南）納入控制。明朝永樂皇帝出兵百萬，企圖使越南人臣服。此役只打了一年，卻使越南又一次遭遇強行同化和嚴酷鎮壓，二十年後才擺脫。在這短暫期間，明朝將越南劃為中國一省，稱之為交趾。但這一次，中國的掌控相較之前不穩得多，而且極不得當地民心。過去五百年越南人已嘗到前所未有的獨立自主滋味。在當地豪族黎利統領下，越南展開抗明大業，最終趕走明朝占領軍。黎利，連同徵氏姊妹和其他領導抗中起義的人物，名垂越南青史。對永樂帝來說，此事大損其名聲——在明朝的海上擴張方面，永樂帝的成就更輝煌許多（見後文）。

於是，思考中國與東南亞的歷史關係時，越南是個特例。另一方面，綜觀整個東南亞，就屬越南人民或國土曾經最徹底併入中華帝國——不只融入中國的朝貢體制，而且成為**帝國**的一部分。沒有一個東南亞國家跟越南一樣，承受過這麼多次軍事入侵和武力征服，還有政治支配、文化同化及意識形態洗腦。但從另一方面來說，也沒有一個東南亞國家像越南一樣，抵抗過中國這麼多次——千百年來未能成功，但最終如願。從**抵抗**外力控制的行動中產生的民族認同，深植於越南人心，這將在他們接下來與法國人、日本人、美國人相遇時大大發揮作用。二十世紀中期，其他東南亞國家也藉由抵抗西方殖民者和日本人，取得主體性和獨立地位，但越南人早已累積了千百年抵抗中國的經驗。但越南「佯從」於中國「朝貢體制」的矛盾經驗，是其他東南亞國家吸取到的另一個教訓。

南洋貿易

所謂的南洋（即南海）貿易，西元二世紀時即有，但要到明朝時（一三六八—一六四四）才真的十足興旺。

據王賡武研究南洋貿易的權威著作所述，最早的南洋貿易可追溯至南越時期（西元前二二一—前一一一）。[19] 但此一海外活動只局限於浙江、福建沿海地區，未出現於更南方。據王賡武的研究，直到西元二、三世紀，才有船隻貼著海岸往南航至扶南的證據，[20] 三世紀時才有中國人駕船經麻六甲海峽進入安達曼海、東印度洋的證據（圖4.1），但沒有經由海路與東南亞島嶼接觸的確鑿證據。合理推測，這些船隻緊貼海岸繞過東南亞大陸地區，而非冒險進入風險高許多的無邊無際南海海域。五、六世紀時，已有佛僧和朝聖的佛教徒開始搭這類船隻從印度返回中國，中國南部因而開始受到新的宗教與文化影響。廣州口岸也成為與南方貿易、接待來自南方貢使團的一個更加活躍之中心。據中國正史記載，從四二〇至五八九年，有二十九個這類使團來華。[21]但由於中國國內動亂，此後海上貿易開始萎縮，至唐朝覆滅，此衰勢未歇。[22]宋時（九六〇—一二七九），海上貿易復甦，而且除了先前中國人想要得到的香料、珠寶，還有更多種類的農產品及香料、橡膠、錫等加入貿易品之列。[23]一二九二和一二九三年，元朝開國君主忽必烈汗派二、三萬人遠征軍赴婆羅洲，準備攻打爪哇，但遭遇強硬抵抗，敗於爪哇信訶沙里（Singhasari）王國軍隊之手。忽必烈汗的軍隊想征服南方的安南、占婆和東邊的日本同樣受挫。在中亞，亦遭遇類似的敗績。中國史家聶德寧告訴我：「元時，蒙古人極善於馬上打天下，但碰上大海，他們就沒有相對優勢。」[24]蒙古帝國國勢在此時臻於巔峰，此後漸漸衰退，一三六八年元朝覆滅，帝國走入歷史。

因此，雖有證據顯示隋唐宋元時中國就有航海活動，但直到明朝才完全開展。明時局面已有根本改變，中國人建造出比之前巨大得多的遠洋船，並且懷抱與之相應的宏遠雄心。雄心的展現，當然包括鄭和的著名遠航。在這期間，中國勢力擴及整個東南亞。明時，中國的遠洋巨船航遍東南亞全境，經麻六甲海峽，經印度洋至東非，遠至波斯灣、阿拉伯半島，進入紅海！在這七百年間，中國海軍實力居世界之冠。一四〇五至一四三三年永樂帝派鄭和率領艦隊七次遠航（關於鄭和艦隊已有不少論著做了詳盡描述）。[25] 他的艦隊裡有身形巨大的「寶船」，長超過四百英尺，寬一六〇英尺，有九根船桅和十二面帆，重逾一千兩百噸。[26] 一四〇五年首次遠航時，整個鄭和艦隊有兩萬七千八百人、六十二艘寶船、兩百艘其他大小的船。[27] 這支龐大艦隊成為代代相傳的歷史佳話。

直至今日鄭和在整個東南亞仍受尊崇（圖4.2）。在麻六甲市有一棟立了鄭和高聳雕像的鄭和紀念館，二〇一七年我走訪該館時，館內擠滿興奮的學童。鄭和遠航震古鑠今，卻掩蓋了一個事實，即鄭和遠航之前，中國船和中國商人在「南洋」活動已有一段時日，中國船駛入東南亞港口，在當地留下幾個小型華人僑社，於是在整個南海周邊地區，開始有中國人和馬來人、爪哇人等族群通婚。中國船也會停靠在今日稱之為西沙群島、南沙群島境內的環礁。

中華人民共和國根據這段歷史事實，聲稱中國對南海擁有「歷史性權利」，整個南海為其所有——但二〇一六年海牙國際法庭的裁決徹底否定此說（見第五章）。中國駁斥此裁決，甚至不願成為菲律賓所提仲裁案的爭議一方。仲裁庭的裁決內容洋洋灑灑，但判定並無有效歷史證據支持中國說法。

明末，中國在此地區內外建立前所未有的存在和網絡。中國並成為海上超級強權，不只支配南洋，還支配印度洋。明朝往南邊、西邊海域進擊，陸上的擴張——和侵略——亦不遑多

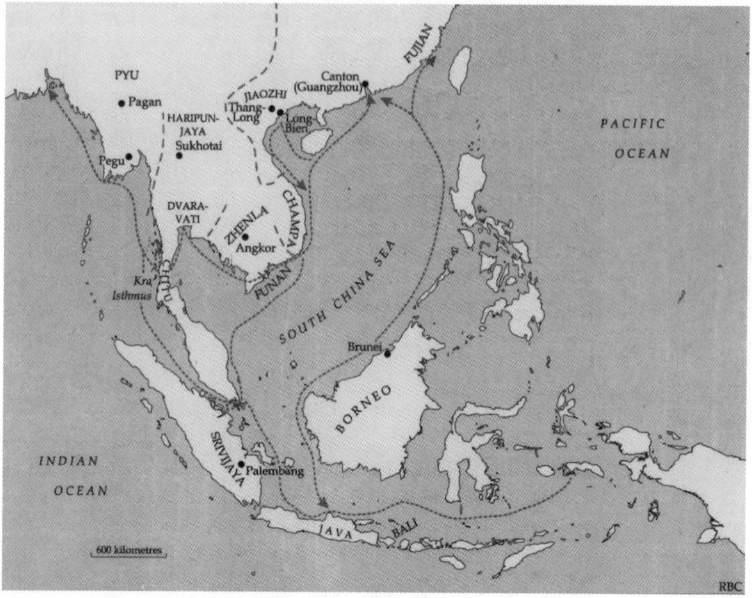

圖4.1 早期東南亞與海上貿易路線，三至九世紀。

來源： Allen & Unwin，Robert Cribb製

圖4.2 紀念鄭和遠航的印尼郵票

來源：Government of Republic of Indonesia

讓。北邊蒙古人、突厥人的侵逼令明朝坐立難安，於是乎穩住南疆局勢變成當務之急。

因此，一三八一年，明朝決定將雲南（時稱大理）重新納入版圖。[28]據史學家史都華—福克斯的說法，光是為了「平定」雲南東部和昆明周邊區域，就動用了二十五萬名軍人，花了三年。當地蒙古軍猛烈抵抗明軍。拿下初步勝利後，洪武帝的軍隊乘勝追擊，兵威深入西南部，後又往東北進入貴州。明朝開國君主洪武帝去世後，其子建文帝繼位，而後永樂帝篡位。永樂帝在位期間（一四〇二—一四二四）全力攻打蒙古人。但一四〇六與一四〇七年，永樂帝的軍隊也入侵越南，再度將該地納入中國版圖。中國統治下越南民怨沸騰，一四一八年造反，但遭敉平。平定越南（安南）後，永樂帝開始放眼東南亞海上區域，希望盡可能全數囊括建立朝貢關係，二十二年間派了四十八個使團出海。[29]這些使團不負使命，從菲律賓往南至婆羅洲和爪哇、往西至馬來半島和更遠的印度洋地區，多國遣使進貢。永樂末年，越南人再度造反，一四二四年永樂帝去世時，明軍已被趕出越南。永樂帝之孫宣德帝（一三九九—一四三五）承認越南剛獨立的地位，但堅持要越南恢復遣使進貢。

明滅清興。中國與東南亞的互動，在清朝時期（一六四四—一九一一）情況複雜。永樂後，明朝艦隊遭廢，中國與南方諸地的海上交流局限於欣欣向榮的中式帆船貿易。陸地上，一七六〇年間，清朝皇帝四次發兵征緬，欲往南擴大版圖，抵達印度洋，但每次出擊都遭緬人擊退。[30]十八世紀時，中國人也在東南亞全區做貿易，建立華人殖民地。廣州、汕頭、廈門成為這類出海闖蕩者主要的出發地。東南亞各地，包括暹邏、緬甸、婆羅洲、砂勞越、蘇門答臘、馬來半島、整個印尼群島，都有華商、華工、華人冒險家落腳。通婚日益尋常，「華僑」（「福建人」）社群在東南亞全區成形。中國這時簡直和東南亞**融為一體**，而這是「推」、「拉」兩種因素一起發力所致。[31]

但清朝企圖制止人民外移南洋，因為擔心海外華人會成為反清、顛覆政府的來源。[32]一七一二年，乾隆帝下詔禁止南洋貿易，禁止人民外移南洋，但未被當成一回事。外移與貿易依舊，後來在晚清時（一八八五—一八八六），官方順應既成事實，在南洋開設大使館、領事館、商會。

檳榔嶼和新加坡是最繁榮的華僑群居地，不過越南、暹邏、南柬埔寨、菲律賓、印尼（巴達維亞）群島境內，以及馬來半島、北婆羅洲各地，都有華人定居。光是在暹邏，移入的華人就從一八二二年的四十四萬增長至一八四九年的一一〇萬，成長了三倍。[33]整個十九世紀下半葉，許多華人移出中國大陸前往「南洋」。外移華人劇增，在中國大陸與東南亞諸國間打造出各式各樣連結——家族性、商業性、金錢性、文化性、政治性。一九〇七年時此地區已有將近七百萬華人，占全世界華僑總數過半，包括荷屬東印度群島的二八〇萬人、暹邏境內二七〇萬人、英屬馬來亞境內一百萬人、法屬中南半島境內二十萬人、英屬緬甸境內十三萬四千人、菲律賓境內八萬三千人。[34] 為與這些蓬勃發展的海外華人社群取得聯繫，清廷於一八七七年在新加坡設了第一個海外領事館。

與此同時，在清朝首都北京，曾國藩、李鴻章之類改革者，忙著推行自強運動，希望將中國帶進現代化工業時代。自強運動始於一八七二年，一八九四年結束，政策包括建設「造船廠和兵工廠」和現代海軍。現代化事業得到東南亞各地華僑支持，從而建立了華僑匯款回中國大陸的金錢連結，至今未斷。

東南亞作為革命基地

十九世紀末，東南亞為中國扮演了一個全新的角色，即政治運動團體（孫中山所領導的反清革命分子）境外基地。一九一一年辛亥革命能夠成功，東南亞華僑的政治、金錢支持居功厥偉。

流亡海外且積極投入政治活動的中國人，並非只有孫中山及其主張共和制的革命同志。新加坡尤其成為政治效忠對象各異的中國人的避難所。忠於清廷者於一八九八年百日維新瓦解後成立保皇會。會名取了保皇這麼委婉的名稱，是因為百日維新由光緒帝發動，後來，一八九八年十月二十二日，慈禧太后和朝中保守派政要發動政變（戊戌政變），維新大業隨之夭折。政變後，光緒帝遭軟禁至死，他的支持者——以梁啟超、康有為為首——流亡新加坡和日本。這些人是開明且具自由主義思想的知識分子，但他們致力於改革中國既有體制，尚無意用革命予以推翻。

另一群人，立場截然不同且較激進——主張革命。一九〇〇年，孫中山首度來到新加坡，但未久待即轉往日本、夏威夷、舊金山。一九〇六年他再度來到新加坡（圖4.3），四月六日在該地創立流亡革命祕密會社同盟會的南洋支部。支部創會會員十五人簽署誓約，誓言「驅逐韃虜，恢復中華，建立民國，平均地權」。[35]三年後，另有十八名中國青年聚會於柔佛南部（位在新加坡剛進入馬來亞的邊界），建立旨在推翻滿清的地下團體。他們自稱「救國十八友」，[36]後來併入同盟會。另有幾個較有錢的海外華商群體也在新加坡積極投身政治，提倡各種偽民主的改革。他們也很認同孫中山、同盟會之理念——而且他們很有錢。那時，孫中山和同盟會亟需錢實現其目標，花許多時間在美國、歐洲、日本、東南亞募款。

同盟會新加坡分會成為同盟會在東南亞活動的南洋總部。南洋總部在募款和宣導同盟會為未來中華民國所擬的綱領上極為成功，一九〇九年遷到馬來亞西海岸更偏北的檳榔嶼（但新加坡分會沒有廢）。之前，一九〇六年，孫中山遊歷此地區期間，已在英屬馬來亞全境創立十個分會，包括吉隆坡分會。但檳榔嶼華人占比較高，於是決定將同盟會東南亞總支部遷到這裡，希望在馬來亞諸地和暹邏爭取到更多人支持。在檳榔嶼，他們有機會打入百年前已移居此地的一個龐大海外華人社群。一年後的一九一〇年十一月十三日，南洋總部主辦了影響重大的檳榔嶼會議。會議由孫中山主持，訂出一九一一年四月在廣州起義（即黃花崗起義）的計畫，募集到可觀款項，打算用革命一舉推翻死氣沉沉的清朝。[37] 檳榔嶼會議是關鍵轉捩點，決定了清朝的覆滅和一九一一年辛亥革命。今日，檳榔嶼會議舉行地點闢為孫中山博物館保存下來（二〇一八年我參觀了這座博物館）。事後看，東南亞，尤其新加坡和馬來亞，作為流亡人士的活動基地，對孫中山和同盟會來說相當重要。同盟會全世界一〇二個分會中，五十九個在東南亞（南洋），其中一半以上在馬來亞。[38]

因此，清時，中國與此地區的關係產生質的轉變，從以物易物貿易和官方朝貢關係，轉

圖4.3　孫中山在新加坡（1906）　　來源：上海博物館

變為藉由氏族、族群淵源真正**融為一體**的關係，東南亞成為反清革命分子的海外政治基地。中國不再只是鄰邦，這時中國已成為東南亞緊密相繫的一部分。

中華民國與東南亞的關係

中華民國存在於中國大陸的三十八年間（一九一二—一九四九），與東南亞幾無官方關係，因此，雙方的互動主要發生在非官方的層次。在這期間，中國忙著應付無休無止的一連串內部動亂，無暇他顧。新成立的中華民國政府始終站不穩——民國初建的頭四年，袁世凱當了短命總統，國會遭解散數次，修憲了不只一次。然後，在軍閥時期（一九一六—一九二八），中國陷入地方山頭林立，彼此交相伐的局面。「南京十年」（一九二七—一九三七），國家確實得到暫時穩定與統一，有個看起來像樣的中央政府，但這段休養生息的空檔很快就被日本入侵和占領（一九三七—一九四五）打斷。辛苦打贏日本，全國民生凋敝，中國竟又陷入國共內戰，內戰一方的國民黨日漸衰落，另一方共產黨則氣勢蒸蒸日上。整個民國時期，建立並維護對外關係一直是個奢望。對蔣介石的政權來說，只有三個夥伴真正重要：德、蘇、美。至於東南亞，再怎麼說都是可有可無。

儘管中國天下大亂，與東南亞的民間貿易卻未斷。據廈門大學史學家聶德寧的說法，「即使民國時期中國國內亂成一片，與東南亞的船運貿易一切如常，雖然貿易對象大多是華僑。貿易路線取道廈門、廣州、汕頭，有一些取道上海，洋行在此中扮演非常重要的角色。」[39]

在國與國的層級，由於此時期東南亞仍是歐洲列強的殖民地，沒有政府可以與中國建立外交關係。只有暹邏（一九四〇年後稱泰國）保有獨立之身，但曼谷政府沒有承認新成立的中華民國。因此，中華民國政府退而求其次，透過殖民列強與東南亞地區打交道。但即使如此，與東南亞的官方交往仍不全面。北京一九一二年與英國正式建交（從而有利於與英屬馬來亞、婆羅洲、緬甸的交往），一九一二年與美國建交（從而有利於與菲律賓的交往），一九一三年與法國建交（從而有利於與中南半島的交往），但始終未與葡萄牙、荷蘭建交（從而與荷屬東印度群島或葡屬東帝汶沒有正式互動）。

當然，二戰期間，日本不只入侵占領中國大陸，還入侵占領整個東南亞，包括與中國西南部的雲南省接壤、由英國人統治的緬甸。一九四四和一九四五年，國民政府撤退至雲南，從該地頑抗侵華日軍（所謂的中印緬戰區）。抗戰期間，國民黨統治下的中國為生死存亡而戰，無暇他顧，與東南亞的種種關係自然轉弱。大部分民間貿易亦未能倖免，因為海陸運輸網都遭打斷。抗戰結束後，有些國民黨部隊留在緬甸北部邊境地區，中共打贏內戰後，更多國民黨部隊退至該地區（後來大部分撤至臺灣），但國共內戰全面爆發，意味著中國跟周邊國家及南方社會斷絕往來的情況將延續。此外，戰後時期，東南亞四處可見劇烈動盪與反殖民統治起義。

國民政府時期（雖然執政時間不怎麼長），中國與東南亞互動的第二個層級，關連到遍布東南亞的華僑。二十世紀頭十年，隨著出身中國的知識分子和專業人士為逃離政治迫害避難於東南亞或前往東南亞接受專業訓練（例如學醫），海外華人社群開始在政治上變得舉足輕重。此後，華僑受到國民政府看重，國民政府於一九二六年成立僑務委員會，以和華僑取得聯繫、爭取政治支持、取得金援。僑委會除了為華僑爭取受中文教育的機會，也替他們在居住地爭取公平權利和待遇。國民政府沿襲清朝時讓所有華僑擁有雙重國籍的做法。一九二五年通過的《國籍法》規定得更清楚，載明凡是中國男性所生的小孩，不管住在哪裡，都具有中國國籍。[40] 由於十九世紀最後幾十年和二十世紀初，大量中國人從中國大陸湧入東南亞，此一雙重國籍政策，加上國民黨和國民政府將華僑日益政治化，自然而然不只使殖民地政府心生猜忌，也使非華人族群產生疑忌。猜疑的種籽從此播下，在整個二十世紀期間和二十一世紀初期繼續加深。直至今日，反華心態帶來的緊張仍在，偶爾引發騷亂，尤其在印尼和馬來西亞。

但針對華僑做政治工作者，不只國民黨。中國共產黨於一九二一年成立後，也在統一戰線工作部底下成立自己的華僑連絡局，以爭取海外華人的效忠（特別是在一九二七年第一次國共合作瓦解後）。中共爭取華僑民心之舉，是屬於共產國際企圖在亞洲和中東建立支持據點所做的諸多努力（但不甚成功）之一環。[41] 尤其賣力催生運作南洋共黨（後來的馬來亞共黨），也在緬甸、新加坡、印尼暗中展開類似作為。但與中南半島共產黨（Indochina Communist Party）建立的關係最為成功。第一次國共合作於一九二七年四月十二日「上海慘案」發生後瓦解，但在這之前，國共兩黨都與派駐廣州的共產國際代表合作。共產國際有派一些人暗中滲透法屬中南半島，但把中南半島共黨特工派到廣州受訓，對他們來說安全上會有保障許多。其中一人，名叫阮愛國，又名胡志明。他在廣州待了兩年（一九二五年中期至一九二七年中期），在當地受訓，結交中共黨員。[42]

因此，整個民國時期，由於東南亞為列強殖民地，且中國國內局勢複雜，中國與東南亞的傳統關係不如以往。此局面會延續到一九四九年中華人民共和國成立後最初幾年。

中華人民共和國與東南亞，一九四九至二〇〇〇年

西元二〇〇〇年之前，中華人民共和國在東南亞所扮演的角色，及其與東南亞的關係，反映出多重因素，而且有數個階段的轉變。一般來講，一九七八年鄧小平上臺，就跟一九四

九年後中國（內外）情勢的許多演變一樣，代表一個大轉捩點。在那之前，毛主義當道的時代，中國在東南亞被視為破壞當地穩定的角色，北京與當地關係因此非常緊繃。一九七〇年代之前，中國也與許多國家不相往來，因為在那之前，中國只與少數國家（緬甸、柬埔寨、印尼、寮國）有外交關係。一九七八年後，鄧小平調整對內政策，把經濟發展置於首位，貶低激進毛主義意識形態的重要性，這對中國對外關係影響甚巨。

此後，中國對待東南亞地區的方式有了根本性的改變，從一個破壞穩定的角色，轉變為崇尚穩定和共存的角色。為彰顯此一改變，鄧小平於一九七八年十一月五至十四日走訪了泰國、馬來西亞、新加坡。他是繼一九五六年十一月周恩來後第一位巡訪東南亞地區的中國領導人，而且是**第一位**走訪這三國的中共領導人（周恩來只去過北越、緬甸、柬埔寨）。

一九七八年之前和鄧小平調整中國對內、對外走向之前，有幾個因素制約了中華人民共和國對待東南亞的方式，而東南亞對待中華人民共和國的方式同樣受到這幾個因素制約：

- 中華人民共和國一九四九年後尋求以新立國家的身分得到外交承認。
- 美國及其盟邦和蘇聯及其盟邦（一九六〇年前包括中國）之間的冷戰，以及中國想要削弱美國在此地區的地位。

- 中國在此地區各地結交、支持共黨——以毛澤東的革命意識形態和對兄弟黨的支持為基礎。
- 中國結交、交往剛獨立的後殖民國家——以及北京在亞非不結盟運動裡的角色。
- 中國結交、操縱海外華人社群，使之成為「統一戰線」的「第五縱隊」，藉此削弱此地區非共黨國家，以及在全境散播革命。
- 一九六〇年中蘇決裂後，北京想要削弱莫斯科在此地區的角色。
- 北越（越南民主共和國）與南越（越南共和國）內戰期間，中國全面支持北越。

一九七八年後，北京繼續想方設法反制蘇聯在東南亞地區的角色，直到一九八〇年代晚期雙方**修好**為止。但就其他方面來說，一九七八年之前中國對東南亞的一貫做法，此時全部揚棄。北京改弦更張，不再支持當地共黨（但緬甸共黨除外），與此地區所有國家建交，對華僑施行不插手政策，開始正常的貿易、文化交流，尋求來自這些國家和華僑的投資，也較為容忍美國在此地區的角色，以及一九九七年亞洲金融危機後，向許多東南亞國家提供可觀的金援。[43] 北京行為上這些質的改變，使東南亞國家對中華人民共和國的觀感從有害漸漸轉為有益（但許多國家對中國的疑忌未消）。

尋找朋友

中華人民共和國初建立時，國際處境孤立。[44] 冷戰興起，世界分裂成兩個相抗衡的陣營，無疑不利於「新中國」獲得聯合國和國際社會承認其為主權國。它被拒於聯合國大門之外，一九四九年只有十二個國家予以外交承認；這些國家全是「蘇聯集團」的成員。一九五〇年，另有十個國家承認中華人民共和國——四個剛獨立的亞洲國家和六個西方國家。建國十年後，與北京有外交關係的國家仍只有三十七個。毛澤東愛計算中國的「敵」、「友」數目——中華人民共和國建國頭幾年，「敵」大大多於「友」。中國深陷孤立，與西方還有東方許多國家切斷聯繫。有鑑於此現實狀況，毛澤東與新成立的中華人民共和國除了將經濟援助和安全寄望於莫斯科，幾無別的選擇。

一九五〇年六月韓戰爆發，徒使中國與非共產世界更加疏遠，而與共產陣營的關係更加緊密，並且對中國的國家安全製造了更大威脅。韓戰也讓北京想要「解放」臺灣、結束與國民黨政權之間長期鬥爭的心願無緣實現，因為就在毛澤東正為跨越海峽攻打臺灣以終止內戰做準備的當頭，美國把第七艦隊布置在臺灣海峽。

於是，一九五〇年代期間中國與世界的關係，最大特點是在國際上被孤立，以及與蘇聯結為盟友。就是在這樣的大環境下，北京向剛擺脫殖民地身分獨立建國的國家，包括印度、巴基斯坦和東南亞國家，尋求支持。但在東南亞，只有緬甸、印尼、北越及後來的柬埔寨，有意和北京建交。越南民主共和國（北越）是第一個正式承認中華人民共和國的東南亞國家，一九五〇年一月十八日雙方建交。印尼於四月十三日跟進，剛獨立的緬甸則是於一九五〇年六月八日。八年後，才又有東南亞國家承認中華人民共和國。柬埔寨於一九五八年承認，寮國於一九六一年承認。一九六五年，印尼中止與中國的關係。其後，經過很長一段時間，馬來西亞於一九七四年承認中華人民共和國，菲律賓、泰國接著於一九七五年承認。此後又經過很長一段時間，印尼於一九九〇年與中國恢復邦交，新加坡同年正式承認中華人民共和國，一九九一年汶萊跟進。

因此，歷經超過**四十年**，中國才與所有東南亞國家建立完整的外交關係。這並非出於偶然，而是具體反映前面所列諸項因素，以及整個非共產地區對共產中國的極度不信任。

北京沒有因為近乎完全孤立的處境，而放棄在東南亞地區建立關係——儘管是非正式的關係。兩個國際會議有助於北京在這方面的努力：一九五四年日內瓦會議和一九五五年萬隆會議。這兩個國際會議都使中華人民共和國及其總理暨外長周恩來有機會首度踏上國際舞臺。

經過三年慘烈的韓戰，戰線膠著於三十八度線附近，一九五三年各方簽署停戰協定。然後，各大國於一九五四年四至七月舉行了日內瓦會議（見第二章）。

周恩來以其在日內瓦表現出的沉穩老練作風和高明外交手腕贏得極大肯定。他的表現與中華人民共和國建國初年予人的較好鬥形象，殊若天壤。由國務卿杜勒斯（John Foster Dulles）領軍的美國代表團，竭盡所能無視、貶低中國在日內瓦會議上的參與身影——[45]但就象徵意義而言，中國已然初步踏上國際外交舞臺。最重要的是，周恩來和中國代表團是此會議達成「最後宣言」的大功臣。該宣言內容包含中南半島諸國暫時停火、創設國際委員會來監督停火、越南一分為二（直到舉行全國大選為止）和其他條款。周恩支持這些倡議，與中國過去在河內的共產主義夥伴意見相左，這也顯示周恩來的務實。[46]

隔年，一九五五年四月，在印尼召開的萬隆會議，給了中華人民共和國另一個國際舞臺，但臺下觀眾不同。就跟在日內瓦一樣，周恩來再度扮演吃重角色，表現令人激賞（圖4.4）。

萬隆會議又名亞非會議，來自這兩個地區二十九國的代表齊聚一堂，在相抗衡的冷戰兩陣營（社會主義陣營和帝國主義陣營）之間提出「第三條路」。[47]毛澤東本人宣稱這是國際事務上的「中間地帶」。[48]萬隆會議為不結盟運動的創立打好條件（中國成為此運動裡的觀察員，而不是成員）。這次會議也提供中華人民共和國一個機會，宣傳其「第二身分」（第一身分為社會主義暨共產主義國家），即發展中後殖民國家，並開始擴大自己與這類國家的外交關係。[49]萬隆會議所通過的宣言，也重新確立中國、印度在前一年納入雙方「和平共處五項原則」（Five

Principles of Peaceful Coexistence）裡的許多內容。[50]

北京想利用日內瓦和萬隆會議所提供的些許機會拓展對外關係。一九五六年十一月，周恩來一次走訪與中國有外交關係的幾個亞洲國家：阿富汗、緬甸、錫蘭、印度、尼泊爾、北越、巴基斯坦。柬埔寨尚未與中國建立官方關係，但也被列入巡訪名單。周恩來也在一九五四年去了緬甸仰光，在那裡與吳努（U Nu）簽下雙邊貿易協定，及載明承認「和平共處五項原則」的聯合公報（另於一九六一年簽署《中緬邊界條約》〔*Sino-Burmese Border Treaty*〕）。中國與印尼締結了尤為緊密的關係，因為雙方都想壯大亞非運動策略核心「從上而下統一戰線」之聲勢。隱憂在於北京同時支持印尼共黨加入「由下而上統一戰線」。[51]但隨著蘇卡諾的政治立場日益

圖4.4　周恩來在萬隆會議上講話（1955）

來源：Keystone-France/Gamma-Keystone via Getty Images

偏左，開始與印尼共黨走得愈來愈近，甚至延攬數名印尼共黨資深黨員入閣。對北京來說這樣一來情況變得愈來愈混沌不明，同時毛澤東和中共也益發鼓勵並支持印尼共黨發動「武裝鬥爭」。如第二章所述，一九六五年十月一日情勢來到緊要關頭，發生了一場未遂政變。政變由與印尼共黨有關連的左派軍官領導，失敗後，印尼共黨被肅清殆盡，華人隨後慘遭血洗。大受吹捧的「北京－雅加達同盟」不過爾爾。印尼與中國斷交。

日內瓦會議、萬隆會議和周恩來一九五六年的巡迴訪問，的確給了中華人民共和國政府與蘇聯、蘇聯衛星國以外的國家交往的大好機會，但中國在世界上的處境相對來講依舊比較孤立。一九五〇年代末，中國只與二十七國有正式外交關係。此外，就在中國發動反右運動（一九五七）、人民公社運動（一九五八）、大躍進（一九五八－一九六〇），中國國內政局變得更為激進之時，中蘇關係也開始愈趨惡化。日內瓦、萬隆兩會議後，北京似乎迎來突破機遇，但毛澤東對內政策的左傾，想在全世界跟美國對槓的欲望日盛，接著一九六〇年與莫斯科公開決裂，葬送了此機遇。

支持東南亞共黨

儘管中華人民共和國未能與在東南亞的大部分鄰邦建立正式的外交關係（只與緬甸、柬埔寨、印尼、北越建交），但北京積極與此地區數個初成立的共黨結交，並給予有形的支持。就連在跟它有邦交那四國的其中三國，其**國內**本土共黨和叛亂分子高舉推翻現行政府的旗號，中共仍繼續耕耘與它們的黨對黨關係。因此，中國對此地區採兩級式二元做法：國對國與黨對黨。[52] 在某些國家裡，中國採第三種做法——統一戰線——試圖推動當地共黨與他黨結盟。[53] 這些作為始於一九五〇年代，持續至一九七〇年代晚期。一九六〇年中蘇決裂後，兩個共產強權開始在全世界爭相將左派政黨拉入自己陣營，中國便更大力推動上述作為，在一九六六至一九七六年文革十年期間達到高峰，一九七八年後大致叫停。[54]

在這段漫長時期，中共支持越南共黨、緬甸共黨、高棉人民革命黨（後來改名紅色高棉〔Khmer Rouge〕）、寮國人民革命黨（巴特寮〔Pathet Lao〕）、泰國共黨、印尼共黨、菲律賓共黨（新人民軍〔New People's Army〕）。中國與上述每個共黨的關係都非常複雜，已有不少文章書籍予以探討。我們只需要知道中國對每個共黨的支持方式不盡相同就可以了。

以北越為例，中國於北越和美國交戰期間支持最力，給予北越完整且持續的軍援並提供作戰物資。[55] 例如一九七三年，中國提供北越二三三萬三六〇〇枝槍、九九一二門炮、四千萬發子彈、二二〇萬枚炮彈、四三三五具無線電發射機、一二〇輛坦克、三十架飛機、一二一〇部車輛。[56] 在其他年分，供給數量有所變動，但差異不大。整個越戰時期，中國也提供越南軍事戰略方面的意見。中國的支持還包括派駐、輪調三十二萬中國人民解放軍現役軍事人員到北越——大多投入工程和營造、後勤，以及擔任防空炮兵。[57]

中國對東南亞其他地方共黨的支持，遠不如對越南共黨的支持，因為那些共黨未捲入熱戰，但北京還是持續支持多個共黨叛亂團體。以馬來亞共黨為例，中國的支持，包括透過「馬來亞革命之聲」廣播電臺（從一九六九年十一月播到一九八一年六月）、祕密通訊管道和暗中資助等方式進行宣傳，以及斷斷續續供應輕武器和彈藥。馬來亞共黨領導人大多是華人，其中數人去過中國受訓、就醫。[58]中國也從位於雲南的遠程發射臺，為「泰國人民之聲」、「緬甸人民之聲」播放廣播節目。[59]而中國對緬甸、柬埔寨、印尼、寮國、馬來西亞、泰國、菲律賓諸國共黨的支持，都包括供應武器（以輕武器為主）以利它們進行「武裝鬥爭」。就柬埔寨來說，中國是凶殘紅色高棉政權的唯一贊助者，中華人民共和國的形象和名聲因而蒙受極深汙點。[60]緬甸方面，中國從一九六二年起提高對緬甸共黨的軍事補給，一九六八年時中國人民解放軍的正規兵已和緬甸共黨軍隊組成聯合武力。這支聯合武力配備精良，有大炮、防空炮和其他傳統裝備。一九六八年初期，他們發動攻勢，想要拿下曼德勒（Mandalay），遭緬甸軍擊退，被壓制在中緬邊境地區（此地區由緬甸共黨實質掌控，直至一九八〇年代初期為止）。[61]在泰國，一九七三年時泰共轄下兵力據估計為五千，但其作戰範圍局限於泰國北部、南部的叢林地帶。[62]

中國對武裝叛亂團體的支持，讓他們所欲推翻的現行政府反感。在柬埔寨、寮國、越南方面，武裝叛亂團體如願推翻現行政府。在緬甸、菲律賓、泰國，共黨叛亂團體始終未對中央政府構成有效且直接的威脅，但控制了所在國的大片鄉村和叢林地區。緬甸方面，中國於一九六七年夏天在緬甸街頭公然進行政治煽動，中國外交人員和國營通訊社（新華社）上街示威，發送毛澤東鈕扣像章等文革宣傳品。[63]類似的顛覆行動也出現於柬埔寨金邊。在緬甸和柬埔寨，這類行動都引起所在國與北京的外交紛爭（緬甸甚至暫時中止兩國關係）。第二章有談到，印尼是境內共黨武裝奪權（一九六五年政變未遂）最接近成功的東南亞國家。在那之前數年，中共一直偷偷提供金錢和武器給印尼共黨，多次招待來北京訪問的印尼共黨領導人艾地（D. N. Aidit）。一九六五年八月五日，艾地在北京會晤毛澤東，毛澤東力勸他「一舉消滅所有反動將領和軍官」。[64]

毛：你應該趕快行動。

艾地：我擔心軍隊會成為阻礙。

毛：照我所建議的一舉消滅所有反動將領和軍官，軍隊就會群龍無首，跟著你走。

艾地：那要殺掉數百軍官。

毛：在陝北我一次殺了兩萬名幹部。[65]

在同一次晤談中，毛澤東承諾運送三萬件輕武器給印尼共黨。九月，這些武器完成送交。因此，中國被強烈懷疑協助挑起一九六五年九月三十日雅加達（未遂）政變，而且也確實被蘇哈托將軍領導的倖存軍事執政團如此指控。但後來的資訊披露顯示中共、印共、政變密謀者之間並無直接關連——沒有「確鑿證據」。[66]但雅加達指責北京協助挑起政變，軍事執政團在政變後對華人發動的恐怖屠殺，奪走百萬餘條性命，加劇兩國緊張。兩國關係後來變得非常緊繃，一九六七年，印尼正式中止與中華人民共和國的外交關係。中國與印尼共黨的關係，跟著印尼共黨一起被摧殘殆盡。此前十五年中國用心拉攏印尼（印尼也是如此），這番努力化為泡影。[67]

但中國繼續在東南亞其他國家支持共黨，給予實質援助，直至一九七〇年代末。然後，一九七八年，如前文所述，鄧小平於巡訪馬來西亞、新加坡、泰國期間，表態中國打算停止這類積極支持。一九八一年總理趙紫陽巡訪東南亞時，一再表示中共與此地區政黨的關係只限於「精神上和政治上」的關係，中國不會干預此地區內政黨和國家的內部事務。[68]先前被中國列為瓦解對象的諸多現行政府樂聞此消息，但北京三十年來顛覆、破壞穩定行為所導致的不信任感仍存在，而且日益惡化。

敏感的華僑問題

一九八〇年代之前，東南亞對中國的不信任感未消一事，也與北京和東南亞華僑的關係有很大關連。一九五〇年代、六〇年代、七〇年代，許多東南亞政府以猜疑的心態看待華僑，視之為具有顛覆性的「第五縱隊」（「第五縱隊」一詞出自一九三六年西班牙內戰，當時民族主義將軍莫拉〔Emilio Mola〕及其支持者率領四個縱隊圍攻馬德里，但聲稱由地下支持者組成的「第五縱隊」正在城裡等著發難，與之裡應外合）。但一九七八年後，中國轉而將經濟發展列為國家最高目標，東南亞（和全世界）的華僑，被中國視為現代化的潛在助力，而非輸出革命的潛在助手。一九七八年時，東南亞有一四五〇萬名華人。[69]

本章前文指出，華人從中國大陸移居東南亞始於數百年前，帶來商業、文化、家族關係。二十世紀初期，新加坡、馬來亞華人涉入中國大陸政治，孫中山在那裡從事同盟會革命活動。海外華人為孫中山的革命事業提供了極重要的金援，尤其是東南亞華人。

一九四九年中共在大陸奪權、國民黨退居臺灣後，國共兩黨爭相拉攏東南亞華人，競爭激烈。兩岸政府都設了華僑事務委員會，經由該機關與全球華人聯繫，包括東南亞華人。但由於臺灣強烈反共和大部分東南亞政府明令禁止煽動叛亂，臺灣從一九五〇年代至一九八〇年代底一直占據上風。在這三十年間，與臺灣有關係的團體掌控當地華僑報紙，這類報紙大多刊登反共文章。支持中華人民共和國的華人，在僑社備受猜忌。但有些華人或是政治立場左傾，或是為新成立的中華人民共和國深感驕傲，又或者同時抱持這兩種心態。這些人於一九五〇年代「返回祖國」（人數不詳）。另有華人匯款回大陸，但本人未回大陸。將這些匯款集中輸入大陸一事，香港扮演了重要角色。根據一份研究的計算，一九五〇至一九六四年，每年經香港匯到大陸的金額達兩千八百萬至三千五百萬美元。[70] 這不是小數目（換算成今日幣值尤然），這些匯款顯示海外華人對共黨中國的同情與支持頗深。

那段期間最令東南亞國家憂心的問題，是北京政府對海外華人的公民身分會採何種政策。最初，新成立的中華人民共和國政權沿襲清朝、中華民國的政策，認定凡是中國男子所生的小孩，不管住在哪裡，都擁有中國國籍，據此，有意擁有雙重公民身分的海外華人可如願以償。後來，在一九五七年，北京改弦更張，拋棄雙重公民身分的政策（住在中國且想擁有中國公民身分的外國人也用新政策處理），並且鼓勵海外華人融入他們居住的社會、成為當地公民。這是中華人民共和國政策上的一大轉變，在東南亞地區受到歡迎。一九五五年四月的《中國—印尼雙重國籍條約》(*China-Indonesia Treaty on Dual Nationality*)已預示此轉變，該條約鼓勵印尼境內華人成為當地公民。[71] 政策轉變促使中華人民共和國當局把華僑、華人分別看待。華僑指的是住在海外但身分為中國公民的中國人，華人則是身分為外國公民的華裔。[72] 萬隆會議後，周恩來試圖爭取東南亞國家支持中國，是造成此轉變的原因，至少是原因之一。但堅決反共的東南亞政府，仍視華人為潛在的顛覆根源。隨著北京開始積極支持東南亞各地的共黨和叛亂團體，這一憂心加劇。

在印尼，情況最為嚴重。雖然一九五五年雙方簽訂了《雙重國籍條約》，一九五七年中共鼓勵海外華人成為居住國家的公民，北京依舊持續加強與印尼華人和印尼共黨的密切接觸。一九五九年十二月，北京改弦易轍，呼籲所有海外華人回到「溫暖的祖國懷抱」。中華人民共和國華僑事務委員會副主任方方嚴正表示：不要我們所摯愛的人有一人在異鄉受苦，希望他們全回到祖國的懷抱。中國政府已決定接納所有返國的華僑，不管五十萬人、一百萬人或數百萬人。[73] 這一新政策激化中國與印尼關係，而且持續發酵直到一九六五年未遂政變為止——政變後，印尼境內華人遭殃，百萬餘人死於兩個月的血洗。

印尼的情況屬極端事例，因為在其他東南亞國家，通常不會用如此殘酷的暴力對待華人。但一九七五年北越打贏內戰後，新共黨政權有計畫地壓迫越南境內華人——把許多華人關在叢林集中營，數萬華人搭上小船，冒險逃離越南，成為所謂的「船民」。另有二十五萬華人逃到中國，獲得中國政府安置。越南迫害華人，是中國於一九七九年出兵懲越的理由之一。

成為較正常的鄰邦

中國的東南亞政策，在四人幫於一九七六年十月遭逮捕下臺後，一九七七年鄧小平上臺時，出現最大的轉變，但在毛主義時代的末尾，中國政府已針對如何讓國家運作回到正軌，採取一些初步措施。一九七四年馬來西亞與中國正式相互承認，菲律賓、泰國於一九七五年跟進。這些動作得益於幾個因素：中國此時是聯合國會員，尼克森總統一九七二年訪問中國，已為美國盟邦開展自己與中國的關係打開大門，美國在越南的戰事已結束，周恩來總理正在打造將有助於一九七四年後中國實現「四個現代化」任務的外交政策。上述與中國建交的國家，個個都必須與臺北斷交才能和中國建交——對其中每個國家來說，這都是難以承受但不得不承受的代價。

當北京開門與上述三個重要東協國家建立關係之際，與越南的關係卻惡化。陸伯彬（Robert Ross）針對一九七五至一九七九年期間中越關係，有一個謹慎又經典的描述，即這是諸多行為者分分合合快得叫人目不暇給的時期。[74] 儘管北越與法國、美國交手時得到中國力挺，但北京也很早就開始擔心越南人會稱霸中南半島。河內與中國宿敵蘇聯靠在一塊也教人憂心。結果，一九七五年北越征服南越統一全國後不久，上述兩個憂慮都在一九七八年成真。十一月，河內與莫斯科簽訂《友好合作條約》（*Treaty of Friendship and Cooperation*），該條約中有蘇越相互協防條款，而且蘇聯海軍開始停靠越南港口。次月，越南揮兵入侵柬埔寨，推翻犯下種族滅絕惡行的紅色高棉政權（暨中國的附庸國政權），而且越南共黨幹部和陸軍部隊滲入寮國政權。越南支配整個中南半島成了事實，越南已實質上控制此地區（只有紅色高棉殘餘游擊勢力藏身的幾塊孤立叢林地帶例外）。此外，到了一九七九年夏天，越南推進至泰國邊界，在邊境地區和泰軍交手。那年夏天，我去到清邁東北邊地區，爬上一座山，目睹了（兩英里外）雙方爭奪柬埔寨邊城波貝（Poipet）的戰事。越軍始終未能打入泰國，但許多人惴惴不安，深怕他們攻入。

中國推出應變計畫以遏制越軍攻勢，緊急將武器運交泰軍，並表示如果泰國要求，中國願出兵干預。一九七九年二月，據估計約有二十萬兵力中國人民解放軍越境攻入越南，聲稱要「教訓越南」。北京基於數個理由，認為「教訓」有其必要：越南入侵柬埔寨和寮國、河內對越戰期間中國給予的種種支持明顯不知感激、越南與莫斯科簽訂《友好合作條約》和讓蘇聯海軍部署於中國南邊、迫害越南境內華人、中越邊境線未定、北京稱之為入侵中國領土的邊境武裝衝突。出於這些中方所認定的理由，中國攻打越南以宣洩其怒火（虛偽地稱之為「自衛反擊戰」）。開戰頭三週，中國軍隊攻勢受阻，遭身經百戰的七萬越軍擊退之後，才終於攻下邊城諒山，接著宣布「獲勝」，然後撤軍。這場短暫的邊境戰爭，教中國軍方顏面無光。如果要說有誰受到「教訓」，那會是人民解放軍——此役彰顯人民解放軍戰力普遍低落、缺乏有效協調合作、沒有空中掩護、後勤補給線被截、沒有協同作戰能力，從而蒙受重大損失（可能多達兩萬五千人戰死，四萬人受傷）。[75]

此役以失敗收場，但中國在接下來十年於越南邊界維持龐大駐軍，想要迫使越南同樣在中越邊界維持龐大駐軍，藉此「抽乾」越南占領柬埔寨的兵力。最後，根據聯合國居中協調談成的非正式協議，越南於一九八九年底從柬埔寨（和寮國）撤出軍隊，但聽命於越南的柬埔寨領導人（韓桑林）和河內扶植的政權，依舊在位沒有下臺，直到一九九三年舉行全國大選為止。柬埔寨衝突得到解決使中國與東南亞的關係步入新時代，也使中國、越南的黨對黨、國對國關係漸漸恢復正常。

一九九〇年代：逐漸升溫

就在中國以更多面的姿態出現於地區舞臺、全球舞臺，中共領導人趙紫陽於國內大刀闊斧改革經濟、政治時，中國往前衝的勢頭因一九八九年六月四日天安門事件而受阻。經過北京和全國各地長達六星期的大規模爭取民主示威，鄧小平親自拍板決定拉下趙紫陽，以軍隊清除北京市裡的示威者。一千五百人至兩千人喪命。已在「改革開放」上取得傲人進展的中國，這時突然成為國際譴責與孤立的對象……但不完全。七大工業國和西方國家制裁中國政權，其他國家對北京的慘劇，還是一樣較不表態。身為七大工業國之一的日本，跟著西方國家制裁中國，但不到一年就退出。南韓政府只表示這是「令人遺憾之事」。東南亞國家也措辭謹慎。新加坡資深政治家李光耀發表公開聲明，說「我的內閣同僚和我對於情勢演變成此等災難感到震驚、驚駭、難過」。在李光耀看來，這只是對事實的陳述，而非譴責。他在回憶錄中說道：「我沒有譴責他們，沒有把他們當成和蘇聯一樣的高壓共黨政權。」[76]後來，在東南亞諸國中，李光耀帶頭維持與北京的接觸，主張孤立中國之舉長期來看會收到反效果。他對此紛擾時期的看法，與他積極推動中國與東亞地區融合、結合的大戰略一致。[77]馬來西亞、泰國政府僅表示這是中國的「內部事務」。

結果，一九八九年六月的事件，雖給中國的國際形象帶來久久難以消除的傷害，但北京在亞洲地區並未受到孤立。天安門事件後，東協國家帶頭展開與中國「交往」——而非孤立中國——的外交行動。[78]北京也注意到這點。中國領導人為處理天安門事件後的國內政局，以及應付西方制裁、東歐共黨政權遭推翻、接著蘇聯於短短兩年間解體帶來的衝擊而焦頭爛額之際，東南亞對北京送上難得的溫暖。一九九〇年八月，中國與印尼結束長達二十三年的關係空白，重新建交。自一九六五年獨立以來一直未與中國建立正式外交關係的新加坡，一九九〇年十月跟進。一九九一年九月汶萊接棒，再來是一九九一年十一月中越關係重新正常化。這時候，有史以來**頭一遭**，中國與**所有**東南亞國家都有正式的外交關係。一九九〇、一九九一年間，中國與東協也探索如何建立正式的外交關係。中國於一九九一年成為「對話與磋商夥伴」，成為第一個加入東協《友好合作條約》的非東南亞國家。這為中國參與東協所促成的次組織和會議開了大門。

之後，歷經七年，中國逐步融入東協的多邊機制。中國本來一直懷疑亞洲的多邊組織是美國圍堵中國的打手，但在一九九二至一九九九年間，經由漸進出席，接著又加入一些東南亞團體，中國克服了此疑慮。在這個北京求取安心、努力學習的過程中，東協扮演了最重要角色。時任中國外交部亞洲司司長、現任駐美大使的崔天凱表示：「對我們來說，那是個漸進學習的過程，因為我們必須更加熟悉這些組織的運作方式，懂得遊戲的規則。」[79] 九〇年代結束時，中國與東協已建立起相當緊密的關係，而種種官僚磋商機制使這些關係更加穩固。李光耀希望將中國整合入此地區的願景正在實現。[80]

這一過程幾乎是悄悄在進行，因為世界其他地方的注意力全擺在蘇聯解體、冷戰結束、華沙公約組織（Warsaw Pact）解散、德國統一、東歐建立新的民主政府、志得意滿的「歷史終結」之說。美國打心底認為自己「打贏了冷戰」。在此大環境下，中國被視為站在「歷史錯誤一方」，「歷史」遲早會「逮住」中國，中共遲早會和其他前共黨一樣被掃進馬克思所謂「歷史的垃圾桶」。

以上所述是當時盛行於西方的時代思潮，但此思潮未盛行於亞洲，也一定未盛行於北京。對中國領導人來說，他們在一九八九年六月四日處置得當，毋庸置疑；若未動用武力鎮壓構成嚴重政治威脅的「反革命動亂」，中共與中華人民共和國說不定已不存在。以必要舉措壓下此危及政權的挑戰後，有三個問題要解決：首先，如何打破中國的國際孤立，繼續朝世界強權的目標邁進；其次，從蘇聯和其他地方共黨專政國家的瓦解，可以得到什麼教訓；第三，如何在國內落實這些教訓，以免一九八九年事件重演。[81] 針對這三個問題，中國領導階層決定維持中國向世界開放的路線，認為這是克服上述挑戰的關鍵。中國與外界的連結愈廣大愈深入，他國要孤立或操縱中國就會愈困難。

亞洲是這個過程中的關鍵，一九九九年起北京把此地區列為其全球外交的最優先對象。[82] 北京提出新的周邊外交計畫，據此著手修建中國與東南亞的關係基礎，並強化中國與周邊所有國家的連結。[83] 對東南亞的這份重視，源自一九九六至一九九九年間中國外交政策執行者和專家所進行的一連串深刻辯論與反省。[84]中國對於在一九九七年亞洲金融危機中受害的東南亞國家，給予積極正向的回應，大有助於改善此地區對中國的觀感。至於這一切如何在二十一世紀得到落實，我將在下一章探討。

◉第五章◉

中國當代在東南亞的角色

中國堅持與鄰為善、以鄰為伴，
堅持奉行睦鄰、安鄰、富鄰的周邊外交政策，
堅持踐行親誠惠容的周邊外交理念，
堅持共同、綜合、合作、可持續的亞洲安全觀。

——

中國國家主席習近平，

新加坡，二〇一五[1]

中國是一個大國，其他國家是小國，
這是無可爭辯的事實。

——

前中國外長楊潔篪，

河內，二〇一〇[2]

中國政府沒有瓦解東協之意……
但其作為已弱化東協，對一個本來就脆弱的組織
——或許和明朝花瓶一樣脆弱——
做這樣的事，很危險。

——

馬凱碩，

新加坡國立大學，二〇一六[3]

中國與東南亞國家、東協的關係，自二十一世紀起大幅提升，現已達成高度的互動。有些統計數據可以很清楚說明這點。二〇一八年時，東協與中國的貨物貿易總額成長至五八七〇億美元，中國對東協的直接投資總額則增高至約八四〇億美元，一年流入約一三四億美元，中國赴東協的觀光客共二〇三〇萬人，人員雙向流動次數加總超過三千八百萬人次，超過二十萬名學生在對方的大學就讀（八萬名東南亞學生就讀中國大學，十二萬四千名中國學生在東協各國大學就讀），每週往返空中航班超過三千班次，另有多種指標表明互動的頻繁。[4]自二〇一五年左右起（至新冠肺炎爆發為止），各領域都有相當顯著的提升。

中國目前對待東南亞的方式，受到多重因素影響，其中地理因素或許最重要。中國地近東南亞，使其易於進入東南亞和定期現身。這個因素促使雙方經濟相連性日增，而且有交通運輸上的連結予以支持。地理位置相對較接近，也有助於觀光業、學術交流及中國官員定期訪問東南亞地區。

中國對東南亞的評估

中國如何看待東南亞和促成此地區改變的諸多相抗衡力量？其中又顯露出北京對此地區

有何戰略？從幾本中國東南亞事務專家近年出版著作，再結合官方文件，可以看出幾個不同層次的端倪。

首先，必須說，在中國，對東南亞的專門知識，貧乏得叫人吃驚。有鑑於此地區對中國來說頗為重要，這是個耐人尋味的異常現象。相較於鑽研世界其他地區的學術領域（例如美洲研究、歐洲研究、非洲研究、拉丁美洲研究），東南亞研究在今日的中國，發展程度相較之下顯得不足。[5] 我的意思不是說此領域乏人研究，而是我覺得跟其他這類領域的研究相比有欠發達。在北京尤其如此。例如中國社會科學研究院，沒有針對東南亞研究單獨設一個研究所。其他北京智庫，例如中國現代國際關係研究院（隸屬國家安全部）和中國國際問題研究院（隸屬外交部），通常各只有幾名研究員專門研究整個東南亞（他們往往不會講此地區的語言），往往把重點擺在安全問題，而非國內事務、對外關係或東協本身。[6] 中國外交學院的老師偶爾以東南亞為題發表文章或書籍，但學院內沒有獨立的東南亞研究中心（北京大學、人民大學、清華大學皆如此，它們都設有國際關係學院或研究所，以及針對其他地區的數種研究課程）。[7] 因此，在北京，針對東南亞的專門知識研究十分貧乏。[8]

東南亞地區研究的主力，在北京以外。在中國南部，有數所大學設了東南亞研究所或課程：暨南大學（廣州）、廈門大學、雲南大學、廣西大學、廣西師範大學、中山大學。這些機構的研究主題往往相當偏重於民族誌、歷史、文化方面（包括海外華人），偶爾做些社會科學或國際關係研究。廈門大學和暨南大學是例外，不適用此通則。這兩所大學的研究範圍較多面，發行中國境內兩大當代研究刊物，《南洋問題研究》[9]和《東南亞研究》。雲南大學、廣西大學的社會科學院也各自設有東南亞研究所，雲南大學的研究所已出版了一些談當代東南亞事務的專書。[10]雖有這些零星的專門知識，有鑑於東南亞人口眾多、幅員遼闊、地近中國且對中國重要，大學和智庫對此地區專門知識的貧弱，仍叫我吃驚。

在上述研究所裡，福建廈門大學國際關係學院的東南亞研究中心，是中國最早成立也是最好的東南亞研究所。美麗的廈門大學校園鄰近海邊，金門島就在兩英里外，肉眼可見。一九五四至一九六〇年金門是情勢高度緊繃之地，（連同柏林）被稱作「冷戰前線」當之無愧，因為它是國民政府退到臺灣後最前沿的軍事基地（小島上部署了五萬八千名兵力）。金門是一九五四至一九五五年和一九五八至一九六〇年兩次臺灣海峽危機的中心，在後一危機期間，共軍猛烈炮擊金門（和馬祖），促使美國做出軍事回應（以及一九六〇年總統大選期間甘迺迪與尼克森的激辯）。這兩場危機期間，中國中央政府下令於一九五六年在廈門大學成立南洋研究所，專門研究海外華人和東南亞。與越南為了西沙群島的幾座爭議島嶼起衝突後（中國於短暫交火後拿下這些島），南洋研究所的研究項目在一九七四年增添了南海研究一項。二〇〇〇年，教育部將之提升為「重點」研究基地。此後，南洋研究所將工作重點擴及至此地區的國際關係，設立八個專門研究中心，包括東盟研究中心。二〇一九年十月為了替本書找資料，我來到這個研究機構，教師素質和學生（超過四百人）認真學習的程度，令我印象深刻。機構內二十五個系所提供多種關於東南亞地區的課程，供學生攻取學士、碩士、博士學位，圖書館藏書超過十萬冊，種類廣泛，而且此研究中心與東南亞諸多研究機構交流甚多。

就分析傾向來說，中國的東南亞分析家表現出幾個特色。第一，他們往往採取大國視角，所以很關注美國在此地區的角色，以及中國和美國的競爭。會採取這樣的角度，一部分與中國想在此地區打造自己的勢力範圍有關，另一部分與中國希望把美軍推離其海岸愈遠愈好的防衛姿態有關。

中國出版的東南亞論著會有這種傾向，也可說是中國學者熱中解讀美國分析所附帶產生的後果，因為從這些出版論著的內容看來，作者顯然都相當熟悉美國學術研究成果（諷刺的是他們反而不常參考東南亞的學術研究成果）。因此，中國學者的著述原創性不高，其中很多內容往往只是重新包裝或援引西方的學術研究成果。話雖如此，但中國東南亞研究學者的第二個特色，倒是頗用心於密切監測東協的凝聚力和走向，以掌握此群體是否有往反中方向發展的跡象。中國觀察家並非不知道東協頻繁出現系統性步調不一現象，相反的，他們心知肚明，而且樂見東協保持步調不一。步調一致的東協有可能被導往危害中國利益的方向，步調不一的東協則較溫順，北京容易操控。

但有些中國分析家在評估東協時特別挑剔，乃至尖刻。有些人認為東協是個軟弱的組織，斥責「以東協為中心」(ASEAN Centrality)只是個口號。在二〇一七年東協成立五十週年之際，隸屬外交部的中國國際問題研究院的一名分析家，指出東協有四個系統性弱點：一、「東協共同體的打造仍不完善」；二、「東協未解決內部領導權的問題」；三、「東協與其對話夥伴協同行動的能力有限」；四、「東協在促進地區合作上的成績有待改善」。[11] 雖然發出這些批評，這位分析家和其他中國觀察家始終主張：「中國向來極看重與東協的合作關係……接受東協在地區合作上的中心角色。」[12]

不過，總的來說，中國分析家認為在整個印太地區，尤其在東南亞，中美之間存在競爭性愈來愈高的戰略態勢。[13] 這不是新態勢，中國的戰略分析家一向主張地區戰略競爭和結構性矛盾在歐巴馬當政時期開始升高。[14] 許多文章指責歐巴馬的「重返」或「再平衡」政策為幾不掩飾的「遏制」(圍堵)。一批中國分析家認為，美國重新關注東南亞始於歐巴馬的重返政策，更有一批中國分析家認為，川普當政後此一競爭態勢未消。[15] 廈門大學一位分析家承認，歐巴馬政府提高對東南亞的關注，確實對中國與東協國家的「政治互信」產生負面衝擊，他主張(二

○一四）中國必須下更大工夫才能贏回與此地區的互信。[16]這有賴於在文化、經濟、外交、公共機構方面多管齊下的努力。他也指出南海主權爭議的敏感，認為中國應該「在維護主權的同時照顧到爭端方的利益訴求，避免在外交領域形成單邊主義形象」。[17]

一些分析家在處理美國與東南亞關係時，坦言有些東協國家支持借美制華，雖未挑明是哪些國家，但他們主張中國在東南亞地區的「戰略資本」大於美國所擁有者，因此中國應發揮「戰略定力」。[18]另有作者認為，東南亞國家對中、對美的立場，是取決於該國的「能力」與「意願」：[19]

> 結合區域特性，周邊國家的對華戰略大體可以區分為抗衡、調適、投機和避險（兩面下注）等四種類型。具體而言，若周邊國家同時具有較強的抗衡能力和抗衡意願……這類國家傾向於抗衡，如日本；若只有較強的抗衡能力而沒有相應的抗衡意願，則傾向於調適，如俄羅斯；若抗衡能力較弱而抗衡意願強烈，則傾向於投機，如越南；若抗衡能力和抗衡意願都較弱，則傾向於兩面下注以避險。

但有些作者的觀察則是，東南亞國家努力「兩面下注」避免「扈從」（北京），也努力在中美之間維持等距立場。一位上海對外經貿大學的作者主張，「『大國平衡』逐漸成為更多東南亞國家維護戰略利益的最優選」。[20]另一位作者也認為，兩面下注以避險是東南亞國家在中國崛起背景下的「日常政治操作」。[21]

一位中國外交學院學者，提出另一種評判標準，即根據東協國家的對中策略，將它們分成三類：順從合作的朋友；對抗制衡的敵人；身分不確定的兩面下注者。[22]第一類國家是大抵已被「吸入中國經濟體系」的國家（緬甸、柬埔寨、寮國）。第二類國家想要「制衡中國」，主要藉由與美國結盟來實現（新加坡、越南、菲律賓）。這些國家尋求「遠交」，但不追求「近攻」。但這位學者認為，隨著「當前『中國威脅論』在東南亞國家的主流話語體系中幾乎消失」，此一趨勢漸衰。第三類國家實行「兩面下注戰略」（泰國、馬來西亞、印尼），企圖建立「不遠不近」、「非敵非友」的東協與中國關係。[23]這位作者推斷，在多變的東南亞環境，中國應為其與柬埔寨、緬甸的關係突生變數做好準備，以面對「未來可能出現的問題」，但沒必要對與越南、菲律賓的關係過度悲觀，而中國最明智的做法是積極投入東協的多邊主義。[24]

另有不少作者認為中國對東南亞地區自然具有吸引力。有的提起二〇一三年十月周邊外交工作座談會，主張中國只要繼續集中注意力在「親誠惠容」睦鄰政策上，應足以消除此地區的不安，[25]有的認為習近平的「中國—東盟命運共同體」具有內在吸引力。[26]但也有作者認為這樣想恐怕太樂觀，主張中國與東南亞雖有廣泛的經濟互補性，卻同時存在頗大的政治猜忌和摩擦，從而削弱中國諸多外交作為的效用。[27]此外，一位任職於中國社科院亞太與全球戰略研究院的作者觀察到，中國的軟實力在改變東協的「戰略性思潮」上成效不是很大。[28]

一些作者則察覺到情勢比以往更加緊迫，主張必須分外「警惕」美國入侵，尤其是中南半島和湄公河下游地區。[29]中國的軍事分析家指出，美國與印度、越南、新加坡、印尼、汶萊、菲律賓在軍事關係上有所強化。[30]國防大學戰略研究所的一位人民解放軍研究員，仔細列出美國在此地區進行的聯合軍事演習：黃金眼鏡蛇（以泰國為基地的多國軍演）、聯合海上戰備訓練（CARAT，南海多國軍演）、肩並肩（菲律賓）、吳哥哨兵（Angkor Sentinel，柬埔寨）、天虎（Cope Tiger，新加坡、泰國）、反擊（Strikeback，馬來西亞）。他也檢視了美國的「外國軍事銷售」（FMS）武器轉移和「國際軍事教育和訓練」（IMET）軍官訓練課。[31]北京中國人民公安大學教授合寫的一篇文章，仔細探究了「國際軍事教育和訓練」在印尼軍隊的執行歷史（令人懷疑人民解放軍是否想以此計畫為範本，打造其未來的對外軍援？）。[32]中國的軍事分析家也特別寄予關注的，是二〇一四年四月《強化防務合作協定》，推斷該協定使美軍得以「幾乎常駐菲律賓」。[33]另有作者主張反制美國包圍的最佳辦法不是軍事作為，而是深化此地區對中國的經濟依賴，[34]以及藉由強化中國在此地區的「經濟外交」來發揮中國的相對優勢。[35]

儘管以東南亞為研究對象的中國出版論著，的確是大半集中於美國在此地區的角色，及東協成員國在大國競爭裡的位置，[36]但還是有一些針對個別主題的分析。其中有相當多是聚焦於此地區的貿易、投資模式。[37]中國社科院贊助出版的一年一度東南亞「藍皮書」，全部在關注此地區的經濟趨勢。[38]有幾位分析家寫到某些東南亞國家的內政，[39]幾位寫到南海爭議。但以文化議題、社會趨勢、人口、宗教、民族（海外華人以外的民族）、恐怖主義或分離主義團體，或者東南亞社會其他內部事務為主題的分析，則甚少。因此，廈門大學南洋研究院院長李一平坦承，「我們對經濟、海外華人、文化活動知道不少，但對事情如何發生、為何發生，不是很清楚。」[40]其結果是，中國東南亞事務專家表現出有局限的專門化，但從他們出版發表的書籍文章來看，對此地區的理解在廣度和深度上都不夠。

撇開一般認知不談，到底中國實際上如何與東南亞互動？中國近年來持續擴大、深化在這整個地區的存在感，過程中持續動用自己「工具箱」裡的外交、文化、經濟、安全方面利器。

中國在東南亞的外交活動

就雙邊互動方面，中國與東協國家維持著連貫且密集的高階雙邊交流。北京把其與印尼、馬來西亞、泰國的關係列為首要，把新加坡、越南列為其次，汶萊、柬埔寨、寮國、緬甸列為更次要（但柬埔寨可說是中國的附庸國）。

如表5.1所顯示，中國與東南亞各國的雙邊外交關係，在過去七十年裡分數個時期建立，因此親疏有別。

現在，中國與東南亞互動程度非常高。美國學者何理凱（Eric Heginbotham）研究二〇一三至二〇一七年中國在此地區的雙邊外交，發現中國高層（國家主席、副國家主席、總理、國務委員、外長）**每年造訪個別東南亞國家**的次數，平均值高達四．四，印尼、柬埔寨、越南名列前三。[41]從二〇〇三至二〇一四年，中國領導高層出訪東協國家九十四次，其中六十二次發生於二〇〇九至二〇一四年間。[42]每年也都有一些東南亞國家領導人應邀赴北京進行奢侈隆重的國事訪問。二〇一七年，每個東南亞國家的領導人都去了北京。[43]馬來西亞的納吉於二〇一八年下臺前是北京常客（得到北京的金援厚禮）。新加坡的李顯龍也每年訪中，柬埔寨的洪森（Hun Sen）亦然。翁山蘇姬和佐科威（Joko Widodo）分別成為緬甸、印尼的國家元首後，習近平也竭力拉攏他們，而他們同樣體認到與中國打交道的必要。以緬甸來說，一位主要在仰光活動的專家告訴我：「翁山蘇姬已和中國修好。她知道她禁不起疏遠中國的代價，但她沒有任何應對中國的戰略或政策，政府裡毫無中國事務專家。」[44]

然而，中國最了不起的外交勝利，發生於二〇一六年十一月菲律賓總統杜特蒂大肆宣揚的北京之行時。他在北京宣布他的國家要與美國「分道揚鑣」，轉而與中國開啟「特殊關係」。自那之後杜特蒂於短短三年裡赴北京正式訪問四次——爭取中國的投資、基礎建設和貿易。

東協國家常趁舉行東協多邊會議的機會，與國家主席習近平或總理李克強展開雙邊會談。二〇一七年五月在北京召開的一帶一路論壇，有二十九個領導人、一千五百名代表與會，其中包含七個東協國家元首。中共中央對外聯絡部也與一些東協國家（尤其寮國、馬來西亞、緬甸、越南）交流。中國外長王毅和國務委員楊潔篪也時常與東協國家的對等官員互動，尤其在多邊場合互動。總而言之，中國與東南亞國家的雙邊外交互動極熱絡。

近年來，中國已和每個東南亞國家建立多種夥伴關係（表5.2），其中一半於二〇一八年間有所升級與和諧化（在用語方面）。

在多邊關係上，一九九六年中國成為東協的全面、正式「對話夥伴」，一年一度中國—東協峰會自此展開。東協其他正式「對話夥伴」有澳洲、加拿大、歐盟、印度、日本、南韓、紐西蘭、俄羅斯、美國——但二〇一九年八月在曼谷的一年一度東協部長級會議上，東協諸國外長宣布中國是**唯一**「最重要」的對話夥伴。[45] 二〇〇三年十月的第七次峰會上，雙方首度建立「面向和平與繁榮的戰略夥伴關係」（strategic partnership for peace and prosperity），至今未變。同

表5.1 中國在東南亞的雙邊外交關係

國家	建交年
越南民主共和國	1950
印尼共和國	1950
緬甸	1950
柬埔寨王國	1958
寮王國	1961
馬來西亞	1974
菲律賓共和國	1975
泰王國	1975
新加坡共和國	1990
汶萊達魯薩蘭國	1991
東帝汶民主共和國	2002

表5.2 中國在東南亞的外交夥伴關係

國家	夥伴關係種類	建立／升級年分
汶萊達魯薩蘭國	戰略合作夥伴關係	2018
柬埔寨	全面戰略合作夥伴關係	2018
印尼	全面戰略夥伴關係	2013
寮國	全面戰略合作夥伴關係	2018
馬來西亞	全面戰略夥伴關係	2013
緬甸	全面戰略合作夥伴關係	2012
菲律賓	全面戰略合作關係	2018
新加坡	與時俱進的全面合作夥伴關係	2015
泰國	全面戰略合作夥伴關係	2012
越南	新時代全面戰略合作夥伴關係	2018
東協	面向和平與繁榮的戰略夥伴關係	2003

年，中國簽署《東協友好合作條約》，成為第一個這麼做的外國及東協對話夥伴。二〇〇八年，中國成立專門派駐東協的外交使團，並任命第一任駐東協大使。二〇一八年我在雅加達拜訪中國駐東協使團（圖5.1），公使銜參贊蔣勤親切地為我完整簡報中國與東協的關係（大使黃溪連人在他地），說使團現今有二十個人員，代表中國不同部級機關（包括人民解放軍）。[46]這與美國駐東協使團裡只有寥寥幾個人員形成對比，儘管有必要時使團可另外找美國駐印尼大使館的職員幫忙。美國駐東協使團的辦公室就設在美國駐印尼大使館裡（中國駐東協使團則有自己的辦公室，與在雅加達的中國駐印尼大使館分開）。職員人數的差距，說明中美兩國政府看重東協程度的差異。

此外，中國—東協關係已高度制度化（至少白紙黑字上是如此），據公使銜參贊蔣勤的說法，包含十餘個聯合部長級機制和二十餘個高階官方機制。多年來，在各色領域，已簽署數十個〈合作瞭解備忘錄〉和協定，領域包括公衛、防衛、跨國犯罪、非傳統安全保障、海上緊急事件、農業、資訊與通訊科技、運輸與民航、觀光、衛生與植物檢疫標準、科學與技術、教育、青年交流、文化合作、環境保護、災難處理、食品安全與保障、智慧財產權、中小企業發展、生產能力、媒體交流，及其他領域。[47]其中有些合作領域得到雙方部長級別或大型機構高層級別委員會（例如表5.3所列者）支持。

表5.3　中國—東協機構與機制

•東協—中國峰會	•東協—中國資訊科技與電信部長會議
•東協與中國部長級會後會	•東協—中國衛生部長會議
•東協—中國高官磋商	•東協—中國衛生發展高官會議
•東協—中國聯合合作委員會	•東協—中國質量監督檢驗檢疫部長級會議
•東協—中國自由貿易區聯合委員會	•東協—中國互聯互通合作委員會
•東協—中國執法安全合作部長級對話	•東協—中國警學論壇
•東協—中國國防部長非正式會議	•東協—中國農業合作論壇
•東協—中國打擊跨國犯罪部長級與高官會議	•東協—中國關稅協調委員會
•東協—中國聯合科學與技術委員會	•東協—中國檢察總長會議
•東協—中國科學與技術夥伴關係計畫	•東協—中國智慧財產局局長會議
•東協—中國環境合作論壇	•東協—中國教育部長會議
•東協—中國商業與投資峰會	•東協—中國經濟部長會議
•東協—中國博覽會	•東協—中國文化藝術部長會議
•東協—中國文化論壇	•東協—中國合作基金
•東協—中國司法論壇	•東協—中國公衛合作基金
•東協—中國網路空間論壇	•東協—中國投資合作基金
•東協—中國商務理事會	•瀾滄江—湄公河合作機制
•東協—中國青年營	•東協—中國智庫網絡
•東協—中國青年問題部長級會議	•東協—中國中心
•東協—中國社會發展與減貧論壇	•東協—中國環境合作中心
•東協—中國交通部長會議	•東協—中國友好組織會議

來源：*Plan of Action to Implement the Joint Declaration on ASEAN-China Strategic Partnership for Peace and Prosperity*(2016-2020)；中華人民共和國外交部和東盟—中國中心，*1991-2016-25 Years of ASEAN China Dialogue and Cooperation: Facts and Figures*（北京：東盟—中國中心，2016）；中華人民共和國外交部，*China's Foreign Affair* (2015)；Xu Bu and Yang Fan, "A New Journey of China-ASEAN Relations," *China International Studies* (January/February 2016): 64-78.

這些合作與互動領域清楚呈現在接連兩個〈行動計畫〉（Plans of Action）裡，起迄期分別是二〇一一至二〇一五年及二〇一六至二〇二〇年，內容極為詳盡，透露了中國─東協關係制度化的廣度、深度、程度。[48]二〇一六至二〇二〇年〈行動計畫〉包含多達二一〇項倡議。[49]二〇一六年在寮國永珍舉行的第十九屆東協─中國峰會，除紀念東協─中國對話關係建立二十五週年，也為雙方發出聯合聲明製造機會，聲明內容仔細評價了彼此關係，並大列清單細數成就功績與聯合計畫。[50]自二〇一六年起，中國為提振、升級其與東協的關係，所付出的努力顯而易見。這股新的衝勁，或許有一部分是被歐巴馬重返政策和美國重新關注此地區之舉所激發，但大抵還是源於中華人民共和國更加看重「周邊外交」，以及手頭有龐大資金可供運用。不管出於哪種刺激，目前中國在此地區的外交關注和外交活動新勢頭甚強。

東協認可這股新勢頭，以及許多計畫和機制的建立，但由於東協本身協會的屬性大大高於機構的屬性，因此，東協的執行力不強，其落實這些協定的能力，也因為資源（人力物力財力）欠缺而受限。東協祕書處與歐盟委員會不同，沒有得到真正民意授權或設立專職官僚機構來執行全地區性的政策和協定，反倒常交由各成員國自行執行落實。而交由各成員國執行時，東協只撥予些許經費協助落實──經費通常遠遠不足，而且各國政府通常未針對這些與東協有關的計畫撥款，若沒執行也沒損失。東協為何被稱作「清談俱樂部」，原因在此──東協相當善於召開（冗長）會議、通過決議（如果能得到共識的話）、與域外國家締結表面看來立意恢宏但通常只會局部落實的協定。

因此，觀察家在評估東協與中國之間包羅廣泛且立意宏大的種種機制時，應對實際合作情況有清醒的判斷。此外，切記，東協已和世界許多國家締結這些形形色色的協定。東協祕書處要實質維繫這種種交流，根本辦不到。二〇一八年我拜訪設於雅加達的東協祕書處總部時（圖5.2），一眼就看出這個組織頗乏成事能力。二〇一九年八月時，東協祕書處只有一三一名職員，卻要代表東協十個成員國，以及二三七名從當地招募來的職員（印尼國民）。[51] 祕書處的組織結構見圖5.3。祕書處本身的屬性比較像是個交換和儲存資訊的地方，及召集諸成員國政府、域外對話夥伴開會的機構，而不是個在十個成員國之間進行協調、執行政策與行動，或與非東協國家一起進行協調、執行政策與行動的超國家機構。誠如東協祕書長林玉輝（Lim Jock Hoi，圖5.4）所告訴我的：「東協絕不會是歐盟之類的超國家組織，從來就無意成為這樣的組織。」[52]

但東協很善於開會，開一大堆會——中國也精於此道——從中得出一大堆協定和充滿企圖心的文件。我無意將這些活動斥為無關緊要，只是想要提醒觀察家和分析家勿高估這數不勝數的官僚作為和協定的作用。同樣的，中國也非常善於用簡單易記的字眼來描述關係。例如總理李克強於二〇一三年在汶萊斯里巴加灣市（Bandari Seri Begawan）舉行的東協—中國峰會

圖5.1　作者與中國駐東協使團公使銜參贊蔣勤合影於雅加達　　來源：作者提供

圖5.2　東協祕書處　　來源：作者提供

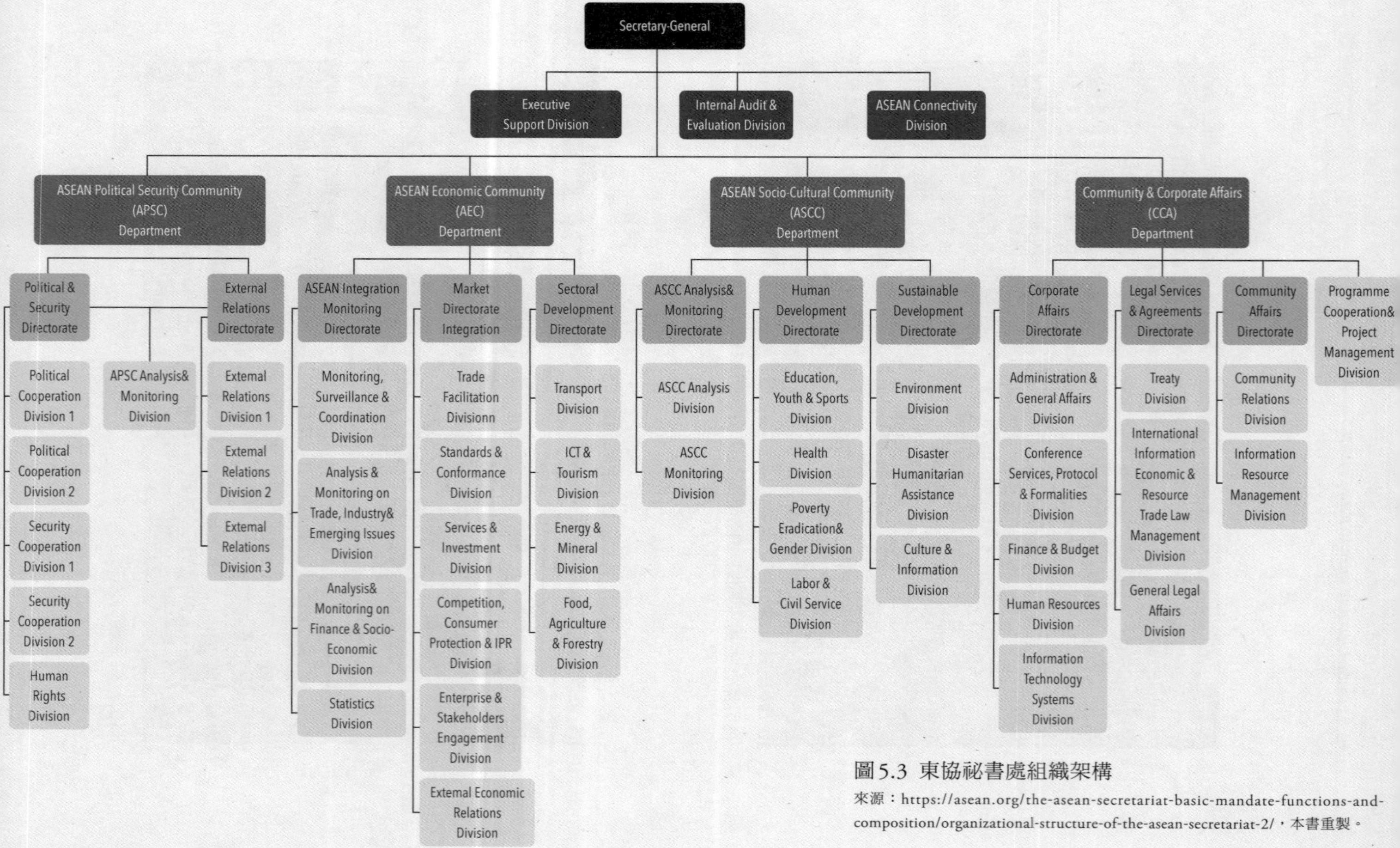

圖 5.3 東協祕書處組織架構

來源：https://asean.org/the-asean-secretariat-basic-mandate-functions-and-composition/organizational-structure-of-the-asean-secretariat-2/，本書重製。

上所提出的「2+7合作框架倡議」。[53]「2」指的是「兩個根本原則」：「深化戰略互信，拓展睦鄰友好，以及聚焦經濟發展，擴大互利共贏。」根據這兩個根本原則，李克強建議未來幾年執行七項具體作為，包括簽訂新的《中國—東協國家睦鄰友好合作條約》（*China-ASEAN Treaty of Good Neighborliness and Cooperation*）；展開一年一度的中國—東協國防部長會議；升級二〇一〇年《東協—中國自由貿易協定》（*ASEAN-China Free Trade Agreement*），力拚二〇二〇年時雙邊貿易額達到一兆美元；加快基礎設施建設；擴大包括人民幣交換、貿易發票開立、銀行業服務在內的金融合作；推進南海海上合作；推動文化、科學、環境方面的合作。

2+7合作框架，是中國積極主動推進與東協關係的清楚例證。而且有一點必須承認，七年後，

圖5.4　作者與東協祕書長林玉輝合影　　來源：作者提供

上述行動建議，除了第一項（簽新條約）和雙邊貿易額一兆美元這個目標，其他都已實現。中國不以這些如此快就達成的成果為滿足，在二〇一五年的東協加三外長會議上，中國外長王毅針對將中國—東協關係帶到「下個水平」，提出另外十點建議。[54]這些建議有許多被重新包裝後擺進前面提到的二〇一六至二〇二〇年〈行動計畫〉裡。

從這些例子可清楚看出北京正努力推進與東協的關係。這使東協成員國覺得緊迫盯人，產生「對話疲勞」，而且雅加達東協祕書處一定這樣覺得。[55]與東南亞個別政府晤談時，我就常聽到這樣的心聲。所以，未來北京要克服的重大挑戰之一，是必須細膩調整與東協的這些交流——因為中國性喜「緊迫盯人」，已成為東協諸國普遍且愈來愈強烈的感受。中國地近東南亞、中國政府機關的龐大、中國準政府性質的行為者眾多，以及中國的鍥而不捨，最終可能適得其反，製造出不對等的依賴，失去東南亞人的支持。中國企圖把此地區「拉」進掌控範圍之舉，實際上卻可能導致將此地區「推」走的反效果。

中國在東南亞地區的外交活動，有時也展露出咄咄逼人、苛求挑剔的姿態。有位泰國高階官員如此向我描述：

> 三十五年前中國部長來這裡時，姿態很謙遜，今日已不復見。中國如今很強大，行事就是個

強國樣——來這裡告訴我們做這做那。中國有句俗話：「天高皇帝遠。」但皇帝現在離我們沒那麼遠，有意願也有能力為所欲為。[56]

前新加坡資深外交官考斯甘的見解更深入：

中國外交官也埋怨東協「欺負」中國或「拉幫結派」對付中國。東協十個成員國加起來還是比中國小。這種離譜的抱怨其實意在威脅，立下一個偽兩難局面，好像東協若不和中國站在同一邊，就是反中國，言下之意顯而易見，即反中不明智。[57]

對東南亞人來說，最困擾的外交（和安全）議題，或許是南海，以及中國將沒入海裡的「地物」填土改造為完整成形的島嶼——而且這些島嶼愈來愈軍事化。南海有兩大島群，即北邊的西沙群島和南邊的南沙群島。中國利用範圍遼闊的「九段線」（像一道巨舌，見圖5.5），**聲稱**整個南海為中國所有，聲索根據是其所力主的「歷史性權利」，以及一九四七年中華民國提出這些領土主張的先例（當時是十一段線）。

中國的主張遭其他六個聲索國質疑，分別是汶萊、印尼、馬來西亞、菲律賓、越南、中

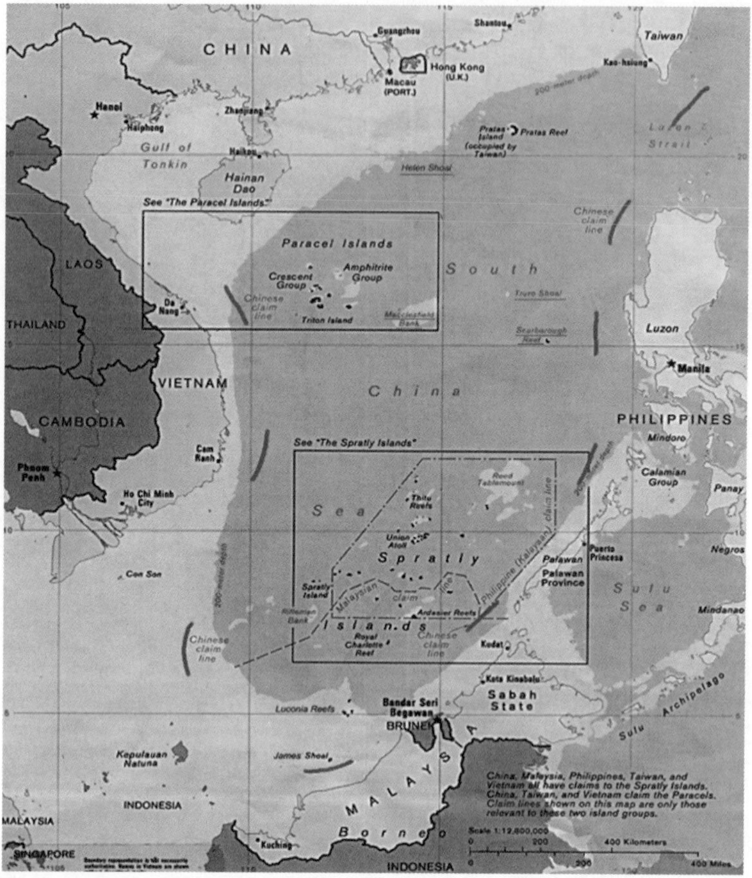

圖5.5 中國根據「九段線」主張擁有的南海領土

來源：US Central Intelligence Agency, Asia Maps (1988), The University of Texas Perry-Castaneda Library 惠允使用

華民國（臺灣）。二〇一六年七月，海牙聯合國海洋法仲裁庭，針對菲律賓所提反駁中國主張的訴訟案做出裁定。仲裁庭一致裁定中國的「歷史性權利」主張和九段線**毫無**法律依據。面對菲律賓明確的反對，中國政府拒絕參與此仲裁案，全面否定調查結果，並且發表自己的白皮書，重申其「堅定立場」。[58] 除了不承認他國對南海的主權聲索，中國長期以來也抱持一自相矛盾的立場，即只願與其他聲索國進行**直接**且**雙邊**的談判，絕不在多邊場合談判或交由國際調解或接受強加的協議。中國目前願意做的，是二〇〇二年簽署《南海各方行為宣言》（*Declaration on the Conduct of Parties in the South China Sea*），以及近年來針對修訂完整《南海行為準則》（*Code of Conduct on the South China Sea*）展開談判（快要談成），以便在多方聲索的情況下規範各國。二〇一二年《南海各方行為宣言》的執行條款寫道：

> 第四條：有關各方承諾根據公認的國際法原則，包括一九八二年《聯合國海洋法公約》，由直接有關的主權國家透過友好磋商和談判，以和平方式解決它們的領土和管轄權爭議，而不訴諸武力或以武力相威脅。
>
> 第五條：各方承諾保持自我克制，不採取使爭議複雜化、擴大化和影響和平與穩定的行動，

包括不在現無人居住的島、礁、灘、沙或其他自然構造上採取居住的行動，並以建設性的方式處理它們的分歧。在和平解決它們的領土和管轄權爭議之前，有關各方承諾本著合作與諒解的精神，努力尋求各種途徑建立互信。[59]

不用說，這份合理宣言遇到的一大問題，就是中國把七個沒入水裡的灘（「地物」）填土改造為完整成形的島，在上面蓋結構物和基礎設施，送人上去居住，為部署一系列軍事設備做準備，已明顯違反第五條。這些軍事設備，從長程雷達，到深水港和潛艇隱藏塢，到可供轟炸機、戰鬥機起降的三千公尺長跑道，到陸基飛彈陣地，到兵營，十分多樣（圖5.6）。北京也對東南亞國家提出明顯不合理的要求，如果接受則中國實際上能否決東南亞國家從事資源開發或與他國（例如美國）進行聯合海軍軍演。所以，修訂版《南海行為準則》能否在預訂的二〇二一年時談成，仍在未定之天。[60]

圖5.6 南海中國島嶼（渚碧礁）
來源：Digital Globe via Getty Images

中國的確不是在島上住人或蓋軍事營地的唯一聲索國（越南、臺灣和菲律賓也有，只是後兩者在程度上輕微許多），但中華人民共和國是唯一填土造島、將其軍事化到如此程度的聲索國。[61]總的來說，中國的聲索主張與在南海的實質存在，對其整體形象及其與東南亞地區的關係都是危害。[62]

人與人的交流

中國、東南亞兩地社會的人與人交流，近幾年劇增。這些交流為二〇一四至二〇一八年中國─東協文化合作行動計畫（Action Plan of China-ASEAN Cultural Cooperation）的一部分，活動包羅萬象。[63]中國自二〇〇九年起已派去兩千多名漢語教師和一萬五三一九名志工到東協諸國，中華人民共和國的中國國際中文教育基金會（前身是漢辦）也已成立三十三所孔子學院和三十五間孔子課堂，並提供六二一〇個獎學金，這些均是為了達成二十五萬名東南亞學生學中文的目標所做的努力。[64]國家留學基金管理委員會也決定在二〇一八至二〇二一年間提供兩萬多個政府獎學金給東協學生。[65]為投射其軟實力，中國也在東南亞全境成立多個中國文化中心（圖5.7），以及在北京成立中國─東盟中心（圖5.8）。

圖5.7 新加坡的中國文化中心
來源：作者提供

圖5.8 北京的中國—東盟中心　來源：John Holden惠允使用

觀光旅遊

中國人赴東南亞觀光旅遊急速成長，已是此地區諸經濟體日益重要的收入來源，[66] 過去十年間成長了五倍，占今日赴東協遊客約五分之一。[67] 新冠肺炎疫情短期內一定會衝擊入境觀光客數，但長期來看成長勢頭依舊強勁。來自東協境外的觀光客，二〇一五年共六二九一萬人，其中一八五九萬人來自中國。[68] 二〇一八年，據中國駐東協大使的說法，數字已增至兩千萬，中國成為東協國家觀光業的最大客源國。[69] 據麥肯錫全球研究所（McKinsey Global Institute）的統計，二〇一七年，光是赴泰國觀光的中國人就達千萬，赴越南者四百萬，赴新加坡者三百萬，赴印尼、馬來西亞者各兩百萬。[70] 鑒於這些國家以觀光業為收入來源之一，這數字意義重大（例如，據《經濟學人》報導，觀光收入占柬埔寨GDP兩成八，占泰國兩成多）。[71] 麥肯錫估計，中國觀光客每次去新加坡平均消費三千美元，泰國兩千美元，印尼、馬來西亞、越南一千美元。[72] 二〇一五年，六十三萬三百名中國人赴菲律賓觀光，共花費一千九百萬美元。[73] 每週從中國飛到東南亞的航班，尤其廉價航空公司的航班，飆增，面對如此龐大的入境旅客，東南亞有些機場幾乎應付不過來。來自內陸所謂二線城市的中國觀光客也劇增。[74] 每週連接中國、東協兩地城市的航班共五千班。[75] 大部分觀光客為團客，至於有錢且能自由移動的「中國雅痞」（Chuppie）則三五成群或獨自一人旅行（圖5.9）。

中國觀光客被多種事物吸引到這個地區。購物機會或許是最教他們心動的，東南亞相對較乾淨且較少人的海灘也吸引著他們。從多個中國城市有航班直飛菲律賓的長灘島（Boracay）和宿霧（Cebu）、印尼的峇里（Bali）和庫塔（Kuta）、馬來西亞的蘭卡威（Langkawi）、泰國的普吉（Phuket），及其他熱帶目的地。到賭場試手氣也是一大驅動力，柬埔寨、菲律賓、新加坡尤其熱門。中國人也熱中在東南亞各地購屋置產。由於泰國、菲律賓的房地產相對便宜，兩地愈來愈得到能在海外置產的中國人青睞；但新加坡房地產對許多中國人來說還是太貴，下不了手。幾個國家貨幣便宜，更助長此熱潮。當然，也有很多中國人喜歡到東南亞探望僑居當地的親人。

教育交流

中國—東協的教育交流也很熱絡。以二〇一六年來說，根據中國官方數據，雙方共有約二十萬五三三八名留學生（八萬一二一〇個東協學生就讀中國大學，十二萬四一七八個中國學生就讀東協的高等學校）。[76] 還有數目不詳的學生在高中就讀，尤其新加坡的高中。東南亞留學生這時已超越南韓留學生，成為中國大學裡最大的留學生群體。表5.4列出中國境內東南亞留學生的國別分析，泰國學生遙遙領先居首，接著是印尼、越南、寮國。

雙方把二〇一六年訂為「中國—東協教育交流年」。對東南亞學生來說，中國大學和職校

圖 5.9 新加坡濱海灣金沙酒店的中國年輕觀光客

來源：Image Professionals GmbH/Alamy Stock Photo

表 5.4 中國大學裡的東南亞留學生人數（2016）

國家	人數
汶萊達魯薩蘭	70
柬埔寨	2,250
印尼	14,714
寮國	9,907
馬來西亞	6,880
緬甸	5,662
菲律賓	3,061
新加坡	4,983
泰國	23,044
越南	10,639
總計	81,210

來源：中華人民共和國外交部，*China Foreign Affairs*（2017）。

提供的教育比在他們國內（新加坡除外）所能找到的更為優質，而且受教費用相較於西方大學相當低廉。此外，中國政府提供獎學金給許多留學生。根據來華留學服務網（CUCAS）董事長周東的說法，二〇一六年，中國政府撥了三十六億美元經費支應五萬四百個獎學金，涵蓋學費、住宿費、生活費的支出。[77]東南亞籍研究生攻讀博士學位，通常也只需在中國住上一年，就可以返回其母國，包括在母國提交論文。[78]此外，中國南部省分，尤其福建、廣西、雲南，也各別針對東南亞學生提供資助。[79]二〇一七年，光是在廣西留學的東協學生，總計將近一萬人。[80]另一個新穎的實驗性做法，是廈門大學在馬來西亞吉坡隆郊外設立分校——中國第一所在此地區設立分校的大學。[81]中國的教育事務官員希望培養出「知華友華」的東南亞學生。[82]

反向來說，近年來赴泰國大學就讀的中國學生突然大增。[83]二〇一七至二〇一八學年，八四五五個中國學生入讀泰國大學，是前一年的兩倍。[84]對中國學生來說就讀泰國大學很划算（學費平均只要三千七百美元），而且泰國大學提供多種學位和主修科目，生活中講漢語也多半不成問題。

拓展影響力的活動

中國也在整個東南亞多管齊下塑造中國的形象。如同在全世界所為，中國同樣在東南亞努力打造正面的中國形象，影響菁英和公眾傾向中國，以及做「外宣」工作。[85]

這些作為以多種形態呈現。有些是正當、透明、正規的公共外交，但有些是暗中進行，具操弄、顛覆性質，其中有不少涉及以海外華人為主要對象的「統戰工作」。有些作為處於大大方方與偷偷摸摸之間的灰色地帶，例如中華人民共和國的媒體報導被轉載至東南亞報紙或社交媒體（有時載明轉載自新華社或其他中國媒體，有時未載明）。東南亞大部分中文媒體都是這樣的情況（新加坡《聯合早報》是唯一不受影響的例外），在其他許多國家亦然。在澳洲、紐西蘭、美國、歐洲，當地華僑媒體如今幾乎全歸中華人民共和國實質擁有並控制。[86]在整個東南亞，中國電影、影集的觀眾開始變多，特別在緬甸、菲律賓、新加坡、泰國、越南等國，馬來西亞則是愈來愈多。[87]中華人民共和國的媒體滲透力也打進英語刊物和社交媒體，例如寮國的《永珍時報》（*Vientiane Times*）、柬埔寨的《高棉時報》（*Khmer Times*）、《柬埔寨日報》（*Cambodia Daily*）、馬來西亞的《星報》（*The Star*）、泰國的《鮮新聞英文報》（*Khaosod English*）、菲律賓的《馬尼拉公報》（*Manila Bulletin*）。這些報紙都定期刊載新華社文章和評論。[88]其實，在開發中國家，這並不稀奇。在非洲各地，新華社向當地媒體提供低收費或免費的內容，在拉丁美洲，這種事也愈來愈常見——對於開發程度較低國家裡經費拮据的多媒體來說，低收費或免費內容是重要的財務考量。[89]除了新華社這家國營通訊社，中國也有其他大型媒體平臺直接向東南亞（和其他地方）的受眾發送訊息，其中最值得一提者，是中國環球電視網（CGTN）和中國國際廣播電臺（China Radio International）。二〇一八年，這兩個媒體，連同中央電視臺國際臺（CCTV-I）、中央人民廣播電臺，合併為超大型國營全國媒體網「中國之聲」（後來北京棄用這個名稱，但此媒體集團仍存在）。[90]中央電視臺、中國環球電視網、新華社也向柬埔寨國家電視臺（Cambodian National Television）、柬埔寨通訊社（Cambodian News Agency）提供免費內容（影片、數位、平面內容）。對馬來西亞語、泰語電視臺也做同樣的事。[91]

今日，外界對中國在世界各地所做拓展影響力的活動已知道不少，過去幾年也有頗多相關研究出版，[92]但對於中國在東南亞的活動，所知卻出奇得少，幾乎沒有探討此主題的研究出版。[93]這著實令人納悶。這絕對不是因為中國沒有在此地區從事拓展影響力的活動，只是說對於中國暗中進行或表裡不一的偽裝活動（不為此地區情報機關偵知的活動），外界所知不多。實際上，中共聯絡部[94]、中共統戰部[95]、國務院僑務辦公室[96]、中國人民對外友好協會[97]、中國外交學會[98]，都在從事這類活動。在中國，可以找到資訊瞭解這些機關，但在東南亞，人們對這些機關瞭解不多。

中共聯絡部是其中最活躍的組織，是中央委員會級別的部門。[99]它與所有東南亞國家境內的各色政黨、國會議員及退休政治人物交流。與越南（情同兄弟的共黨）的交流占其中最大宗，但檢視二〇一八、二〇一九年這個組織的交流活動，發現它與泰國、馬來西亞也有不少交流，其次是與印尼。[100]檢視中共統戰部所設與東南亞華人交流有關的網站，發現二〇一八、二〇一九年，與馬來西亞的交流最多（一些活動和代表團訪問），其次是與泰國、印尼、菲律賓。[101]中國人民對外友好協會與東南亞的交流甚少，二〇一八、二〇一九年只接待了來自寮國、緬甸、泰國的訪客。[102]中國外交學會的交流對象遍及全球，東南亞似乎不是最優先對象。例如，二〇一八至二〇一九年間，該學會接待了兩位前國家元首（緬甸的吳登盛〔Thein Sein〕和菲律賓的雅羅育），會晤了新加坡駐北京大使，辦了三場一年一度的雙邊論壇（中國—新加坡論壇、中國—菲律賓圓桌論壇、中國—馬來西亞關係討論會）。

二〇〇九年中國外交部設立公共外交辦公室，自那之後中國政府對傳統公共外交計畫投入的心力也開始大增。中國政府師法美國的公共外交做法，推出包辦一切費用的「軟實力之旅」，把不少具影響力的「意見塑造者」和當地官員帶到中國參訪。我去緬甸仰光時，有人告訴我，緬甸政府二〇一一年突然中止密松大壩工程後，中華人民共和國在這方面下了不少工夫——中國人對於當地人反對該工程力道之強烈大感意外（但水壩事件反映出緬甸對中國滲透的憂心比想像中更廣更深）。此後，中華人民共和國開始邀請「數百個」緬甸人到中國參訪，以拉攏他們。[103]另一份資料說二〇一三年至今，已有一千至兩千人赴華參訪。[104]中華人民共和國也在中國為東南亞記者和其他專業人士舉辦一系列訓練課程。中國二〇一四年《外援白皮書》載明，從二〇一〇至二〇一二年中國訓練了五千多名官員和技師。[105]

對於中國在東南亞的公共外交計畫做出最精闢之評估者，是二〇一八年由「援助數據」（AidData，位在美國威廉與瑪麗學院〔College William and Mary〕）、華府戰略暨國際研究中心（Center for Strategic and International Studies）「中國實力項目」（China Power Project）、亞洲社會政策研究所（Asia Society Policy Institute）三者合擬的一份聯合研究報告。[106]此報告說中國公共外交的「對象」，包括「官員、公民社會或民間領袖、記者、學界人士、學生及其他相關的社經或政治次團體」。[107]也就是說，這份研究報告把網撒得很大——涵蓋中國所主辦的文化活動、孔子學院、中國文化中心、訓練計畫、媒體傳播、政黨交流、軍事交流、姊妹市計畫、專業人士與學者交流計畫、友好協議、學生教育交流、經濟援助（包含人道援助、基礎設施、債務減免、預算支援）——而且該報告發現中國政府在上述所有領域都很積極投入。從結果來看，該報告認為北京最有效的工具是媒體滲透（尤其是對海外華人）、姊妹市與友好協會紐帶、孔子學院、基礎設施建設、開發援助和減貧計畫、菁英對菁英的交流、專業人士訓練計畫。例如，孔子學院方面，二〇一八年時泰國境內有十六所，印尼七所，馬來西亞四所，菲律賓四所，柬埔寨兩所，寮國兩所，新加坡一所，越南一所。[108]中國中央政府機關未來應會繼續執行、改良、提升在東南亞上述所有領域裡的公共外交作為。中國的省級機關，尤其福建、廣西、雲南的省級機關，在各自與東南亞國家的交流上也極為積極。[109]

更近的一份針對中國在東南亞形象與影響力的調查，是「二〇一九年東南亞狀況」(State of Southeast Asia)，此為新加坡尤索夫伊薩東南亞研究院所做的一年一度調查。針對「政治上和戰略上哪個國家／地區性組織在東南亞有最大的影響力？」這個問題，四五．二%的受訪者回以中國（美國居次，三〇．五%）。[110] 由於東協本身也被納入答案選項（二〇．八%），此結果不夠精準。但中國的確被視為東南亞地區最有影響力的國家。就經濟影響力問以同樣題目時，中國拿到更高分（七三．三%）。但中國在東南亞受「信任」的程度**敬陪末座**：日本（六五．九%）、歐盟（四一．三%）、美國（二七．三%）、印度（二一．七%）、中國（一九．六%）。反之，在「不信任」程度方面，中國拔得頭籌（五一．五%）。於是，很清楚的，中國在東南亞的影響力與信任呈反相關。中國的存在感和影響力愈大，受信任的程度似乎愈低。

尤索夫伊薩東南亞研究院的調查如此有用且重要，是因為其調查涵蓋東協十國社會。其他的全球性民調通常只納入兩或三個東協國家，例如皮尤全球態度調查（Pew Global Attitudes Survey）。二〇一八年，皮尤做了全球性民調，評估人們對中國的觀感，納入民調的東南亞國家只有印尼和菲律賓。在皮尤相當粗略且過度簡化的「好感」評比中，這兩個國家都有五三%的受訪者對中國有好感。[111] 二〇一七年皮尤的另一次調查，納入印尼、菲律賓、越南。問到是否認為中國崛起具威脅性時，整整八成的越南受訪者答是，在菲律賓是四成七，在印尼是四成三。[112]

海外華人

中國在東南亞所進行的拓展影響力的活動，其主要鎖定對象之一是海外華人社群。多年來中華人民共和國和臺灣一直爭相拉攏海外華人，一九八〇年代起，北京更爭取海外華人投資中國的現代化大業。近年來，北京訴諸全球華人的愛國心、對「中國偉大復興」的敬佩、習近平的「中國夢」，藉此打動海外華人。習近平也宣布新的「大僑務」政策，將各式各樣僑務計畫整合起來。[113] 並提出「三有利」新時代僑務工作原則：「對中國有利，對所在國有利，對海外僑胞有利。」[114] 據北京大學華僑華人研究中心主任的說法，他們認為海外華人尤其應當「扮演橋梁角色，以推進、執行中國所揭櫫的帶路倡議」。[115]

北京大做僑務工作，但在某些東南亞社會裡，華人仍受到猜忌。二〇一〇年時，東南亞華人共二八五〇萬，[116] 他們在各國的分布情況，見表5.5。東南亞的華人約占全球海外華人七成，而且其中許多人極富有。據《富比士》（*Forbes*）報導，二〇一九年此地區億萬富翁的財產總計共三六九〇億美元，有四分之三在海外華人名下。[117]海外華人控制整個東南亞地區「竹網」（bamboo network）般的華人商業網絡。

反華暴力事件偶爾爆發，例如一九九八、二〇一五、二〇一九年在印尼；二〇一四年在越南；二〇一五年在緬甸。在馬來西亞，自一九六九年以來，未有公開的大規模反華暴動，但二〇一五年有兩樁小事件挑起反華激情。事後，中國駐馬來西亞大使黃惠康在中秋節那天公開發言，他說：「我們對於侵犯中國國家利益、侵犯中國公民和企業合法權益、損害中國與

表5.5　東南亞華人人數（2010）

國家	華人人口
印尼	8,011,000
泰國	7,513,000
馬來西亞	6,541,000
新加坡	2,808,000
菲律賓	1,243,000
緬甸	1,054,000
越南	990,000
寮國	176,000
柬埔寨	147,000
汶萊達魯薩蘭	50,000
總計	28,536,000

來源：中華民國（臺灣）僑務委員會，《100年僑務統計年報》，頁11。

所在國友好關係的不法行徑決不會坐視不理。」[118]這番發言在馬來西亞、新加坡、整個東南亞甚受矚目。但一個星期後，黃大使在海上絲路論壇的演說裡講了更具挑釁意味的話：「我再次重申，海外的華人華僑不管走到哪裡，不管延續多少代，中國永遠是你們溫馨的娘家！」[119]這番話被此地區多家媒體解讀為中國《國籍法》的重大宣示，引發中國要再度申明其為海外華人法定祖籍地的疑慮。一九八〇年《國籍法》重申中國不實行或承認雙重國籍（第三條），第五條載明：「父母雙方或一方為中國公民，本人出生在外國，具有中國國籍；但父母雙方或一方為中國公民並定居在外國，本人出生時即具有外國國籍的，不具有中國國籍。」[120]

對於從中華人民共和國移居東南亞社會的華人來說，可能碰上社會調適、認同矛盾的大麻煩。劉宏是新加坡南洋理工大學人文與社會科學學院著名教授和前院長，他針對晚近來到新加坡的華人做調查，發現這些新移民的愛國心投射於中華人民共和國遠多於其新母國，社交對象往往都是跟自己一樣的新華人移民，不融入當地華僑社會，具有族群意識，難以適應當地風俗、規則、法律。其中許多人在適應多元文化社會上也不順利。另一方面，劉教授的調查發現，長居海外的華人則面臨截然相反的問題。其中許多人已「去中國化」，因為離開中國大陸很久，需要「再華化」才能重建其「華人性」及其與中國的文化聯繫。[121]

因此，自中華人民共和國成立以來，海外華人問題在許多東南亞國家一直相當複雜且敏感。新加坡東南亞研究所廖建裕（Leo Suryadinata）為鑽研海外華人的全球頂尖學者之一，他在自己最近關於此主題的權威研究裡提出如下觀察：「北京企圖泯除中國公民與華裔外國公民之間的區別，近來與海外華人有關的諸多國內外事件就反映出這點。中國也開始表現出不只要保護海外中國國民、還要保護已成為外國國民的海外華人的意圖。北京似乎忘記先前鼓勵海外華人融入當地社會、尊重其移居國規則與規定的政策。」[122]

統戰部無疑是針對東南亞海外華人執行統戰工作的最重要機構。經過二〇一八年改組和機構升格，國務院僑務委員會併入中共中央統戰部，並在統戰部底下設立僑務綜合局（第九局）統籌全世界的僑務工作。[123]中國和平統一促進會（簡稱「和統會」），是由國務院（而非統戰部）支持的一個統戰組織，[124]角色也很吃重，老早就在數個東南亞國家（柬埔寨、印尼、寮國、馬來西亞、菲律賓、泰國）設立分會和附屬組織。[125]除了在東南亞地區執行活動，和統會也召開全球會議，把世界各地的代表召來北京（會議期間他們想必會接到自己的年度工作指示）。[126]此會議通常與每年三月的中國人民政治協商會議同時舉行。

商界方面，中國也已在東協所有成員國成立並運行中國商會。[127]這些商會的工作對象不只海外華商，還有東協各國國內整個商界。緬甸中國商會成立於一九九六年；越南，二〇〇一年；汶萊、印尼、寮國，二〇〇五年；泰國，二〇〇六年；菲律賓，二〇〇七年；柬埔寨，二〇〇九年。馬來西亞中國商會創立於一九〇四年，新加坡中國商會則是一九七〇年創立。這些組織從事形形色色全國性活動和商界活動，包括促進投資與貿易、地方慈善救濟工作、政府聯繫、紀念性文化活動（例如中秋節、農曆新年）、捐款救災、舉辦展覽等。[128]

儘管在一九七五至一九七八年越南排華事件後，華人問題大抵趨於沉寂，但與海外華人密切相關的敏感爭議，在印尼、馬來西亞、緬甸、越南仍偶爾爆發。一九九〇年代初期中國開始推動愛國教育運動，此運動隨後透過統戰部和僑務委員會擴及海外華人。海外的中文報紙和媒體，如今大多由統戰機關的附屬機構擁有控制。中共統戰機關對海外華人的滲透加深（包括任命僑社著名成員為中國人民政治協商會議代表），已引發憂慮，[129]而且東南亞地區一些情報機關對此日益憂心且看重。

以促進中華人民共和國利益、譴責批評中國團體為訴求的公共示威，海外中國公民積極參與的程度也比過往熱烈很多。這類示威往往由當地中國大使館或領事館策劃、統籌。海外中國官員也更敢於強勢表明自己立場。由此可見，相對沉寂了多年後，中國在海外華人工作上已明顯再度轉向積極主動。

商業

儘管傳統外交及人與人之間的交流，是中國在東南亞地區施展的重要工具，但貿易和投資無疑才是中國最重要的利器。貿易和投資是中國在東南亞印下的主要足跡，兩者的規模都急速增長。中國企業遍及東南亞地區，光是在新加坡登記立案者就超過六千五百家。[130]然而，要得到中國在此地區貿易情況精確且一致的統計數據並不容易，尤其投資方面。

中國—東協貿易

中國自二〇〇九年起一直是東協的最大貿易夥伴，根據中國商務部的資料，二〇一八年貿易額達五八七八億七千萬美元（不計入經由香港的貿易）。[131]這代表自二〇〇一年以來增長了將近十九倍（見圖5.10）。中國與柬埔寨、寮國、緬甸、越南的貿易額成長最快：從二〇〇一至二〇一四年平均每年成長兩成四、三成七、三成三、三成。[132]到了二〇一九年中期，東協超越美國，成為中國的第二大貿易夥伴。[133]

二〇一〇年中國—東協自由貿易區生效，大大推進雙邊貿易關係。此自由貿易區包含十九億人口和四·五兆美元的貿易總額。在自由貿易區體制下，中國與東協同意雙方九成貨物零關稅。中國和東協於二〇一八年「升級」此自由貿易區，雙方訂下二〇二〇年貿易總額達一兆美元的目標（成長雖快速，但目標訂得太高）。據香港環亞經濟數據有限公司（CEIC）資料庫，[134]二〇一八年時中國與東南亞地區諸國貿易額如下：越南（一〇六〇億美元）、新加坡（一〇〇二億美元）、泰國（八〇二億美元）、馬來西亞（七七七億美元）、印尼（七二六億）、菲律賓（三百億）、緬甸（一一七億）、柬埔寨（七十七億美元）、寮國（三十四億七千萬美元）、汶萊（十八億美元）。[135]不過，二〇一八年時，中國的東協各國貿易夥伴，除寮國和新加坡外，與中國的貿易皆呈逆差。[136]整體來說，該年東協對中國貿易逆差九〇五億美元，越南、泰國、印尼居前三位。[137]印尼、馬來西亞、菲律賓、泰國自中國進口的成長率，二〇一三至二〇一八年特別顯著（貿易逆差因而大增）。

東南亞國家也愈來愈常以人民幣來結算商業交易。人民幣與印尼盾（rupiah）、馬來西亞令吉（ringgit）、菲律賓披索（peso）、新加坡元（dollar）、泰銖（baht）、越南盾（dong）的貨幣換匯交易已在施行，中國和東協有共識地藉由擴大本地貨幣結算，進一步「去美元化」。此外，隨著美國退出《跨太平洋夥伴關係協定》，東協和中國現正力推《區域全面經濟夥伴協定》（*Regional Comprehensive Economic Partnership, RCEP*），即要建立涵蓋東協十個成員國和另外六個亞洲國家的亞洲自由貿易區。

二〇二〇年中國—東協貿易總額要達到一兆美元的共同願景未能實現，但雙邊貿易急速顯著成長的勢頭毋庸置疑。隨著貿易進行，（人與數位）互聯互通，而投資更提高互聯互通程度。中國與東協很快就在經濟上深度整合，而且整合程度愈來愈高。這股趨勢只可能升高並加快。

中國在東協的投資

中國投入東協的資金也一直攀升，二〇一七年達到一三〇億美元，然後二〇一八年回落到一〇一億美元（見圖5.11）。要弄清楚中國在東協的直接投資總額並不容易，但把中國、東協官方統計資料放在一塊審視，合理估計是二〇一八年底時累計達八四七億美元。[138]這一累計金額並不算多（尤以和美國或歐盟的金額相比），但中國每年流入東南亞的對外直接投資近年來有增無減，二〇一〇至二〇一八年增加了四倍多。中國已是柬埔寨、寮國、緬甸的最大外來投資國。[139]二〇一七年中國投資占新加坡外國直接投資的四成，占印尼一成六，占馬來西亞一成四，占其他七個東協成員國三成。[140]從二〇〇三至二〇一四年，據某份調查，新加坡是最大的中國對外直接投資收受國（三七％），再來是印尼（一五％）、寮國（一〇％）、泰國和緬甸（九％）、柬埔寨（八％）、越南（五％）、馬來西亞（四％）、菲律賓（三％）、汶萊則少到可略而不計。[141]

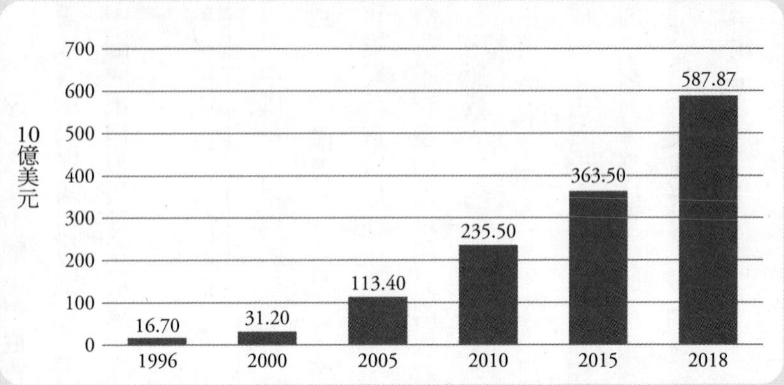

圖5.10 中國—東協貿易，1996-2018　　來源：ASEAN Focus; ASEAN Secretariat

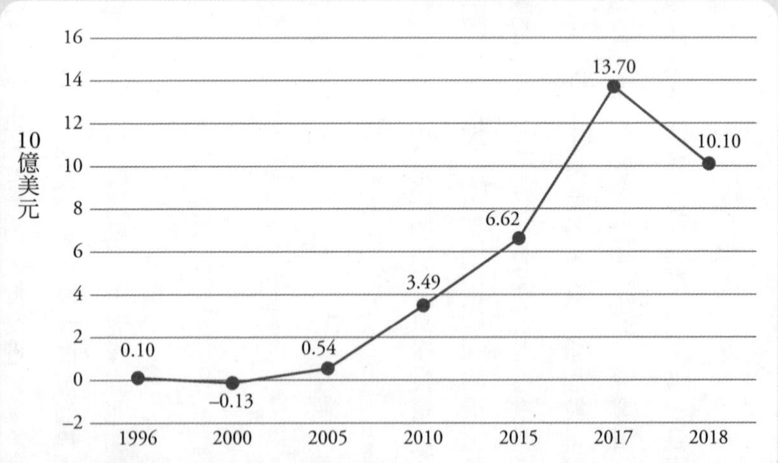

圖5.11 中國在東協的投資，1996-2018　　來源：ASEAN Focus; Financial Times

中國對東南亞地區的投資自二〇一〇年起呈劇增之勢，但我們必須從比較的角度予以審視。二〇一七年，投入此地區的外來資金，據東協統計，總計為一五四七億美元。[142] 美國居首（二四九億美元），其次依序是日本（一六二億美元）、歐盟（一五〇億美元）、中國（一三七億美元）。[143]

有人認為中國的投資會在幾年後成長數倍（新加坡星展銀行估計二〇三〇年時會達到三百億美元），[144] 中國「二十一世紀海上絲綢之路」倡議會是最主要的刺激動能。[145]

帶路倡議在東南亞

「海上絲綢之路」由多個項目組成，涵蓋從東南亞到東南歐的廣大地域。在東南亞，它包括幾道各行其是的國家「走廊」和經濟合作區，例如孟加拉—中國—印度—緬甸走廊、中國—中南半島經濟走廊、南寧—新加坡經濟走廊、廣西—汶萊經濟走廊、泛北部灣經濟合作區、瀾滄江—湄公河合作區、中越兩廊一圈合作區。部分較重要的項目包括：[146]

- 從雲南省會昆明到曼谷長一千八百公里的公路；
- 從昆明往南進入緬甸、越南、寮國的三條高速鐵路——最後一條經泰國、馬來西亞，抵新加坡終點；

- 印尼雅加達與萬隆間一五〇公里長的高鐵；
- 馬來西亞的東海岸鐵路（East Coast Rail Link），以及橫貫馬來半島、將巴生（Klang）、關丹（Kuantan）兩港與馬來西亞東海岸往北至泰國邊界諸地連繫起來的一條鐵路線；
- 以下地方的大型港口建造和升級：馬來西亞的巴生、關丹、瓜拉寧宜（Kuala Linggi）、麻六甲、檳榔嶼；緬甸的皎漂（Kyaukphyu）和馬德島（Maday Island）；印尼的丹絨沙烏（Tanjung Sauh）、占碑（Jambi）、肯德爾（Kendal）；柬埔寨的貢布（Kampot）、施亞努市（Sihanoukville）；汶萊的摩拉（Muara）；
- 從雲南經緬甸到孟加拉灣長四七九英里的油氣管線；
- 以下諸地的大橋工程：馬來西亞的檳榔嶼；菲律賓雷伊泰島（Leyte）南部—蘇里高（Surigao）大橋、呂宋—薩馬（Luzon-Samar）大橋、班乃—吉馬拉斯—內格羅斯（Panay-Guimaras-Negros）大橋；連接寮泰兩國的湄公河大橋；
- 位於柬埔寨金邊的一座新機場和寮國龍坡邦（Luang Prabang）的機場擴建；
- 從柬埔寨金邊至施亞努市的快速道路；
- 越南河內地鐵擴建；

- 寮國四座水力大壩、柬埔寨兩座大壩和兩座水力發電廠、緬甸一座水力發電廠、印尼兩座水力發電廠、越南一座水力發電廠。

這些和其他許多項目已動工，還有一些項目在規劃階段或協商階段。二〇一九年，帶路倡議的項目和投資，光是在上半年，就劇增至一一〇億美元。[147] 以二〇一九年來說，某份報告指出，帶路倡議項目，不管是「處於規劃、可行性研究、投標或已在施工階段」，印尼目前拔得頭籌（九三〇億美元），其次是越南（七百億美元）、馬來西亞（三四〇億美元）。[148] 接著我們以一個國家為例，說明中國帶路倡議在東南亞施行的程度和碰到的難題：馬來西亞。

馬來西亞的特殊情況

整體來看，馬來西亞受惠於一帶一路特別多，許多大項目於納吉當總理期間（二〇〇九至二〇一八）開工，包括皇京港（一百億美元）、大馬城（Bandar Malaysia，八十億美元）、瓜拉寧宜國際港（Kuala Linggi International Port，二十九億兩千萬美元）、柔佛州自動化未來城（Robotic Future City，三十四億六千萬美元）、關丹工業園區和港口擴建（九億美元）、沙馬拉祖工業園區（Samalaju Industrial Park）和煉鋼廠（三十億美元）、檳榔嶼濱水區造地工程（五億四千萬美元）、彭亨綠色科技園區（Pahang Green Technology Park，七億四千萬美元）、森林城市住商混合區開發案（一千億美元）、東海岸鐵路（一六〇億美元）。[149]在序裡，我談過森林城市和皇京港這兩個項目。

馬來西亞所收到的帶路倡議投資總額，居東南亞諸國之冠。由於帶路倡議工程在馬國如此普遍，有個我會晤過的馬來西亞學界人士，因而稱他的國家為「一帶一路中心點」。[150]馬來西亞外交部某官員表達了類似看法：「我們是帶路倡議不可或缺的國家，而且中國人對這點很清楚。」[151]馬來西亞和中國顯然有宏大的商業合作計畫。據馬來西亞統計部的說法，二〇一〇至二〇一六年，中國對馬來西亞的營造項目投資了三五六億美元。[152]

儘管總的來看氣氛樂觀，數個大工程卻於二〇一七年開始受阻——受阻於財政、政治因素。這年五月，中國出資人收回本要支應大馬城工程六成經費的資金。[153]更重要的是，馬來西亞人民對中國的觀感開始有重大改變，擔心國家受制於中國投資，擔心還債期限也擔心把土地使用權交給中國，會成為馬國無法承受的沉重負擔。[154]

有個馬來西亞名人抱持同樣看法，並且利用這股民意再創政治高峰，即決定復出政壇、在二〇一八年選舉挑戰納吉的九十二歲前總理馬哈地。納吉的政黨巫統（UMNO），過去曾由馬哈地領導，**從未**輸過全國大選。但馬哈地跌破眾人眼鏡，在選戰中打敗納吉。對中國在馬國的投資心存懷疑，是他競選綱領的要點。中國人除了投資帶路倡議基礎設施，還一直在馬國大買特買，包括大型橡膠、棕櫚油種植園、濱海房地產和飯店、工業園區——馬哈地的懷疑，選民心有戚戚焉。[155]二〇一七年一月，在公開演說中，馬哈地痛批政府：「把大片土地送給外國人，任由他們蓋將來給自己住的房子……新加坡曾經是我們的領土，但現在不是了。如果我們用點心想想，就知道這樣的事即將重演。屬於我們的遺產就要被賣掉，我們的孫子未來會一無所有。」[156]二〇一九年，馬哈地接受美國公共電視訪問時進一步表示：「樣樣東西都進口，大多來自中國——工人來自中國，材料來自中國，工程款在中國支付。這意味馬來西亞完全得不到好處。前任政府倉促決定這整件事，完全沒有顧及馬來西亞的利益。」[157]

納吉的政治罩門，不只在於掌政期間中國對馬國的投資，還因為他遭指控嚴重貪汙，涉入一馬發展公司（1MDB）金融弊案——這兩個因素直接導致他二〇一八年選舉落敗。納吉驟然下臺和馬哈地打破眾人眼鏡東山再起，使馬來西亞有機會重新評估中國在馬來西亞的一大堆帶路倡議項目。馬哈地大出眾人意料打贏選戰後，立即動手凍結中國在馬國的一些帶路倡議項目，包括要價兩百億美元的東海岸鐵路項目、[158]連接吉隆坡與新加坡的一六〇億美元高速鐵路項目，[159]以及沙巴州境內的兩條天然氣管線。[160]當時馬哈地說：「我們不認為我們需要這兩個項目，我們不認為它們可行。因此，如果可以，我們想中止這些項目。」[161]他也估計，廢掉這些項目，馬來西亞能減掉兩千五百億美元國債的將近五分之一。[162]馬哈地的新任財政部長林冠英（Lim Guan Eng）解釋道：「斯里蘭卡還不了錢，項目最終由中國人接管，我們不想落入那樣的情況。」[163]馬哈地接受《紐約時報》訪問時，從更大的歷史視野出發，以借古喻今的口吻說明對此事的看法：「中國很清楚它一定得處理西方列強加諸在中國身上的不平等條約，所以，中國應該用同理心看待我們。他們知道我們負擔不了。」[164]然後，馬哈地去北京說明為何要在重新議定條件之前凍結這些項目。關於六四八公里長的東海岸鐵路項目，忽而傳出要復工，忽而又說再度停工，二〇一九年四月，馬國終於宣布中國同意降低營建成本，從一五八億一

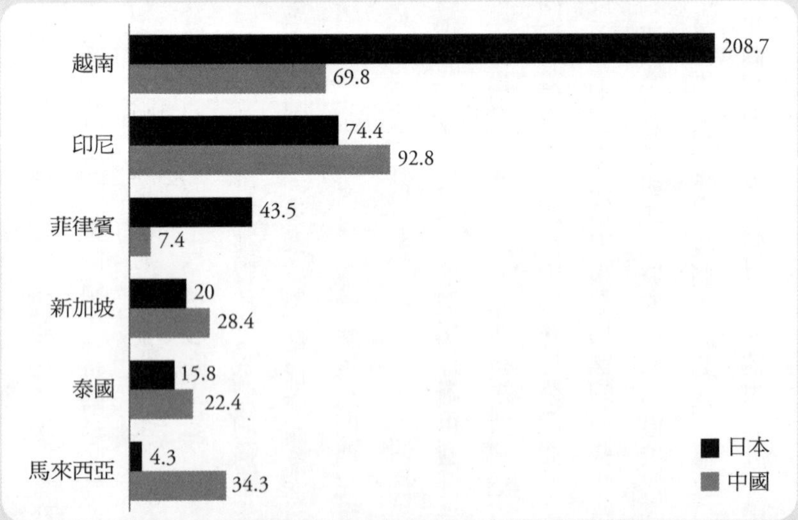

圖5.12 日本vs.中國在東南亞的基礎建設投資　來源：Fitch Solutions

千萬美元減為一〇七億美元。[165] 二〇一九年七月工程復工。有些分析家認為北京願意重議條件一事，顯示它懂得靈活變通，願意對外界批評其帶路倡議為「債務外交」之說做出回應。[166] 習近平在二〇一九年第二屆一帶一路論壇上的致辭，確實展現出這樣的靈活性。

一般來講，中國的帶路倡議在東南亞諸國政府和社會得到頗為熱烈的響應，由參加二〇一九年四月北京第二屆一帶一路論壇的國家元首，有四分之一來自東南亞可見一斑。東南亞的確亟需基礎設施。位於馬尼拉的亞洲開發銀行估計，至二〇三〇年為止，東南亞地區**每年**會需要一．七兆美元投入基礎設施。[167] 而中國絕非參與此地區基礎設施建設的唯一國家，事實上日本在這方面的投資仍超過中國（三六七〇億美元 vs. 二五五〇億美元）。[168] 圖5.12為中日兩國投資金額對照表。泰國學者約范童（Pichamon Yeophantong）指出，「日本人在此地區出資的項目，多數人認為是以較高明技能和技術建造的重要聯通性基礎設施，反之，中國人承建的項目常被貶為品質較差，而且存心利用此地區的天然資源來滿足中國自身利益。」[169]

中國對東南亞地區基礎設施的投資受到普遍歡迎，但二〇一七年起，針對出資條件和陷入過重債務的可能、基礎設施的品質、中國把勢力伸入此地區的地緣政治影響，已出現疑慮。因此，對於帶路倡議，此地區可說並非鐵板一塊。有學者將東協國家分為三大陣營：「熱烈響應」、「審慎響應」、「審慎支持」。[170] 第一個陣營包含汶萊、柬埔寨、寮國、泰國——它們是目前為止帶路倡議的最大受惠者，最為公開表態支持。第二個陣營包括馬來西亞、菲律賓、新加坡——裡面每個國家都有自己國內的制約因素，使其對帶路倡議的看法較為自相矛盾，較有戒心，儘管還是支持。第三個陣營包括緬甸、越南——兩國境內都有帶路倡議工程，但主要從地緣戰略角度看待此倡議，而此倡議對地緣戰略的可能影響令它們深感不安。這一有趣的分類，出自此地區兩位卓有見識的學者之手，但我們不該把每個陣營的成員視為固定不變。事實上，有幾個國家游移於不同陣營之間。馬來西亞與馬哈地在帶路倡議項目上不接受中國的條件——而且與中國重新議定條件——其他東南亞國家（和別的國家）是否也會如法炮製，值得觀察。中國在其他東協國家境內當然也有種種經濟項目，在此我只是以馬來西亞為例說明，下一章會更完整說明每個東協國家與中國（和美國）的經濟交往情況。

安全

中國用於東南亞的第四個也是最後一個政策性工具，鎖定防務和安全領域。[171]中國在軍方對軍方的交流上愈來愈積極，但從武器銷售、「售後服務」、軍官訓練、聯合軍演、情報收集與分享、軍事教育計畫等方面來看，遠遠比不上美國。

中國的武器轉移／銷售近年來有增無減，如今占全球總額六・八％，[172]成為世上第三大軍火出口國，僅次於美俄。中國武器的品質已有大幅改善，不再只是蘇聯／俄羅斯武器的廉價翻版。此外，價格比西方諸國的武器便宜約兩成（官方補助是原因之一）。中國的武器轉移大半流入巴基斯坦（占中國武器出口三分之二）、孟加拉和數個非洲國家。在東南亞，接收中國武器的國家仍不多——以柬埔寨、緬甸、泰國為主，馬來西亞和菲律賓則是近年來成為市場。據斯德哥爾摩國際和平研究所（Stockholm International Peace Research Institute）的估算，二〇一六年轉移的武器價值二十一億美元。

緬甸占購買最大宗，從中國進口了多種軍事裝備（護衛艦、人員裝甲車、坦克、直升機、噴射教練機、卡車、輕武器）。二〇一七年，泰國下訂三艘039A元級柴電潛艇，買進四十九輛MTB-3000坦克，收到二十八輛VT4坦克和三十四輛步兵戰鬥裝甲車，談定共同設立一座武器製造廠，用來為泰國軍隊建造、修理多種傳統武器。[173]與此同時，馬來西亞談成一個為馬來西亞皇家海軍共同生產四艘濱海任務艦的協定，購買其他多種裝備的商議也在進行中。[174]柬埔寨初具雛形的武裝部隊，幾乎完全靠中國的慷慨贈予或援助。[175]印尼開始從中國添購部分武器——反艦飛彈、精確導引武器、可攜式地對空飛彈、雷達、730型船用近迫防禦武器系統。[176]菲律賓持續接收來自中國的輕武器，二〇一七年，中國提供菲律賓最高限額一千四百萬美元的貸款，供其購買軍事裝備。[177]

此外，中國為這六國訓練軍官，訓練機構設在中國和這六國境內。馬來西亞、泰國的武裝部隊每年一次和中國進行聯合軍演。馬來西亞和中國據說也已達成防衛情報共享協議，包括安全的通訊鏈；據報導，泰國亦然。[178]

大部分東南亞國家的軍隊，將其與中國人民解放軍對等單位的雙邊防務交流——中國人所謂「軍事外交」——常規化。這些交流的起始時間因國家而異：與泰國是二〇〇一年，與菲律賓二〇〇五年，與印尼二〇〇六年，與新加坡二〇〇八年，與越南二〇一〇年。汶萊、柬埔寨、寮國、緬甸是否已有這類雙邊防務對話，不明。二〇〇二年起，中國也在新加坡一年一度的香格里拉對話會議上與東南亞國防部長互動，儘管人民解放軍自此會議創立以來一直心存提防（派國防部長與會只有兩次）。對於參與東協防長擴大會議（ASEAN Defense Ministers' Meeting Plus），以及中國自己一年一度的香山論壇，北京則自在得多。[179]二〇一五年起，他們開始舉行一年一度中國—東協防長特別會議。[180]在二〇一七年的會議上，雙方也同意二〇一八年舉行第一次海上聯合軍演。[181]此軍演於二〇一八年十月在中國南部近海舉行，有來自汶萊、菲律賓、新加坡、泰國、越南的船艦參與（柬埔寨、印尼、馬來西亞、緬甸派了觀察員）。[182]第二次聯合軍演二〇一九年四月在青島附近海域舉行。[183]中國、寮國、緬甸、泰國也自二〇一二年起聯合巡邏湄公河。[184]

其他旨在建立信任的措施（尤其是軍艦到訪）和同軍種間的交流，也頗頻繁。每年，中國舉行已成定制的雙邊軍演（以海軍為主），對象為柬埔寨、寮國、印尼、馬來西亞、新加坡、泰國。中國方面的作者說，這些雙邊、多邊的軍事外交機制，總體目標為打造「中國—東盟安全共同體」。[185]二〇一七年，中國提出其第一份《亞太安全合作政策白皮書》，北京在其中闡述其地區安全願景，包括四大原則。[186]第一、未來的地區安全架構應是「多層次、複合型和多樣化的」；第二、此安全架構建設應是此地區所有國家的「共同事業」；第三、此安全架構應建立在共識基礎之上；第四、此安全架構應與地區經濟架構建設協調推進。在二〇一八年雅加達東協祕書處的演說中，李克強總理重述這些主旨，但用語稍有不同：「中方……願與地區國家以國際法和規則為基礎，打造以東盟為中心、開放包容的亞太安全架構。」[187]

儘管有上述種種活動，中國在東南亞的軍事關係依舊頗為有限且不夠深入。除開柬埔寨、緬甸這兩個例外，在東南亞，中國完全比不上美國軍事存在或軍援的廣度和深度。

擴大並深化中國在東南亞的足跡

中華人民共和國透過工具箱裡的這四樣東西——外交、人與人的交流、商業、安全——於整個東南亞地區印下既廣且愈來愈深的足跡。但北京在這四個部分的影響力並不均，因類別、因國家而異。中國的經濟／商業衝擊顯然最大且增長快速。社會層次的人與人關係居次。北京的外交表面上看來成就斐然（由表5.3所列出的眾多多邊機制可見一斑），但與東南亞外交官會談後，我覺得這些活動形式多於實質。雙邊層次方面，中國的外交關係一般來說良好，但也與許多國家有摩擦。就軍事／安全層次來說，中國的根扎得並不深（和美國相比尤其如此）。

但到底實際上中國在東南亞地區予人的觀感為何？東南亞地區諸國如何適應中國在此地區急速壯大的存在？它們如何兼顧與美國、與中國的關係，如何管理這些關係？下一章我們就來談談上述疑問。

◎第三部◎

東南亞與美中的相遇

◉第六章◉

周旋於大國之間：東協的能動性

美國是東協非常重要的夥伴，
我們與美國關係良好。

——

林玉輝，
東協祕書長[1]

我們一直非常看重東盟和東盟—中國關係。

——

蔣勤，
中國駐東盟使團公使銜參贊[2]

東協不能夠再坐視域外強權積極左右此地區的未來。

——

蘇克瑪（Rizal Sukma），
印尼資深外交官[3]

前幾章檢視過中美如何看待東南亞後，本章反過來探討東南亞十國各自如何周旋於這兩大國之間。換句話說，前幾章由「外往內」（從兩大國的角度）看東南亞，本章由「內往外」（從東南亞諸國的角度）看中美。

東南亞地區沒有哪個國家完全受中國或美國左右。柬埔寨最接近，但也與美國維持輕度的防務、商業關係，而且開始不滿中國的支配。話雖如此，我們還是應把柬埔寨視為中國的附庸國。大部分東南亞國家走某種程度的「兩面下注」路線；試圖保住自己的獨立自主和選擇、行動自由；它們大多希望從中美身上均能得利，同時避免依賴；所有國家都必須同時與中國、與美國做雙邊周旋，與中美做三邊周旋，並且在「以東協為中心」的框架內，與其他的地區性強權（澳洲、印度、日本、南韓）做多邊周旋。

令人意外的是，中國對東南亞來說相當重要，東南亞對中國卻似乎同樣缺乏深入認識。目前在中國研究方面，越南社會科學院中國研究院，是此地區研究範圍最廣的機構，[4]新加坡國立大學東亞研究所，涵蓋範圍居次，但研究成果最佳。這個研究所雖取名東亞，卻只研究當代中國。東亞研究所是一流研究機構，但職員幾乎全來自中國大陸。它創立於一九八三年，原以研究政治經濟為主，後來改研究哲學，一九九七年（王賡武擔任所長期間）再度轉型——這次轉型成為新加坡政府服務的中國研究智庫。接著，在雅加達有個小型中國研究中心，但它其實不是研究機構，主要作為當地關注中國問題專業人士共聚一堂的論壇。馬來西亞、泰國、菲律賓都只有寥寥幾位研究當代中國的學者，但沒有中國研究中心，這情況頗令人訝異。同樣令人訝異的是，此地區的龍頭研究機構，新加坡尤索夫伊薩東南亞研究院，沒有專門研究中國在東南亞地區角色的部門或研究人員。

鑒於上述情況，我在東南亞十國身上找到一個顯著的最大特點：**充滿矛盾**。意思是，這十國對美中**兩強**的心態都很矛盾——而且不完全信任。

中國與日俱增的存在和東南亞的矛盾心態

中國在東南亞地區足跡日益擴大，其力量彷彿沛然莫之能禦，要將中國社會與東南亞社會愈綁愈緊，全東南亞瀰漫著一股往「扈從」、配合中國方向前進的明顯趨勢，但與此同時，對許多東南亞人來說，中國有個缺點：中國**太近**、**太無所不在**。中國的龐大和迫近，教許多東南亞人喘不過氣，美國的問題則是反過來——與東南亞有所謂的「殘酷距離」（tyranny of distance），而且讓東南亞人覺得交往態度有一搭沒一搭時斷時續。

中國與東南亞的當代關係也深受歷史因素影響（如前幾章所述）。中國「朝貢體制」的遺緒，不只隱伏在中國大陸人心中，也隱伏在許多東南亞人心裡，[5]而由於中國就在東南亞近旁，朝貢印象更形強化。第四章提到朝貢體制是一種上下階層關係，基調和平不具強制性，具高度儀式性，看重順從，牽涉貨物貿易，陸路與海路往來都有，充斥著中國所謂的文化優越象徵。東南亞地區有些觀察家看到北京想要重現古老朝貢體制（至少在做法上）的跡象，想將亞洲「芬蘭化」（Finlandization）。但現在是二十一世紀，不是明朝。對中國來說，問題在於今日東南亞地區大部分國家不想重回那種依賴、卑從的關係。誠如已退休前新加坡資深外交官考斯甘一針見血的觀察：「在東亞，以中國為中心和中國較優越的說法，分外讓人難以接受，因為那彷彿帶有強烈的收復失土意涵。」[6]北京企圖復興宗藩體制，東南亞以各式各樣形式表達其不願默從的態度，但順從卻是關鍵要素之一。考斯甘認為：[7]

> 中國不只希望其利益被對方納入考量，而且期望對其利益的尊重內化為東協成員國的思考模式。中國希望雙方關係的界定，不該只以東協、中國之間利益的得失計較為準，應以促成「正確行為」的「正確思想」為重……中國有時強逼他國做出的行為，流於枝微末節，正凸顯中國想要透過其近乎巴甫洛夫式制約的過程，將此心態深植於東協人心中。這不盡然有效，有時適得其反。但有效的次數夠多，效果夠好，而且在夠多的東協成員國身上有效，於是中國

便繼續這麼做。

東協諸國已受到制約，而不敢公開或直接批評中國，儘管這些國家可能沒有意識到或不喜歡這麼做。因此，每當中國說了或做了東南亞人不喜歡的話或事，整個東南亞不敢吭一聲；私底下它們絞扭雙手焦急苦惱、抱怨連連，但由於北京對東協國家的拉攏、恐嚇太成功，它們很快就默不作聲地讓步。中國猶如享有「否決權」。在外交領域，這種不願批評中國的心態特別顯著，東協會議上發表的外交聲明和公報向來避提中國，尤其避提中國在南海造島、軍事化之事。二〇一二年，東協諸國在金邊舉行一年一度峰會時，中國首度成功擋下東協聯合聲明。二〇一七年東協在馬尼拉召開峰會期間，中國差點再度得手，會議延期數天後，才發表了一份不痛不癢、流於形式的聲明。

雖然在外交上屈服於北京，而且雙方經濟、文化關係日益密切，許多東南亞人對於自己國家與中國走得愈來愈近且愈來愈順從中國，內心深處仍感矛盾。二〇二〇年新冠肺炎危機也是造成此地區對北京感覺矛盾的原因，比起東南亞島嶼國家，東南亞大陸國家一般來說比較肯定北京於新冠肺炎爆發初期及那之後的作為。[8] 對於習近平的「東盟—中國命運共同體」概念，東南亞諸國政府也表現出明顯的冷淡。[9] 此外，許多東南亞人對於北京在二〇〇九至二〇一〇「強勢年」期間，欺負一個又一個鄰國的表現記憶猶新，老一輩人則記得中國數十年來支持東南亞的共黨叛亂團體，記得中華人民共和國屢次在想要推翻此地區政府時，支持東南亞華人組成「第五縱隊」發揮顛覆力量（見第四章）。但就如同泰國優秀學者、朱拉隆功大學（Chulalongkorn University）蓬蘇迪拉克所說，「沒有哪個東南亞國家承受得了挺身對抗中國的代價」。[10]

至於中國大量購置房地產、一帶一路基礎設施項目的財務條件、某些國家面臨日益沉重的債務等情況，整個東南亞也是愈發憂心。中國強化統戰作為，也是令東南亞人日益憂心的一環，還包括黑幫入境、走私（毒品和人口走私）、洗錢等問題。對於湄公河下游國家來說，中國在上游攔水築壩已成一大問題。中國於南海造島和建立軍事化防禦設施，以及在此地區急速提升的海軍勢力，同樣在東南亞全境引發深深憂慮。

但在中國，官方幾乎不把東南亞人的憂心當一回事或感到緊張。中國官員、智庫、媒體依舊大談「睦鄰」、「雙贏合作」。就跟習近平二〇一五年訪問東南亞期間在新加坡演講時說的內容差不多：中國和東南亞能以互敬互信、擴同減異為基礎，共同實現鄰邦間開放、包容、雙贏的合作。[11]前中國駐東協大使徐步也以篤定口吻表達類似看法：「通過過去二十五年的持續對話和深化改革，中國和東盟為政治互信打造了堅實基礎。中國一如以往支持友好、安全、繁榮的睦鄰外交原則。東盟國家遵循一個中國政策，支持中國和平統一，體念中國對涉及中國主權之重要原則問題的憂慮。」[12]這類的外交聲明頻繁宣之於口，流於照本宣科。出自中國人之手的分析報告裡，偶爾才會談到東南亞對中國的猜疑和兩面下注戰略。[13]

因此，儘管中國在東南亞用心且密集施展外交，但北京的行為展露明顯罩門，日後可能會傷害中國與此地區的關係。[14]澳洲國立大學學者暨東南亞事務專家吳翠玲（Evelyn Goh）認為，「中國的決策者和分析家在看待其與開發中小鄰國的關係上，似乎存在兩個盲點。第一個盲點是動不動就貶低這些較弱國家的自主能動性，偏愛將它們的不願忍氣吞聲接受，歸因於其他大國的陰謀詭計。第二個盲點是忽略中國較為良性的影響模式，卻因為有時候在面對一模一樣問題，做法不一致或具脅迫性，以致破壞了效果。」[15]北京能否意識到這些行為本身的罩門，而將外交作為調整成不那麼咄咄逼人及更尊重東南亞的敏感神經，是值得觀察的指標。用心聆聽、虛心接受批評，並據此調整外交做法，不太是外人熟悉的中國典型作風。大國總會招來批評，這是強權在所難免的遭遇。但成熟的強權傾聽、反省、接受批評，並據此調整政策和行為。中國的黨國體制在這方面仍有很大段路要走——除非北京開始展現這種能力，否則中國會發現其他國家將一直抱持懷疑心態看待其聲明和作為。

東南亞對美國矛盾情緒的根源

東南亞對美國，同樣普遍抱持矛盾心態。為何東南亞人對美國懷抱複雜感情，或是不信任美國，有好幾個理由和原因。

許多東南亞人認為美國只是另一個白種人帝國主義強權，讓他們想起被殖民的過往。東南亞人極大程度上是藉由排拒被殖民歷史和歐洲列強留下的影響，來定義他們的當代身分。因此，他們並不是很在乎美國於東南亞被殖民時期扮演的是相對次要角色（當然，美國在菲律賓是例外）。他們也不是很在乎麥金利（William McKinley）和老羅斯福當總統期間，華府提倡「門戶開放」平等主義貿易政策——或是小羅斯福總統致力於去殖民化，（死前）竭力制止歐洲殖民列強於二次大戰日本戰敗後再度占有其殖民地。有西方史家稱許美國人在東亞、東南亞施行進步政策，但東南亞通常並不這麼看待美國——在此地區，美國通常被視作歐洲帝國主義列強的同流。

第二個理由，與前者有關，是一九五〇、六〇年代期間美國並不支持——事實上是相當質疑——東南亞追求中立與不結盟。許多華府決策者和美國在此地區的外交官，冷戰初期想方設法削弱此地區國家和爭取自主地位的作為，我的大學同僚暨史學家裴斗虎（Gregg Brazinsky）的精闢大作《贏得第三世界》（*Winning the Third World*），就列出許多這樣的人。[16]

第三個理由，同樣與第一個理由有關，是美國在越南打的漫長戰爭。這場慘烈且代價高昂的衝突，讓越南、柬埔寨、寮國生靈塗炭，使東南亞走上兩極化。對於一個有著共同殖民歷史、努力尋求某種團結以及在冷戰對立強權之間走出「第三條路」的地區來說，美國參與越戰嚴重破壞此地區穩定。美國或許自認是永遠不變的進步力量和抵抗共黨侵略的中流砥柱，但此地區許多人並不這麼看待華府參與的這場戰爭。

接下來，越戰結束後，卡特（和後來柯林頓）當政期間，美國又出現新的干預舉動：提倡民主和人權。一九七〇年代東南亞沒有民主國家；事實上，許多國家的統治者是暴君般的軍事強人。卡特總統偏重於提倡基本人權，柯林頓總統則偏重於提倡民主擴展（和暗地裡支持推翻獨裁政權）——但不管是提倡民主還是人權，此地區都覺得華府想要改變此地區政治信仰之舉傲慢、令人反感、不受歡迎。

隨著冷戰結束，第五個美國傾向開始顯露：遏制中國在此地區愈來愈大的影響力——就在大部分東南亞國家看到機會且普遍樂意與中國拓展關係之時（尤其一九九七年亞洲金融危機之後）。[17] 華府曾試圖在某些東南亞事務上與中國合作，但一九八九年後，美國愈來愈覺得北京在此地區日益吃重的角色未必符合美國利益——事實上是有礙美國利益。隨著二十一世紀降臨，這個看法在華府變得更加有分量。於是，東南亞諸國日益深陷兩大國在此地區愈趨激烈的影響力角逐戰中。誠如本書所主張的，近年來，這一趨勢猛然加速，而且愈演愈烈。對東南亞人來說，美國反制中國之舉令他們想起先前遭外部強權操控的經歷。

在上述五個階段，除越戰期間，有個最大特色一直主導著華府對東南亞的策略（進而影響美國在此地區獲接納的程度），即美國心不在焉且時斷時續的關注。除了歐巴馬政府例外，這個傾向長久以來始終如一。廖振揚在其審慎的研究著作《忽冷忽熱的交往》（*Ambivalent Engagement*）中，精闢闡明此點。[18]出於上述種種理由，東南亞人對美國充滿矛盾情緒有其道理。東南亞人也對中國充滿矛盾情緒，這是美中兩國在此地區的共通處。

有了這層背景認識，現在我們就來利用本章的剩餘篇幅「由內往外看」，檢視東協十國各自如何周旋於美中兩大強權之間。同前所述，在東南亞，沒有哪個國家找得到對美中皆不得罪的「最佳位置」，每一個國家都較為「偏」向其中一方。雖說如此，如第一章所說，近年來，大半東南亞人**對中國的看法已有**質的顯著改變。現在我們就來探討東南亞人如何周旋於美中之間，竭力擴大與兩大國交往的好處，同時竭盡所能維持自己的獨立自主。

泰國

在美中於東南亞的競賽中，最重要的國家或許是泰國。由於廣土眾民（七千萬）、戰略位置重要、GDP高（五二九〇億美元）、身為東協創始國且在東協內角色活躍，泰國是東南亞最重要的國家和行為者之一。泰國的地理位置——往南是暹羅灣和南海、往西是安達曼海和印度洋，而且鄰近麻六甲海峽北緣，戰略位置重要。歷任泰國政府也展現出經久不衰的外交獨立性格，不愧是唯一未遭殖民支配的東南亞國家，而且曼谷一直在此地區和此地區之外奉行積極外交政策。[19]曼谷精於兩面下注、全方位外交政策，手腕始終很靈活。有人說，「就像量子力學裡薛丁格的貓（Schrodinger's cat），既是活的也是死的，泰國看待強權，認為它們既是威脅，也是盟友。」[20]泰國君主制提供了政治連貫性和國家自豪感，儘管互相傾軋的政黨和愛干政的軍方動輒就使局勢脫離常軌。

泰國自一八一八年就與美國有官方關係，一八三三年締結了泰國第一個雙邊條約，一九五四年起開始簽訂共同安保條約——二〇一二年「泰美防禦同盟聯合願景聲明」(Joint Vision Statement on the Thai-US Defense Alliance）重新確立此約。泰國與中國的關係，如第四章所說，更為久遠，儘管親密程度遠遠不如它與南海周邊其他東南亞國家的關係。在東南亞，泰國的人口或重要性的確不如印尼或越南，但就左右美中在此地區戰略角力勝負來說，**泰國**是最重要關鍵。泰國老早就是美國盟邦，長久以來倒向美國，但近年來明顯轉向北京。二〇一四年前就看得出這樣的趨勢，但那年泰國爆發軍事政變而華府出手懲罰奪權的軍事執政團後，曼谷更加倒向中國，而且倒向之勢愈發顯著。美國若在這場角力中「失去」泰國，其在東南亞地區的戰略地位將受到重創——而且我認為重創程度會比美國另一個盟邦菲律賓完全倒向中國所帶來的打擊來得大。

泰國應對美國之道

對美國來說，說不定已經太遲。許多密切觀察泰國走向者，注意到泰國現今傾斜靠攏北京的程度遠勝華府。[21] 如果說這個問題有爭論，爭論點也在於此轉變發生於**何時**，而非**是否**已經發生。有些人認為轉變發生於越戰結束，美國不像先前那麼需要泰國境內基地時。不過，因為越南一九七八年揮兵入侵柬埔寨和實質上吞併寮國之舉，對泰國國家安全和主權構成不折不扣威脅的緣故，整個一九九〇年代，華府與曼谷仍是戰略盟友。但是，越南想要接管中南半島的企圖心，也首度把北京和曼谷拉在一塊（而且開始提供有形軍事物資支援）。令人創痛的一九九七年亞洲金融危機期間，美國對泰國經濟不痛不癢的支援是使局勢改觀的轉捩點——

特別是當時北京慷慨解囊解救泰國（和印尼），而且「不附帶任何條件」。二〇〇一年後美國展開「反恐戰爭」，泰國在協助小布希政府時顯露矛盾心態。一方面，曼谷默許美國中情局在其境內設立祕密「黑牢」，羈押、訊問（和刑求）在阿富汗、巴基斯坦等地捉到的蓋達恐怖分子。另一方面，美國要求泰國提供數個軍事基地（包括烏打拋），作為美國對阿富汗和伊拉克展開軍事行動之用，但曼谷不同意。[22] 我與泰國國家安全會議一位前幕僚的晤談內容，就反映出這種矛盾心態。九一一恐攻發生後不久，泰國總理想弄清楚與美國「結盟」一事，是否包含美國與北約和其他雙邊盟國締結的「第五條款」（根據此條款，同盟夥伴有義務與美國共禦外侮）。泰國國家安全會議幕僚詳讀所有相關文件，沒有找到這類義務或規定——這顯然讓總理塔克辛（Thaksin Shinawatra）大大鬆了口氣。[23]

美泰「同盟」其實或許稱不上真正的同盟。它是一九五四年《馬尼拉條約》和一九六二年《他納—魯斯克公報》的意外產物。《馬尼拉條約》是東南亞條約組織（一九七七年作廢）的支柱，其中第四條**的確**包含一個相互安保條款：「本條約約定，一旦本條約區遭武裝攻擊」，每個成員會「根據本約章程之規定流程回應共同面臨的危險」。[24] 但東南亞條約組織解散後，泰國人以極「靈活變通」的心態看待這個已失效條約及其規定的義務。上述那位前泰國國家安全官員如此描述泰國的應對之道：「泰國人把與美國結盟視為友好的象徵，不覺得其中有正式的義務。他們認為結盟是威信的表現，不認為這是軍事條約。」[25]泰國學者彭碧索（Pongphisoot Busbarat）在筆下表達了類似看法：「同盟，例如泰國與美國的同盟，只是形式化的結盟。」[26]就連某些美國觀察家都坦承，「這一同盟四十年來一直竭力尋找明確的方向」。[27]此外，沒有武裝部隊共同指揮或整合之類機制——美國與澳洲、日本、南韓的同盟關係都有這樣的機制——但還是有聯合訓練和武器轉移（符合泰國作為「重要非北約盟友」的正式身分）。

儘管有上述特徵，美泰同盟也已撐過數十年，相對來說還是經得起考驗。也必須要經得起考驗，因為泰國軍事政變導致華府報復，頻頻動搖雙方同盟關係。最常見且一定是最先使用的報復方式，是中止或切斷軍援。最近的例子是二〇一四年政變，一九三二年以來泰國第十二場政變。政變發生後，華府立即中止三五〇萬美元「外國軍事銷售」（FMS）和八萬五千美元「國際軍事教育和訓練計畫」（IMET）經費。[28]基於美國法律，美國政府必須這麼做。一年一度的黃金眼鏡蛇聯合軍演的規模也遭大幅調降，但未終止。二〇一七年我去美國駐曼谷大使館時，副館長直截了當告訴我：「過去兩年，泰美關係來到史上最低點。」[29]泰美關係的軍事層面遭大幅降級，雙邊外交關係緊繃，但美國駐曼谷大使館區的面積和職員人數依舊居東南亞地區之冠，因為該大使館充當美國在此地區多個政府機構的總部。

但隨著二〇一七年華府易主，川普政府著手修補關係。泰國總理帕拉育（政變奪權的將領）

於二〇一七年十月二日受邀訪問白宮，並在白宮接受盛宴款待。川普總統放縱自己的獨裁衝動，恭喜帕拉育於二〇一四年政變後「恢復政局穩定」。[30]這趟訪美大有助於修補、恢復雙方關係。雙方簽署了交互投資〈合作瞭解備忘錄〉，總理帕拉育同意採購二十架波音飛機、十五萬噸煤，以及包括直升機、飛彈、升級型F－16戰機在內的一批軍火。[31]其後，黃金眼鏡蛇軍演也升級（六千八百名美國軍事人員參與了二〇一八年軍演，是前一年人數的兩倍）。二〇一八年，泰國陸軍副參謀長阿披拉（Apirat）訪問華府，簽訂總值兩億六千一百萬美元的軍購案。[32]據曼谷一位近距離觀察者的說法，川普政府也把「人權因素」從緊繃的關係中「剔除」。[33]敏銳的資深泰國記者鍾嘉濱（Kavi Chongkittavorn）簡潔扼要評論道：「當泰美關係走到兩百年關係史的新低……帕拉育訪美後，泰美合作全力強化。」[34]二〇一九年十一月，美國國防部長亞斯培（Mark Esper）會晤了泰國國防部長，雙方簽署〈美泰聯合願景聲明〉（US-Thailand Joint Vision Statement）。雙邊貿易額這時超過四百億美元。自美輸泰的主要貨品，包括機械、飛機、黃金、光學和醫療器材、農產品。[35]美國也是泰國境內最大的投資國之一，二〇一五年累計達一一〇億美元。據美國國務院的說法，「美國與泰國的夥伴關係涵蓋公衛、貿易、科學與技術、野生動物走私、教育、文化交流、執法、安全事務合作等諸領域。」[36]二〇一八年七月，美國突擊隊員與泰國突擊隊員（他們曾接受美國訓練）合作，將十二名受困地下洞穴的泰國足球隊男孩救出，英勇表現有助於修補美國在泰國公眾心中的形象。美國的「軟實力」和通俗文化在泰國也依舊盛行。與此同時，有位作者指出，泰國人常掛在嘴上的「Amerika Maha Mit」（美國，了不起的友人），以及「許多泰國公務員，包括軍文職公務員，在美國教育機構受過訓練和教育一事，創造出大批心向美國且〔已〕為兩國關係提供支撐的泰國人」。[37] 由於上述作為，極度緊繃的雙邊關係開始修復。

我們樂見泰美關係得到修復，但不該誇大修復程度。在泰國菁英看來，泰美關係仍很脆弱易折。如同泰國某位學者所說，「泰國菁英把美國不願容忍軍事政變的作為，解讀成華府不看重雙方友誼，泰國對美國的信任因而降至冰點。」[38] 另一位泰國學界人士也說有這種情緒存在，並批評川普政府容許帕拉育政權訪問白宮。[39] 華府於每次軍事政變後懲罰曼谷之舉，令泰國軍方惱火，他們幾乎無法再心向美國。一位泰國陸軍軍官說：「我們和你們一起在朝鮮、寮國、越南、反恐戰爭中流血，但在安全情勢日益惡化之際，我們需要你們諒解之時，你們不把我們當成朋友和盟友，反而不斷責罵、羞辱我們！」[40] 因此，有位泰美關係分析家評論道：「儘管此關係裡存在矛盾，不過，避免公開且難堪地分手，仍符合華府、曼谷雙方政治利益……但泰國明顯在兩面下注，只付出最起碼的心力讓同盟關係不致完全垮掉。」[41]

泰國與中國的交好

這種情緒讓泰國與中國的關係——泰國另一個矛盾的對外關係——直接得益。泰國與中國的關係自一九八〇年代起逐漸升溫，於是，北京在曼谷心中的地位愈來愈往中心移。尤索夫伊薩東南亞研究院的東南亞事務專家史托瑞（Ian Storey）觀察道：「二〇一四年五月政變事件後，中國顯然開始成為泰國比較中意的大國夥伴。」[42] 居住在曼谷的札瓦基（Benjamin Zawacki），寫了一本書專門談泰國與美國、中國的關係，[43] 他甚至說：「二〇一四年起泰國與中國嚙合的程度，已比泰國與其他**任何**國家的嚙合程度都來得高。」[44]

然而，泰國日益轉向中國一事並非晚近才發生，並非為了實現特定目的，也並非出於一時權宜的需要——雙方關係經過數十年發展已扎根甚深，大部分泰國人真心覺得與中國親近。泰國是世界上最大華僑社群的所在地之一（八百萬人），當地華僑占泰國總人口一成四。[45] 華裔已和泰國本地人廣泛通婚、融合，如今位居泰國社會、商界、政界上層，躋身軍方上層者愈來愈多。就連泰國王室都有華人血統。泰國王妃詩琳通（Sirindhorn）能講頗流利的漢語，會寫書法，二〇一九年十月在北京人民大會堂的典禮上，獲習近平頒贈「友誼勳章」（授予外國人的最高殊榮）。這一血緣上的親近，有時稱作「中泰一家親」。泰國的華裔族群是東南亞華人成功同化於當地社會的最佳例子——鑒於華人在許多其他社會遭遇的種種困難，這是非凡的成就。此外，據估計已有四十萬中國大陸人搬到泰國，二〇一六年有八八〇萬中國觀光客入境。[46]

中國對泰國經濟也愈來愈重要，二〇一三年成為泰國最大貿易夥伴，二〇一八年雙邊貿易額達到七五七億美元。中國占泰國對外貿易額約兩成。中國企業，例如海爾和上汽集團，已在泰國設立大廠。泰國前幾大公司，有許多屬於與中華人民共和國有密切商業往來的華裔泰國人所有。其中一個著名例子是卜蜂集團。卜蜂是泰國很傑出的企業集團，年收入六八〇億美元（據《經濟學人》說法）。[47]人與人的交流也很廣：赴中國留學的泰國學生人數（兩萬三千人），是其他任何一個東南亞國家的兩倍有餘，二〇一八年赴泰國觀光的中國人首度破千萬。[48]中國人也在泰國大量置產，主要於泰國著名的海灘度假區。中國也已在泰國設立三十五家孔子學院和孔子課堂（數量居東南亞國家之冠）。泰國是華為5G地區資料中心所在，這家中國企業是泰國境內（和整個東南亞）最大的電信企業。中泰外交互動也很「頻繁」（中國外交部的形容），[49]軍方對軍方的關係同樣持續推升。地理相鄰是把這兩個社會拉在一塊的一個重要因素。但從曼谷的角度來看，中國真正的吸引力，在於與泰國互補，而且長年以來始終支持泰國。就如泰國學者彭碧索所說，「北京愈來愈受青睞，出於兩個理由。首先，其經濟、軍事資源能滿足泰國所需。其次，中國在文化上與泰國較相近，對泰國境內的變動展現出高度理解和接納。」[50]

曼谷在外交上向來願意迅速配合北京的要求。例如，當中國要求泰國搜捕逃出新疆避難於泰國的維吾爾人，將其遣送回中國，曼谷照辦。超過三五〇名維吾爾人遭拘留，安置在拘留所，其中許多人二〇一五年被遣送回中國。[51]聯合國難民署（United Nations High Commissioner for Refugees）與人權提倡團體，斥泰國此舉為「明目張膽違反國際法」。[52]中國的安全人員也在二〇一五年公然將在泰國度假的香港書店老闆桂民海擄走，帶回中國。泰國政府沒有公開抗議此事。幾位販售中國政治禁書的香港書店老闆遭中國安全人員擄走，桂民海是其中之一（其他人在香港被捉，帶回中國內地）。桂民海雖生於中國，卻是瑞典公民。儘管瑞典不斷透過外交手段營救，今日他仍被羈押在中國，此事已使中國與瑞典關係大為緊繃，但**沒有**使中泰關係緊繃。在自己國土上發生這種不受本國管轄、非經法律許可的引渡，泰國人似乎不在意。這類行動顯示曼谷正與北京發展出一種屈從式政治—外交關係。

在安全事務方面，越南一九七八年揮兵入侵柬埔寨後，泰國武裝部隊開始與中國人民解放軍往來。越南占領柬國十年期間，中國供給泰國多種輕重武器（坦克、裝甲運兵車、火箭發射器）。北京把泰國視為防堵越南擴張的「前線」國，越南人也確實有可能從柬埔寨越境入侵泰國（見第五章）。一九九〇年代末越南人撤離柬埔寨後，泰國未停止與中國的軍事互動，但規模小了許多。儘管如此，在泰國眼中，每當泰國有需要時，中國就會伸出援手——此一模式

在一九九七至一九九八年金融危機期間時重演。上述種種都是很重要的信任建立基石。東南亞事務專家史托瑞觀察道：[53]

> 泰國於危機期間始終能指望中國的支援：例如一九七三年能源危機期間，中國以「友情價」將石油賣給泰國；長達十年的柬埔寨危機期間，中國是泰國的首要戰略盟友；一九九七至一九九八年亞洲金融危機期間，泰國經濟垮掉，北京提供金援；二〇〇六年政變後，中國立即承認新政府，雙邊關係照舊。在泰國，這些事件，連同其他事件，為中國打造了極正面的形象——中國是一個總是把泰國國家利益擺在心上的國家，不管誰在曼谷掌權。反之，美國常被視為圖一己之利，不關心泰國碰上的問題，而且還會在泰國政權易主時，出手懲罰。

在此大背景下，中泰軍事交流自一九九〇年代起逐步升高。泰國是第一個每年一次與中國進行防務、安全事務會談的東協國家，二〇〇五年兩國舉行第一次聯合軍演。[54]皇家泰國武裝部隊與人民解放軍舉行雙邊聯合軍演的次數，居東南亞國家之冠。二〇〇五年起，中泰聯合軍演大致每年一次，[55]包括數次空軍對抗演習（鷹擊〔Falcon Strike〕）和二〇一九年第一次海軍聯合軍演（藍色突擊〔Blue Strike〕）。不過，這些軍演雖值得注意，其複雜程度卻完全比不上泰國與美國的聯合軍演——不管是雙邊或黃金眼鏡蛇之類多邊軍演皆然。近年來（尤其二〇一四年以後），泰國派去中國的軍官也愈來愈多；確切人數不詳，但一位泰國學者告訴我，可能有多達一半的泰國軍官在中國受過某種訓練。[56] 其他瞭解內情的消息人士則認為，每年派去中國受訓的泰國軍官僅三十至五十人。[57] 反之，至二十一世紀初，已有約兩萬一千名泰國軍官在美國受過訓，平均每年約三五〇人。[58] 即使二〇一四年政變發生，從這一年至二〇一六年底，仍有一〇八四名泰國軍事人員赴美受訓。[59]

除了人員之間的軍事交流，中泰關係還包括軍售和共同生產武器。除了一九八〇年代買下坦克、裝甲運兵車、火箭發射器，泰國還在一九九〇年代期間接收六艘江滬級護衛艦，二〇〇〇年代期間則有其他沿海巡邏船、雷達、反艦飛彈。二〇一九年九月，泰國簽約購買一艘中國製71E型兩棲攻擊艦（兩萬五千噸）。晚近購買的軍備還包括CX-1反艦巡航導彈、CM-708潛射反艦導彈。[60] 中國軍售額從二〇一二年兩千萬美元增為二〇一六年七千七百萬美元（該年超過美國軍售額三千萬美元）。[61] 二〇一五至二〇一六年，情況更上一層樓，泰國接收四十八輛VT-4主戰坦克，談定購買三艘總價十億三千萬美元的元級柴電潛艦（每艘三億九千萬美元）。[62] 這是泰國史上最大一筆武器交易，據某分析家的說法，涵蓋潛艦官兵訓練和十年付款計畫。[63] 二〇一七年，雙方宣布加購十輛VT-4坦克，[64] 二〇一九年十二月，連同三十四輛

VN-1裝甲運兵車一起交付（總價七千六百萬美元）。[65]此外，一再有報導指出泰國興建了一座中泰聯合兵工廠——前中華人民共和國駐曼谷武官（現駐華府）說，那其實是中國製武器零件的組裝廠（主要組裝裝甲運兵車）。[66]綜合以上所述，我們不得不說，中泰軍事交流雖然有所提升，但相較於曼谷與美國的軍事交流，仍是小巫見大巫，而且交流層面不是很多樣很高端。中國方面喜歡強調中泰軍事交流，[67]這也引來東南亞媒體注意，但實質交流程度沒那麼高。

中泰經濟關係也有局限。長五四二英里，連接泰國東北部與寮國、中國的高速鐵路建設項目，談判許久才談成，二〇一七年終於破土動工。[68]另有四條中國建造、擬從雲南省往南伸入泰國的高鐵路線（連同前一條合稱「五指」），[69]但這些項目耗費的成本在泰國社會激起極大憂心。[70]泰國社會的憂心和鄰國馬來西亞境內的憂心類似。這也反映許多泰國人的共識，即國家不應太依賴中國，以及國家從二〇一四年起更向北京靠攏，破壞了泰國著稱的全方位外交政策和獨立性。泰國副外長維拉沙蒂告訴我：「我們希望平衡與美國、與中國的關係……但那是個動態平衡，取決於美國的態度和政策。西方多用力推我們，我們就往中國靠多近。」[71]他的一位外交部同僚，對於泰國倒向北京，反倒抱持較為無奈認命的心態：「要擺脫中國的擁抱已經太遲，太遲了。中國更有自信，意味著現在他們過來，就只是要告訴你該這麼或那麼做。我們擺脫不了中國的懷抱，只能利用這樣的情勢做最好的打算。」[72]他接著說道：「中國人很強勢。例如為這個鐵路項目談判時，中國完全不像是在跟朋友談。三十五年前中國部長來這裡時，姿態很謙遜，今日已不復見。關係變了。中國現在很強大，行事就是個強國樣。」這類看法顯示中泰或許表面上看起來走得頗近，但檯面下未必一切都好。

緬甸

緬甸聯邦共和國（一九八九年正式國名從Union of Burma改為Republic of the Union of Myanmar）地跨南亞、東南亞，國土面積廣，戰略位置重要（它也和中國雲南省接壤）。緬甸夾處於印度、中國、泰國之間，有著濱安達曼海、孟加拉灣的長海岸線。此一得天獨厚的位置有利於對外貿易、與外界互動，但歷來不愛與外界往來，在國際上頗為孤立。緬甸人口五千四百萬，是亞洲境內族群最多元的國家（緬甸政府稱國內有一三五個民族）。自一九四八年脫離英國殖民統治獨立以來，把社會、族群、宗教如此多元的國家維持住大一統的局面，一直是緬甸中央政府的最大難題。形形色色的族群分布在全國七個省、七個邦裡，其中數個邦，若開邦（Arakan／Rakhine）、克欽邦（Kachin）、克倫邦（Karen）、撣邦（Shan）等，為爭取緬甸聯邦裡的自治地位奮鬥了許久。緬甸共黨叛亂勢力也曾活躍多時，一九八九年才覆滅。[73]

政治上，一九六二年尼溫（Ne Win）將軍（時任緬甸陸軍總司令）帶頭發動政變推翻吳努政府後，緬甸經歷漫長的軍方統治時期，從一九六二至二〇一一年為止，數個軍事執政團掌權。尼溫的統治以高壓維穩加上經濟國有化、軍方控制所有戰略性天然資源為特點。一九八八年尼溫及其緬甸社會主義綱領黨（Burmese Socialist Program Party），被由學生、和尚領導但最後贏得社會多個階層人民支持的全國大示威拉下臺，尼溫政權就此結束。經過一個月騷動不安，軍方出手，強勢鎮壓民主運動，導致數千人死亡、被捕。

此後，另一派系將領成立國家法律與秩序重建委員會。承受不住強烈的國際壓力，該委員會一九九〇年同意舉行全國大選。翁山蘇姬率領全國民主聯盟參選，拿下八成一選票。翁山蘇姬是緬甸國父翁山之女，在一九八八年八月民主示威中嶄露頭角。但以梭貎（Saw Maung）為首的軍事執政團不願接受選舉結果，宣布選舉結果無效，大權一把抓，並將翁山蘇姬軟禁。翁山蘇姬鮮明的個人性格、美貌、領袖魅力、流利口才，加上嬌弱女子挑戰軍事執政團的形象，使她在國際上備受矚目與肯定（一九九一年獲頒諾貝爾和平獎）。從一九八九至一九九五年期間她一直遭軟禁，後來獲釋五年，但從二〇〇〇年起又遭拘禁。將近兩年後的二〇〇二年五月，再度獲釋，但二〇〇三年五月再被捕，拘禁至二〇一〇年十一月。此前二十一年，她共有十五年失去人身自由。

緬甸局勢不穩，但軍事執政團始終牢牢抓住權力不肯放手。翁山蘇姬遭拘禁，招來國際關注和譴責。最後，她與國家法律與秩序重建委員會——一九九七年改名為國家和平與發展委員會（State Peace and Development Council）——言和，她獲釋，並獲准代表恢復運作、取得許可的全國民主聯盟參選。但休兵未能持久。二〇一〇年十一月，國家和平與發展委員會舉行全國大選，作為「邁向民主之路」的一環，但全國民主聯盟抵制這次選舉。於是，聯邦團結發展黨（Union Solidarity and Development Party）拿下將近八成的國會席次。全國民主聯盟、數個外國政府和非政府組織痛斥這次選舉被動了手腳，斥之為騙局。聯邦團結發展黨拿下如此高比例的席次，國家和平與發展委員會隨之遭解散。歷經多番抗議後，聯邦團結發展黨同意舉行另一輪補選，以補滿空下的四十八個國會席次。二〇一二年四月，全國民主聯盟拿下其中四十三席。

這為二〇一五年全面改選的全國大選做好了準備。這一次全國民主聯盟沒有抵制，翁山蘇姬及其甚得民心的黨大勝，在國會上下議院都拿下過半數席次。此一劃時代的選舉產生了軍方統治五十多年以來緬甸第一個真正的文人政府，但根據憲法，軍方仍保有頗大的權限。由於翁山蘇姬丈夫是外國人——已故牛津大學學者阿里斯（Michael Aris）——按憲法規定，她不得出任國家元首。自那之後，她是緬甸的實質領導人，常代表國家出訪，但由他人——廷覺（Htin Kyaw）、溫敏（Win Myint）——擔任總統。從二〇一七年開始，軍隊在若開邦的種族清洗行動重創翁山蘇姬的美好國際形象。清洗行動造成約七十萬難民逃入鄰國孟加拉，她則在海牙的國際法庭上代表國家駁斥種族滅絕指控。

緬甸應對美國之道

緬甸軍政府統治期間，美國（和其他許多國家、非政府組織）一直力促釋放翁山蘇姬、解除戒嚴、結束內戰、釋放政治犯、重拾民主。[74] 美國國務院如此描述美國的應對之道：「美國調整交往戰略，認可緬甸至目前為止所採行的正面措施，以激勵進一步改革。美國應對之道的指導原則，是支持緬甸的政治、經濟改革；提倡全民和解；打造政府透明度、可問責性和制度；賦權地方社群和公民社會；提倡負責任的國際交往；提升對人權、宗教自由的尊重與保護。」[75]

二〇一一年十一、十二月，希拉蕊成為第一位造訪仰光的美國國務卿，在該地與翁山蘇姬舉行了令人動容且高調宣揚的會晤。十一個月後，希拉蕊連同歐巴馬總統，再度出訪緬甸，這次會晤同樣令人動容（圖6.1）。[76]

這次國事訪問象徵美國、緬甸關係的戲劇性修好（但美國政府在正式場合仍以舊名Burma稱呼緬甸）。兩國自一九四八年即保持外交關係，但數十年來關係疏遠。我記得我在一九七九年夏天赴緬甸出席美國大使館的國慶招待會（為免穿著失禮，我向飯店服務生借了西裝外套和領帶！），即使已近一九八〇年代，美國大使館仍只有人數不多的基本職員，造訪緬甸的美國人非常少（外國人只能拿到七天期的簽證）。接下來三十年，美國與緬甸一直沒有建立真正的關係，一九八九年美國國關閉在緬甸的國際開發署（USAID）辦事處和停止其他緬甸境內活動，在政變和屠殺事件後制裁該國。但隨著二〇一一年後緬甸重拾民主，緬甸開始更大範圍向西方開放。[77]

華府樂見此趨勢，迅即重建關係。甚至早在二〇一五年緬甸全國大選之前，二〇〇九年上臺的歐巴馬政府，就已開始在政策上表現出新的靈活性，展開「務實交往」。制裁取消了。主管東亞暨太平洋事務的助理國務卿坎博訪問仰光和二

圖6.1 翁山蘇姬與希拉蕊、歐巴馬　來源：AP Photo/Pablo Martinez Monsivais

〇〇五年後的緬甸新首都奈比多（Naypyidaw），華府任命資深亞洲通暨緬甸專家米德偉（Derek Mitchell）為二十二年來派駐該國的第一位美國大使。美國國際開發署在緬甸重設辦事處，開始每年提供八千萬至一億美元的發展援助。[78] 多種半官方的美國民間民主提倡組織也活躍於緬甸——國家民主基金會（National Endowment for Democracy）、國際共和學會（International Republican Institute）、國際事務全國民主協會（National Democratic Institute for International Affairs）、開放社會（Open Society）。同樣在緬甸境內很活躍的還有美國和平工作團（Peace Corps）、傅爾布萊特計畫（Fulbright Program）、緝毒局（Drug Enforcement Agency）、疾病控制與預防中心（Centers for Disease Control and Prevention）。但美國軍方要和緬甸軍方建立關係卻一直很困難，主要因為少數美國國會議員堅決反對。

但總的來看，完整外交關係的恢復和緬甸的「開放」，的確是歐巴馬政府外交政策的成就。然而，自那之後，雙邊關係因羅興亞人（Rohingya）人權遭侵犯而陷入緊繃，在仰光和首都奈比多，可清楚察覺到雙方關係自二〇一五年左右起已走入歧途。[79] 許多我的交談對象覺得美國把事情搞砸，未能維持二〇一二至二〇一五年那股勢頭。就連美國大使館官員都感嘆關係轉壞，偏離正軌。[80] 數個在緬甸與我交談的人，把關係衰退歸咎於美國國會對兩國關係加諸的限制，尤其是軍援、國安援助領域的限制。關係轉壞促使緬甸政府幹起一件古怪彆扭的事——向美國國會進行遊說──聘請遊說公司波德斯塔集團（Podesta Group）幫忙影響華府立場。81

緬甸與中國的關係

美國與緬甸建立關係是晚近的事，緬甸與中國的關係相較之下則深厚得多而且歷史較久。北京一直是歷任緬甸軍事執政團所能倚賴的少數境外行為者之一。緬甸是最早正式承認中華人民共和國的亞洲國家。兩國關係常被說成是「胞波」（親屬或兄弟關係）。中國在獨立後的緬甸扮演一個獨特角色，緬甸人長期以來對這位北方巨鄰卻是感覺矛盾。這種矛盾心態有一部分源於緬甸人自身根深蒂固的獨立自主、中立、不結盟意識。我記得我的大學教授辛頓（Harold C. Hinton）曾說：「緬甸對不結盟的堅持，到了連不結盟會議都不參加的程度。」緬甸真的在一九七九年九月退出不結盟運動。吳努統治期間（一九四八─一九六二），緬甸尤其不與外界往來，但尼溫統治時期（一九六二─一九八七）也是如此。中國人對尼溫的「緬甸式社會主義道路」心懷猜疑，但繼續援助其政權。雙方在邊界劃定上意見也有分歧，一九六〇年才解決。一九六七年夏天文革最盛時，仰光與北京不和，當時中國大使館人員想要散發毛主義宣傳資料，挑起騷動（見第五章）。反華暴動隨之爆發，雙方關係出現裂痕，各自召回大使（至一九七〇年止）。北京也中止援助計畫，發動文攻痛罵尼溫政權。

此次中緬失和造成的另一個結果，是中共進一步支持叛亂的緬共，以及脫離緬共自立、活動於緬北的「白旗」共產黨。緬共得到北京大量軍援和金援，建立一支約有一萬五千至兩萬成員和戰士的可觀武力，[82]但在其長達四十年的鬥爭中（一九四八—一九八八），從未壯大到足以稱雄全國。中國支持緬共的數十年期間，北京對他們提供的軍援，比對亞洲境內除中南半島外其他共黨叛亂團體的軍援都來得多。[83]鄧小平一九七八年復出掌權後，終止對東南亞所有共黨叛亂勢力的支持，唯有對緬共的支持未停。但在接下來十年，北京逐步緊縮其援助和支持。鄧小平一九七八年一月訪緬之行，展現中國在對緬政策上的改弦更張，自一九六四年周恩來祕訪緬甸，鄧小平是第一位造訪這個國家的中國領導人。由於鄧小平的造訪和政策變更，官方關係重啟，中國開始恢復對緬甸軍隊的援助，重啟某些援助項目。

一九八八至一九八九年緬共解體，加上一九八八年大規模挺民主運動的騷亂和全國大罷工後軍方嚴厲鎮壓，緬甸與中國的關係因而翻了新頁。在中國方面，它也正在處理一九八九年六月四日血腥鎮壓北京天安門民主運動後的殘局。兩個手上沾滿鮮血且備受孤立的政權相濡以沫。緬甸政府某份新聞稿直言不諱地說：「我們對中華人民共和國表示同情，因為中華人民共和國爆發了與去年在緬甸所發生的類似騷亂。」[84]誠如國家法律與秩序重建委員會政權的一位前成員，在接受我訪談時所說，「我們與中國的關係是不得不然的依賴關係」。[85]

北京接下來對緬甸的支持，此後二十年未衰。一九八九年十月，二十四名成員的緬甸軍事代表團訪中，簽下總值十四億美元的大筆軍售案（對這個窮國來說是很大筆的金額），包括噴射戰鬥機、海軍巡邏艇、坦克、裝甲運兵車、防空炮、大炮、通信設備、小型武器和彈藥。[86]後來又談成多個項目，涵蓋礦物開採、水力發電、鐵公路興建、港口開發。其中一個重要項目是從雲南省橫貫緬甸通到孟加拉灣畔若開邦皎漂港（port of Kyaukpyu）的一對石油、天然氣輸送管（圖6.2）。皎漂港也經中國重建，是中國在緬甸的幾個一帶一路項目之一。[87]習近平二〇二〇年一月訪問緬甸時，中國針對該項目追加十三億美元（三十三個協定的一部分）。[88]隨著此項目完工，開始於二〇一七年輸送一二〇萬噸石油到中國，[89]中國實現了其數百年來希望直通印度洋的願望。[90]此外，這也使中國得以避開易遭封堵的麻六甲海峽（中國進口的石油、天然氣，有許多航經該海峽）。

中國的投資非常可觀。二〇一一年，中國已成為緬甸最大的外來投資國，投資額累計達一三〇億美元。[91]各式各樣貸款和其他商業支持，以及軍援，與上述投資相輔相成。二〇〇〇至二〇一六年，緬甸從中國買進十四億美元的武器，占該國武器進口額大半。[92]對一個因為侵犯人權而仍陷於國際孤立、制裁的國家來說，中國的經援、軍援至為重要。[93]中國商業勢力打入緬甸甚快——據研究緬甸的重要學者斯坦伯格（David Steinberg）的說法，**快到**令緬甸人**無法**

接受。他指出：「軍事裝備、訓練、援助大舉湧入，雙方關係密切到令緬甸人覺得有必要恢復平衡以免失衡。中國潮漲得太高了。」[94] 深植緬甸人心的獨立自主意識正面臨危機。湧入緬甸者，不只中國資金，還有中國商人和移工。中國商人原本一直在邊境管制鬆散的地區做生意，但如今，中國貨和中國人開始打入曼德勒之類的緬甸城市。[95] 曼德勒的中國人從一九八三年占該城人口一%，暴增為今日的三成至五成，現在曼德勒八成的飯店和七成的餐館由中國人擁有經營。[96]

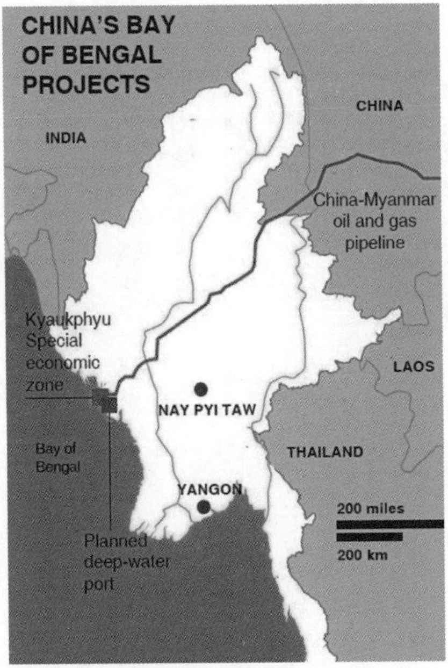

圖6.2　中國的孟加拉灣計畫
來源：Frontier Myanmar

民怨與日俱增。二〇一一年緬甸終於受不了。該年九月三十日，吳登盛軍事執政團中止造價達三十六億美元的密松水力發電站項目。此水電站大多由中國承建，建成後會是世界上第十五大水電站。中國在緬北承建了三個大型水力工程，密松是其中規模最大者。密松大壩位在伊洛瓦底江（緬甸內陸水的主要來源）數條支流合流處，預計發電量可達六千百萬瓦，問題是電力主要出口至中國雲南省。對緬甸當地環境的衝擊也令人憂心。密松大壩項目已成為許多緬甸人發洩怨氣的標的——它是中國日益剝削緬甸資源的象徵。據仰光某位觀察家的說法，「它是『親不敬，熟生蔑』的典型例子」。[97]終於，令北京大感意外，緬甸軍方出聲喊停。

緬甸領導人在對外關係上追求更平衡的格局，包括對美開放，以及與其他東協國家、日本、印度發展多面向的關係，而中止密松水電站的決定，是實現此格局的作為之一。中國對於緬甸向美國開放之舉尤為憂心。[98]

由於密松大壩突然喊停，中國也調整其應對之道。北京未料到會如此。中國在許多國家承建工程時，常表現出一種作風，即只知埋頭做事，對當地人的利益幾無察覺（或在意）。這類行為令當地人想起被殖民時期的苦澀過往，引發中國搞「新殖民行徑」的指控。針對緬甸這次事件，北京當局自震撼中平復後，以多面向的公關攻勢回歸，分從數個領域影響緬甸政府和社會。這包括在四個層級上強化交往：政府對政府、軍隊對軍隊、黨對黨、人民對人民。[99]在第一個層級，北京（特別是習近平）努力拉攏翁山蘇姬（圖6.3）——而翁山蘇姬，據仰光某位經驗豐富觀察家的說法，「她已和中國言歸於好」。[100]

軍隊層面則涉及情報分享、軍官訓練、武器轉移。黨對黨的交流由中共中聯部掌理。這些交流不只涉及全國民主聯盟和聯邦團結發展黨——據說該黨從二〇一五至二〇一八年「派了數百名黨員去中國」，此外，由十五個小黨組成的傘狀組織聯合民族同盟（United Nationalities Alliance）也派去「百名左右」的成員。[101] 人民對人民的部分，其做法是邀請數千名緬甸記者、教育家、非政府組織成員、專業人士、宗教領袖和族群領袖、當地其他與中國有利害關係者到中國，展開所謂的學習之旅（有些緬甸人把這稱作中國的「軟實力攻勢」）。[102] 新華社甚至在緬語臉書開了專頁（已收到三千多萬個「讚」），並直接向緬甸報紙和媒體提供新聞消息。[103] 這些行動大多由中國緬甸友好協會或中國民間組織國際交流促進會籌劃組織，但也有其他中國機構參與。這些交流都是典型的「影響力作戰」

圖6.3 翁山蘇姬會晤習近平　來源：Damir Sagolj/AFP via Getty Images

（influence operations）和統戰工作。[104]問題在於這些拓展影響力的活動／宣傳，是否收到其所要的效果？有份報告，以對參與過學習之旅者的訪談結果為本，得出褒貶參半的結論：「為了寫成本份報告，我們訪談了一些人，其中許多人依舊批評中國的意圖，但這一多面向的交往戰略，已使參與者對中國的觀感轉向較為正面。」[105]

上述作為，加上自約二〇一五年起，[106]尤其川普上臺後，華府對緬甸的關注降低，已使北京在二〇二〇年時收復在緬甸失去的眾多民心和受損形象。[107]習近平二〇二〇年一月赴緬甸做國事訪問，即為代表。他是近二十年來第一位造訪緬甸的中華人民共和國國家元首。[108]在緬甸眼中，中緬間的確仍有一些爭議存在——尤其中國對與雲南省接壤的撣邦果敢（Kokang）境內佤邦聯合軍（United Wa State Army）的軍事支持（佤邦聯合軍據估計有兩萬戰士），以及中國開採緬甸天然資源，還是令緬甸人心有疙瘩。但平心而論，緬甸與中國關係強固，而且自密松水電站喊停以來（尤其在二〇一七年以後），雙方關係更形強化。中國政府也扮演調人角色，找盤據於克欽邦、撣邦境內的多個武裝團體共聚一堂，商談止戰之事。這一角色大抵為奈比多的緬甸政府所樂見——但事實上是被強迫接受。雖然北京的調解尚未替複雜的族群衝突找到解決之道，但已有助於降低衝突。[109]不過，中國在羅興亞危機上扮演的角色，助益就比較小。聯合國通過決議案譴責緬甸軍隊（Tatmadaw）在若開邦的種族清洗行徑（已導致數十萬人淪為難民），卻遭中華人民共和國或反對或弱化。

因此，雖然緬甸政府在二〇一一年試圖降低對中國的依賴和逃離北京愈來愈緊的掌控，但現已重拾與這位北邊靠山的半依賴關係。與此同時，遮遮掩掩的對美開放也停滯下來，與華府的關係欠缺內在穩固基礎。緬甸人竭力將其對外關係多邊化——與印度、日本、東協建立關係——但這些關係都未能降低緬甸與中國密切且依賴的關係。

寮國

寮國[110]是內陸小國，夾處於越南、泰國之間，與緬甸、柬埔寨、中國的接壤處相對較短。全國七百萬人口，一半是寮人，另一半由其他族群和山地部落組成。政治上，自巴特寮於一九七五年十二月掌權起，寮國一直位列世界上僅存的五個共黨專政國家之一（另外四個為越南、中國、北韓、古巴）。

如果要說寮國有捲入什麼外國的對抗，那它是捲入中國與越南的對抗，而非中國與美國的對抗。越寮兩國共黨關係長遠且深厚，兩國軍方亦然。越南一九七九年入侵並占領柬埔寨後，越南人也曾在寮國駐軍五萬。[111]越南對寮國事務的影響力之大，非他國所能及，但寮人頗善於藉由與中國、泰國、俄羅斯和東協（一九九七年加入東協）維持關係，來平衡河內的影響力。如同此地區某位觀察家所指出的，「寮人民民主共和國的應對之道，是小國外交的標準範例。寮人民民主共和國不知不覺置身於必須和鯊魚共游、否則會被吃掉的處境。」[112]

寮國與美國的關係

在寮國的盤算裡，美國一直是相對來講較無足輕重的角色，直到歐巴馬上臺才改觀。美國兩任國務卿希拉蕊和凱瑞都訪問過這個王國，二〇一六年九月歐巴馬總統成為第一位訪問寮國的美國總統。東南亞地區某些媒體將歐巴馬到訪解讀為永珍想要制衡中國影響力之舉。[113] 由於上述訪問和一份〈聯合宣言〉（Joint Declaration），[114] 雙方宣布締結「全面戰略夥伴關係」（comprehensive strategic partnership），美國開始與寮國發展一連串關係，與準備於寮國境內施行的計畫。美國國際開發署寮國辦事處成立，投身於環境衛生、公共衛生和醫療、愛滋防治、林業、水力發電、瀕危物種保護、環保計畫。打擊人口與野生動物走私，亦是優先項目。寮國（連同柬埔寨、緬甸、泰國、越南）也參與美國湄公河下游倡議（Lower Mekong Initiative），並受惠於該倡議。此倡議是一系列多面向的計畫，涵蓋六大領域：農業與食物安全、互聯互通、教育、能源安全、環境與水、公共衛生。[115] 美國和寮國也在執法與反毒品走私、孩童營養、法律改革、性別平等、青年教育、英語訓練等方面合作。[116]美國在寮國想要完成的優先事項，還包括找回三〇一具在越戰失蹤的美國人遺體（已找回二七三具），以及清除未爆彈。越戰期間，美國轟炸機在寮國境內丟下二五〇萬噸炸彈。也有軍方對軍方的交流：雙邊防務對話，與在軍醫訓練、防衛教育交流方面的合作（在夏威夷的亞太安全研究中心）。

寮國與中國的關係

相較之下，中國在寮國的角色和影響力比美國大得多，以經濟關係為主，但也包括政治、軍事關係。今日中國在寮國具強烈存在感，但並非向來如此。一九七五年十二月巴特寮奪權上臺後，寮國行事緊緊追隨北越共黨，包括迫害華人（如同一九七五年後的越南）。許多華人被迫返回中國——寮國華人從十萬人，一九九〇年代初期減至約一萬人。[117]但一九九〇年，中國總理李鵬訪寮，一連串互動於焉展開。最早的表現是中國小商人從雲南湧入，據法國一位寮國事務專家的說法，「使寮國北部的社經面貌，包括城鄉，為之改觀。」[118]接著是四個階段。

第一階段，始於一九九〇年代後期和二〇〇〇年代初期，寮國政府決定「化土地為資本」，啟動同名政策。這個新政策是為中國量身訂做。中國企業（其中許多是國企）立即進入寮國天然資源的四個領域：礦業、森林、農業、水。中國企業開始伐木、開採礦物和玉石，在河上築壩（中國打算在寮國段湄公河上建造或已建成的水壩多達八座），[119]掌控香蕉園和果園。就上述最後一項來說，中國人開始使用殺蟲劑（主要用在香蕉上），導致受汙染的逕流流入地下水位和下游河湖。據寮國農林業研究所的統計，六成三的香蕉園工人因此罹病。[120]許多村民也因此不得不減少傳統捕魚作業。[121]

中國經濟涉入（有些當地人稱為「入侵」）寮國的第二階段，始於二〇〇〇年代初期數個經濟特區成立時。這些特區其實只是在寬鬆（或未強迫執行）的管制程序下或寮國政府控制下運行的區域。中國人推銷經濟特區概念，看準這會促進當地產業和跨邊境觀光。中國人的確進入寮國觀光，但為了一個目的：賭一把。幾個大賭場建成。傳出駭人聽聞的勒索、擄人、殺人情事後，中國當局關閉一家賭場——磨丁黃金城（Golden Boten City）——但其他賭場照常營運。位於金三角經濟特區有「寮斯維加斯」（Laos Vegas）之稱的金木棉賭場（Kings Roman Casino），每天吸引一千多名賭客，[122]有自己的跨國界檢查站、河港、銀行、多家飯店、中國城、餐館和商店。[123]

第三個中國人湧入階段，發生於龍坡邦、永珍這兩座城市和城郊，中國企業已在這兩個區域建了公路、辦公大樓、複合式購物中心和商場、餐館，以及其他商業設施。[124]二〇一九年五月兩國政府簽了聯合商業合作協定，為中國資本更大幅湧入寮國開了大門。[125]中國如今是寮國的最大投資國、第二大貿易夥伴。[126]

第四個階段與中國在寮國的一帶一路基礎設施項目有關，其中最值得一提者是從昆明南下穿過寮國中央進入泰國的高速鐵路工程（計劃在泰國接上另一段到曼谷的鐵路，然後南下穿過馬來半島到新加坡）。[127]這項造價六十億美元的工程，資金大多來自中國（七成），寮國負擔的三成則是向中國貸款籌得。此工程會需要十萬工人，現下他們已經在炸山開隧道，在徵收來的四千公頃土地上鋪軌。[128]二〇一七年底，這條四一四公里長的鐵路完成五分之一，完工之後（預定二〇二一年十二月完工），這條穿越山巒起伏寮國的鐵路會有七十五個隧道、一六七座橋。[129]不意外，此一巨大工程在寮國激起民怨。問題在於這項高鐵工程會不會給寮國政府帶來「緬甸時刻」，即類似緬甸人反感中國勢力大舉湧入而導致密松大壩突然喊停的事件？時間會給答案，但情況非常類似。

柬埔寨

至於柬埔寨，連說它是「扈從」中國都不對，因為它已是不折不扣的中國附庸國。世界上最依賴中國的國家，可能非柬埔寨莫屬。柬埔寨和寮國是與中國走得最近的東南亞國家。[130]有跡象顯示，柬埔寨皐從於中國導致民怨暗暗滋生，但還是完全被中國抓在手裡。

柬埔寨—美國關係

美國在柬埔寨的存在感非常薄弱。一九九八至二〇〇七年，美國國會禁止援助柬埔寨，主要因為人權問題。但二〇〇七年後，美國國會已准許多項開發援助計畫（二〇一八年總額七九三〇萬美元）。[131]雙邊貿易額依舊是微不足道的三十六億美元。令人意外的是，柬埔寨境內偏愛使用的貨幣是美元（比起柬埔寨瑞爾〔riel〕，美元流通情況廣得多）。歐巴馬政府也啟動低階軍事交流，洪森政府二〇一七年中止此交流，但二〇一九年初重啟。外交關係依舊冷淡——肇因於洪森政權的高壓、腐敗、選舉舞弊。[132]因此，美國國會近年來祭出一些措施懲罰、制裁柬埔寨洪森政權，包括二〇一九年通過《柬埔寨民主法案》（*Cambodia Democracy Act*）和《柬埔寨貿易法案》（*Cambodia Trade Act*），兩法案都包含數個懲罰措施，但也提出鼓勵柬國改善關係的誘因。新任美國大使墨菲（Patrick Murphy）二〇一九年後期來到金邊後，一直致力於與洪森政權重新搭上線，包括重啟（二〇一七年起中止的）軍事合作。[133]墨菲也帶了兩封川普的信履任。這是川普與獨裁領導人交往的又一例，但此一新的主動交往政策會把兩國關係帶到何處，撰寫本書時，仍不明朗。

美柬關係不佳，但假使金邊開始不滿過度依賴中國，或是一九八五年掌權迄今的洪森政權下臺，兩國關係就有改善的機會。假使柬埔寨也經歷「緬甸時刻」，這就有可能發生。我們接著就來檢視把柬埔寨牢牢跟中國綁在一起的各式各樣束縛。

中國的掌控

中國長久以來支持歷任柬埔寨政權。第一個是施亞努親王政府，雙方的密切關係從一九五〇年代中期持續至一九六〇年代中期。一如在此地區其他地方所見，中國駐金邊大使館於一九六六、一九六七年文革期間竭力宣揚毛澤東思想。所以，施亞努曾短暫對北京反感——但一九七〇年五月在政變中遭龍諾（Lon Nol）將軍拉下臺時，施亞努到北京避難。龍諾使柬埔寨轉而倒向美國。此後，中國加強其對共黨叛亂勢力「紅色高棉」的支持。一九七五年紅色高棉奪取政權，發動慘絕人寰的種族滅絕，據估計奪走兩百萬條柬埔寨人性命。在這個令人髮指的時期，中國是紅色高棉團體和政權的唯一靠山。因此，中國也難辭其咎。

一九七八年十二月，這個殘酷無情的政權遭入侵的越南軍隊推翻，被趕入柬國深山叢林，在那裡繼續武裝叛亂和屠殺生靈。越南統治柬國，一九七八年入侵柬國時扶植韓桑林為傀儡總理，治理柬國直至一九八五年遭洪森奪走權力和地位為止（但韓桑林至今在柬國政界依舊是受尊敬的人物）。一九八八年，在強大國際壓力下，越南宣布撤軍，在聯合國支持下國際和談於巴黎召開。經過兩年談判，境外諸強權一致同意由聯合國派遣維和部隊到柬埔寨，解除交戰派系武裝和維持安定，並要在一九九三年於聯合國監督下舉行選舉。選舉結果產生了一個不穩定且最終難以維持的聯合政府，領導者是施亞努親王之子和洪森。越南占領期間也曾被扶植為領導人的洪森，在聯合政府成立之初立場並非大幅倒向中國，但隨著其與拉那烈（Ranariddh，施亞努之子）親王的私交和政治關係於一九九〇年代中期惡化，洪森開始靠近中國，中國同樣開始接近柬埔寨。一九九六年七月，洪森訪問北京，與中國簽署數個協定。一年後的一九九七年七月，他發動政變驅逐拉那烈，獨攬大權。從此以迄今日，洪森一直聽命於中國。[134]

中國一直是柬埔寨的最大經濟恩人。某專題論著認為，「中國在柬埔寨已取得近乎無所不在的經濟影響力」。[135] 另有份調查報告推斷，中國的金援、撥款、優惠貸款總計已達約一三〇億美元。[136] 相較之下，同一期間，經濟合作暨開發組織（OECD）成員提供的援助總額只有二十三億六千萬美元。[137] 柬埔寨外債將近一半借自中國。此外，中國是最大外來投資國，累計約一五〇億美元，[138] 中柬貿易額二〇一七年為五十八億美元。[139]

中國的投資標的涵蓋多個領域的多種項目：基礎設施、農業、工業、能源、電信、服務業、觀光業、教育、媒體。[140] 較值得注意的項目，包括一座新機場、數條長距離國道（國道

6、57、58、59、76）、威古（Vaico）水利灌溉項目、國家電網、多座橋梁、七座湄公河水壩。金邊像是個大工地，到處在蓋高樓大廈、辦公大樓、私人公寓、公園、街道、高架橋、橋梁，而且大部分由中國企業承造。遍地大興土木，導致正常情況下從市中心到機場本來只需半小時車程，現在可能要花上三小時。首都以外，南方濱海口岸城市施亞努市（原名磅遜〔Kampong Som〕）已被改造為中國人的賭場和觀光勝地。當地某位人士說：「短短兩年，施亞努市全然改觀。先前這裡很寧靜，但隨著中國人大興土木，不再寧靜了。在施亞努市，柬埔寨的東西將一個不剩。」[141]中國人承建的二十億美元四線道公路，連接施亞努市與金邊。人口走私、象牙與野生動物走私、拉皮條與賣淫、洗錢、毒品、幫派犯罪，都伴隨著賭博業入侵施亞努市。有篇文章說，施亞努市一五六間飯店裡的一五〇間、四三六間餐館裡的四一四間、六十二座賭場裡的四十八座、四十一間卡拉OK店、四十六間按摩店，老闆都是中國人。[142]二〇一九年八月，當局取締賣淫集團，五十名中國公民在該市被捕，而二〇一八年上半年在柬埔寨被捕者，六成八是中國公民，遠超過其他被捕的外國公民數。[143]整個柬埔寨湧入的中國移工、商人、觀光客、賭客、尋歡客甚多。二〇一八年，六二〇萬外國人造訪柬國，其中三分之一是中國人。二〇一七年我造訪吳哥窟時，遇見的遊客可能有一半是中國人。馬德望（Battambang）和暹粒（Siem Reap）也快速奔向明顯「中國化」。

二〇一八年，為紀念中柬建交六十週年，總理李克強於一月訪問柬國，簽了十九項新協議。[144]國家主席習近平也於十月造訪，再簽了數項協議。總理洪森二〇一九年一月訪問北京，得到中國許諾於接下來兩年撥款五億八千八百萬美元援助。[145]柬埔寨常被說成是中國的附庸國，二〇一二年七月柬國擔任東協部長會議輪值主席時的表現，是證明其附庸國身分的其中一個例子。該會議未能通過公報，為東協歷史上頭一遭。這是因為在關於南海問題的措辭上未能達成一致意見——各成員國對基本用語意見一致，但北京仍對該用語不快，要柬國阻撓公報通過。[146]

中國也是柬國的最大武器供應來源。柬埔寨軍隊是不強沒錯，但也過度依賴中國，包括武器轉移、人員訓練、聯合軍演方面。[147]二〇一九年十月國防部長狄班（Tea Banh）訪北京期間，雙方談定新一批軍援。[148]雙方軍事關係有多個部分甚受外界矚目，其中之一是二〇一九年春天，柬中兩國軍方簽署的一個看來不想曝光但遭《華爾街日報》披露的協定。[149]若真如該報所披露，根據這一協定，柬國將把它位於雲壤（Ream）的最大海軍基地的一部分，以及五十英里外正對著克拉地峽、位於七星海（Dara Sakor）的機場設施，租給中國使用三十年。一家身分不明的中國企業已取得七星海九十九年的租用權。這家開發商和柬埔寨政府聲稱該地的飛機跑道會成為國際機場，為一大型度假區提供服務。該地機場的跑道現正擴建中，要延長到兩英里長，這樣長的跑道足供長程轟炸機和軍用運輸機起降，而雲壤深水港設施則會廣達一九〇英畝，包含兩座足供中國大型驅逐艦、護衛艦，可能還有兩艘航母停靠的新碼頭。[150]這些設施位於暹邏灣畔，地近南海，會與中國在南沙群島的人造島基地相串連，成遙相呼應之勢。這一未經證實的基地協議廣受媒體關注，美國駐金邊大使館也針對此事展開探詢，[151]美國國防部則表達不滿，[152]但中柬兩國政府都堅決否認。[153]但洪森沒有否認，只說報導內容「有所扭曲」。[154]

不過，中國的慷慨贈予，並非所有柬埔寨人都感激在心。反中怨中心態已在柬埔寨社會的表層底下滋長。[155]中國人大量湧入，是催生此心態的因素之一。中國觀光客和訪客不盡然很守規矩。而且跟在其他許多國家所見到的情況一樣，中國人經營的店鋪如雨後春筍般到處冒出，往往排擠掉當地的小店家。中國貨塞滿商店貨架，甚至連柬埔寨人所經營的商店亦然。在柬國，不是所有中國人都經商或搞營造——很多中國幫派也滲入柬國。中國在當地大興土木，也令許多柬埔寨人受不了，掛在工地上的漢字標語，都讓人想起中國人的存在。

考量到這一暗暗滋長的民怨（但我們不應該太高估其分量），使外界對於洪森的立場，產生兩種看法。其中之一是認為他會更加堅定走自己的路，對於柬國緊緊依賴中國一事堅不認錯，駁斥他出賣自己國家之類的說法。二〇一八年三月，他說：「中國領導人很尊重我，平等對待我。那些指控我和中國走得太近的人，我要問你們一句：除了咒罵和懲罰我，揚言要制裁我，你們有給過我什麼嗎？」[156]

但也有些人認為他在兩面下注，與中國保持一定距離，同時從其他國家取得投資。[157] 羅利（Jim Laurie）是長期關注柬埔寨的記者，去過柬國，而且見過、採訪過洪森。他說，「他（洪森）自認是當今的施亞努，操弄大國互鬥從中得利。」[158] 幾名柬埔寨觀察家認為洪森得了嚴重的「施亞努妒羨」一病，自認是這位國王之政治地位、外交手腕及其王者尊銜的當代繼承人。二〇一六年五月，他自封「親王」（samdech）這個準國王頭銜。

因此，柬埔寨儘管很依賴中國，但有跡象清楚顯示，一些柬埔寨人對於自己國家與中國的關係暗暗感到不安，而且中國與柬埔寨的關係，很大一部分取決於洪森本人。如果他遭推翻，或他死了，情況可能大變。這是否會給柬國帶來「緬甸時刻」，仍未可知。

越南

如果說柬埔寨是最配合中國的東南亞國家，隔壁的越南社會主義共和國則是最疏遠、最敵視中國的東南亞國家。這當然與地理有關，因為兩國接壤處長達七九六英里，而且海域主權聲索有部分重疊。疆域相接既促進交流，也引發摩擦。跨境貿易相當熱絡，兩國間有形形色色政治、文化交流。但這兩個共產國家因為南海、西沙群島主權聲索範圍有部分重疊爭執甚烈。如第四、第五章所述，中越兩國彼此敵意甚深且歷時千百年之久。越南也因為十五年越戰，和美國有歷史糾葛，但值得注意的是，雙方已能甩掉那段創傷時期（見第四章），建立全面且周密的關係。美越和好，本即順理成章遲早發生的事，但越南與中國本質上互有敵意的關係，絕對也是促成美越兩國走在一塊的推手。

美中兩國在河內的戰略思維和外交政策上舉足輕重，但越南的對外關係相當多元。自一九八九年越南自柬埔寨撤軍和一九九一年巴黎和平協定簽訂，河內採取多種措施將其對外關係多元化。一九九五年七月加入東協是朝著融入東南亞邁出的一大步。在一九八六年啟動的經濟「革新」政策指導下，越南積極尋找外國商業夥伴，如今出口額居世界第二十一位。現在，越南與一八八個國家和大部分多邊組織有外交關係。越南政府施行「多元化、多邊化」（Đa dạng hóa, đa Phương hóa）外交政策。自一九九〇年代初期開始採用上述策略以後，河內已有能力推行適合越南、多元且靈活的對外戰略。[159] 這一多元化之舉助越南（一如助東南亞其他國家）免於落入過度依賴中國、受迫於中國的關係。[160]

不對稱、兩面下注、雙重性格的越南對中戰略

越南的外交政策值得大加讚許，而且已經得到這樣的肯定，但越南最棘手的對外關係，

很顯然是與中國的關係。二〇一七年我在河內越共中央黨部見了越共中央對外部東北亞司司長阮榮光。他告訴我：[161]

〔越南〕經濟上與中國有許多互補之處，政治上亦然。我們的政治體制很相似：社會主義。我們努力相互學習。但在東南亞，與中國有最嚴重麻煩者是越南。中國愈來愈強，而且由於日趨傲慢，侵略性也愈來愈強。越南什麼都沒變，變的是中國。中國的硬實力變強許多，變得愈來愈有侵略性。

越南外交部另一位資深官員表達了類似看法，他告訴我：「五千年來，中國始終不願平等看待我們或其他人。」[162]

維吉尼亞大學學者吳本立（Brantly Womack）在其談中越關係的大作裡闡明，河內不知不覺處於錯綜複雜的「不對稱」對中關係裡。[163]他主張，不對稱是此關係裡的**結構性因素**，而非政策性偏好。不對稱使身為小國的一方易受傷害，從而需要靈活的戰略來周旋、來保命。他認為，要處理好不對稱關係，需要的遠不只傳統的「抗衡」或「扈從」戰略和戰術（弱國常用來應對強國的戰略和戰術）——這是相當複雜棘手的現象，既需要「抗衡」和「扈從」，也需要許多彼此仰賴和務實的互動。吳本立也主張，不對稱會影響雙方對彼此的認知，進而改變行為，「可能產生典型的錯誤認知模式，在此模式中，較強一方犯下輕忽之錯，較弱一方則犯下過度在意之錯，而且這些錯誤認知有時會相激相盪，演變成危機。」[164]研究越南與中國關係的優秀學者黎洪協（Le Hong Hiep），更是將河內的中國戰略說成是「由四個部分組成的多層次、全方位兩面下注戰略：經濟務實、直接交往、硬抗衡、軟抗衡」。[165]

這些視角有助於說明越南與其北方鄰國的關係，為何存在某種古怪的雙重性格。一方面，由於曾遭中國征服，由於一九七九年邊界戰爭，由於當前的海上領土爭端，由於偶爾爆發的反華裔或反中國企業種族暴動，越南對中國，敵意鮮明。據二〇一七年皮尤民調，越南社會有整整八成的人認為中國「具威脅性」。[166]另一方面，反殖民統治時期和反美戰爭期間，兩國是血肉相連的盟友，分掌兩國政權的共黨有著兄弟情誼、廣泛連結，兩國政府在多個實務領域互有往來，兩國社會樂於交流，龐大的貿易量與投資額穩固著雙方經濟關係。因此，在下述兩個層面，越南清楚展現其雙重性格：廣泛的雙邊交流，及結合「硬」、「軟」兼施的多邊抗衡行為。

就黨對黨的層級來說，從一九九一至二〇一七年，越共總書記訪中十一次，中共總書記訪越五次，中越總理各正式訪問對方十一次。[167]最高階領導人之下，多個黨務部門（宣傳部、組織部、國際聯絡部、黨幹部訓練學校、研究機構）和政府部會定期交流。在這類訪問期間，雙方簽下多個黨對黨和政府級別的公報與協議，而且這些公報與協議裡充斥極為正面的言詞和具體合作事宜。兩國也每年舉行一次雙邊合作聯合指導委員會（Joint Steering Committee for Bilateral Cooperation），代表中國出席者通常是身為中共中央政治局成員的外交政策主掌者楊潔篪。兩國軍方也「在邊防、維和、國防工業、學術研究、醫學、媒體、人員訓練之類領域」做交流，[168]並舉行聯合海上演習。[169]兩國的海防、國內安全部門也有合作。還有各式各樣已成定制的聯合工作組和部對部交流及文化交流。[170]

習近平二〇一七年正式訪問河內和峴港之行，展現出兩國合作層面的廣度。習近平受到熱情接待，簽了十五項協議，令人感到諷刺地宣稱兩國關係是「以血鑄成」。習近平到訪前夕，在一篇刊於越南國營媒體《人民報》（*Nhan Dan*）的文章裡，熱情闡述了中越兩國共黨和軍隊之間兄弟般的情誼，指出胡志明「在中國搞革命前後長達十二年」。[171]習近平呼籲擴大許多領域的雙方交流機制，還指出中國連續十三年成為越南的最大貿易夥伴，聲稱雙邊貿易額二〇一六年已「近千億美元」（但其他資料指出該年貿易額只有七百億美元左右）。

考量到兩國接壤，這樣的雙向貿易額其實不算高。相較之下，中國與鄰邦南韓二〇一七年貿易額高達兩千八百億美元。中國也只是越南的第八大外來投資國，二〇一七年投資一六一六個項目，總額一一一億九千萬美元。[172]據越南外來投資部的統計，中國的投資項目遍及越南六十三個省市裡的五十四個。[173]中國對越投資的確有可能繼續成長，在一帶一路倡議下尤然（越南為該倡議的參與國）。越南亟需基礎設施，而且中國在這方面幫得上忙，但河內一直不願與中國展開聯合項目。[174]越南經濟與中國掛鉤的程度，也會受制於未來越南國內改革的性質和範圍。[175]越南仍比大部分國家更加提防對中國的任何一種依賴，兩國海上領土爭端使可能的合作蒙上長長陰影。

經濟方面另一個值得一提之處，是越南受惠於美中貿易摩擦。有些美國企業正與中國「脫鉤」，要把供應鏈遷至他處，其中有些企業已把供應鏈的部分環節遷到越南（和東南亞其他地方）。[176]

越中雙邊互動的這些零零總總元素都很重要，不該貶為短期現象。我這麼說，是因為許多觀察中越關係的美國人，對中越關係的廣度和深度缺乏認識，而且過分強調他們看到的河內親美傾向。與中國的這些連結是越南兩面下注戰略的一部分，但不考慮戰略的話，這些連結對越南來說也很重要。

我們可以確信，越南對中國有清醒的認知，雙方爭執的領域很具體。爭議最大者，莫過於兩國在南海（河內稱東海）的主權爭議。爭議地點主要在西沙群島（越南人稱黃沙群島）

——就在中國南海艦隊基地所在的海南島南邊——但還有更南邊的南沙群島。與中國有主權聲索紛爭的東南亞國家有五個，其中，越南與中國爭執最烈。一九七四年雙方為此兵戎相向。晚近，二〇一四年五月、七月期間，中國一家大型石油公司（中國海洋石油集團有限公司），在距越南海岸線僅一二〇英里的海域（位於越南兩百海里專屬經濟區內），無視越南反對，布設了一個超大型深海鑽油平臺，造成雙方關係緊繃。接下來雙方陷入嚴重僵持，各自部署海防船艦，向對方發表不畏一戰的聲明。此事也在越南引發大規模反中示威。中國最終於七月突然撤走鑽油平臺，此事卻使中越關係就此改觀，讓受到冒犯的越南想起中國肆無忌憚行事的能耐。此事也使河內加速其軍事現代化計畫和武器進口，尤其海防武器。二〇一四至二〇一七年，河內從美國、荷蘭、日本、南韓進口海防船艦。[177]越南海防部門和海軍開始更積極制止中國測量船在其專屬經濟區內的行動。[178]另一方面，二〇一九年《越南防衛白皮書》（*Vietnam Defense White Paper*）展現明顯的修好姿態，呼籲雙方自制，呼籲制訂一連串旨在建立信任的措施，呼籲與中國增訂雙邊協議——先前已簽訂的協定有《關於指導解決中越海上問題基本原則協議》（*Basic Principles Guiding the Settlement of Sea-Related Issues*）、《東京灣劃界協定》（*Agreement on Maritime Boundary Delimitation in the Gulf of Tonkin*）、《漁業合作協定》（*Agreement on Fishery Cooperation*）。[179]

更靠向美國

二〇一四年鑽油平臺危機的另一個顯著效應，是越南開始加強與美國的關係。當然，此事發生前，越南就已朝這方向走，但此事使河內更加義無反顧地這麼做。就河內的立場而言，與美國走得更近，主要出於國家安全考量，我與河內許多越南官員的交談內容也反映出這點。[180]儘管美國能給越南可觀的貿易、投資、開發援助、訓練學生的機會，這些全都有助於越南發展，但美國在越南眼中的魅力，在於美國是一個在戰略上能反制中國的力量，這才是越南在規劃美國政策時的主要驅動力。有個美國駐越南大使館官員告訴我：「對越南來說，中國是唯一需要優先考慮的國家，他們以中國為中心調整一切作為。」[181]利用美國來反制中國，在某種程度上符合美國的盤算，即使我覺得美國對於和越南建立全面且長久的關係更感興趣——而在如何與美國打交道上，越南更看重國家安全方面的利害得失。

如果上述屬實，河內在與美國建立防務關係上牛步化，就相當令人費解（而且令美國國防部沮喪）。從二〇一一年兩國簽署〈促進雙邊防務合作瞭解備忘錄〉（Memorandum of Understanding on Advancing Bilateral Defense Cooperation），二〇一五年發表〈美越防務關係聯合願景聲明〉（US-Vietnam Joint Vision Statement on Defense Relations），二〇一六年美國廢除對越武器銷售禁令，到二〇一八年美國航母卡爾文森號和二〇二〇年小羅斯福號深具象徵意義地高調造訪峴港，兩國軍方對軍方的關係有所進展，但從華府的角度來看，兩國防務關係的進展依舊太緩慢。就如美國駐河內某武官所說，「美越軍事關係呈正面發展，但屬漸進式進展。」[182] 越南人限制美國船艦到訪每年只能一艘，不願參與聯合訓練，派軍官去美國國防大學和陸軍戰爭學院只為學術交流，不准美國軍事人員和裝備長駐國內（不同於泰國、菲律賓），不准美國在其境內設立後勤設施（不同於泰國、新加坡或菲律賓），不參與複雜的雙邊或多邊空軍或海軍聯合演習（不同於泰國、菲律賓、新加坡、印尼或馬來西亞），只買少量美製武器。新加坡拉惹勒南國際研究學院（S. Rajaratnam School of International Studies）專家許瑞麟（Collin Koh）指出：「越南不想依賴美國，反倒致力在武器採購來源上，維持從南韓到印度等多個國家的多元化局面，但主要來自其傳統來源俄國。」[183] 關於越南在軍事上的偏好，美國駐河內武官表達了類似看法：「越南覺得如果與我們做了某件事，就必須與日本、中國、印度、俄國做同樣的事。」[184] 因此，河內較不願意與美國從事廣泛軍事交流的心態，似乎跟它期待美國反制中國，尤其在南海反制中國的念頭相違背。但此心態或許也顯示越南真正關注之處其實只在南海，顯示他們真正的偏好是維持與多國的多元化關係，不想和美國走得太近（所以，華府認為越南想和美國建立戰略關係的想法，說不定是戰略誤判）。越南上述婉拒心態，另從越南只同意和美國建立「全面夥伴關係」，卻與其他十六國（包括中國）建立「戰略夥伴關係」可見一斑。[185]

儘管如此，自一九九五年美越外交關係在形式上正常化以來，美越兩國近年來走得頗近。歐巴馬二〇一六年訪越，川普二〇一七年訪越，越共領導人阮富仲和總理阮春福也分別於二〇一五、二〇一七年訪問白宮。貿易額亦是有增無減，二〇一八年達到六二六億美元，但越方順差三九五億美元。[186] 貿易赤字引來川普總統注意和惱火，二〇一九年六月二十六接受福斯新聞臺（Fox News）專訪時痛批越南，說越南「真可說是所有人中最可惡的霸凌者……越南占美國便宜，簡直更甚於中國！」[187] 雖然川普大發雷霆，兩國關係整體來講依舊頗為正向，讓人覺得還有不少進一步發展的機會。

馬來西亞

在美中於東南亞的較量中，馬來西亞是相當重要且位居戰略樞紐的國家。馬來西亞人口三千三百萬，國民生產毛額（GNP）三五八五億美元，是世界上第三十五大經濟體，投資人與貿易商青睞之地。中國是馬來西亞的最大貿易夥伴，美國是第三大。馬來西亞國內有許多棕櫚樹、橡膠樹種植園，是世界上最大的棕櫚油、橡膠生產國，但馬國經濟倚賴農業的程度愈來愈低，因為它已是發展成熟的新興工業經濟體。

雖然吉隆坡與美國在各個領域締結關係，而且在許多層面上關係深厚，但對於這些關係，吉隆坡還是潛藏著矛盾心態。相形之下，歷任馬來西亞政府比較親中。這代表馬來西亞的兩面下注戰略，使其得以在官方立場上繼續固守中立的外交政策，但事實上馬來西亞的外交政策是「偏向一邊」的狀態，配合並偏袒中國。

馬來西亞與美國的關係

美國存在於馬來亞、北婆羅洲、砂勞越等地外交（領事）和商業領域的時日久遠，可追溯至一八〇〇年代。後來，馬來西亞於一九五七年脫離英國獨立後，雙方立即建立正式外交關係。今日，美國與馬來西亞的貿易額（二〇一八）達到五二二億美元，美國是馬國最大的外來投資國，總投資額約一五一億美元。[188]不少美國公司在馬來西亞設立製造廠，金融服務業和能源（石油、天然氣）領域產業也到這裡開設分點。美國對馬來西亞輸出機械、飛機、農產品、光學與醫療器材、塑膠製品。[189]教育、公共外交、文化方面，雙方的交流也很廣。在馬來西亞施行的傅爾布萊特計畫，規模之大是世界數一數二，參與過美國國務院公共外交交流活動的馬來西亞人計有六千人。[190]此外，數百名馬來西亞青年參加過美國所主辦的東南亞青年領袖計畫（Young Southeast Asian Leaders Initiative），其中數人近年來躋身政府高層。防務合作範圍也很廣泛，但馬來西亞政府不喜歡公開宣揚（見第三章）。我與美國駐吉隆坡大使館武官的談話，細數了聯合訓練、地面部隊與海軍演習、武器銷售與服務、反恐、核不擴散、情報分享方面等各式各樣計畫。[191] 晚近特殊的合作領域之一，是美國協助馬來西亞改善其空軍，提升其海軍的「海洋領域意識」（maritime domain awareness）——由於馬國位居樞紐，地跨南海、安達曼海、暹邏灣、麻六甲海峽，這甚為重要。但此項防務合作，在馬來西亞完全未公諸於眾。

外交上，美馬兩國的關係大體上健全，但也曾走過幾次困頓時期。一九八一至二〇〇三年總理馬哈地漫長執政期間就是一次，當時馬哈地頻頻公開批評美國。二〇〇一年九一一恐攻和小布希政府發動「反恐戰爭」後，雙方關係更加緊繃，因為馬來西亞（以穆斯林為主的國家）反對入侵阿富汗、伊拉克。納吉二〇〇三年上臺擔任總理後，雙方關係開始趨於穩定（但納吉立場更傾向北京）。歐巴馬總統甚至於二〇一四年造訪馬國，是四十八年來第一位到訪該國的美國總統。但隨著納吉捲入一馬發展公司投資醜聞，[192] 歐巴馬政府便與納吉疏遠。

一馬發展公司是納吉成立的國有投資公司，並由他出任董事長。問題出在該公司資金開始大筆消失，據《華爾街日報》和其他刊物的調查性報導披露，二〇一五年有七億美元重新出現於納吉的私人戶頭。[193] 納吉企圖將侵吞的公款挪到海外之舉，招來美國司法部調查，二〇一六年美國司法部凍結納吉資產，對他提出民事訴訟（沒有指名道姓，僅以「馬來西亞頭號官員」

稱呼）。隨著貪汙之說傳開，納吉更常出現於北京。二〇一六年十一月訪中之行，他收到總額三三六億美元的一批投資和貸款；此次訪中期間，納吉宣稱中馬關係來到「史上最佳」，也就不足為奇。[194]二〇一七年時，他的名聲和地位受到國內外更加強烈的檢視和批評。馬哈地決定投身二〇一八年選舉，直接挑戰他，而且贏了。

選戰失利的納吉，二〇一八年七月三日遭馬來西亞反貪委員會於家中逮捕，接著被以三十二項罪名起訴，包括貪汙、非法得利、電信詐騙與洗錢、盜用公款、背信罪、濫權。納吉妻子羅斯瑪（Rosmah Mansor）也遭逮捕，被控洗錢罪。羅斯瑪窮奢極欲，常被拿來和伊美黛（Imelda Marcos）相提並論。警方查抄納吉住所，沒收了一千四百條項鍊、五六七個手提包、四二三只手錶、兩千兩百個戒指、一千六百只胸針、十四件冕狀頭飾，總值兩億七千三百萬美元。[195]撰寫本書時，納吉夫婦的案子尚未審理終結。

納吉下臺被捕之前，美國白宮易主，換由川普執政。二〇一七年九月，川普在白宮接待前來做國事訪問的納吉。不到一年後，納吉被捕。此後，美國與馬哈地新政府的關係仍穩固，但不特別密切。馬哈地忙著收拾一馬發展公司醜聞捅出的貪汙爛攤子，調整馬來西亞與中國的關係。後來，馬國政壇出現令人意外的大動盪，二〇二〇年三月一日馬哈地突遭國王革職。這突如其來的舉動，肇因於國會操作，以及馬哈地領軍的多數政黨「希望聯盟」（Pakatan Harapan）

明顯失去多數地位。[196]馬哈地去職後，由資深政治人物暨馬來西亞土著團結黨（Malaysian United Indigenous Party）領袖慕尤丁（Muhyiddin Yassin）接位。二〇二〇年五月召開的國會會期，確認慕尤丁的領導人之位。撰寫本書時，情勢尚難以捉摸，混沌未定，但有兩件事看起來已明朗。[197]首先，納吉獲准保留其國會席位，目前是新執政聯盟一員，但他（和他妻子）的案子仍在審理中。其次，與中國一起進行的一帶一路項目，會根據馬哈地重新談定的條件繼續施行。

馬來西亞與中國的關係

如本書第四、第五章所述，馬來西亞與中國在文化、族群、商業上有長久淵源。自一九七四年納吉父親阿都拉薩（Abdul Razak Hussein）擔任總理期間與中國正式建交起，兩國關係發展不輟。只有一個問題（並非無足輕重的問題）始終困擾兩國關係，那就是兩國在南海的領土聲索爭端。二〇二〇年四月，中國海警船護送一艘中國地震勘測船，進入位於馬來西亞兩百海里專屬經濟區的海域內。但隨著馬哈地當政期間一帶一路項目重新議定和調整，隨著馬國國內政治陷入動盪，中馬關係整體來說回到更堅實的基礎上，儘管南海領土爭端未解。[198]即使中國駐馬來西亞大使白天（我以前的學生）干預二〇一八年馬來西亞選舉（他只為納吉助選），即使其前任大使黃惠康二〇一五年針對海外華人問題發表了具挑釁意味的言論（見第五章），這兩件事看起來也沒有造成持久餘波。

據前馬來西亞駐中國大使拿督馬吉德（Dato' Abdul Majid Ahmad Khan，一九九八—二〇〇五）的說法，「中國正在多個層級推行一精密高明的戰略：國家、黨、人民對人民、軟實力、投資、雙邊、多邊——他們把全部這些要素整合得極好。」[199] 兩國商業關係深厚。二〇一八年雙邊貿易額達一〇八〇億美元。同年，中國人民銀行與馬來西亞國家銀行簽署為期三年二六二億六千萬美元的貨幣互換協議，以促進貿易和投資。[200] 除了一帶一路基礎建設項目，中國在馬來西亞房地產、農業、能源、製造業的投資十分廣泛，總額達數百億美元。中國人赴馬來西亞觀光相當熱絡，一年超過兩百萬人。由此可見，經濟關係是最重要的。

除了經濟方面，中國共產黨與長期執政黨巫統還有馬華公會，也維持密切的黨對黨關係。[201] 這些政黨關係遠不只是派代表團互訪而已，還包括馬來西亞官員與政治人物在北京的中共中央黨校和上海的中國浦東幹部學院受訓。他們在那裡學習如何治國和管理民營媒體、控制公民社會、壓制反對勢力。[202] 在外交層次，兩國是「全面戰略夥伴關係」，每年舉行一次「戰略磋商」會議。

防務合作也很可觀，始於一九九〇年代。國防部長每年一次互訪始於一九九二年，雙方陸續簽了三份防務合作協定（一九九九、二〇〇五、二〇一四），在其中詳列合作項目，包括一年一次的「防務安全磋商」（Defense and Security Consultation）機制、聯合軍演（陸海空）、軍校學生交流和軍官訓練（在中國）、船艦造訪、資訊與情報交流、軍工產業共同生產、武器轉移。[203] 二〇一七年，雙方同意共同生產四艘濱海任務艦，前兩艘在中國建造，後兩艘在馬來西亞建造。第一艘二〇二〇年一月已交付馬來西亞海軍。不過，比起與美國的防務合作，以及與英國、新加坡、澳洲的防務合作（透過《五國聯防協定》），馬來西亞與中國的合作少很多（但呈增長趨勢）。

綜觀長期以來的發展，自一九七四年建交以來，馬來西亞始終把與中國的關係擺在第一位（馬來西亞是第一個與中國建交的東協國家）。馬哈地漫長的第一次執政時期（一九八一—二〇〇三）是北京常客，全面且深厚的關係在此時期奠定基礎。馬哈地退休期間（二〇〇三—二〇一八）繼續訪中（九次）。[204] 儘管他在選舉期間批評中國一帶一路項目的條件，並於選後中止正在進行、總額二二〇億美元的幾個項目，但在迫使中國重新議定其中許多項目的條件後，馬哈地重拾其較傳統的親中政策。中國外長王毅二〇一八年時說：「馬哈蒂爾（馬哈地）總理是中國人民的老朋友，也是好朋友，他瞭解中國，重視中國，對華友好。」[205]

偏向一方的兩面下注

綜上可知，在未來美中兩國於東南亞地區的競爭中，我們可以預期馬來西亞會繼續其傾中路線，同時在外交上繼續與美國保持距離。然而，在商業、文化上，吉隆坡想要與美國建立強固的連結，而且雖然不喜歡公開討論與美國在防務上的關係，仍看重此一低調的關係。此即我所謂「偏向一方的兩面下注」（tilted hedging）表現。有些人則認為馬來西亞的外交作為機動性高，與美中盡量保持等距。馬來西亞國立大學教授郭清水針對其國家和東協的兩面下注行為寫了不少著作，細膩入微地檢視了幾種兩面下注戰略。他正確指出馬來西亞與美國的深厚關係——馬來西亞政府和媒體所不喜歡宣揚的關係——並形容這是為顧及中國的「輕度兩面下注」戰略，有別於越南較公開對抗中國、擁抱美國的「重度兩面下注」政策。[206] 郭清水主張，馬來西亞對於中國有頗強烈的「矛盾」心態，但避免採取「直接抗衡」或「重度兩面下注」的做法。他主張，馬來西亞既與中華人民共和國廣泛交往，但同時避免「具約束性的交往」或「百分之百的扈從」。他說，以這種精心調整且機動性高的做法來兼顧與美國、與中國的關係，是馬來西亞外交的顯著特點。回顧過往，馬來西亞頗善於兼顧美中，兩邊都不得罪，但前瞻未來，跟其他東協國家一樣，可能會愈來愈難順利周旋於兩強之間。

汶萊

汶萊達魯薩蘭君主國是個小小的穆斯林國家，地處婆羅洲北岸，東南亞地理中心，戰略位置重要。面積僅二二二六平方英里，人口僅四十四萬兩千，人均所得卻高居世界第五（八萬四千美元）。這要歸功於其（陸上和近海）豐富的石油、天然氣蘊藏。汶萊還擁有其他原物料。汶萊工業基礎薄弱，但GDP三六八億美元，被正式歸類為已開發國家。此王國於一九八四年脫離英國獨立，但與倫敦維持密切關係，包括簽署防禦協定，允許英國派駐小股英軍和一營六百名尼泊爾廓爾喀（Nepalese Gurkhas）軍人。汶萊也在獨立後加入東協，固定參與東協活動。由於地理位置，汶萊與馬來西亞、新加坡、菲律賓的關係分外緊密。

在因應美中兩國於此地區的角力方面，汶萊跟其他東南亞國家一樣，竭力在兩強之間維持平衡，卻不由得日益成為中國關注與影響的對象。前美國駐汶萊大使艾倫（Craig Allen，二〇一四—二〇一八），如此描述汶萊的走向：「今日，汶萊和美國維持強固的夥伴關係，尤其在軍事、安全領域上。汶萊對中國在南海的活動有所提防，但樂見中國增加對這個蘇丹國度的投資。文化上，汶萊依舊深受東協影響，與新加坡、馬來西亞、印尼的關係尤為密切。」[207]

對華府來說，汶萊不是最優先關注對象，與東南亞其他海上國家相比尤然，但汶萊和美國還是有持續進行多項交流和官員對話。「資深官員對話」（Senior Officials Dialogue）始於二〇一一年，定期舉行（往往配合一年一度的美國—東協峰會舉行）。一九九四年一個防務合作協定開始生效，內容涉及多項交流（見第三章），包括聯合軍演、美國海軍停靠、汶萊軍事人員在美國軍校受訓、參與「聯合海上戰備訓練」（CARAT）一年一度多國演習。英國仍是汶萊軍事裝備的最大外部供應者，但美國也賣給汶萊黑鷹直升機、航空電子設備和其他電子監控設備，以及賣教練機給汶萊皇家武裝部隊。[208] 二〇一八年雙邊貿易額總計共三億六千五百萬美元。

自一九九一年與中國建交以來（汶萊是最晚和中國建交的東協國家），雙邊關係持續增長——儘管南海主權爭端傷害雙方關係（汶萊聲稱擁有的兩百海里盒狀經濟區，其前端伸入南海），汶萊對此事一直刻意默不作聲，未公開質疑北京的領土主張。二〇一六年四月，中國外長王毅公開表示汶萊支持中國的立場，汶萊政府沒有駁斥。汶萊與中國的關係主要在經濟上。二〇一四年，汶萊同意與中國共同開闢汶萊—廣西經濟走廊（由於廣西是中國內陸省分，此事甚為古怪），汶萊因此取得一帶一路正式夥伴國的資格。中國也在汶萊投資數個基礎建設項目，其中最值得一提者，或許是汶萊首都斯里巴加灣（Seri Begawan）附近耗資三十四億美元的大型石化廠。這是汶萊最大的外來投資項目。[209] 中國企業也參與港口修繕和公路、橋梁建設。中國在這個小王國的投資總額，如今達四十一億美元。[210] 在外交上，北京也對汶萊關注有加。習近平與蘇丹包奇亞（Haji Hassanal Bolkiah）會面數次，最近一次是二〇一九年四月二十六日習在人民大會堂接待他。外長王毅也去了汶萊首都數次。不管在東南亞哪個地方，親自現身都意義重大，畢竟見面三分情。在斯里巴加灣市與汶萊外交部官員的一次談話，讓我清楚領略到汶萊為何親北京。當時，一位資深官員告訴我：「我們和中國互動已有兩千年。我們的一位前蘇丹就葬在那裡（南京）。」[211]接著，該官員談到汶萊與美國的關係，並且拿來跟汶萊與中國的關係做比較：「我們認為中國是會長久存在於這裡的強大鄰國，美國是否會如此，則不是那麼清楚。美國是亞洲新強權，中國不是。對我們來說，美國國力在衰退，中國在成長。過去兩百年，中國與東南亞關係脫離常軌，現在漸漸回到較傳統的狀態。」[212]

新加坡

如果說世界上有哪個小國的實力堪比大國，非新加坡共和國莫屬。這個人口五百六十萬的城邦小國，（在遭逐出馬來西亞聯邦後）一九六五年獨立建國，今日已贏得其鄰邦和舉世的尊敬。新加坡的人均GDP高居世界第四（十萬四千美元），在許多人類發展指標上位居全球前十大。新加坡的教育體制、健保體制、法律體制、公務員體系、企業經商環境都名列世界前矛。新加坡也是成功的多族群、不受宗教約束的社會。新加坡的政治體制，受人民行動黨支配，是個具有實效的民主政體，擁有活躍的公民社會和相當（但非完全）開放的媒體。新加坡的種種成就，全要歸功於其勤勞守規矩的人民、第一流的公務員體系、對用人唯才和勤奮精神的看重、具有戰略價值的地理位置、市場經濟、貪汙絕跡、國父李光耀（一九二三—二〇一五）高瞻遠矚的領導。

李光耀統治新加坡直至老死，從一九六五至一九九〇年一直擔任總理，卸下總理之職後先後獲授予「國務資政」、「內閣資政」頭銜，但繼續對共和國下指導棋。[213]李光耀在國內和世界各地廣受尊崇。我有幸在他位於新加坡總統府的辦公室和他私下晤談過數次。我跟其他許多人一樣，[214]深深佩服他的睿智、領袖魅力、對大小問題的掌握、對國際事務的高明看法、愛窮究事理的心態、傾聽能力、對中國的理解（我們的交談大多圍著中國轉）。李光耀對新加坡的影響極大，但他絕對不是單靠己力完成此事。除了我前面提過的新加坡第一流公務員體系，還有在他之後出任總理的其他傑出領導人（吳作棟和李光耀之子李顯龍）、八個總統（包括伊薩〔Yusof Ishak〕、王鼎昌、納丹〔S. R. Nathan〕、陳慶炎），以及一些非常能幹的資深部長。新加坡受惠於極能幹的公務員和領導人，也有一些了不起的知識分子，其中許多人任職於政府，另有些在學界服務。這群知識分子，犖犖大者包括王賡武、考斯甘、馬凱碩、何學淵、陳慶珠、許通美、廖振揚等——全都是受到全球肯定、協助宣揚新加坡對世界事務看法的公共知識分子。

由於國土小和地理位置，新加坡政府必須施行多方位的外交政策，除要平衡與眾多強權（包括美國和中國）的關係，也要平衡與所有鄰邦的關係並積極參與東協。話雖如此，新加坡和鄰國馬來西亞長期以來關係緊繃（肇因於新加坡先是併入馬來西亞聯邦，後來遭逐出該聯邦），而且對其東邊更大鄰國印尼的複雜情勢極為顧忌。但平心而論，新加坡的外交政策卓然有成，與許多國家維持良好正面關係。[215] 這是很了不起的成就。誠如現任外長維文（Vivian Balakrishnan）在新加坡國會上所說，「我們始終是置身於一個變動地區裡的一座小島，始終必須竭盡所能廣結朋友，必須是個舉足輕重、有用、可靠的夥伴，同時必須務實看待我們在世界上的地位。」[216]

新加坡周旋於北京、華府之間

面對美國和中國，新加坡竭力**平衡**與這兩個超級大國的關係。在安全—軍事領域，新加坡與美國走得近許多（實質上的美國盟邦），但在其他各領域，新加坡維持與中國既深且廣的關係（一如它與美國的關係）。例如，新加坡是中國境內**主要**投資國，中國則是新加坡的最大貿易夥伴（二〇一八年五〇四億美元）。但對新加坡來說，此中的平衡之道需要巧妙拿捏，有賴於與北京、華府同時持續交往。在二〇一五年以前，新加坡一直處理得很好，但二〇一六至二〇一七年新加坡與中國的關係變得緊繃，因為新加坡有幾個舉動讓北京覺得「不友善」，北京為此不悅，想要「懲罰」新加坡。[217]

首先，新加坡與美國的軍事關係令中國日益憂心。新加坡長年以來讓美國海軍使用樟宜、三巴旺這兩個海軍基地，新加坡飛行員在美國受訓。其他在軍事、情報方面的合作項目也甚廣，包括讓美國使用新加坡巴耶利峇空軍基地，供美國定期從沖繩沿著中國沿海、往南飛越南海直抵新加坡、再飛回沖繩的偵察機補充燃料。北京似乎愈來愈無法容忍美國這一軍事存在。

北京針對美國軍事存在展開的有計畫施壓，開始滲入新加坡報界。我因為學術休假去到新加坡的第一天，《海峽時報》（*The Strait Times*）正好刊出〈新加坡該脫離山姆大叔懷抱了？〉（Time for Singapore to move away from Uncle Sam's embrace?）這篇顯眼文章。該文認為，「新加坡—中國關係走到了十字路口」，「有些人覺得新加坡與美國走得太近，對中國不友善」——進而主張未來該走的路只有一條，即疏遠美國。[218] 該文作者認為，「新加坡應以漸進且優雅的方式離開山姆大叔懷抱。這很不容易，但為了必須生活在新世界的新加坡人好，非做不可。」[219]

其次，海牙國際法庭二〇一六年裁定中國針對南海廣大海域的主權聲索及其「九段線」主張無效後，新加坡似乎公開支持菲律賓。與此同時，新加坡身為二〇一七年東協輪值主席，那段期間，在關於南海和其他議題上，新加坡未聽命於北京。

第三，北京長年以來容忍新加坡將其地面部隊派到臺灣島上受訓，但現在開始向新加坡政府和軍方表達對此事的不悅。新加坡部隊在臺受訓，是一九九〇年新中兩國關係正常化時，李光耀與鄧小平談定的非正式協議。但隨著李光耀去世，北京似乎覺得不需要再受到此協議約束，開始升高對新加坡的抱怨和施壓。二〇一六年十一月，九輛新加坡泰雷克斯（Terrex）裝甲運兵車從臺灣經香港準備運回新加坡途中，遭香港當局扣押一事，即為其中一例。這些裝甲車遭扣押數月，經過檯面下的協商才送還。當時我人在新加坡，可以證實當地廣大公眾、媒體、政府均因為此事對中國很不滿。[220] 但北京也不滿新加坡部隊在臺受訓，並趁機「表明其未來可能有的反制作為」。儘管北京施壓，在臺受訓一事仍持續進行。

出於上述原因，北京於二〇一六至二〇一七年以有計畫的行動威嚇新加坡。北京表達不悅的方式之一，是不邀請李顯龍出席二〇一七年五月在北京召開的首場一帶一路峰會。凡是身為一帶一路夥伴國的東南亞國家，其國家元首都受邀，唯獨李顯龍沒有。另一個方式是放緩中新（重慶）戰略性互聯互通示範項目——新加坡三大政府對政府的商業性開發項目之一。這個項目啟動於二〇一五年，是為透過重慶這個超級大都會，促進中國西部與東南亞之間投資、貿易、數位聯通、專業人士互動而展開的諸多作為之一。[221] 新加坡先前參與的這類合作項目，是蘇州工業園（一九九四）和天津生態城（二〇〇八）。中國也藉由推遲預定的二〇一七年一年一度雙邊合作聯合委員會會議，表達對新加坡的惱火。其他的施壓做法就比較不含蓄了。曾是中國資深外交官的傅瑩，當時是全國人大外事委員會主任委員。她訪問新加坡，會晤了一些官員，而據某位在場者的說法，她說：「中國是地理問題，美國是政策問題，弄清楚哪個比較重要。」[222]

然而，約莫在二〇一七年夏天，這一多管齊下的施壓放緩，雙方關係開始恢復平穩。緊繃關係究竟是如何得到紓解？新加坡為了安撫北京不得不做了什麼？仍不清楚。但二〇一七年二月副總理暨國家安全統籌部長張志賢訪問北京後，緊繃關係似乎開始緩解。某位深度涉入當時對中關係的新加坡外交官信誓旦旦說，完全沒有為了化解緊繃而暗地妥協或是私下書信往返，也沒有達成什麼交換條件。[223]不過，張志賢訪中之後，新加坡媒體就開始報導雙邊關係改善。[224]儘管事情最終回歸正軌，但根據我住在新加坡、為本書做研究時與相關人等的多次討論，我能證實在此期間新加坡政府官員和前官員相當焦慮不安。就連我與李顯龍總理和幾位部長在此危機最烈時邊用晚餐邊談事情（圖6.4），討論重點都擺在中國會「懲罰」新加坡到何種程度——雖然，說老實話，總理本人倒顯得處變不驚，認為這「只是一段崎嶇路段」，終會走過。事後來看，我與李總理的這次交談發生在副總理張志賢二月二十六至二十八日訪北京的三星期前，他想必非常清楚他的政府私底下會如何努力化解這場日益惡化的危機。

新加坡捱過「崎嶇路段」，雙邊關係恢復常態，但北京無疑已讓新加坡在「受罰區」待了頗長時間，一如此前北京曾讓其他許多國家受到的對待。但與其他懲罰事例不同的是，中國政府始終未公開指出新加坡所犯的「錯」，從未公開批評新加坡有什麼具體的「不友善」行為。也就是說，它讓新加坡人自己去思索究竟做了什麼，以及到底該如何安撫北京以修補關係。

這種拐彎抹角的訓斥，是他國冒犯中國的敏感神經或「核心利益」時，中國施加懲罰的方式之一。此策略讓對方自行揣測、低頭、尋找取悅北京的方法——在這過程中北京始終不公開表示其不悅。新加坡受到的是「不出聲的懲罰」。有時，施以這類

圖6.4 作者與新加坡總理李顯龍合影　來源：作者提供

懲罰的同時，中國人會發出「解鈴還需繫鈴人」，或是對方「做了什麼，自己心知肚明，應當反省為何走入歧途」這種拐彎抹角的聲明。最後，對方（就此例來說是新加坡）屈服，收斂行為，道歉或者私下保證不會再犯，或是採取其他措施來遷就北京。如同當時新加坡某位退休外交官所說，「如果中國要你做什麼你都照辦，絕不會得到獎賞。中國人叫你站好，然後叫你坐下，如果你兩件事都照辦，他們接下來會要你跪下。沒完沒了。」[225] 我親身領教過中國這些做法。二〇一五年在《華爾街日報》刊出一篇觸犯中共和中國政府禁忌的文章後，我受到「懲罰」，被冰進這種拐彎抹角的「超低溫冷凍庫」長達五年。[226]

新加坡在副總理張志賢訪問北京之前或期間，做了什麼或說了什麼以化解雙方緊繃，依舊不清楚——但這趟北京之行似乎是個轉捩點，之後中國退讓，緊繃減輕，關係恢復正常。清楚的是新加坡不必終止步兵在臺受訓之事（至今未停），但根據我與那些和國防部親近者的交談，我知道國防部已開始在澳洲、印度、印尼、菲律賓積極尋找替代的訓練地點，以防不再能夠在臺灣受訓。諷刺的是，中國似乎表示願意提供海南島作為替代地點，但遭新加坡婉拒。

中新兩國關係並非總是如二〇一六、二〇一七年那樣緊繃——實情恰恰相反，自一九九〇年代兩國建交以來，新加坡在眾多領域與中國合作（甚至建交之前就如此）。不只包括前述提到的大量貿易和投資，還有政治、外交、文化上的關係。二〇一八年兩國政府的一份聯合聲明，記載了這些包羅廣泛的關係。[227] 多年來，中國把新加坡當成值得效法的政治典範。[228] 已有數千個中國共產黨、政府、省的代表團訪問過這個城邦。二〇一五年，據當時總統陳慶炎的說法，新加坡為五萬名中國官員和幹部提供訓練。[229] 雖然曾有過一段「崎嶇路段」，總體來說，新中兩國關係涵蓋層面相當全面、強健，而且互惠互利。

同樣的描述，也絕對適用於美國和新加坡的關係上。美新關係涵蓋的層面，如第三章所述，也很全面。一千七百多家美國企業在新加坡設置辦公室，雙方貿易和投資關係深厚。美國是新加坡的最大外來投資國（累計二八八〇億美元），二〇一六年雙邊貿易額達四五〇億美元。[230] 學術、文化交流相當廣泛。我曾在新加坡一所大學（南洋理工大學）執教，在另一所大學（新加坡國立大學）當過訪問學者，我個人敢保證新加坡高等教育的品質一流（以某些標準衡量，可說居東南亞之冠）。美新外交關係和磋商十分密切。另如同第三章所述，雙方防務關係極為深厚。美國不是形諸條約的新加坡正式盟友，但在東協，新加坡是與美國關係最密切的夥伴國（更勝美國的正式盟邦泰國和菲律賓）。

前瞻未來，新加坡將跟其他所有東南亞國家一樣，同時與美中兩國維持深厚關係，以因應美中的大國競爭。這不容易辦到，尤其是像新加坡這樣的小城邦，而且針對如何處理好這類局面，新加坡內部會爭辯不斷。在二〇一九年於新加坡舉行的一年一度香格里拉對話上，總理李顯龍的講話完全鎖定美中關係和日益升高的美中競爭，但他很樂觀，認為新加坡和其他東協國家能繼續周旋於相對抗的美中之間，不必「選邊站」。[231]再者，二〇二〇年六月，李顯龍在美國最重要的國際事務期刊《外交事務》上，發表了一篇甚受矚目的文章，李顯龍於該文中，再度直陳美中對抗正給東南亞地區帶來的衝擊：[232]

這兩個大國必須擬出一個求同存異的共處模式，讓兩國可以在一些領域競爭，同時不至於讓兩國的對抗危害其他領域的合作。亞洲國家把美國視為在本區域擁有重大利益的常駐大國。與此同時，中國是實實在在位於門口的大國。亞洲國家不想被迫在美中之間二選一。如果任何一方試圖迫使亞洲國家二選一——也就是如果華府試圖遏制中國崛起，或是北京想在亞洲建立不容他國介入的勢力範圍——那麼美中將走上為期數十年的對峙之路，置預言已久的亞洲世紀於險地。

這番話道出新加坡人和其他東南亞人心中的最大期盼，但本書認為，這或許會愈來愈難實現。新加坡人對於他們所面對的壓力，有清醒的認識。已退休的新加坡資深外交官考斯甘說道：「新加坡人必須更清楚認知到，在目前情況下，我們可能找不到可以同時讓中國人、美國人都高興的有利位置。不會有立竿見影的解決辦法，要找到這樣的辦法無異於緣木求魚。」[233] 放眼未來，新加坡人的正途會是回頭向其國父李光耀的真知灼見取經。李光耀提出過許多鞭闢入裡的觀察和洞燭機先的預言，關於中美在東南亞的競爭，李光耀曾這樣說：

> 中國人知道他們是這個街坊裡塊頭最大的男孩，知道隨著他們愈強大，就愈能期許鄰居尊重他們的權利。因此，美國人在亞太地區維持可觀的存在以平衡中國，有利於其他亞洲國家，包括東協國家……多年來，美國的存在一直是穩定此地區情勢的重要因素……最終，我不認為中國人能把美國人擠出西太平洋。[234]

關於中國在此地區的角色，李光耀於二〇一二年評論道：

> 中國的東南亞戰略很簡單：中國告訴此地區，「跟著我一起壯大」。與此同時，中國的領導人想要世人覺得中國的崛起必然發生，在那一天「到來」時，各國必須決定自己要成為中國的友還是敵。中國也願意調整交往政策，以取得它想要的東西或表達它的不悅。中國正把東南亞國家吸進其經濟體系裡……經濟決定了隱而不顯的大勢所趨。要對抗中國與日俱增的經濟

影響力會非常難。235

這類先見之明和地緣戰略見解——雖然存在矛盾——是李光耀出眾的長才之一。他的國人——和整個東南亞——若能將之謹記於心，會受惠良多。

印尼

印尼在許多方面是東南亞最大國：人口最大國（二億六七六〇萬）和世界上穆斯林人口最多的國家（二億二七〇〇萬）、面積最大國（七三萬五四〇〇平方英里和一萬七千個島）、GDP最大國（一兆一千億美元）、國防支出第二大國（七十六億美元）、最大的多黨民主國等。根據這些和其他指標，印尼可說是東南亞「最重要」國家，但在對外關係上——包括對東協內部成員和東協以外國家——卻沒有表現出這樣的身價。印尼有大國實力卻自居小國。它是個極度孤僻的國家和政府，專注於內政。關於印尼的外交政策，第二至第五章已經針對印尼固守中立外交政策和後殖民身分——提倡不結盟、南南關係、伊斯蘭跨國主義——有過頗為詳細的探討。印尼看重東協，但頂多做個「幕後領導」。東協是個迫切需要龍頭老大的組織，印尼是「順理成章」的老大，但印尼不願表現出老大的樣子。東協在地區舞臺、全球舞臺上無法決議大事，無法行動一致，這是一大主因。蘇卡諾、蘇哈托當政時，印尼行事有較崇高的目標，在國際上的表現因此也較搶眼，但一九九九年起，歷任五個總統（哈比比〔B. J. Habibie〕、瓦希德〔Abdurrahman Wahid〕、梅嘉瓦蒂〔Magawati Sukarnoputri〕、尤多約諾〔Susilo Bambang Yudhoyono〕、佐科威）施行極度孤立的政策，不願在東南亞擔起老大角色，或在國際上表現出中等強權的樣子。

第二至第五章也頗為詳細地檢視了雅加達如何處理與美國、與中國的關係。冷戰期間蘇卡諾和中國走得很近，直到一九六五年爆發未遂政變才改觀。此後，蘇哈托立場較偏向美國。後蘇哈托時代，歷任印尼政府竭力與美中同時維持良好關係。如果說有所偏倚，那就是稍稍偏向北京。小布希當政時美國展開「反恐戰爭」，川普當政時把矛頭對準伊斯蘭移民，導致雙邊關係近年來變得緊繃。儘管有這些暫時緊繃現象，印尼與美國在多方面有所連結，而且相當強固。

印尼目前與美國的關係

二〇一五年起，印尼和美國處於雙方所謂的「戰略夥伴關係」（這是中國外交上常用的詞語，但在美國外交上罕見）。二〇一八年，雙邊貿易額為三三八億美元。美國對印尼的投資累計一一〇億美元。嚴格來講印尼是中等所得國家（人均所得一萬一千六百美元），但它仍是個非常大的開發中國家。因此美國政府有好幾個援助、開發計畫在印尼進行。美國國際開發署也有多個減貧、公共機關能力打造、公共衛生、教育、公民社會、法治、環保方面的計畫在印尼施行。和平工作團很活躍，尤其在爪哇。執法方面的合作也很深厚。另也投入不少心力推動創業和中小企業成立。美國大使唐納文（Joseph Donovan）告訴我：「一個民主、安定、繁榮、活躍的公民社會，還有保護人權，這符合美國的國家利益。我們與印尼的關係並非我們與中國關係的子關係。這關係本身就很重要。」[236]美國也在公共外交、文化交流、援助弱勢族群方面投入不少資金。東南亞青年領袖計畫在印尼有兩萬八千名成員。[237]傅爾布萊特計畫的推行也相當積極。[238]但以美國在印尼的公共外交活動來說，最值得一提的部分是成就斐然的美國中心@America。@America啟用於二〇一〇年，位於交通便利的市中心大商場裡，是個多媒體「寓教於樂」、「數位中心」場所，全年無休，主辦各式各樣活動，每週吸引三千五百至四千名印尼人前來（以十八至三十五歲者為主）。[239]二〇一八年我造訪該中心，留下很深刻的印象，覺得它是個生氣勃勃、互動性很好、設計相當周全的場所。眼看印尼美國中心@America經營得有聲有色，美國國務院在其他國家如法炮製。@America是成功公共外交和美國軟實力的絕佳範例。

至於「硬實力」和美國—印尼防務關係方面，也是雙邊關係裡值得一提的正面部分。一九九五到二〇〇五年，美國國會以印尼軍方在東帝汶侵犯人權為由予以制裁，兩國關係因此有過「糟糕的十年」，但二〇〇六年起，防務關係已重啟，而且急速升溫。但與馬來西亞情況類似，由於身為伊斯蘭國家而頗有顧忌，印尼政府不喜歡宣揚雙方防務關係——但檯面下頗有進展。有次去雅加達時，有幸聽取美國大使館美國防務合作辦公室（US Office of Defense Cooperation）翔實的簡報。簡報官員告訴我，印度、印尼、越南是國防部在印太地區的新「優先關注對象」。二〇一八年，美國國防部與印尼軍方一起執行了二二二項「作戰、活動、行動」（Operations, Activities, and Actions）。[240]

二〇一八年一月美國國防部長馬蒂斯訪問雅加達時，指出美國、印尼兩國軍方有許多聯合活動。二〇一九年五月代理國防部長夏納翰（Patrick Shanahan）訪問雅加達時，雙方簽署聯合合作協定以深化、擴大這些交流。[241]

總的來看，印尼—美國關係發展呈正面態勢，而且有許多進一步發展的空間。[242] 美國衷心願意提升雙方關係，問題在於雅加達是否也是？

印尼應對中國之道

如第四、第五章所述，印尼與中華人民共和國的關係始於一九五〇年，該年印尼成為最早與這個新政權建交的國家之一，但此後雙方關係有起有落。第四、第五章也指出印尼華僑在雙方關係中所起的作用。今日，印尼應對中國之道內含某種古怪的二元性。一方面，雙方有正常的官方互動、商業往來，但在另一方面，印尼對中國瞭解不多，而且在某種程度上，對中國懷有強烈的矛盾心態。林綿基（Jusuf Wanandi）是雅加達戰略研究暨國際研究中心（Center for Strategic and International Studies）理事會主席。他曾在二〇一七年新加坡一場會議上說道：

> 矛盾心理是〔印尼對中國看法的〕重要特點。反中心態仍在。華僑已堪稱是中華人民共和國與印尼商界之間的買辦。我們印尼人並不是很瞭解中國，我們與中國沒有深厚淵源，中國同樣也不瞭解我們印尼人。雙方隔閡甚大，猜疑甚深。問題不在於中國影響力太大，而在於不夠！我們必須對中國有基本的瞭解——目前沒有這樣的瞭解。在印尼，沒人講中國話。印尼境內只有七家孔子學院——我們需要四千家！印尼人對中國充滿困惑——對中國的基本認識很貧乏。[243]

我在幾個月後和林綿基碰面時，他進一步哀嘆道：「印尼對中國的認識糟糕透頂。那是過去六十五年所造成，但印尼本身的孤僻也是原因。表面上有各種政府間的協定，但都未落實。兩國其實都不瞭解對方。」[244]

據二〇一七、二〇一八年我與印尼中國問題研究界的互動，我不得不同意林綿基的看法（儘管他泛指整個印尼社會）。對這樣一個廣土眾民的國家來說，境內專門研究中國的學者如此之少，著實令人震驚。威博索諾（Wibowo Wibisono）是我在倫敦大學亞非學院的博士生，研究中國政治的重要學者，不幸於二〇〇九年早逝。據印尼大學某位學者的說法，自他去世後，「沒人做國際政治」。[245]在印尼大學，只有一位年輕講師研究中國的外交政策，在我去過的印尼其他大學，從未碰到研究中國的學者。有位學者進一步評論道：「這很可笑，因為我們研究中國人，但不研究中國。日本問題研究很發達，中國問題研究則不然。去年，印尼大學辦了一場以中國為題的全國座談會，但提交的論文只有五篇。」[246]在雅加達有個中國研究「中心」，但它的性質更像協會甚於研究機構，而且沒有實體運作空間或教學功能。二〇一八年我在該中心演講時（位於市中心某辦公大樓裡），驚訝於會中人士表達的親中心態。中心主任蘇聖麗（Natalia Soebagjo）說：「在印尼和此地區，許多人對中國持肯定看法，因為我們真正在乎的只有經濟。此外，我們不清楚中國國內情況。只要能受惠於一帶一路，我們印尼人就很高興。」[247]她的一位同僚表達了同樣心態：「我們認為中國擁有我們所欽佩且需要的經濟實力。」[248]

這一切，顯示盛行於印尼全國的孤立心態。這是個只專注於自身事務的國家。美國、中國之類所謂超級強權，再怎麼說都是抽象的東西。這也解釋了為何要印尼主導東協很難，更別提領導。這些心態也反映了某種程度（其實頗大程度）面對中國的天真無知。與印尼中央部會官員的幾次談話，更是讓我這麼覺得。

儘管印尼政府知道上述矛盾心態和印尼人不瞭解中國的事實，還是成立了一些機制和互動，以體現「中國—印尼全面戰略夥伴關係」。[249]中國是印尼最大的貿易夥伴（二〇一七年六〇一億美元），[250]也是印尼境內第三大投資國（二十六億七千萬美元）。[251]赴印尼的中國觀光客甚多（二〇一八年二一四萬人），因為峇里島和其他海灘度假勝地吸引了大量中國遊客。[252]但比起赴泰國的中國觀光客（二〇一六年八八七萬人），還是遜色不少，[253]因此，佐科威政府設定目標，希望到二〇二〇年時入境中國觀光客能增加至五百萬人。也有不少印尼學生在中國大學求學（二〇一七年一萬四千人），而且幾乎個個拿中國的全額獎學金就讀。[254]相較之下，今日在美國留學的印尼人為九千人。現下，碰到個在中國拿到博士學位的年輕印尼大學教師或研究員並不稀奇。我問其中一人為何到中國求學，他答：只需要住在當地六至八個月，所有費用全免，然後他就能回印尼，邊做全職工作邊完成博士論文，論文一提交（給廈門大學），很快便通過。前面提到，印尼境內也有七所孔子學院，雖然它們並非全以孔子學院之名為人所知。我去了位於阿拉扎大學（Al-Azhar University）的孔子學院，獲告知，由於在印尼和伊斯蘭大學裡提倡中國文化太過敏感，校方已把孔子學院改名為「漢語中心」（Pusat Bahasa Mandarin）。[255]孔子學院在印尼的命名和運作引發不少摩擦。一篇謹嚴的研究認為，「摩擦的根源，在於長年以來盛行，對中國、對印尼境內華裔印尼人帶有種族主義、政治立場的說法。」[256]

至於印尼與中國的軍事關係，某方面很類似泰國與人民解放軍的防務關係。一九九五至二〇〇五年美國以侵犯人權為由制裁印尼軍方時，印尼軍方求助於人民解放軍，就跟泰國二〇一四年政變後招來美國制裁，泰國軍方求助於中國一樣。中國看到機會。從二〇〇〇年迄今，中印每年都有數個軍事代表團互訪，每年舉行一年一度的聯合軍演「利刃」（Sharp Knife），還有印尼軍官和空軍飛行員在中國受訓，以及二〇一二年起雙方展開國防工業合作。印尼也允許中國的海軍船艦和潛艦通過印尼領海。[257]

印尼與中國的關係裡最敏感的問題，是以納土納群島（Natuna Islands）為中心的南海海域和中國在印尼的一帶一路項目。耐人尋味的是，印尼是世界上穆斯林人口最多的國家，但維吾爾人遭關押在新疆「再教育」營和監獄一事，未曾在印尼引起軒然大波。根據《華爾街日報》某篇報導所言，印尼在這件事情上之所以較沉默，是中國密集遊說印尼政府、宗教當局、記者的結果。[258]

中國聲稱南海大片海域為其所有，但老早就承認納土納群島為印尼所有。此群島位於中國宣稱的「九段線」海域之外，但印尼專屬經濟區跨過中國九段線的西南端，而與中國宣稱擁有的海域部分重疊。二〇一六年，進入印尼海域的中國漁船愈來愈多，其中幾次事件有大型中國海警船強行護漁，無視印尼執行其主權的作為。中國海警船和印尼海軍船艦數次近距離遭遇。[259]二〇一七年七月，印尼海事部發布一張新地圖，在該地圖中正式將那部分的南海海域改名為「北納土納海」——從而激怒北京，招來中國官方抗議。自那之後，直迄今日，此事仍爭執未決，成為兩國深怕碰觸的敏感問題。

另一個敏感問題，與中國在印尼的一帶一路項目條件有關。印尼憂心的地方有好幾個：許多項目對環境有衝擊（尤其位於加里曼丹〔Kalimantan〕的採礦項目）；大量中國工人輸入印尼（二〇一六年據估計三萬一千人）；[260]雅加達—萬隆高鐵項目造價高昂，以及對當地的衝擊；[261]礦物與原物料的開採；中國企業在這些項目具主導地位；貸款融資與債務問題。[262]印尼政府已宣布，在該國的一帶一路項目會集中在四地：北加里曼丹（位於婆羅洲）、北蘇拉威西（North Sulawesi）、北蘇門答臘、峇里，總投資額高達四五九億八千萬美元。[263]蘇拉威西項目以採礦（鎳）和觀光業為主，加里曼丹項目則涉及能源和水力。在爪哇，最值得注意的項目是雅加達—萬隆高鐵線，經過多番折衝，終於動工。未來可能還會有別的項目。在二〇一九年三月北京第二屆一帶一路論壇上（三十六個國家元首出席，其中九個來自東協），印尼為其向中方提出、總經費達九一〇億美元的二十八個項目，與中方簽署二十三個合作協定。[264]

印尼境內的一帶一路項目已成為非常敏感的議題，影響了二〇一九年全國大選選情。[265]佐科威總統在這問題上飽受攻擊，但竭盡所能避免公開評論此事。國內出現大量中國工人這個子議題，受到的抨擊尤烈，當印尼有數百萬工人失業時尤然。某份全國民調顯示，二六．六%的印尼人覺得應完全禁止輸入中國工人，五〇．二%說應嚴格限制輸入的中國工人人數。[266]印尼菁英對中國的觀感，長期以來一直比一般人民對中國的觀感來得正面。[267]

基於上述原因，印尼政府似乎開始留意他國經驗，為國內一帶一路項目設下數個條件。有些中國專家已注意到這點。中國首屆一指印尼經濟專家，廈門大學的林梅教授告訴我：「印尼人熱切擁抱一帶一路，但又對勞工、籌資、環境問題，乃至政治顧忌，非常敏感。許多印尼人——政治人物、學者、記者、一般老百姓——談論『新殖民主義』，很擔心一帶一路的負面衝擊。」[268]印尼高階官員與我的交談，也透露出這些心態。主管一帶一路事務的印尼海事部長盧胡特（Luhut Pandjaitan）接受我採訪時，列出幾個條件：透明；轉移第一流技術；從上游到下游產業都能創造附加價值；尊重環境；這類項目盡可能僱用本地勞工；債務占GDP比重低於三成。[269]交談尾聲，這位部長信誓旦旦說：「我們絕不會落得依賴中國的下場，絕不會！但他們需要我們，我們需要他們。」[270]

因此，總體來說，印尼與中國的關係並非毫無摩擦，但印尼已能與中國維持大致穩健的關係，同時處理好國內許多相關支持者（特別是華僑）。不過，從許多方面來看，中國問題在印尼引爆怒火的可能性，好像更甚於在其他東南亞社會。誠如印尼某位資深智庫人員所說，「在印尼，反華心態仍很強烈。輕輕一碰就會引爆。」[271]

菲律賓

如果說在東南亞有哪個國家的對美、對中立場，會隨著國家領導者換人而改弦易轍，那就是杜特蒂主政下的菲律賓。他於二〇一六年六月當上總統後擁抱中國，在那之前，菲律賓深受美國影響，非常親美，因而成為與中國關係**最淺**的東南亞國家。因此，杜特蒂上臺後，菲律賓擴大、深化與中國關係並偏離美國之舉，使菲律賓處於較等距的兩面下注位置，亦即與其他所有東協國家**類似**的位置。這一看法並不是要為杜特蒂轉向擁抱中國之舉的突然和或許不太明智辯解；只是想要指出，這使菲律賓處於與其他所有東協國家類似的位置——盡可能從與中國的關係裡得到最大經濟好處，同時仍受惠於與美國的關係。菲國外長於二〇一七年曾說：「我們與華府的關係，不是禁止我們與中國等其他國家往來的婚姻關係。」[272]

菲律賓之所以略不同於他國，在於自一九五一年《共同防禦條約》以來，它長期為美國條約盟邦。菲美關係密切也有百餘年歷史，始於菲律賓作為美國殖民地時期，今日據估計有四百萬名菲裔美國人，另外有超過二十二萬美國公民目前住在菲律賓。百年來，兩國之間締結了稠密的關係網（貿易、投資、觀光、人與人的交流）。第二、第三章詳述了這些存在已久的關係（正面、負面關係兼而有之）。一九九二年菲律賓參議院決議不讓美國繼續使用境內軍事基地（尤其克拉克、蘇比克灣）一事，顯示菲律賓人很在意自己的國家主權和自主受到侵犯。

雖然有些菲律賓人對本國與美國的關係心態上很矛盾，而且其中有些人直接表明反對，但民調一再顯示美國是最多菲律賓人喜歡的外國國家。美國與菲律賓武裝部隊的防務關係尤其密切，數代菲國軍官由美國訓練、在美國受訓。菲國武裝部隊的軍事準則深受美國影響，軍事裝備全來自美國。[273]如第三章所述，根據二〇一四年《強化防務合作協定》，美軍已能重新定期使用菲律賓基地和繼續駐軍該國。《共同防禦條約》的執行條款（第四條）近年來得到雙方重新確認，歐巴馬、川普政府都明白宣示，此約適用於菲律賓在南海聲索的領土和部署的軍隊。二〇一九年三月一日國務卿蓬佩奧走訪馬尼拉時，清楚表示：「南海是太平洋一部分，因此，對位於南海之菲律賓部隊、飛機或公務船的任何武裝攻擊，我們《共同防禦條約》第四條所載的共同防禦義務都會隨之生效。」[274]美國必須做如此清楚的表態，是因為菲律賓一直不確定美國是否真的會在菲國與中國因為南海主權爭議而走上軍事對抗時「力挺」菲國。就連杜特蒂總統都曾公開質疑美國在這方面的決心。論及二〇一二年黃岩島僵持事件時，據引述，杜特蒂表示：「強大的第七艦隊就駐紮在太平洋，你們怎麼不派這個艦隊過來，只要調頭去那裡，當著他們的面開口要他們住手不就好了！」[275]

但二〇二〇年二月十一日，杜特蒂突然宣布菲律賓會退出一九九八年《軍隊互訪協定》，美菲防務合作情況隨之更加讓人困惑。[276]他片面退出該協定之舉於法有據，因為根據原協定的規定，任何一方都能退出（需提前一百八十天通知）。杜特蒂說此舉是為報復美國參議院通過一項譴責其政府的決議，藉此合理化退出決定，而美國參議院的譴責，肇因於菲國在其聲稱的掃毒戰爭裡，未經正規司法程序殺害數千人。如第三章所說，二〇二〇年六月，行事衝動的杜特蒂一百八十度翻轉，暫時「中止」退出決定。雖然一九五一年《共同防禦條約》仍具效力，但退出《軍隊互訪協定》之舉會從根本上全面影響美菲防務合作的範圍。

杜特蒂轉向中國

自二〇一六年上臺後，杜特蒂一直以頗為強烈的批評、對抗姿態對待美國，同時將菲律賓外交政策猛然轉向親中。二〇一六年十月，杜特蒂訪問北京，預示其立場將有轉變。在北京人民大會堂演講時，他突發驚人之語：「在此，我宣布與美國分道揚鑣，不只在軍事上，還有經濟上。美國已經輸了。我要老實告訴你們，菲律賓唯一的經濟指望，就是中國。」[277]杜特蒂甚至說他有華人血統。杜特蒂用如此誇大的舉動表明轉向北京，得到總額二四〇億美元的經濟回報（一五〇億直接投資和九十億援助）。杜特蒂訪問期間共簽了十三項雙邊合作協定。我問杜特蒂親自挑選的駐中大使，與我相識四十年的羅馬納（Chito Romana），菲律賓為何如此突然轉向擁抱中國，他答：「杜特蒂看中國，幾乎全從經濟角度出發——中國能為菲律賓做什麼。」[278]杜特蒂總統的確可能最看重這點，但馬尼拉其他觀察家也注意到杜特蒂本人對美國的反感，和其在意識形態上與社會主義中國的契合。[279]有學者認為，「杜特蒂反美更甚於親中」。[280]

這只是二〇一六至二〇一九年杜特蒂、習近平七次會晤的第一次。二〇一八年十一月，習近平赴菲國進行國事訪問時，發布了三十一點〈聯合聲明〉，[281]簽署了另外二十九個合作協定，包括聯合開發南海油氣的框架協定、建立數個雙邊磋商機制、加強貿易和投資合作、防務合作。與兩年前杜特蒂在北京那種不夠老練且流於情緒化的表現不同，習近平表現出一貫沉穩的姿態和老練政治家的風範。[282]然後，二〇一九年九月，杜特蒂再度訪中，是為其三年來第五次訪中。這一次，他內斂了些，言行沒那麼衝動，卻空手而歸。[283]

不過，距第一次訪北京三年過後，杜特蒂其實沒什麼具體成果可拿來為他轉向中國之舉宣揚。原承諾的二四〇億美元經濟投資和援助，落實者甚少。[284]事實上，杜特蒂轉向中國之舉在國內廣受批評，批評者包括菲律賓媒體、國會議員、某些學界人士、武裝部隊。[285]與此同時，中國侵入菲國領海毫無收斂跡象，在馬尼拉引發強烈爭議。另一個爭議涉及中國人在菲律賓大搞線上賭博。中國工人流人和人口偷渡，更加深民怨。

杜特蒂總統將菲國的外交政策從親美轉向親中，但受制於國內爭議和反對，並未成定局。這可以說是領導人一手推動的政策，等二〇二二年他下臺，菲律賓很可能立即轉回親美。

東協對外關係總結

本章檢視了東協十國與美國、與中國的關係，大多從它們**本國的角度**出發。第二至第五章檢視了美中兩國應對東南亞之道，本章則反過來檢視東協十國各自如何兼顧與美中兩國的關係。我們已探明的是，各國都致力於兼顧美中，對美中「兩面下注」(柬埔寨、寮國例外)，但各國做法不一。它們親美或親中的程度有別，但並非固定不變。下一章我們會探討這點，以及此地區與美中關係未來可能的走向。

◉第四部◉

東南亞境內未來的大國關係

◉第七章◉

中美在東南亞的競爭：走向兩極化還是競爭性共存？

我認為不選邊站對我們很有利，
但或許有一天東協得二擇一。
我希望那一天不會很快到來。

——

新加坡總理

李顯龍[1]

我們從未要求哪個印太國家選擇靠向哪個國家。
我們在此地區的交往政策從來不是零和遊戲，
未來也不會是。

——

美國前國務卿

蓬佩奧[2]

美國已用行動表明它始終在用大棒，很少給出胡蘿蔔。
中國人則不是如此。那不是中國人的作風。

——

馬來西亞總理

馬哈地[3]

本書同意，在今日和尚不確定的未來，國際事務的**最大動能**，是美中兩國間的**全面對抗**。中美競爭表現在許多方面，包括外交、經濟（貿易、投資、援助、標準）、技術、安全（軍事面和非傳統面）、資訊領域（媒體、宣傳、公共外交）、拓展政治影響力的活動、意識形態、相對抗的發展與治理模式、文化、軟實力。中美競爭範圍也涵蓋全球。此競爭格局既是國際關係上的「新常態」，也是中美雙邊關係裡的「新常態」。話雖如此，中美關係並非完全沒有合作或互賴——只是近幾年來，合作和互賴都降低，因為競爭態勢變得更激烈，而且出現某種「脫鉤」現象。

中美對抗愈來愈全球化——涵蓋每個大陸——但在廣大的印太地區，最為明顯且激烈。[4] 川普政府的《國家安全戰略》反映出這點，而且挑明說道：「中國想要在印太地區取美國而代之，推廣中國的國家主導型經濟模式，以有利於中國的方式調整此地區的秩序。」[5] 中國政府當然予以駁斥，繼續表示無意將美國趕出此地區。在這個問題上，專家意見分歧——許多專家相信中國的**最終**目標，的確是將美國趕出此地區，支配亞洲。這類分析家認為，中國不斷在試探、侵蝕美國的立場——施行得寸進尺的「切香腸戰術」，而非立即或正面直接對抗美國。但也有分析家認為，中國並未把將美國趕出亞太當成目標，相信北京在此地區能與美國共存。[6]

此一戰略性競爭既遍及遼闊的亞太，也遍及全世界，但本書主張美中競爭將愈來愈以東南亞為中心。在我看來，東南亞是這一全球性競爭的**震央**，美中對抗對東南亞的衝擊甚大——比大部分東協國家所認識到的或願意承認的衝擊還要大上許多。令人遺憾的是，東南亞國家不願面對不愉快外在事實的心態頗為強烈，而且過度埋頭於內部事務。這會使它們看不到正在自己周邊上演的更大變化。亞洲有句老話：大象打架，小草遭殃。隨著美中的地緣競爭升溫，變得愈趨激烈，東南亞正陷入這樣的險境。目前北京和華府都還沒要求哪個國家「選邊站」——因為不管對中國，還是對美國來說，這只會帶來反效果——但中美兩強都對第三國施以不少未言明的威逼利誘。

因此，中美在東南亞的對抗會使東南亞諸國政府（和東協本身）極難以從容周旋於這兩大國之間，極難以維持自己行事的自主性，極難以保住自己國家的主權。對於大國競爭，東南亞肯定並不陌生——事實上那是整個現代的**常態**。久而久之，東協諸國變得精於「兩面下注」、見風轉舵之道，[7] 但這一次，東南亞國家要在這場兩強競爭中全身而退沒那麼容易。冷戰期間東南亞必須巧妙處理中美兩國的干涉，兩國的干涉動作，強度很高，而且是越戰的主要催化劑，但當前的中美競爭不同於冷戰時，因為如今中國的實力和影響力已非吳下阿蒙。反觀美國在此地區的支配力和影響力**相對**在衰落中，尤其是歐巴馬下臺之後。因此，東南亞與這兩大國的關係格局有變，未來變數也還很多。

東協諸國與美中關係的親疏

如第六章所述，這導致數個東協國家重新調整對美、對中關係。尤其菲律賓和泰國大動作遠離美國，轉投中國懷抱。

圖7.1顯示，二〇二〇年，東協十國中七國的全面對外關係和戰略方向偏中國甚於美國（汶萊、柬埔寨、印尼、寮國、馬來西亞、緬甸、泰國）。這七國甚至不走中立路線（但印尼或許自認中立）。它們都配合、倒向中國。另一方面，菲新越三國較親美。鑒於第六章所提到的杜特蒂親中政策，讀者或許納悶我為何把菲律賓擺在中立線左側。答案很簡單，美菲有作為關係基石的《共同防禦條約》，而且與美國的經濟、社會關係深厚——雖然二〇二〇年二月杜特蒂退出《軍隊互訪協定》之舉，使雙方未來的防務關係大為堪慮。但除非杜特蒂政府將建立防務關係的對象從美國轉為中國，我仍會把菲律賓擺在中立線左邊，較親美國的一側。不過，杜特蒂行事的確不按牌理，已大大傷害美菲關係。

在此我先澄清一下，這些雖是我個人主觀、自己思考後的判斷，但我下判斷的基礎，是來自前面幾章針對每個國家提出論述的客觀證據。此外，我的這些判斷，是在二〇二〇年中期做出。美中與東南亞的關係**很不穩定**，容易變動。四或五年前，我未必會把印尼、緬甸、菲律賓、泰國擺在圖7.1那樣的位置。兩或三年後，這個親疏表可能會有進一步「位移」。如果諸如柬埔寨、寮國等國，走到我在第六章所說的「緬甸時刻」，美國就能輕易將它們從中國身邊拉走。同樣的，杜特蒂下臺後，菲律賓大有可能回頭，轉為傾美。泰國也有這樣的可能。所以，讀者務須謹記，這個二〇二〇年親疏表可以說「很不穩定」。情況說變就變。

相對優勢和劣勢

中美兩大國在與東南亞不同國家的互動上有某些相對優勢和劣勢，各有自己的強項和弱點。

所有東南亞國家都與美中同時交往，但本書已闡明，自二〇一七年起，整體來講顯著偏向中國。中國在此地區的地位和影響力的確大增，但不管是地位還是影響力，都不該看得太嚴重。中國基本上是個經濟強權，但在其他方面的支配力和影響力也在成

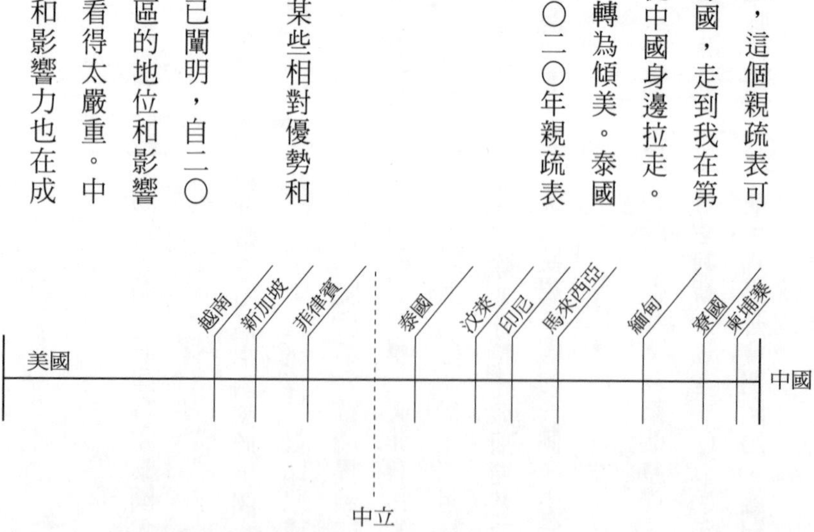

圖7.1 東協諸國與美中關係親疏表　來源：Alexander Shambaugh惠允使用

長。中國在此地區的外交、政治影響力現在絕對大於美國，其軍事力量和足跡範圍也有增無減。中國一旦在其位於南海的七個新造島上，可能再加上柬埔寨境內，前沿部署海空軍武器，東南亞安全情勢將大變。但中國的主要強項在於地近東南亞和財力雄厚。北京對東協鄰國大撒資金和工程項目。中國的一帶一路倡議，以及在東南亞全境廣建當地亟需的基礎設施，是其獨有的相對優勢。中國的商業足跡龐大——二〇一八年雙邊貿易額達五八七〇億美元。北京不在人權、治理方面放言批評，也得到此地區國家肯定。

另一方面，諷刺的是，中國的弱點也在於地近東南亞（被東南亞人認為太迫近、太專橫），以及它對南海遼闊海域的主權聲索、對東協偶一為之的外交操縱、其實沒能力為此地區提供防衛／安全、無法虛心傾聽和接受批評，北京過去把海外華人當成它在數個東南亞社會裡的「第五縱隊」也引發猜疑。中國可用在東南亞的軟實力似乎也不多。如新加坡學者、對此地區有極敏銳觀察的專家廖振揚所說，「在中國與東南亞的關係中，理念式目標占的分量不大。」[8]他還指出，北京未能針對此地區的未來發展，清楚傳達一套連貫的政策構想，「中國似乎未著意於清楚傳達它在軍事、經濟、理念方面與此地區的利益關聯，未著意於整合中國政府各部門的作為，以實現這些利益。」[9]北京投入資金和心力在東南亞進行統戰和媒體、宣傳工作（第五章有詳細探討），回報卻似乎不大（在世界其他地方亦然）。從尤索夫伊薩東南亞研究院的《二〇二〇年東南亞情況調查報告》（*State of Southeast Asia 2020 Survey Report*），可看到對中國的負面觀感。該報告就「對中國政治、戰略影響力的觀感」詢問此地區一三〇八名受訪者，高達八五·四%的人給了「憂心」這個教人意外的答案，只有十四·六%的人答以「樂見」。[10]因此，儘管中國在東南亞的存在感和影響力提升，形象卻是大有問題。事實上，中國的形象似乎與其在東南亞日益吃重的角色呈負相關。中國愈是強大，愈令人害怕、不安。這些都是不利於中國在此地區大展身手的因素。

美國也在其與東南亞國家、社會的關係中運用多種利器，在多個方面大顯身手。美國的最強項和最大利器依舊是軍事硬實力。美國是東南亞軍方安全援助的最大提供者——訓練、準則、武器和其他需要支援領域。美國海軍的前進（軍力）展示（forward presence）也是舉世無匹。中國海軍在此地區的船艦現今多於美國，但其中許多船艦尚無法涉足「遠洋」。維持海上通道暢行無阻者是美國海軍。美國的投資和商業存在也很可觀。二〇一八年美國—東協貿易額達三三四〇億美元。更令人驚嘆的是，美國直接投資的累計金額（三二九〇億美元）是中國的四倍，而且，同前所述，比中國、日本、南韓加總起來還要多。美國透過媒體、電影、體育、高等教育、技術、投資所打造出的軟實力魅力高居世界第一，仍比中國在此地區的文化影響大得多。就連美國對此地區援助項目的年度支出，都是中國的四倍。

儘管如此，在與中國的競爭中，美國有多項弱點：地理上離東南亞甚遠（「鞭長莫及」）；美國對民主、人權、善治的強調（這些東西本意不壞，與美國的民主價值觀相合，但一般來說不大受東南亞政府歡迎）；華府對於建立外交共識動作牛步的「東協作風」感到不耐；政府缺乏經費來與中國在投資、基礎設施項目上相抗衡（美國的《建設法》值得嘉許，但與中國的一帶一路倡議相比，就微不足道了）。另一個大問題是華府時斷時續的外交作為和沒有定期派高官訪問此地區。美國簡直被東南亞視為在外交上有意與它們脫鉤、甚不可靠。

另一個弱點是美國在東南亞的名聲，及東南亞人沒有充分意識到美國與東南亞交往之廣之深。新加坡資深外交官暨無任所大使許通美告訴我：「美中兩國在東協的影響力爭奪戰，中國人就要拿下勝利。美國必須更努力強化與東協的經濟、文化、政治、安全關係。」[11] 中國動態報導成為東南亞地區性媒體報導內容的**最大宗**，談美國的文章和報導則很少見。美國認識到這點，知道必須研擬出周全的計畫，以有效抗衡在此地區居於主流的「中國敘述」，必須在公共外交上有大作為，好讓東南亞人知道美國對此地區的貢獻、能提供什麼好處給此地區。這有賴於充足的人力物力財力和一貫不變的投入，美國在東南亞的公共外交官員必須比以往更積極主動塑造對美國的輿論，同時反制中國的宣傳。前述的《二〇二〇年東南亞情況調查報告》，正點出這一兩難局面。該報告請東南亞各地的受訪者說出「東南亞境內最有影響力的政治、戰略強權」：五成二的受訪者答「中國」，只有二六・七％答「美國」，同時有一八・一％說是東協。[12]美國的公共外交工作顯然有待加強。

總而言之，華府應大幅提高東南亞在美國對亞洲、對全球外交政策裡的戰略順位，此地區太重要，不能拱手讓給中國。而最重要的或許是，美國必須與此地區保持穩定、支持、交往的關係。如果中國在東南亞變得太獨斷或具侵略性，當中國真的變成這樣時——我們在前幾章可以看見，已有跡象出現——美國必須在場並給予支持，讓東協國家有個可投奔對象。

未來方向

雖然中美在東南亞的競爭和對抗日益激烈且全面，但情勢依舊變化莫測，未來的發展或許跟現在很不一樣。中美對地位與影響力的爭奪不會停，反倒可能更烈。但這將導致什麼樣的後果？在我看來，有四種可能：

可能情況一：往扈從更進一步

在第五、第六章（和本章前頭），我們看到許多東南亞國家近年來顯著**轉向**中國的證據。

過去「兩面下注」且努力維持較中立立場的國家（印尼），或是較親美的國家（菲律賓、泰國），現已明顯偏向中國。過去努力逃離中國掌控、試圖和美國建立更緊密關係的國家（緬甸），則已重回中國懷抱。馬來西亞於納吉當政時大幅倒向中國，後來，經過一段短時間的重新調整（主要針對該國境內一帶一路項目重議條件），馬哈地和其繼任者似乎將繼續馬來西亞長期以來的親中路線。柬埔寨和寮國徹底依賴中國，只能稱之為北京的附庸國。小小的汶萊也親中遠甚於親美。就連與美國維持密切商業、安全事務關係的新加坡，如今都與中國裡裡外外**深度**交往。越南也在多個領域與中國關係密切，而且我們從第六章內容可知，華府把河內歸類為實質盟友，根本大錯特錯。

也就是說，扈從、依從中國是當前的主流，而且是強勁的主流。[13] 未來很可能往這方向更深化，而美國也很可能某天赫然發覺自己在東南亞成了局外人。

可能情況二：繼續「軟較勁」和競爭性共存

我會把目前中美競爭界定為**軟**競爭，而非**硬**競爭，**間接**競爭，而非**直接**競爭。這是什麼意思呢？意思是冷戰期間美蘇全球對抗屬於作用—反作用、以牙還牙、零和競爭型的對抗。莫斯科出招，華府就想直接反制，反之亦然。

今日中美在東南亞的競爭並非如此（至少目前還不是）。北京和華府在此地區推行的政策和活動，均旨在推進自己的利益，而非直接反制對方。雙方的確緊盯著彼此的一舉一動，但目前尚無什麼證據顯示，有哪一方為了直接回擊對方而調整自身行動、政策和存在。中美兩強都處於某種「自動導航」模式，致力於提升自己的地位，同時不直接動手削弱對方的地位。這個情況有利於東南亞國家，它們可設法趁機從兩造強權都獲取最大好處。

中美在東南亞的競爭不是（尚未是）以牙還牙、零和博奕的冷戰式直接鬥爭，因此我認為，中美目前處於某種「競爭性共存」的狀態，而且此狀態有可能持續下去。這是「令人樂見」的局面。這樣的話，美中戰略性競爭就能避免走上完全敵對或動態的競爭。在維持「競爭性共存」方面，東南亞國家扮演重要角色，透過發揮自身能動性，以及實踐其傳統、堅守中立的兩面下注戰略。因此，東南亞國家近年來倒向中國不僅對它們自身無益，還會迫使華府擬訂反制中國的戰略。

可能情況三：「硬對抗」和兩極化

在「硬對抗」和兩極化的情況下，美國**和**中國將個別（或同時）提高並強化對東南亞的拉攏。就跟冷戰時期做法一樣，中美雙方會直接調整自身作為以反制對方。若真走到這樣的局面，中國必須大幅提高對安全、防務領域的投入，必須開始提供武器和人員訓練，好讓東南亞國家在美國武器和訓練之外有另一種選擇。但中國要能在安全援助上與美國抗衡，還有**很長**的路要走。要能在**商業服務**上與美國抗衡，亦然。如第三、第五章所述，中國善於**建設**，美國公司善於**促進**商業活動。中國要在軟實力上和美國抗衡，同樣有很長的路要走。因此，若真面臨以牙還牙、直球決勝的「硬對抗」局面，中國在這些領域的競爭能力需要大幅提升才行。

可能情況四：較中立的兩面下注

如果東南亞國家從目前扈從中國的路線，轉回較中立的「兩面下注」位置，那很可能是中國**過分干涉**所致。屆時東南亞諸國會經歷我在本書提到的「緬甸時刻」。也就是，此地區的國家（和社會）開始**憤恨**中國讓人吃不消且盛氣凌人的存在與掌控——屆時它們會想方設法讓自己**離中國遠一些**，移到較中立的位置，乃至稍稍偏向美國。在我看來，完全追隨美國似乎不可能發生。那樣的日子已經過去了，就連對美國盟友菲律賓和泰國來說也是如此。美國所能有的**最大**指望，是東南亞國家走上較中立的兩面下注路線，以及在戰略上局部依從華府。

這種局面不是毫無可能。如第六章所述，好幾個東南亞國家（柬埔寨、印尼、寮國、馬來西亞、緬甸），都覺得目前過度依賴中國，這些國家內部社會都有不少民怨在暗自滋長。此外，過度依賴與統治者直接相關，至少就柬埔寨來說是如此（洪森）。納吉當政時的馬來西亞顯然也是如此，即便馬哈地關於一帶一路的言行，某種程度減輕了當地民怨。杜特蒂當政下的菲律賓亦然。印尼佐科威的中國政策，也是其政治罩門。寮國和緬甸同樣有類似情況，但問題出在政權甚於領導人。

因此，在上述每個社會裡，反中的可能性都不小。但如果走到這一步，結果不會是猛然反轉為與美國建立類似依賴關係，很可能的情況會是回復東南亞傳統的「最佳位置」，即中立主義兩面下注。

對中美兩大國的可能影響

所以，北京和華府接下來在東南亞該怎麼做呢？我無意給中美（尤其中國）提供意見，但寫作本書的確讓我總結出一些心得。

對中國來說，最重要的是，北京必須**更敏於留心**和真心理解東南亞對其野心與行動的害怕和不安。東南亞人對中華帝國的「朝貢體制」記憶猶新，不想再成為藩屬。無論對於美國還是中國來說，理解牢牢深植於東南亞社會DNA裡的獨立和中立這兩個持久不變的心態，都是它們打造成功東南亞戰略與政策的**起點**。任何境外強權若未能誠心且深入理解這點，在東南亞都成不了事。北京方面，這有賴於該政府能充分意識到許多東南亞人對中國以帝國心態看待此地區的**憎惡**，尤其是華僑在數個東南亞社會裡依舊是敏感問題。中國於法無據宣稱整個南海為其所有，以及在南海建造軍事設施，也是中國在東南亞的一大**罩門**和弱點。只要這一擴張領土的作風不改，此地區始終會對中國深懷猜疑、害怕、憤怒。這很可能引發我所謂的「國際關係鐵則」——「制衡」（counter-balancing）法則。如果北京想要激怒東南亞國家，促使諸國更加依從美國，它對南海主權的聲索和軍事化保證會讓它如願。如果北京在戰略上夠聰明的話，應遵守國際法庭裁決，放棄其荒謬的九段線之說，跟從國際慣例，將重疊的聲索海域與他國平分。這些動作將立即贏來此地區對中國更大的信任與支持——而且持久不衰。中國的商業存在，包括一帶一路的條件，也是中國潛在的罩門。中國的經濟活動撲天蓋地，教許多東南亞社會消受不了，而其務實功利且往往帶有重商主義氣息的商業作為，也挑起民怨。[14]中國人推動的眾多項目對環境的衝擊——尤其是（但不限於）直接影響湄公河下游國家的十一個水壩——也令人憂心。這些都是中國特有的罩門，猶如等著引爆的定時炸彈。所以，如果北京夠明智的話，應會啟動文化天線，更密切留意這些不安和日增的民怨——用心傾聽，重新調整其令人反感的活動。

至於華府方面，則應該在施展東南亞政策時保持靈活機敏。最重要的是，必須**關注**此地區並在此地區**現身**。[15]川普當政時走回忽略此地區的老路，令許多東南亞人大為憂心。[16]華府也應徹底拋棄想要在東南亞對中國發動協同性圍堵戰略的念頭，因為不會有哪個東南亞國家願意配合這類行動。同樣的，美國**最不智**的舉動，就是想要逼迫此地區國家做出「選擇」美國放棄中國的（假）選擇。[17]這類旨在圍堵或逼他國選邊站的作為會適得其反——因為好幾個國家會積極抗拒華府，進而很可能更依從北京。馬來西亞政府某官員告訴我：「別要我們選邊站，因為答案可能是你們所不樂見的。」[18]美國在東南亞的最大優勢之一，或許來自中國慣於過分干涉、踰越界限、欺凌、威嚇、滲透、抑制、壓迫東南亞國家和社會等習性（事實上中國對世界其他地方亦然）。北京的領導人和其在海外的官員都活在某種被自我宣傳洗腦的環境裡，未表現出能虛心傾聽的樣子。針對幾個觸犯到中國諸多禁忌的國家，北京利用經濟工具施以「懲罰」（但在東南亞這種情況還不顯著）。此外，中國外交官發動「戰狼」公共外交，使世界許多地方的人心生反感。因此，美國在東南亞、在全球和中國對抗時，最大利器之一，很可能是北京本身日益咄咄逼人且霸道的行徑。

與此同時，許多東南亞國家也期望美國成為一個「境外平衡者」（offshore balancer），而美國擔得起也應該擔起這個角色。此角色的職責不應只局限在安全領域，而應包羅廣泛，包括運用先前討論過的外交、文化、公共外交、經濟利器。美國也必須**對自己有信心**。[19]美國在此地區有許多固有的長處和優勢可發揮。如同上文所說，當中國過分干涉，變得太獨斷時（我認為這很有可能發生），美國就必須進場，讓東南亞人覺得美國是可靠的夥伴。華府應當立即揚棄過往與東南亞斷續交往的作風，應當用心理解此地區的戰略重要性，應當積極將此地區列入美國全球優先事項裡。

誌謝

靠著許多人的幫助，我才得以完成此書的研究、撰寫工作。在這三年努力期間，我一直受益於多方給予的機構援助、金錢援助、個人援助。

二〇一七年，喬治華盛頓大學給了我學術休假，使我有機會在東南亞待上半年。那期間，我主要待在新加坡，擔任南洋理工大學拉惹勒南國際研究學院的特聘客座教授。該研究學院以及與該學院有關的所有人事物，都好得不能再好。拉惹勒南國際研究學院已是東南亞公認國際關係研究領域首屈一指的專業機構，院中有形形色色鑽研各式各樣繁多主題的教員和學者。我有幸教導的碩士生也素質甚高。特別要感謝該學院董事會副主席王景榮、現任院長Ralf Rmmers、兩位前院長Barry Desker和廖振揚邀我至該學院擔任客座教授。教職員的殷勤款待，我銘感五內。

許多研究工作完成於我待在該學院期間和我於東南亞四處遊歷之時（造訪了東協十國裡的

九國），而在二〇一八年夏天，我重返新加坡總結研究成果，準備動筆撰寫本書。這一次我進入不同的學術機構，有幸成為尤索夫伊薩東南亞研究院的客座高級研究員。此研究院成立於一九六八年，凡是做東南亞研究的人都非常清楚它是此地區、甚至全世界東南亞研究領域的龍頭。研究院的圖書館超級棒，圖書館大樓的建築風格引人入勝，在館中可盡情吸收東南亞各領域的專門知識。在這裡，我同樣感受到賓至如歸，盛情款待令我十分感激。要特別感謝院長蔡承國、「地區與戰略研究計畫」統籌人Daljit Singh，以及Ian Storey、Malcolm Cook、Lye Liang Fook和Leo Suryadinanta，讓我擁有一段非常愉快的客居時光。

這兩次待在新加坡期間，我有幸住在翠峰園服務式公寓（Treetops），讓我在繁忙之餘有絕佳的休息場所。我要感謝該公寓職員的熱情和好客，使住在那裡成為不折不扣的一大快事。

除了新加坡和東南亞各地招待我的機構，我還要向以下諸人獻上個人深深的謝意。他們每個人都抽出時間和我討論此書的不同部分（其中許多人討論了不只一次）。剛啟動寫作計畫時，我是徹頭徹尾的東南亞事務新手。對我來說，東南亞大抵可說是未知的領域。身處東南亞的以下諸人大有助於我增長見識，深化我對這個分外多元、複雜、迷人之地區的理解。他們的見解都有長期且深厚的東南亞經驗為根底。他們不吝抽出時間，耐心回覆我的詢問，而且回答都饒有見地，並熱心推薦我還需要會晤哪些人。我將他們按姓氏字母順序排列如下：

Craig Allen、Ang Cheng Guan、Richard Bitzinger、Ralph "Skip" Boyce、Brian Bridges、Andrew Browne、Chan Heng Chee（陳慶珠）、Peter Chang、Kavi Chongkittavorn、Malcolm Cook、Camille Dawson、Barry Desker、Joseph Donovan、Ralf Emmers、Don Emmerson、Paul Evans、Jon Fasman、Chris Fussner、Virasakdi Futrakul、Nisid Hajari、Pete Haymond、Peter HO、Abdul Majid Ahmad Khan、Bilahari Kaukisn、Khong Yuen Foong、Tommy Koh（許通美）、Cheng Chwee Kuik（郭清水）、Nadav Lahavy、Lye Liang Fook、Yerimiah Lalisang、Frank和Anne Lavin、Li Mingjiang、Shahriman Lockman、Kishore Mahbubani、Michael Michalak、Raja Mohan、Chow Bing Ngeow、Nguyen Xuan Cuong、Ong Keng Yong、Desra Percaya、Thitinan Pongsudhirak、Kitti Prasirtsuk、Chito Romana、Dajlit Singh、Natalia Soebagjo、Ian Storey、Leo Suryadinata、Stephanie Syptak-Ramnath、Tan Chin Tiong、Tang Siew Mun、Michael Vatikiotis、Yusuf Wanadi、Wang Gungwu（王賡武）、Greg Wiegand、Raymond Wong、Friedrich Wu。

在美國國內，我也受益於與以下諸人的交談：Amitav Acharya、Kurt Campbell、Satu Limaye、Amy Searight、Jonathan Stromseth、Michael Yahuda、Brantly Womack，以及華府一月一次東南亞圓桌會議的參與者。他們都提供了寶貴的意見。Steve Jackson也幫忙

探明交談中提到的一些難解之處。此外，我特別受惠於以下同僚：Richard Bush、Nayan Chanda、Paul Heer、Jim Laurie、Joseph Chinyong Liow（廖振揚）、Derek Mitchell、Sheldon Simon、Robert Sutter、Wang Gungwu（王賡武）。他們讀過部分草稿，給了寶貴的修正意見和有用的建議，使本書臻於完善。他們敏銳的觀察力和深厚的學養，對我助益良多。

這種涵蓋多國的撰寫計畫，有賴於龐大金援才能夠完成，我何其有幸在眾人角逐中拿到補助金和研究項目，使我的研究、旅行、海外居住更為順利，並享有薪水和福利。

首先，我必須感謝我的母機構，喬治華盛頓大學的艾略特國際事務學院（Elliott School of International Affairs）和政治學系，給了我學術休假，讓我得以啟動這整個寫作計畫。學術休假的確是身為教授最大的好處之一，若運用得當，能讓人拓寬視野，增長新知。學術休假是部分支薪的假，因此政治學系是我要大大感激的第一個資助來源。席格爾亞洲研究中心（Sigur Center for Asian Studies）長期提供我一個在華盛頓的融洽工作環境。我理當對該中心研究計畫經理Miriam Grinberg獻上特別的感謝，因為她解決了本書寫作計畫的補助金和所有繁瑣的金錢事務。該中心主任Rueben E. Brigety II尤為支持這個寫作計畫。我也受惠於與同系同事Robert Sutter的多次討論。他本身是重要學者和東南亞事務專家。我也要感謝Jo Spear，他主持艾略特學院為國防部外事軍官（Foreign Area Officers）和高階官員開設的國家安全管理者課程

（National Security Manager's Course），讓我有機會和深度涉入印太地區美國軍事計畫的高階軍官互動，從中吸取新知。本書也受惠於我以前教過的三位學生的研究協助，我要深深感激Nico Han、Doris Xu、Summer Tan。

其次，我受益於美國國務院講者計畫（Speakers Program），全球公共事務局（Bureau of Global Public Affairs）掌理該計畫，資助我赴東南亞好幾個國家做研究的旅費。我深信公共教育的用處，不管在國內國外皆然，我要感謝該局在眾人中擇取我加入此計畫。前後六個月裡，我在東南亞九國加上印度做了約四十場演講，其中約一半場次由此計畫主辦。這大大有利我廣泛接觸到教員、學生、記者、智庫專家和政府官員等各式各樣人群。透過種種互動，我獲得許多啟發，好幾次也覺得很感動。在每個國家，我的活動都受惠於美國大使館的文化事務部門、政治部門而得以較順利進行——對於與我互動過的兢兢業業駐外使領館人員，我深感敬佩。諸美國大使也好心代我安排飯局，與當地專家和官員餐敘，只有一個大使館例外。

第三，康乃狄克州威斯特波特（Westport）的史密斯．理查森基金會（Smith Richardson Foundation）提供豐厚的補助金，讓我多一筆津貼可運用，使我行旅東南亞各地和蒐羅研究資料沒有後顧之憂。這是我得到該基金會撥款支援的第五本書，基金會的支援對每本書的完成都貢獻甚大。我特別要感謝資深副總裁暨專案主任Marin Strmecki，他對本書的每個課題都有涉獵，敦促我精煉想法使其更完善，並要我闡述政策的可能影響。

第四，我一直受益於位在亞歷桑納州坦佩（Tempe）的韓禮士基金會（Hinrich Foundation）。默爾・韓禮士（Merle A. Hinrich）——全球級企業領導人、慈善家、該基金會會長、長住亞洲——非常清楚本書主題的重要性。我非常感激默爾和該基金會的支持。

最後，艾略特國際關係學院的中國政策研究項目（China Policy Program）也有出錢資助我的寫作計畫。二十多年來中國政策研究項目一直受惠於多方的金錢支持，但支持最為持續一貫者是艾略特學院校友Christopher Fussner。但他遠不只是個捐款的大善人——他在新加坡和東南亞住了四十多年，多年來我從他那裡學到很多東西。

雖然本書內容都是我的原創，但我仍要感謝《國際安全》（*International Security*）允許我將我刊登在該期刊二〇一八年春季號第四十二卷第四期的論文〈美中在東南亞的對抗：權力轉移還是競爭性共存？〉（US-China Rivalry in Southeast Asia: Power Shift or Competitive Coexistence?），部分使用於書中再次發表。

從牛津大學出版社得到的助益，也是任何出版社所不能及。這是二〇一三年以來我在該出版社出版的第四本書，與牛津大學出版社團隊的合作，無比順利愉快。紐約分部社會科學線資深主編David McBrider，深切瞭解學術研究會如何嘉惠政策，是個很喜歡「直接參與」

的主編，與其作者合作密切。與助理主編Emily Mackenzie、專案經理Cheryl Merritt、文字編輯Timothy DeWerff共事，也非常愉快，出書過程裡的所有繁瑣庶務，都由他們一手包辦。Gabriella Baldassin和牛津出版社國際銷售組，在本書的全球行銷上也極專業和積極。

我要深深感謝我的家人——妻子Ingrid和兩個兒子Chris、Xander。他們給我每日生活需要的動力、愛、自豪。我也要感謝在我生命中不斷給我愛和支持的兄弟George。要感謝的對象絕不能漏掉我們家忠心的黃金獵犬Ollie，撰寫本書期間，大半時候有牠躺在我身邊。「人類最好的朋友」這句箴言，用在牠身上再貼切不過。

最後，本書主要寫作地點有三處：我在新加坡的公寓和新加坡尤索夫伊薩東南亞研究院、拉惹勒南國際研究學院的辦公室；美國維吉尼亞州阿靈頓的自家；我家在密西根州舊密欣（Old Mission）地區的避暑小屋。這三處所都有助於思考和寫作。

本書花了三年才完成，是我所執行過最艱難的出書計畫——但也是讓我學到最多的出書計畫。希望讀者也會從中得益，但書中所有錯漏疏失當然全都應歸諸於我。

2019.

15. 見Mark J. Valencia, "The US Needs a 'Smarter' Policy in Southeast Asia," *Global Asia* 14, no. 4 (2019).
16. 見Daljit Singh, *How Will Shifts in American Foreign Policy Affect Southeast Asia?* (Singapore: ISEAS–Yusof Ishak Institute, Trends in Southeast Asia, no. 15, 2019).
17. 見Jonathan Stromseth, *Don't Make Us Choose: Southeast Asia in the Throes of US-China Rivalry* (Washington, DC: Brookings Institution, 2019).
18. 2017年4月20日，在馬來西亞布城，與馬來西亞高階官員的訪談。
19. 見Satu Limaye, "Despite Stumbles, America's Engagement Runs Deep," *Global Asia* 14, no. 4 (2019).

promise-light-on-results/.
284. 見Alvin Camba, "What Happened to the Billions China Pledged to the Philippines?," *South China Morning Post*, August 5, 2018: https://www.scmp.com/week-asia/business/article/2158237/what-happened-billions-china-pledged-philippines-not-what-you.
285. 例如，見Richard Heydarian, "What Has Duterte Gained from His China-Friendly Policy?" *Straits Times*, July 12, 2018，以及2017年2月16日，在馬尼拉，與美國大使館官員的訪談。

第七章

1. 引自Seow Bei Yi, "ASEAN Has to Work with the World as It Is: PM Lee Hsien Loong," *Straits Times*, November 15, 2018.
2. 引自Eileen Ng, "Pompeo Says US Not Asking Asian Nations to Take Sides in Rivalry with China," *Associated Press*, August 1, 2019.
3. 引文出自PBS News Hour, "China: Power and Prosperity," September 27, 2019: https://www.youtube.com/watch?v=xl_kw3mNazY.
4. 例如，見Ashley Tellis, Alison Szalwinski, and Michael Wills, eds., *Strategic Asia 2020: US-China Competition for Global Influence* (Seattle and Washington, DC: National Bureau of Asian Research, 2020); Aaron L. Friedberg, "Competing with China," *Survival* 60, no. 3 (June–July 2018): 7–64; Timothy R. Heath and William R. Thompson, "Avoiding US-China Competition Is Futile: Why the Best Option Is to Manage Strategic Rivalry," *Asia Policy* 13, no. 2 (April 2018): 91–120; David Shambaugh, "Towards a 'Smart Competition' Strategy for US China Policy," in *The Struggle for Power: US-China Relations in the 21st Century*, eds. Joseph S. Nye, Condolleeza Rice, and Nicholas Burns (Washington, DC: The Aspen Institute, 2020).
5. *The National Security Strategy of the United States of America* (Washington, DC: White House, December 2017), 25: https://www.whitehouse.gov/wp-content/uploads/2017/12/NSS-Final-12-18-2017-0905.pdf.
6. 例如，見Michael D. Swaine et al., *Creating a Stable Asia: An Agenda for a US-China Balance of Power* (Washington, DC: Carnegie Endowment for International Peace, 2016): https:/carnegieendowment.org/files/CEIP_Swaine_U.S.-Asia_Final.pdf.
7. Cheng-Chwee Kuik, "How Do Weaker States Hedge?: Unpacking ASEAN States' Alignment Behavior towards China," *Journal of Contemporary China* 25, no. 100 (2016); "Variations on a Hedging Theme: Comparing ASEAN Core States' Alignment Behavior," in *Joint US-Korean Academic Studies*, ed. Gilbert Rozman, Vol. 26 (Washington, DC: Korea Economic Institute of America, 2015), 11–26; Evelyn Goh, "Southeast Asian Strategies toward the Great Powers: Still Hedging after All These Years?," *The Asan Forum* 4, no. 1 (January/February 2016): 18–37; and John D. Ciorciari, *The Limits of Alignment: Southeast Asia and the Great Powers since 1975* (Washington, DC: Georgetown University Press, 2010).
8. Joseph Chinyong Liow, "Southeast Asia and Sino-US Competition: Between a Rock and a Hard Place," in *Strategic Asia 2020: US-China Competition for Global Influence*, ed. Ashley Tellis et al., 227.
9. 同前，頁223。
10. ASEAN Studies Center, ISEAS–Yusof Ishak Institute, *The State of Southeast Asia: 2020 Survey Report* (Singapore: ISEAS–Yusof Ishak Institute, 2020), 17.
11. 2017年12月21日，作者與新加坡無任所大使許通美的討論。
12. ASEAN Studies Center, ISEAS–Yusof Ishak Institute, *The State of Southeast Asia 2020*, 17.
13. 見Ja Ian Chong, "Shifting Winds in Southeast Asia: Chinese Prominence and the Future of Regional Order," in *Strategic Asia 2019: China's Expanding Strategic Ambitions*, ed. Ashley Tellis, Alison Szalwinski, and Michael Wills (Seattle and Washington, DC: National Bureau of Asian Research, 2019).
14. 見David Hutt, "Why China Gets It Wrong in Southeast Asia," *Asia Times*, November 1,

Indonesia and China's Belt and Road Initiatives: Perspectives, Issues, and Prospects (Singapore: ISEAS–Yusuf Ishak Institute, Trends in Southeast Asia, no. 11, 2018).

263. "China Invests in Indonesia's Newest Province, North Kalimantan," *Koran Tempo*, September 6, 2017.
264. N.A., "Indonesia to Propose Projects Worth $91 Billion for China's Belt and Road," *Straits Times* (from *Jakarta Post*), March 20, 2019: https://www.straitstimes.com/asia/se-asia/indonesia-to-propose-projects-worth-us91-bilion-for-chinas-belt-and-road. 另見discussion in Jonathan Stromseth, *Don't Make Us Choose: Southeast Asia in the Throes of US-China Rivalry* (Washington, DC: Brookings Institution, 2019), 9–10.
265. N.A., "Indonesia Polls Bring Battle over China's Belt and Road Push," *Star Online*, April 15, 2019: https://www.thestar.com.my/news/regional/2019/04/15/indonesia-polls-bring-battle-over-belt-and-road-push.
266. 見Diego Fossati, Hui Yew-Foong, and Siwage Dharma Negara, *The Indonesian National Survey Project: Economy, Society, and Politics* (Singapore: ISEAS–Yusuf Ishak Institute, Trends in Southeast Asia, no. 10, 2017), 40, 44.
267. 見Johanes Herlijanto, "How the Indonesian Elite Regards Relations with China," *Perspective*, February 10, 2017; Daniel Novotny, *Torn between America and China: Elite Perceptions and Indonesian Foreign Policy* (Singapore: ISEAS Publishing, 2010).
268. 2019年10月24日，在廈門大學，與林梅教授的訪談。
269. 2018年6月26日，在雅加達，與海事部長Luhut Pandjaitan的訪談。
270. 同前。
271. 2017年5月3日，在雅加達戰略與國際研究中心的訪談。
272. 引自Catherine Wong, "Philippines Not Married to US, Can Pursue China, Says Manila's Top Diplomat," *South China Morning Post*, July 4, 2017.
273. 例如，見Richard Heydarian, "Philippine Military Still Seeks US as Country's Main Ally," *South China Morning Post*, October 21, 2019.
274. Michael R. Pompeo, "Remarks with Foreign Secretary Teodoro Locsin Jr.," March 1, 2019: https://ph.usembassy.gov/category/us-secretary-of-state/.
275. 引自Catherine S. Valente, "Duterte Confronts US over S. China Sea," *Manila Times*, March 30, 2017.
276. 見Jon Emont, "Philippines to End Pact with US," *Washington Post*, February 12, 2020; Jason Gutierrez, Thomas Gibbons-Neff, and Eric Schmidt, "Over US Objections, the Philippines Plans to Dissolve a Joint Military Pact," *New York Times*, February 12, 2020; Richard Heydarian, "Duterte's Rash Action Threatens Security," *Nikkei Asian Review*, March 2-8, 2020, 48-49.
277. 見Reuters and Chen Weihua, "Philippine Leader 'Separates' from US" *China Daily*, October 21–23, 2016; Barbara Demick and Tracy Wilkinson, "Philippines President Duterte: 'I Announce My Separation from the United States": https://www.latimes.com/world/asia/la-fg-philippines-us-20161020-snap-story.html.
278. 2017年2月16日，在馬尼拉，與Chito Romana的訪談。
279. 2017年2月16-18日，在馬尼拉，與學者、記者的訪談。
280. 2017年2月17日，在馬尼拉的訪談。
281. "Full Text of China-Philippines Joint Statement," *China Daily*, November 22, 2018: https://www.chinadaily.com.cn/a/201811/22/WS5bf6125ca310eff30328a5c2.html.
282. 對於習近平這次訪問的評估和實用概述，見Malcolm Cook, "China-Philippine Relations and Xi Jinping's State Visit: Context, Significance, and Challenges," *Perspective*, December 14, 2018.
283. Erin Cook, "Duterte's Fifth China Visit: Heavy on Promise, Light on Results," *The Diplomat*, September 5, 2019: https://thediplomat.com/2019/09/dutertes-fifth-china-visit-heavy-on-

狀況掌握能力（MDA）；訓練；主題專家交流；反恐合作與情報分享；國際軍事教育和訓練（IMET）及擴大國際軍事教育和訓練（EIMET）計畫下的職業軍事教育交流；與美國戰爭學院、國防大學、陸軍遊騎兵學校的交流；2018財年16億美元的外國軍事銷售（FMS）和240萬美元的外國軍事融資（FMF）。2018年6月26日，在雅加達，與美國大使館防務合作室的訪談。

241. https://www.defense.gov/Newsroom/Releases/Release/Article/1863375/joint-statement-between-the-ministry-of-defense-of-the-republic-of-indonesia-an/.
242. 見Joshua Kurlantzick, *Keeping the US-Indonesia Relationship Moving Forward* (New York: Council on Foreign Relations, 2018); Natasha Hamilton-Hart and Dave McRae, *Indonesia: Balancing the United States and China, Aiming for Independence* (Sydney: United States Studies Center, 2015).
243. Statement at conference on "New Dimensions of China's Influence in Southeast Asia: Implications for Singapore, Indonesia, and Malaysia," Singapore Management University, February 6, 2017.
244. 2017年4月14日，在新加坡，與Jusuf Wanandi的訪談。
245. 2017年5月4日，在雅加達，與印尼大學學者的訪談。
246. 同前。
247. 2018年6月26日，雅加達中國研究中心主任Natalia Soebagjo的陳述。
248. 2018年6月26日，在雅加達中國研究中心，一位不具名學者的陳述。
249. 見"Full Text of China-Indonesia Joint Statement," Xinhua, May 7, 2018: http://www.xinhuanet.com/english/2018-05/08/c_137163660.htm. 另見N.A., "Courting China," Jakarta Post, January 24, 2017.
250. https://oec.world/en/profile/country/idn/.
251. Leo Suryadinata, *The Growing "Strategic Partnership" between Indonesia and China Faces Difficult Challenges* (Singapore: ISEAS–Yusuf Ishak Institute, Trends in Southeast Asia, no. 15, 2017), 6.
252. Tassia Sipahutar, "More Tourists Visited Indonesia Last Year Than Ever Before," *Bloomberg*, February 1, 2019: https://www.bloomberg.com/news/articles/2019-02-01/malaysians-chinese-lead-record-influx-of-tourists-to-indonesia.
253. N.A., "Indonesia, China Cooperate to Boost Tourist Arrivals," *Jakarta Post*, March 11, 2017.
254. Liza Yosephine, "China Boosts Scholarships for Indonesians," *Jakarta Post*, March 15, 2017.
255. 2017年5月3日，在雅加達阿拉扎大學的訪談。
256. Rika Theo and Maggi W. H. Leung, "China's Confucius Institutes in Indonesia: Mobility, Frictions, and Local Surprises," *Sustainability* 10 (2018): 12.
257. 關於這些軍事連結的清楚說明可參見Hamilton-Hart and McRae, *Indonesia*, 8–9.
258. Jon Emont, "China Campaign Mutes Criticism of Uighur Camps: Effort in Indonesia Pays Off as Muslim Groups Accept Beijing's Policies in Xinjiang," *Wall Street Journal*, December 12, 2019.
259. 例如，見John McBeth, "How Indonesia Stared Down China in South China Sea," *Asia Times*, January 17, 2020; Niharika Mandhana, "Indonesia Tries to Gently Repel China," *Wall Street Journal*, January 18–19, 2020; Arlina Aeshad, "Jokowi Plays Down Stand-Off with China in the Natunas," *Straits Times*, January 10, 2020.
260. 估計數字來自Zuraidah Ibrahim and Phila Siu, "Widodo Wants Chinese to Keep Coming—as Investors, Not Workers," *South China Morning Post*, April 28, 2017. For a detailed assessment of the Chinese labor issue, 見"Labor on the Loose: Chinese Workers Flood Industry and Infrastructure Projects," *Tempo*, September 6, 2015.
261. 例如，見John McBeth, "Indonesia's Mega Fast-Rail Project Runs into Trouble," *Asia Times*, December 21, 2017.
262. 研究印尼境內一帶一路項目的最佳專著是Siwage Dharma Negara and Leo Suryadinata,

216. N.A., "Our Unity, Resolve Will Be Tested," *Straits Times*, March 4, 2017.
217. 見Zhang Feng, *Assessing China's Changing Attitudes towards Singapore* (Singapore: East Asian Institute Background Brief No. 1241, April 2017); Han Fook Kwang, "What's Behind Singapore's Latest Run-Ins with Beijing?," *Straits Times*, December 17, 2016.
218. Michael Tan and Ngee Tiong, "Time for Singapore to Move Away from Uncle Sam's Embrace?," *Straits Times*, January 7, 2017.
219. 同前。
220. 見Charles Clover and Gloria Cheung, "Beijing Steps Up Pressure on Singapore over Taiwan Links," *Financial Times*, January 10, 2017; N.A., "SAF's Terrex Vehicles Will Be Returned to Singapore," *Straits Times*, January 25, 2017.
221. 見Pei Shing Huei, "West Is Best: Chongqing Wins Bid for Singapore Business Park as Xi Promotes Development of Western China," *South China Morning Post*, November 7, 2015; Lim Tai Wei, *The Singapore-Chongqing Government-to-Government Project* (Singapore: East Asia Institute Background Brief No. 1111, February 2016).
222. 2018年7月11日，與新加坡退休高階官員的訪談。
223. 2020年1月29日，在華府，與新加坡外交官的訪談。
224. Ching Koh Ping, "Sino-S'pore Ties on the Mend," *Straits Times*, March 1, 2017; Chua Mui Hoong, "Three Myths about S'pore-China Ties," *Straits Times*, May 21, 2017; Goh Sui Noi, "Normal Singapore-China Ties Can Also Be Strong and Beneficial," *Straits Times*, June 16, 2017.
225. Lecture by Bilahari Kaukisan, "Navigating Power Shifts: A Rising China and President Trump's America," Singapore, January 25, 2017.
226. David Shambaugh, "The Coming Chinese Crackup," *Wall Street Journal*, March 6, 2015.
227. "Full Text: Joint Statement between Chinese, Singaporean Governments," Xinhua, November 15, 2018: http://www.xinhuanet.com/english/2018-11/15/c_129994460.htm. 另見Zheng Yongnian and Lye Liang Fook, eds., *Singapore-China Relations: 50 Years* (Singapore: World Scientific, 2016).
228. 見the Special Symposium"The 'Singapore Model' and China's Neo-Authoritarian Dream," *China Quarterly* 236 (December 2018): 930–1032.
229. 轉引自Tommy Koh, "Singapore's Friendship with China," *Straits Times*, May 2, 2017: https://www.straitstimes.com/opinion/singapores-friendship-with-china.
230. US Department of State, "US Relations with Singapore": https://www.state.gov/u-s-relations-with-singapore/.
231. "In Full: PM Lee Hsien Loong's Speech at the 2019 Shangri-la Dialogue," Channel News Asia, May 31, 2019: https://www.channelnewsasia.com/news/singapore/lee-hsien-loong-speech-2019-shangri-la-dialogue-11585954.
232. Lee Hsien Loong, "The Endangered Asian Century," *Foreign Affairs*, June 4, 2020: https://www.foreignaffairs.com/articles/asia/2020-06-04/lee-hsien-loong-endangered-asian-century.
233. Bilahari Kausikan, "No Sweet Spot for Singapore in US-China Tensions," *Straits Times*, May 29, 2019.
234. Lee Kuan Yew, *One Man's View of the World* (Singapore: Straits Times Press, 2018), 34, 70–71.
235. Allison, Blackwill, and Wyne, eds., *Lee Kuan Yew*, 6–7.
236. 2018年6月26日，在雅加達，與美國大使Joseph Donovan的訪談。
237. 2018年6月26日，在雅加達，與美國大使館公共事務與文化參贊Karen Schinnerer的訪談。
238. 見：https://id.usembassy.gov/education-culture/fulbright-program/。
239. 2018年6月26日，在雅加達，與美國大使館公共事務與文化參贊Karen Schinnerer的訪談。
240. 這些活動包括：雙邊防務對話；美國—印尼安全事務對話；國防部長與國防部其他高階交流；陸軍、海軍／海軍陸戰隊、空軍之間的個別軍種年度會談（ASTs）；聯合軍演（CARAT, Komodo, Pacific Partnership, RIMPAC, Garuda Shield, Keris Marir, COPEWEST）；海洋

ties-at-its-best/.

195. Hannah Ellis-Petersen, "1MDB Scandal Explained: A Tale of Malaysia's Missing Millions," *The Guardian*, October 25, 2018: https://www.theguardian.com/world/2018/oct/25/1mdb-scandal-explained-a-tale-of-malaysias-missing-billions; Bahvan Jaipragas, "Rosmah Mansor, Wife of Disgraced Malaysian Ex-PM Najib Razak, Is Arrested," *South China Morning Post*, October 3, 2018: https://www.scmp.com/week-asia/politics/article/2166812/rosmah-mansor-wife-disgraced-malaysian-leader-najib-razak.
196. 見Hannah Beech, "Malaysia's Prime Minister Ousted by King, or So It Seems," *New York Times*, March 1, 2020.
197. 見"Muhyiddin's Mess," *The Economist*, May 23, 2020; Richard C. Paddock, "Democracy Fades in Malaysia as Old Guard Is Restored Without a Vote," *New York Times*, May 24, 2020.
198. 見Lye Liang Fook, "China-Malaysia Relations Back on Track?" *Perspective* 38 (2019).
199. 2017年4月21日，在吉隆坡，與Dato' Abdul Majid Ahmad Khan的訪談。
200. N.A., "Xi, Mahathir Boost Relations," *Global Times*, August 20, 2018.
201. 見Ngeow Chow Bing, "Barisan Nasional and the Chinese Communist Party: A Case Study in China's Party-Based Diplomacy," *China Review* 17, no. 1 (February 2017): 53–82. 翔實精闢的案例研究，揭露中共對馬來西亞的驚人滲透程度。
202. 同前，頁76。
203. 針對這些活動的詳細精采調查，見Ngeow Chow Bing, "Comprehensive Strategic Partners but Prosaic Military Ties: The Development of Malaysia-China Defense Relations, 1991–2015," *Contemporary Southeast Asia* 37, no. 2 (2015): 269–304.
204. A. Kadir Jasin, "Dr. M's China Visit to Remove Kinks in the Relationship," *Star Online*, August 15, 2018.
205. 引自"Malaysia and China Laud Strong Ties, Signal Greater Cooperation," *Reuters* republished in *Today* (Singapore), July 31, 2018.
206. Cheng-Chwee Kuik, "Malaysia between the United States and China: What Do Weaker States Hedge Against?" *Asian Politics & Policy* 8, no. 1 (2016): 169. 另見Cheng-Chwee Kuik, "The Essence of Hedging: Malaysia and Singapore's Response to a Rising China," *Contemporary Southeast Asia* 30, no. 2 (2008): 159–185; Ayame Suzuki and Lee Poh Ping, "Malaysia's Hedging Strategy, a Rising China, and the Changing Strategic Situation in East Asia," in *Southeast Asia and China: A Contest in Mutual Socialization,* ed. Lowell Dittmer and Ngeow Chow Bing (Singapore: World Scientific, 2017).
207. 2020年1月27日，在華府，與前大使Craig Allen的訪談。
208. US Department of Commerce, "Brunei: Defense Equipment," July 12, 2019: https://www.export.gov/article?id=Brunei-Defense-Equipment.
209. N.A., "Brunei Bets on China's Silk Road in Hard Times," *Straits Times*, March 6, 2018.
210. Michael Hart, "Brunei Abandons South China Sea Claim for Chinese Finance," *Geopolitical Monitor*, April 4, 2018: https://www.geopoliticalmonitor.com/brunei-abandons-south-china-sea-claim-for-chinese-finance/.
211. 2017年2月13日，在斯里巴加灣市，與汶萊外交部官員的訪談。
212. 2017年2月13日，在斯里巴加灣市，與汶萊外交部司長的訪談。
213. 記述於他的三部曲中：Lee Kuan Yew, *The Singapore Story: Memoirs of Lee Kuan Yew* (New York: Prentice Hall, 1998), *From Third World to First: The Singapore Story, 1965–2000* (Singapore: Times Publishing Group, 2000), and *Hard Truths: To Keep Singapore Going* (Singapore: Straits Times Press, 2011)。
214. 例如，見Graham Allison, Robert D. Blackwill, and Ali Wyne, eds., *Lee Kuan Yew: The Grand Master's Insights on China, the United States and the World* (Cambridge, MA: MIT Press, 2013).
215. 見Amitav Acharya, *Singapore's Foreign Policy: The Search for Regional Order* (Singapore: World Scientific, 2008).

168. 中華人民共和國外交部，「越南」，*China's Foreign Affairs* 2017（北京：世界知識出版社，2018），頁310。
169. N.A., "Chinese Navy to Hold Joint Patrol with Vietnam," Xinhua, November 30, 2017.
170. 訪問清單可見於Hiep, *Living Next to the Giant,* 168.
171. Xi Jinping, "For a New Vista in China-Vietnam Friendship," Xinhua, November 9, 2017.
172. Le Hong Hiep, "Pull and Push: Sino-Vietnamese Relations and President Xi's Hanoi Visit," *Perspective* 92 (2017): 3.
173. Lam Thanh Hai, "Chinese FDI in Vietnam: Trends, Status, and Challenges," *Perspective* 34 (2019): 3.
174. Wilfred Tan Kwang Shean, "Challenges for the Belt and Road Initiative in Vietnam," *ASEAN Post*, May 2, 2018; Le Hong Hiep, "The Belt and Road Initiative in Vietnam: Challenges and Prospects," *Perspective* 18 (2018).
175. 見John Lee, *Reforms Will Determine Degree of Vietnam's Dependence on China* (Singapore: ISEAS–Yusof Ishak Institute, Trends in Southeast Asia, no. 4, 2014).
176. 見Lam Thanh Ha and Nguyen Duc Phuc, "The US-China Trade War: Impact on Vietnam," *Perspective* 102 (2019).
177. Le Hong Hiep and Anton Tsvetov, eds., *Vietnam's Foreign Policy under Doi Moi* (Singapore: ISEAS–Yusof Ishak Institute, 2018), 88.
178. Do Thanh Hai, "Vietnam Confronts China in the South China Sea," *East Asia Forum* (December 2019).
179. Ministry of National Defense, Socialist Republic of Vietnam, *2019 Vietnam National Defense* (Hanoi: National Political Publishing House, 2019), 16.
180. 見Bill Hayton, *Vietnam and the United States: An Emerging Security Partnership* (Sydney: United States Study Center, University of Sydney, 2015).
181. 2017年2月22日，在河內美國大使館的訪談。
182. 2017年2月22日，在河內美國大使館的訪談。
183. 引自Keegan Elmer, "Vietnam Uses US-China Trade War to Rebalance Its Economic and Security Relationships," *South China Morning Post*, December 12, 2018.
184. 2017年2月22日，在河內美國大使館的訪談。對美越種種軍事交流的描述，見Nguyen Manh Hung, *The Politics of the United States–China–Vietnam Triangle in the 21st Century* (Singapore: ISEAS–Yusof Ishak Institute, Trends in Southeast Asia, no. 21, 2015), 15–16; and Prashanth Parameswaran, "US-Vietnam Defense Relations: Problems and Prospects," *The Diplomat*, May 27, 2016.
185. Xuan Loc Doan, "Vietnam-US Relations Flourishing under Trump," *Perspective* 63 (2019): 3.
186. Office of the US Trade Representative, "Vietnam": https://ustr.gov/countries-regions/southeast-asia-pacific/vietnam.
187. 完整訪談內容，可見於：https://www.youtube.com/watch?v=XL_AMOnnV5o。
188. US Department of State, "US Relations with Malaysia": https://www.state.gov/u-s-relations-with-malaysia/.
189. 同前。
190. 同前。
191. 2017年4月21日，在吉隆坡美國大使館的訪談。
192. 針對一馬發展公司醜聞的深度描寫，見Tom Wright and Bradley Hope, *Billion Dollar Whale* (New York and Boston: Hachette Books, 2018).
193. 見Tom Wright and Simon Clark, "Investigators Believe Money Flowed to Malaysian Leader Najib's Accounts amid 1MDB Probe," *Wall Street Journal*, July 3, 2015: https://www.wsj.com/articles/SB10130211234592774869404581083700187014570.
194. Mergawati Zulfakar, "Najib: China-Malaysia Ties at Their Best Now," *Star Online*, November 17, 2016, https://www.thestar.com.my/news/nation/2015/11/17/malaysia-china-bilateral-

145. N.A., "Cambodian PM Hun Sen Welcomes Extra US $600 Million in Aid during Visit to Beijing," *South China Morning Post*, January 22, 2019.
146. This incident is well recounted in Ang Cheng Guan, *Southeast Asia after the Cold War: A Contemporary History* (Singapore: National University of Singapore Press, 2019), 170–175.
147. US-China Economic & Security Review Commission, *2017 Annual Report* (Washington, DC: US Government Printing Office), 306.
148. Mech Dara, "Banh Inks Sino-Cambodian Military Deal on China Trip," *Phnom Penh Post*, October 21, 2019.
149. Jeremy Page, Gordon Lubold, and Rob Taylor, "Deal for Naval Outpost in Cambodia Furthers China's Quest for Military Network," *Wall Street Journal*, July 22, 2019.
150. 見Hannah Beech, "China Builds Airstrip, and Toehold, in Cambodia," *New York Times*, December 23, 2019.
151. Emanuele Scimia, "Cambodia Is the US-China's Rivalry's Latest Front, as Talk of Base Access Alarms Washington," *South China Morning Post*, August 5, 2019.
152. Beech, "China Builds Airstrip, and Toehold, in Cambodia."
153. Lu Liya, "Cambodian Military Adamant There Is No Secret China Deal," VOA News, September 21, 2019.
154. Shaun Turton, "China's Belt & Road Ports Raise Red Flags over Military Plans," *Nikkei Asian Review*, July 23, 2019.
155. 見Kenji Kawase, "The 'Chinaization' of Cambodia," *Nikkei Asian Review*, March 16, 2017; George Wright, "Anti-Chinese Sentiment on the Rise in Cambodia," *The Diplomat*, November 7, 2018; Dominic Fauldner and Kenji Kawase, "Cambodians Wary as Chinese Investment Transforms Their Country," *Nikkei Asian Review*, July 18, 2018; and Simon Denyer, "The Push and Pull of China's Orbit," *Washington Post*, September 6, 2015.
156. 引自Hannah Beech, "Embracing China, Facebook and Himself: Cambodia's Ruler Digs In," *New York Times*, March 17, 2018.
157. 例如，見Toru Takahashi, "Hun Sen Gently Adjusts Cambodia's Intimacy with China," *Nikkei Asian Review*, July 13, 2019.
158. 2019年12月16日，在華府，與Jim Laurice的討論。
159. 從1980年代至今的越南外交政策，有一篇很好的概述，見Carlyle Thayer, "The Evolution of Vietnamese Diplomacy, 1986–2016," in *Vietnam's Foreign Policy under Doi Moi*, ed. Le Hong Hiep and Anton Tsvetov (Singapore: ISEAS-Yusof Ishak Institute, 2018).
160. 見Hannah Beech, "Vietnam, in a Bind, Tries to Chart a Path between US and China," *New York Times*, November 11, 2017.
161. 2017年2月22日，在河內，與越共對外部司長阮榮光的訪談。
162. 2017年2月23日，在河內，與越南外交部國界委員會副主任Trinh Duc Hai的訪談。
163. 見Brantly Womack, *China and Vietnam: The Politics of Asymmetry* (New York: Cambridge University Press, 2006).
164. 同前，頁5。
165. Le Hong Hiep, *Living Next to the Giant: The Political Economy of Vietnam's Relations with China under Doi Moi* (Singapore: ISEAS–Yusof Ishak Institute, 2017), 153. 另見他的論文"Vietnam's Hedging Strategy against China since Normalization," *Contemporary Southeast Asia* 35, no. 3 (2013): 333–368.
166. Pew Research Center, "How People in the Asia-Pacific View China," October 16, 2017: https://www.pewresearch.org/fact-tank/2017/10/16/how-people-in-asia-pacific-view-china/.
167. Nguyen Xuan Cuong and Nguyen Thi Phuong Hoa, "Vietnam-China Relations: Review of Period from 1991 to Now and Forecasts of Future Prospects," unpublished paper, March 2017. 這篇研究的兩位作者都是越南社會科學翰林院中國研究所（Vietnam Academy of Social Sciences Institute of Chinese Studies）學者。

2018），頁208。

127. 見David M. Lampton, Selina Ho, and Cheng-Chwee Kuik, *Rivers of Iron: Railroads and Chinese Power in Southeast Asia* (Berkeley: University of California Press, 2020).
128. 見Marimi Kishimoto, "Laos Merely a Bystander as China Pushes Belt and Road Ambitions," *Nikkei Asian Review*, October 6, 2017; David Hutt, "Laos Is Key Link for China's OBOR Ambitions," *Asia Times*, July 15, 2017.
129. Marwaan Macan-Markar, "China's Belt and Road Rail Project Stirs Discontent in Laos," *Nikkei Asian Review*, March 15, 2018.
130. Edgar Pang, "'Same-Same but Different': Laos and Cambodia's Political Embrace of China," *Perspective* 66 (2017), ISEAS-Yusof Ishak Institute, September 5, 2017.
131. Congressional Research Service, *Cambodia: Background and US Relations*, January 28, 2019, 8: https://fas.org/sgp/crs/row/R44037.pdf; US Department of State, "Factsheet: Relations with Cambodia," February 12, 2016, 1.
132. 見Sek Sophal, "US-Cambodia Relations: Growing Strategic Mistrust?," *PacNet* 43 (July 26, 2019).
133. Chansambath Bong, "Making US-Cambodia Relations Great Again," *East Asia Forum*, December 14, 2019.
134. Ian Storey provides a particularly detailed and insightful description of this complex period in *Southeast Asia and the Rise of China*, 178–188，對此一錯綜複雜時期的闡述尤為詳細且具洞見。
135. David Shulman, ed., *Chinese Malign Influence and the Corrosion of Democracy*, 12.
136. US-China Economic and Security Review Commission, *2017 Annual Report* (Washington, DC: U.S. Government Printing Office), 305.
137. 同前，頁306。
138. Congressional Research Service, *Cambodia: Background and US Relations*.
139. N.A., "Cambodia-China Trade Volume Jumps to $5.8 bn. USD Last Year: Minister," *Xinhua*, June 21, 2018: http://www.xinhuanet.com/english/2018-06/21/c_137270877.htm.
140. 針對中國在柬埔寨投資情況的研究有很多，其中可參見Carlyle A. Thayer, "Cambodia: Impact of Chinese Investment Assessed" (Thayer Consultancy Background Briefing, February 13, 2018); Shahar Hameiri, "Chinese Aid and Investment in Cambodia," *East Asia Forum Quarterly* (April–June 2019); James Kynge et al., "How China Bought Its Way into Cambodia," *Financial Times*, September 8, 2016; Terence Chong, "The Politics behind Cambodia's Embrace of China," *Perspective* 59 (2017); Vannarith Chheang, "Cambodia Embraces China's Belt & Road Initiative," *Perspective* 48 (2017); Vannarith Chheang, *The Political Economy of Chinese Investment in Cambodia* (Singapore: ISEAS-Yusof Ishak Institute, Trends in Southeast Asia, no. 16, 2017); Nyiri Pal, *New Chinese Migration and Capital in Cambodia* (Singapore: ISEAS-Yusof Ishak Institute, Trends in Southeast Asia, no. 3, 2014); Michael Verver, *"Old" and "New" Chinese Business in Cambodia's Capital* (Singapore: ISEAS–Yusof Ishak Institute, Trends in Southeast Asia, no. 17, 2019).
141. 引自Hannah Ellis-Petersen, "'No Cambodia Left': How Chinese Money Is Changing Sihanoukville," *The Guardian*, July 31, 2018: https://www.theguardian.com/cities/2018/jul/31/no-cambodia-left-chinese-money-changing-sihanoukville; Anna Fifield, "This Cambodian City Is Turning into a Chinese Enclave, and Not Everyone is Happy," *New York Times*, March 29, 2018.
142. Sheith Khidhir, "Sihanoukville Has Become a Dangerous Playground," *ASEAN Post*, January 14, 2020: https://theaseanpost.com/article/sihanoukville-has-become-dangerous-playground.
143. N.A., "How China Changed Sihanoukville," *ASEAN Post*, December 29, 2019: https://theaseanpost.com/article/how-china-changed-sihanoukville.
144. Pamela Victor, "What Does China Mean to Cambodia?," *ASEAN Post*, February 13, 2018: https://theaseanpost.com/article/what-does-china-mean-cambodia.

100. 2017年5月29日，在仰光，與「國際危機團體」之Richard Horsey的訪談。
101. Kyee, *China's Multilayered Engagement Strategy and Myanmar's Reality*, 14–16.
102. 2019年5月27日，在仰光，與學者的訪談。
103. Kyee, *China's Multilayered Engagement Strategy and Myanmar's Reality: The Best Fit for Beijing's Preferences*, op cit, p. 18.
104. 見David Shulman, ed., *Chinese Malign Influence and the Corrosion of Democracy: An Assessment of Chinese Interference in Thirteen Countries* (Washington, DC: International Republican Institute, 2019), 51–54.
105. 同前，頁38。
106. Jane Perlez, "China Is Drawing Myanmar Closer as the World Turns Away," *New York Times*, December 1, 2017; Jane Perlez, "China Showers Myanmar with Attention, as Trump Looks Elsewhere," *New York Times*, July 19, 2017.
107. 見The Transnational Institute, *China's Engagement in Myanmar: From Malacca Dilemma to Transition Dilemma* (Amsterdam, July 2016).
108. hibani Mahtani and Cape Diamond, "Xi Seeks Renewed Influence in Myanmar amid Western Retreat," *Washington Post*, January 18, 2020.
109. 此議題有一本優秀論著，見US Institute of Peace Senior Study Group, *China's Role in Myanmar's Internal Conflicts* (Washington, DC: USIP, 2018).
110. 正式國名為寮人民民主共和國。
111. Angela Savada, *Laos: A Country Study* (Washington, DC: Library of Congress, 1995), 271.
112. Angaindrankumar Gnanasagaran, "Lao PDR's Geopolitical Advantage in Southeast Asia," *ASEAN Post*, May 18, 2018: https://theaseanpost.com/article/lao-pdrs-geopolitical-advantage-southeast-asia.
113. 例如，見Marius Zaharia, "As Obama Heads to Laos, Signs of a Tilt away from China," Reuters, August 27, 2016: https://www.reuters.com/article/us-laos-china-vietnam-idUSKCN11300Z; "Laos Signals a Tilt away from China," *Today* (Singapore), August 29, 2016.
114. The White House, *Joint Declaration between the United States of America and the Lao People's Democratic Republic*, September 6, 2016: https://obamawhitehouse.archives.gov/the-press-office/2016/09/06/joint-declaration-between-united-states-america-and-lao-peoples.
115. Lower Mekong Initiative: https://www.lowermekong.org/about/lower-mekong-initiative-lmi.
116. US Department of State, "Relations with Laos": https://www.state.gov/u-s-relations-with-laos/.
117. Florence Rossetti, "The Chinese in Laos: Rebirth of the Laotian Chinese Community as Peace Returns to Indochina," *China Perspectives* 13 (1997): 26–39.
118. 見Danielle Tan, *Chinese Engagement in Laos: Past, Present, and Uncertain Future* (Singapore: ISEAS Trends in Southeast Asia, no. 7, 2015), 9.
119. "Torrent to a Trickle," *The Economist*, May 16, 2020.
120. Prashanth Parameswaran, "What's behind Laos' Banana Ban?" *The Diplomat*, April 14, 2017.
121. Brenda Goh and Andrew R. C. Marshall, "Chinese-Led Banana Boom in Laos Is a Blessing and a Curse," *Myanmar Business Today*, May 25–31, 2017, 13.
122. Lauren Hilgers, "Laos Vegas: A Chinese Entrepreneur Crosses the Border to Build His Gambling Empire," *Good*, March 14, 2012, 轉引自Tan, *Chinese Engagement in Laos*, 22.
123. 同前，頁23。
124. Chris Horton, "Capital of Laos Seeks Stronger Ties to China," *New York Times*, September 25, 2018.
125. "China, Laos Ink Deal on Business Development," Xinhua, May 28, 2019: http://www.xinhuanet.com/english/2019-05/28/c_138096780.htm.
126. 中華人民共和國外交部，「寮國」，*China's Foreign Affairs 2017*（北京：世界知識出版社，

Southeast Asia Program, 1990).
74. 2019年12月20日，與前美國大使Derek Mitchell的訪談。
75. Department of State Bureau of East Asian and Pacific Affairs, "US Relations with Burma: Fact Sheet," January 27, 2017.
76. 這次造訪的第一手記述，見Kurt M. Campbell, *The Pivot: The Future of American Statecraft in Asia* (New York: Twelve Books, 2016), 340–344.
77. 見Jurgen Haacke, *Myanmar's Foreign Policy under President U Thein Sein: Non-Aligned and Diversified* (Singapore: ISEAS-Yusof Ishak Institute, no. 4, 2016).
78. 2017年5月27日，在仰光，與美國大使館官員的訪談。
79. 見Hunter Marston, "Has the US Lost Myanmar to China?," *The Diplomat*, January 20, 2020: https://thediplomat.com/2020/01/has-the-us-lost-myanmar-to-china/.
80. 2017年5月27日，在仰光，與美國大使館官員的訪談。
81. Jurgen Haacke, *Myanmar and the United States: Prospects for a Limited Security Partnership* (Sydney: United States Studies Center, University of Sydney, 2015).
82. Melvin Gurtov, *China and Southeast Asia: The Politics of Survival* (Lexington, MA: Lexington Books, 1971), 90.
83. Bertil Lintner, *The People's Republic of China and Burma* (Arlington, VA: Project 2049 Institute, 2017), 4.
84. Burma Press Summary, *Working People's Daily* (Rangoon) Vol. III, no. 10 (October 1989), 17, 引自Lintner, *The People's Republic of China and Burma*, 19.
85. 2017年6月1日，在新加坡，與Ye Htut的訪談。
86. Lintner, *The People's Republic of China and Burma*, 20.
87. 見J. Mohan Malik, "Myanmar's Role in China's Maritime Silk Road," *Journal of Contemporary China* 27, no. 111 (2017): 362–378.
88. John Liu Htoo Thant, "Xi's Myanmar Visit to Move Ahead China-Backed Port," *Myanmar Times*, January 10, 2020; Thompson Chau, "China & Myanmar Tighten Their Belt & Road Ties," *Asia Times*, January 21, 2020.
89. Chan Mya Htwe, "SEAOP Says Safety Measures in Place for Oil Tankers," *Myanmar Times*, May 26, 2017.
90. 見Gregory B. Poling, "Kyaukpyu: Connecting China to the Indian Ocean" (Washington, DC: CSIS Briefs, March 2018).
91. Haacke, *Myanmar and the United States*, 11.
92. US-China Economic and Security Review Commission, *2017 Report to Congress* (Washington, DC: US Government Printing Office, 2017), 304.
93. 見Su-Ann Oh and Philip Andrews-Speed, *Chinese Investment and Myanmar's Shifting Political Landscape* (Singapore: ISEAS Trends in Southeast Asia, no. 16, 2015).
94. David I. Steinberg, "Undulating Waves of Myanmar-Chinese Foreign Relations," unpublished paper presented at the US Institute of Peace, September 17, 2018.
95. 例如，見Tan Hui Yee, "China's Deepening Imprint on Myanmar in Mandalay," *Straits Times*, May 16, 2017; "Chinese Influx Transforming Myanmar's Quintessential City," *Associated Press*, May 1, 2018. 這一時期以及緬甸與中國之間與日俱增的齟齬，娓娓道來的優異報導可見於Ian Storey, *Southeast Asia and the Rise of China: The Search for Security* (London: Routledge, 2011), 150–164.
96. N.A., "Viva Laos Vegas," *The Economist*, February 1, 2020.
97. 2017年5月26日，在仰光，與外交官的訪談。
98. 見劉德會，〈美緬關係的改善及對中國的影響〉，《東南亞研究》1（2014）：39-46。
99. 中國在這些層級的重要作為，詳載於Khin Khin Kyaw Kyee, *China's Multilayered Engagement Strategy and Myanmar's Reality: The Best Fit for Beijing's Preferences* (Yangon: Institute for Strategy and Policy-Myanmar, Working Paper No. 1, February 2018).

Nikkei Asian Review, May 20, 2019: https://asia.nikkei.com/Opinion/West-must-act-firmly-to-stem-rise-of-China-model-in-Thailand.

45. 見：https://en.wikipedia.org/wiki/Thai_Chinese。
46. Patrick Jory, "Enter the Dragon: Thailand Gets Closer to China," *The Lowy Interpreter*, July 7, 2017.
47. "High Wire Act," *The Economist*, May 30, 2020.
48. Xinhua, "Chinese Visitors to Thailand Hit 10 Million for First Time," December 20, 2018: http://www.xinhuanet.com/english/2018-12/20/c_137686283.htm.
49. 中華人民共和國外交部，「泰國」，*China's Foreign Affairs* 2017（北京：世界知識出版社，2018），頁287。
50. Busbarat, "Thai-US Relations in the Post–Cold War Era," 270.
51. Ron Corben, "Thailand Facing Dilemma over Fate of Ethnic Uighurs," VOA News, July 14, 2017: https://www.voanews.com/east-asia-pacific/thailand-facing-dilemma-over-fate-ethnic-uighurs.
52. Ed Wong and Poypiti Amatatham, "Ignoring Protests, Thailand Deports about 100 Uighurs back to China," *New York Times*, July 9, 2015.
53. Storey, *Thailand's Post-Coup Relations with China and America*, 14–15.
54. Ernest Z. Bower and Alexandra Sander, "Expanding Military to Military Engagement: China and Thailand," CSIS cogitASIA blog, November 14, 2012, 3: https://www.cogitasia.com/expanding-military-to-military-engagement-china-and-thailand/.
55. Ian Storey, "Thailand's Military Relations with China: Moving from Strength to Strength," *Perspective*, May 27, 2019；表格二詳列了每次中泰聯合軍演時地及參與人員。
56. 2017年1月18日，在曼谷，與泰國學者的訪談。
57. Storey, "Thailand's Military Relations with China."
58. John Blaxland and Greg Raymond, *Tipping the Balance in Southeast Asia?: Thailand, the United States, and China* (Canberra: Strategic & Defense Studies Center, November 2017), 15.
59. 同前。
60. Abuza, "America Should Be Realistic about Its Alliance with Thailand," 7.
61. US-China Economic and Security Review Commission, *2017 Report to Congress* (Washington, DC: US Government Printing Office, 2017), 313.
62. Storey, "Thailand's Military Relations with China," table 1; N.A., "Thai Junta Gives Nod to Buy Chinese Submarines," *Straits Times*, January 26, 2017.
63. Abuza, "America Should Be Realistic about Its Alliance with China."
64. Prashanth Parameswaran, "Thailand Will Buy 10 More Tanks from China," *The Diplomat*, April 4, 2017; Patpicha Tanakasempipat, "Thailand Approves Purchase of Chinese Tanks to Replace Old US Model," *Reuters*, July 22, 2017; N.A., "Cabinet Approves Bt2 Bn. Deal for 10 Tanks from China," *The Nation*, April 5, 2017.
65. Kristin Huang, "China Gets Rolling on Military Vehicle Delivery to Thailand," *South China Morning Post*, November 19, 2019: https://www.scmp.com/news/china/military/article/3038445/china-gets-rolling-military-vehicle-delivery-thailand.
66. 2020年3月1日，在華府，與少將Zhang Li的訪談。
67. 例如，見曹筱陽，〈中泰安全合作的基礎、現狀及趨勢〉，《東南亞研究》6（2014）：67-73。
68. Amy Sawitta Lefevre, "After Delays, Ground Broken for Thailand-China Railway Project," *Reuters*, December 21, 2017.
69. 2017年1月18日，在曼谷，與泰國副外長Virasakdi Futrakul的訪談。
70. Wichit Chaitrong, "China's Loan Terms Rejected," *The Nation*, August 14, 2017.
71. 2017年1月18日，在曼谷，與泰國副外長Virasakdi Futrakul的訪談。
72. 2017年1月18日，在曼谷，與泰國外交部官員的訪談。
73. 見Bertil Lintner, *The Rise and Fall of the Communist Party of Burma* (Ithaca, NY: Cornell

University of California Press, 2006).
18. Joseph Chinyong Liow, *Ambivalent Engagement: The United States and Regional Security in Southeast Asia after the Cold War* (Washington, DC: Brookings Institution Press, 2017).
19. 關於泰國積極外交政策的優秀概述，見Pongphisoot Busbarat, "Thailand's Foreign Policy: The Struggle for Regional Leadership in Southeast Asia," in *Globalization, Development, and Security in Asia, Vol. 1*, ed. Zhiqun Zhu and Benny Teh Cheng Guan (Singapore: World Scientific, 2013).
20. John Blaxland and Greg Raymond, "Learning to Trust: Lessons from Thailand, the US, and China," *The Lowy Interpreter*, December 11, 2017.
21. 這是Benjamin Zawacki, *Thailand: Shifting Ground between the US and a Rising China*, 2/e (London: Zed Books, 2020)的主要論點。
22. Pongphisoot Busbarat, "Thai-US Relations in the Post–Cold War Era: Untying the Special Relationship," *Asian Security* 13, no. 3 (2017): 257.
23. 2018年7月6日，在新加坡，與泰國前國安官員的訪談。
24. https://en.wikipedia.org/wiki/Thailand–United_States_relations.
25. 2018年7月6日，在新加坡，與泰國前國安官員的訪談。
26. Busbarat, "Thai-US Relations in the Post–Cold War Era."
27. Brian Harding, Deputy Director of the Southeast Asia Program at CSIS in Washington, "Moving the US-Thai Alliance Forward," *Commentary*, August 7, 2018: https://www.csis.org/analysis/moving-us-thailand-alliance-forward.
28. Congressional Research Service, *Thailand: Background and US-Thailand Relations*, December 13, 2018: https://fas.org/sgp/crs/row/IF10253.pdf.
29. 2017年1月1日，在曼谷美國大使館，與Pete Haymond的訪談。
30. Murray Hiebert, "Prayuth's White House Visit Expected to Kick-Start Normalization of Thai-US Relations," CSIS Commentary, September 29, 2017: https://www.csis.org/analysis/prayuths-white-house-visit-expected-kick-start-normalization-thai-us-relations.
31. Pongphisoot Busbarat, "Shopping Diplomacy: The Thai Prime Minister's Visit to the United States and Its Implications for Thai-US Relations," *Perspective* 78 (2017): 5
32. Marwaan Macam-Marker, "Thailand Mends Military Ties after Post-Coup Tilt to China," *Nikkei Weekly*, July 30, 2018.
33. 2019年5月21日，電郵交流。
34. Kavi Chongkittavorn, *The Thailand-US Defense Alliance in the US Indo-Pacific Strategy* (Washington, DC: East-West Center Asia-Pacific Issues, No. 137, March 2019), 4.
35. US Department of State Bureau of East Asian & Pacific Affairs, "U.S. Relations with Thailand: Fact Sheet," January 24, 2017.
36. 同前。
37. Busbarat, "Thai-US Relations in the Post-Cold War Era," 259.
38. 同前，頁257。
39. Titipol Phakdeewanich, "Pryut's Trip to Washington Confirms US Non-Interventionist Foreign Policy," *The Nation* (Bangkok), October 3, 2017.
40. 引自Kerry Gershaneck, "Military Exchanges—A Chance to Revitalize," *Bangkok Post*, February 10, 2017.
41. Zachary Abuza, "America Should Be Realistic about Its Alliance with Thailand," *War on the Rocks*, January 2, 2020, 15: https://warontherocks.com/2020/01/america-should-be-realistic-about-its-alliance-with-thailand/.
42. Ian Storey, *Thailand's Post-Coup Relations with China and America: More Beijing, Less Washington* (Singapore: ISEAS-Yusof Ishak Institute, Trends in Southeast Asia, no. 20, 2015), 17.
43. Benjamin Zawacki, *Thailand: Shifting Ground between the US and a Rising China.*
44. Benjamin Zawacki, "West Must Act Firmly to Stem Rise of 'China Model' in Thailand,"

China Morning Post, April 26, 2019.

184. "63rd Joint Patrol Starts on Mekong River," *China Daily*, October 27, 2017.
185. 馬建光、李明富、龐超偉，〈中國與東盟軍事外交：現狀、前景及路徑〉，《南洋問題研究》3（2018）：55。
186. Xinhua, "Full Text: China's Policies on Asia-Pacific Security Cooperation"，可見於：http://www.xinhuanet.com//english/china/2017-01/11/c_135973695.htm。
187. Keynote Address by H. E. Li Keqiang, Premier of the State Council of the People's Republic of China at the ASEAN Secretariat, May 7, 2018, Jakarta.

第六章

1. 2018年6月27日，在雅加達，與東協祕書長林玉輝的訪談。
2. 2018年6月27日，在雅加達，與中國駐東協使團蔣勤女士的訪談。
3. Rizal Sukma, "Indonesia, ASEAN, and the Shaping of the Indo-Pacific Idea," *East Asia Forum Quarterly* 11, no. 4 (October–December 2019): 11.
4. 我去過此機構兩次，其研究人員對中國內部事務的瞭解，令我相當佩服，但在對外事務和國家安全方面，則沒那麼出色。見：http://en.vass.gov.vn/noidung/gioithieu/cocautochuc/Pages/thong-tin-don-vi.aspx?ItemID=124&PostID=69。
5. 見Howard W. French, *Everything Under the Heavens: How the Past Helps Shape China's Push for Global Power* (New York: Alfred A. Knopf, 2017).
6. Bilahari Kausikan, *Dealing with an Ambiguous World* (Singapore: World Scientific Publishing, 2017), 41.
7. 同前，頁69。
8. 見Thitinan Pongsudhirak, "Geopolitical Outcomes Beyond COVID-19," *Bangkok Post*, May 15, 2020; Ian Storey and Malcolm Cook, "Same Game, No Winners: COVID-19, US-China Rivalry, and Southeast Asian Geopolitics," *Asia Pacific Bulletin* (East-West Center), May 13, 2020.
9. 見Hoang Thi Ha, "Understanding China's Proposal for an ASEAN-China Community of Common Destiny and ASEAN's Ambivalent Response," *Contemporary Southeast Asia* 41, no. 2 (2019): 223–254.
10. Thitinan Pongsudhirak, "Trump, Southeast Asia, and Thailand," *Bangkok Post*, January 20, 2017.
11. Xi Jinping, "Forging a Strong Partnership to Enhance Prosperity of Asia," speech at ISEAS–Yusof Ishak Institute, November 7, 2015, 13.
12. Xu Bu and Yang Fan, "A New Journey for China-ASEAN Relations," *China International Studies* (January/February 2016): 71–72.
13. 例如，見Zhang Yunling, "China's Neighborhood: New Situation and Consideration," *China International Studies* (January/February 2015): 41–55；溫堯，〈東南亞國家的對華對沖：一項理論探討〉，《當代亞太》6（2016）：4-32；聶文娟，〈東盟對華的身分定位與戰略分析〉，《當代亞太》1（2015）：21-37。對於中國人對中國在此地區之角色的分析所做的有用評估，見Michael A. Glosny, "Chinese Assessments of China's Influence in Developing Asia," in *Rising China's Influence in Developing Asia*, ed. Evelyn Goh (Oxford: Oxford University Press, 2016), 24–54.
14. 見David Hutt, "Why China Gets It Wrong in SE Asia," *Asia Times*, November 1, 2019: https://www.asiatimes.com/2019/11/article/why-china-gets-it-wrong-in-se-asia/.
15. Evelyn Goh, "Will China Get What It Wants in East Asia?," *East Asia Forum Quarterly* (July–September 2016): 17–19.
16. Gregg Brazinsky, *Winning the Third World: Sino-American Rivalry during the Cold War* (Chapel Hill: University of North Carolina Press, 2017).
17. 見David Shambaugh, *Power Shift: China & Asia's New Dynamics* (Berkeley and London:

164. 同前。
165. Among various reports 見Bhavan Jaipragas, "Malaysia to Go Ahead with China-backed East Coast Rail Link," *South China Morning Post*, April 12, 2019; Chun Han Wong and Yantoultra, "China Cuts Price on Malaysian Railway," *Wall Street Journal*, April 13–14, 2019.
166. 見Zachary Abuza, "Malaysia: Navigating between the United States and China," *Asia Policy* 15, no. 2 (April 2020), 118-120.
167. Asian Development Bank, "Meeting Asia's Infrastructure Needs": https://www.adb.org/publications/asia-infrastructure-needs.
168. Michelle Jamrisko, "China No Match for Japan in Southeast Asia Infrastructure Race," Bloomberg, June 22, 2019: https://www.bloomberg.com/news/articles/2019-06-23/china-no-match-for-japan-in-southeast-asia-infrastructure-race.
169. Pichamon Yeophantong, "Is China a Rogue Investor?," *East Asia Forum Quarterly* 11, no. 4 (October–December 2019): 36.
170. Mingjiang Li and Xue Gong, "China's Belt and Road Initiative: How May It Change the Regional Order in Southeast Asia?," in *China's Belt and Road Initiative: Understanding the Dynamics of a Global Transformation*, ed. Yue Wah Chay, Thomas Menkhoff, and Linda Low (Singapore: World Scientific, 2019), 151–176.
171. 一篇概述見Prashanth Parameswaran, *Managing the Rise of China's Security Partnerships in Southeast Asia* (Washington, DC: Woodrow Wilson Center, July 2019).
172. Aude Fleurant et al., "Trends in International Arms Transfers, 2016" (Stockholm: SIPRI, February 2017), https://www.sipri.org/sites/default/files/Trends-in-international-arms-transfers-2016.pdf. 另見 Ron Matthews, "The Endgame of China's Arms Export Strategy," *East Asia Forum*, September 27, 2017, http://www.eastasiaforum.org/2017/09/27/the-end-game-of-chinas-arms-export-strategy/.
173. Panu Wongchaum, "Thailand Plans Joint Arms Factory with China," Reuters, November 16, 2017.
174. "Malaysia, China Set Up High-Level Defense Cooperation Committee," *Channel News Asia*: http://www.channelnewsasia.com/news/asiapacific/malaysia-china-set-up-high-level-defence-cooperation-committee-8785226.
175. Jeffrey Becker, "What Is the PLA's Role in Promoting China-Cambodia Relations?," *The Diplomat*, April 29, 2017, http://thediplomat.com/2017/04/what-is-the-plas-role-in-promoting-china-cambodia-relations/; and Bhavan Jaipragas, "How China Is Helping Malaysia's Military Narrow the Gap with Singapore, Indonesia," *South China Morning Post*, August 20, 2017, http://www.scmp.com/week-asia/geopolitics/article/2107408/how-china-helping-malaysias-military-narrow-gap-singapore.
176. Kristin Huang, "Weapons Sales Making China a Big Gun in Southeast Asia," *South China Morning Post*, October 7, 2017.
177. 2017年2月16日，在馬尼拉，作者與菲律賓官員的訪談。
178. Yang Razali Kassim, "Is Malaysia Tilting towards China?" (Singapore: S. Rajaratnam School of International Studies, December 30, 2016).
179. 見鄭先武，〈東盟安全共同體建設與東南亞多邊防務外交轉型〉，《南洋問題研究》3（2018）：31–46。
180. Prashanth Parameswaran, "China to Hold First Meeting with ASEAN Defense Ministers in Beijing," *The Diplomat*, June 3, 2015.
181. Sarah Zheng, "China and ASEAN to Go Ahead with First Joint Naval Exercise," *South China Morning Post*, October 24, 2017.
182. Lim Min Zhang, "China, ASEAN Kick Off Inaugural Maritime Field Training Exercise in Zhanjiang, Guangdong," *Straits Times*, October 22, 2018.
183. Minnie Chan, "China Begins Joint Naval Drills with Six Southeast Asian Nations," *South*

et al., "The Belt and Road Initiative: Ancient Ideas in the Modern World," UBS Research, September 2017; Sanchita Basu Das, "Do the Economic Ties between ASEAN and China Affect Their Strategic Partnership?" *Perspective* 32 (2018); Chris Devonshire Ellis, *China's New Economic Silk Road: The Great Eurasian Game and the Strong of Pearls* (N.p.: Asia Briefing Ltd., 2015); Bob Teoh and Ong Juat Heng, *The Dragon Stirs: The New Silk Road* (Kuala Lumpur: Kanyin Publications, 2018); and Will Doig, *High-Speed Empire: Chinese Expansion and the Future of Southeast Asia* (New York: Columbia Global Reports, 2018).

147. Dylan Loh, "Vietnam and Indonesia Stand Out as Belt and Road Bets," *Nikkei Asian Review*, August 18, 2019; Ching Koh Ping, "Belt and Road Investment in Southeast Asia Jumps: Report," *Straits Times*, August 14, 2019.
148. Michelle Jamrisko, "China No Match for Japan in Southeast Asia Infrastructure Race," Bloomberg, June 22, 2019: https://www.bloomberg.com/news/articles/2019-06-23/china-no-match-for-japan-in-southeast-asia-infrastructure-race. 這篇文章所引數據來自Fitch Solutions。
149. 這些計畫的個別美元數額來自Bhavan Jaipragas, "11 Projects That Show China's Influence over Malaysia—and Could Influence Its Election," *South China Morning Post*, October 11, 2017.
150. 2017年4月21日，在吉隆坡，作者與馬來西亞學者的討論。
151. 2018年7月9日，在吉隆坡，與馬來西亞外交部高階官員的訪談。
152. "Speed and Scale of Chinese Contractors Ignite Fear in Malaysia," *Straits Times*, May 7, 2017.
153. Shannon Teoh, "Jitters over China Project with Axing of Bandar Malaysia Deal," *Straits Times*, May 5, 2017; Shannon Teoh and Trinna Leong, "Chinese Deals in Malaysia under Scrutiny," *Straits Times*, May 7, 2017; Ushar Daniele, "Sour Deal Complicates Najib's Trip to Beijing," *South China Morning Post*, May 10, 2017; and Bradley Hope and Tom Wright, "1MDB Deal Falls Apart," *Asian Wall Street Journal*, May 4, 2017.
154. Johan Nylander, "Chinese Taking Over Malaysia in Twenty Years, Politician Warns," *Asia Times*, May 6, 2017; Wan Saiful Wan Jan, "Malaysian's Response to Big China Presence Shows Concerns," *Straits Times*, April 27, 2017; FMT Reporters, "Sri Lanka: Debt Woes with China a Warning to Malaysia," *Free Malaysia Today*, July 31, 2017: http://www.freemalaysiatoday.com/category/nation/2017/07/31/report-sri-lankas-debt-woes-with-china-a-warning/.
155. 見Wan Saiful Wan Jan, "Malaysians' Response to Big China Presence Shows Concerns," *Straits Times*, April 27, 2017；另見Tham Siew Yean, "Chinese Investment in Malaysia: Five Years into the BRI," *Perspective* 11 (2018), ISEAS–Yusof Ishak Institute.
156. Reme Ahmad, "Mahathir Takes Aim at China Investments in Key Party Speech," *Straits Times*, January 15, 2017.
157. PBS News Hour, "China's Massive Belt & Road Initiative Builds Infrastructure—and Influence," September 27, 2019: https://www.pbs.org/newshour/show/how-historic-belt-and-road-infrastructure-project-is-building-chinas-global-influence.
158. N.A., "Malaysia's Belt and Road Railway Project Suspended," *Straits Times*, July 5, 2018; Amanda Erickson, "Malaysia Cancels Two Big Chinese Projects, Fearing They Will Bankrupt the Country," *Washington Post*, August 21, 2018.
159. N.A., "Mahathir Axes Rail Link with Singapore," *South China Morning Post*, May 28, 2018.
160. N.A., "KL Probes China-Backed Projects' Links to 1MDB," *Straits Times*, July 6, 2018.
161. Adam Schreck, "Malaysia's Mahathir Aims to Scrap China Deals," AP News, August 13, 2018: https://www.apnews.com/27dd8af785214660b29cbb917161b47e.
162. N.A., "Mahathir Axes Rail Link with Singapore."
163. 引自Hannah Beech, "'We Cannot Afford This': Malaysia Pushes Back against China's Vision," *New York Times*, August 20, 2018.

129. 見"Appendix 2: Singapore and ASEAN," in Diamond and Schell, eds., *China's Influence & American Interests: Promoting Constructive Vigilance*, 195–201; Russell Hsiao, "A Preliminary Survey of Chinese Influence Operations in Singapore," Jamestown Foundation *China Brief*: https://jamestown.org/program/a-preliminary-survey-of-ccp-influence-operations-in-singapore/.
130. S. S. Teo, "Singapore Well-Placed to Tap Belt and Road Opportunities," *Straits Times*, May 25, 2017.
131. "China-ASEAN Trade Hits Record High," Xinhua, March 13, 2019: http://www.xinhuanet.com/english/2019-03/13/c_137892383.htm.
132. Sarah Y. Tong and Wen Xin Lim, "China-ASEAN Economic Relations," in Dittmer and Ngeow, *Southeast Asia and China*, 172.
133. Issaku Harada, "US Overtaken by Southeast Asia as China's No. 2 Trade Partner," *Nikkei Asian Review*, July 13, 2019.
134. https://www.ceicdata.com/en.
135. 香港環亞經濟數據有限公司（CEIC）資料庫數據，轉引自Malcolm Cook, "Divergence and Displacement: Southeast Asia-China Trade, 2013–2018," *Perspective* 88 (October 2019): 5: https://www.iseas.edu.sg/images/pdf/ISEAS_Perspective_2019_88.pdf.
136. Malcolm Cook, "Divergence and Displacement"; 另見Sanchita Basu Das, "Southeast Asia Worries Over Growing Economic Dependence on China," Perspective 81 (November 2017), published by ISEAS-Yusof Ishak Institute, 8 (table 2).
137. 同前。
138. 中國國家統計局的2014年數據是476億美元。見《2014年度中國對外直接投資統計公報》：http://oversea.cnki.net/kns55/oldNavi/n_item.aspx?NaviID=4&BaseID=YDZTZ&NaviLink=中国对外直接投资统计公报。加上東盟2015年數據68億美元、2016年65億美元、2017年137億美元、2018年101億美元（http://data.aseanstats.org/fdi-by-hosts-and-sources），2018年底時總額達847億美元。
139. Sanchita Basu Das, "Southeast Asia Worries over Growing Economic Dependence on China," *Perspective* 81 (November 2017), ISEAS–Yusof Ishak Institute, 10 (table 5a). For useful individual country studies, 見John Lee, *China's Economic Engagement with Southeast Asia: Thailand* (Singapore: ISEAS Publishing, 2013); John Lee, *China's Economic Engagement with Southeast Asia: Indonesia* (Singapore: ISEAS Publishing, 2013); Nyiri Pal, *New Chinese Migration and Capital in Cambodia* (Singapore: ISEAS Publishing, 2014); Danielle Tan, *Chinese Engagement in Laos: Past, Present, and Uncertain Future* (Singapore: ISEAS Publishing, 2015); and US-China Economic and Security Review Commission, *China's Economic Ties with ASEAN*, March 17, 2015.
140. "ASEAN-China Relations: Then and Now," *ASEAN Focus* 6 (2018): 13.
141. Guanie Lim, "China's 'Going Out' Strategy in Southeast Asia," *China: An International Journal* 15, no. 4 (November 2017): 167.
142. 見：https://data.aseanstats.org/fdi-by-hosts-and-sources。另見John Reed and Valentina Romei, "Who Dominates the Economies of Southeast Asia?" *Financial Times*, April 30, 2018.
143. https://data.aseanstats.org/fdi-by-hosts-and-sources.
144. Ma Tieying, "Understanding China: BRI in Southeast Asia—Beyond Infrastructure," DBS Group Research, August 20, 2018, 5.
145. 在眾多相關研究和媒體報導中，可參見Chien-peng Chung and Thomas J. Voon, "China's Maritime Silk Road Initiative: Political-Economic Calculations of Southeast Asian States," *Asian Survey* 57, no. 3 (May/June 2017): 416–449.
146. 下列項目來源包括Chris Leung, "Understanding China: BRI Tactics for Southeast Asia," DBS Group Research, March 26, 2018; Lance Nobel and Tom Miller, "Assets and Albatrosses on the Maritime Silk Road," Gavekal Dragonomics, August 8, 2018; Kelvin Tay

106. Samantha Custer et al., *Ties That Bind: Quantifying China's Public Diplomacy and Its "Good Neighbor" Effect* (Williamsburg, VA: AidData, 2018): http://docs.aiddata.org/ad4/pdfs/Ties_That_Bind—Full_Report.pdf.
107. 同前，頁2。
108. 國家漢辦網站：https://english.hanban.org。
109. 見Li Mingjiang and Kwa Chong Guan, eds., *China-ASEAN Sub-Regional Cooperation: Progress, Problems, and Prospects* (Singapore: World Scientific, 2011); and Chong Koh Ping, "Fujian Gears Up to Boost Trade Links with Southeast Asia," *Straits Times*, May 12, 2017.
110. ISEAS-Yusof Ishak Institute, *The State of Southeast Asia 2019 Survey Report*: https://www.iseas.edu.sg/images/pdf/ASEANFocus%20FINAL_Jan19.pdf.
111. "International Publics Divided on China," Pew Research Center, October 1, 2018: https://www.pewresearch.org/global/2018/10/01/international-publics-divided-on-china/.
112. "How People in the Asia-Pacific View China," Pew Research Center, October 16, 2017: https://www.pewresearch.org/fact-tank/2017/10/16/how-people-in-asia-pacific-view-china/.
113. Wu Xiao An, *China's Evolving Policy Towards the Chinese Diaspora in Southeast Asia* (1949–2018) (Singapore: ISEAS-Yusof Ishak Institute, *Trends*, no. 14, 2019), 19.
114. 同前。
115. 同前。
116. Leo Suryadinata, *The Rise of China and Chinese Overseas: A Study of Beijing's Changing Policy in Southeast Asia and Beyond* (Singapore: ISEAS-Yusof Ishak Institute, 2017), 25. 這個數字是根據中華民國（臺灣）僑務委員會，《100年僑務統計年報》，頁11。
117. 轉引自 "High Wire Act," *The Economist*, May 30, 2020, 54.
118. Suryadinata, *The Rise of China and Chinese Overseas*, 114.
119. Cheong Suk-Wai, "China's 'One Big Family' Policy Raises Concerns," *Straits Times*, April 30, 2017.
120. "The Nationality Law of the People's Republic of China," adopted at the Third Session of the Fifth National People's Congress, September 10, 1980, Appendix 1 in Suryadinata, *The Rise of China and Chinese Overseas*.
121. 劉宏，《海外華僑華人與中國的公共外交》（廣州：暨南大學出版社，2015），第三章。
122. Suryadinata, *The Rise of China and Chinese Overseas*, 236.
123. 見Alex Joske, "Reorganizing the United Front Work Department: New Structures for a New Era of Diaspora and Religious Affairs Work," *China Brief* 19, no. 9, May 9, 2019: https://jamestown.org/program/reorganizing-the-united-front-work-department-new-structures-for-a-new-era-of-diaspora-and-religious-affairs-work/.
124. 中文網站和對活動的描述，可見於：http://www.zhongguotongcuhui.org.cn。
125. 相關分會和國家附屬組織列表，見：http://www.zhongguotongcuhui.org.cn/hnwtch/yz/。另見John Dotson, "The United Front Work Department in Action Abroad: A Profile of the Council for the Promotion of the Peaceful Reunification of China," *China Brief* 18, no. 2, February 13, 2018: https://jamestown.org/program/united-front-work-department-action-abroad-profile-council-promotion-peaceful-reunification-china/; John Dotson, "The United Front Work Department Goes Global: The Worldwide Expansion of the Council for the Promotion of the Peaceful Reunification of China," *China Brief*, March 9, 2019: https://jamestown.org/program/the-united-front-work-department-goes-global-the-worldwide-expansion-of-the-council-for-the-promotion-of-the-peaceful-reunification-of-china/.
126. 一篇關於2019年6月會議的報導，見：http://www.gqb.gov.cn/news/2019/0624/46424.shtml。
127. 見鄧應文，〈東南亞地區的中國商會研究——以越南、柬埔寨及印尼中國商會為例〉，《東南亞研究》6（2014）：74–83。
128. 同前，頁78–79.

December 2019), 14.

92. 見Diamond and Schell, eds., *China's Influence and American Interests*; Ann-Marie Brady, "Magic Weapons: Chinese Political Influence Activities under Xi Jinping," Woodrow Wilson Center, June 2017: https://www.wilsoncenter.org/sites/default/files/for_website_magicweaponsanne-mariesbradyseptember2017.pdf; Anne-Marie Brady, "Exploit Every Rift: United Front Work Goes Global," *Party Watch Annual Report 2018*, 可見於https://docs.wixstatic.com/ugd/183fcc_5dfb4a9b2dde492db4002f4aa90f4a25.pdf; Alexander Bowe, "China's Overseas United Front Work," US-China Economic and Security Review Commission, August 24, 2018: https://www.uscc.gov/sites/default/files/Research/China%27s%20Overseas%20United%20Front%20Work%20-%20Background%20and%20Implications%20for%20US_final_0.pdf; Jonas Parello-Plesner, "The Chinese Communist Party's Foreign Interference Operations: How the US and Other Democracies Should Respond," Hudson Institute, June 2018: https://s3.amazonaws.com/media.hudson.org/files/publications/JonasFINAL.pdf; Juan Pablo Cardinal et al., *Sharp Power: Rising Authoritarian Influence* (Washington, DC: National Endowment for Democracy, 2017): https://www.ned.org/wp-content/uploads/2017/12/Sharp-Power-Rising-Authoritarian-Influence-Full-Report.pdf; and Project ChinfluenCE: Chinese Influence in Central Europe (https://www.chinfluence.eu).
93. 就作者所知，相關研究唯見於"Singapore and ASEAN"附錄二其中一節，收錄於Diamond and Schell, eds., *China's Influence and American Interests*，以及Amy E. Searight, "Chinese Influence Activities with US Allies and Partners in Southeast Asia"，此為2019年4月5日US-China Economic and Security Review Commission開始前發表的證詞；還有Russell Hsiao, "A Preliminary Survey of CCP Influence Operations in Singapore," *China Brief* 19, no. 13 (2019): https://jamestown.org/program/a-preliminary-survey-of-ccp-influence-operations-in-singapore/。
94. 中共中央對外聯絡部中文網站，有列出該部門活動、來訪外賓、代表，可在http://www.idcpc.org.cn找到。
95. 中共中央統一戰線工作部中文網站，有列出該部門活動，可在http://www.zytzb.gov.cn/html/index.html找到。與海外華人有關的活動，可見於：http://www.zytzb.gov.cn/hwhs/index.jhtml。
96. 國務院僑務辦公室中文網站：http://www.gqb.gov.cn。
97. 中國人民對外友好協會中文網站，列出該機構的活動、來訪外賓、代表團：http://www.cpaffc.org.cn。
98. 中國外交學會英文版首頁：http://www.cpifa.org/en/。
99. 見David Shambaugh, "China's 'Quiet Diplomacy': The International Department of the Chinese Communist Party," *China: An International Journal* 5, no. 1 (March 2007); Julia Bowie, "International Liaison Work for the New Era: Generating Global Consensus?" *Party Watch Annual Report* 2018，可見於：https://docs.wixstatic.com/ugd/183fcc_687cd757272e461885069b3e3365f46d.pdf。
100. 這些可見於：http://www.idcpc.org.cn/jwdt/index_1.html。
101. 與海外華人有關的活動，可見於：http://www.zytzb.gov.cn/hwhs/index.jhtml。
102. http://en.cpaffc.org.cn/friendly/index.html.
103. 2017年5月27日，在緬甸仰光，作者與饒有見地之學者的訪談。
104. Khin Khin Kyaw Kyee, *China's Multilayered Engagement Strategy and Myanmar's Realities: The Best Fit for Beijing Policy Preferences* (Yangon: Institute for Strategy and Policy, 2018), 14–15.
105. State Council of the People's Republic of China, *China's Foreign Aid (2014)*, 11: http://english.www.gov.cn/archive/white_paper/2014/08/23/content_281474982986592.htm. For a full description of China's foreign aid projects in Southeast Asia 關於中國在東南亞之外交援助計畫的完整記述，見白云真，《中國對外研究的支柱與戰略》(北京：時事出版社，2016)，頁202–222。

ASEAN-China Dialogue and Cooperation—Facts and Figures (Beijing: ASEAN-China Center, 2016), 23；關於東協成員國在中國就讀的學生，見：Ministry of Foreign Affairs of the People's Republic of China, "Table of Overseas Students Accepted by China (2016)," *China's Foreign Affairs* 2017 (Beijing: Shijie zhishi chubanshe, 2017), 575–576。

77. "Why More Southeast Asian Students Are Choosing China for Higher Education," Channel News Asia (Singapore), March 18, 2018: https://www.channelnewsasia.com/news/asia/why-more-southeast-asian-students-are-choosing-china-for-higher-10042118.
78. 根據作者本人與印尼、菲律賓學生的討論。
79. Mo Jingxi, "Scholarships Boost China-ASEAN Relations," *China Daily* (North American edition), December 19, 2018, 5.
80. 同前。
81. Xiamen University Malaysia: http://www.xmu.edu.my.
82. "Why Southeast Asian Students Are Choosing China for Higher Education."
83. "Southeast Asian Students Are Flocking to Thai Universities," January 17, 2019: https://www.scmp.com/print/news/asia/southeast-asia/article/2182542/chinese-students-are-flocking-thai-universities-drawn.
84. 同前。
85. 見David Shambaugh, "External Propaganda Work: Missions, Messengers, and Mediums," *Party Watch Annual Report 2018*, 可見於：https://docs.wixstatic.com/ugd/183fcc_e21fe3b7d14447bfaba30d3b6d6e3ac0.pdf。
86. 見Eva O'Dea, "Chinese Language Media in Australia Almost Completely Dominated by the PRC," *Lowy Interpreter*, January 18, 2016; James Glenday, "China's Influence over Chinese Language Media Outlets Growing," ABC News, October 15, 2014: https://www.abc.net.au/news/2014-10-16/chinas-influence-over-australia-media-growing-analysts-say/5816922; Larry Diamond and Orville Schell, eds., *China's Influence and American Interests: Promoting Constructive Vigilance* (Stanford, CA: Hoover Institution Press, 2019), Appendices II and III; Sarah Cook, *The Implications for Democracy of China's Globalizing Media Influence* (Washington, DC: Freedom House, 2019): https://freedomhouse.org/report/freedom-media/freedom-media-2019#china-essay; Sarah Cook, "The Long Shadow of Chinese Censorship: How the Communist Party's Media Restrictions Affect News Outlets around the World," Center for International Media Assistance, October 22, 2013, http://www.cima.ned.org/wp-content/uploads/2015/02/CIMA-China_Sarah%20Cook.pdf; Emily Feng, "China and the World: How Beijing Spreads the Message," *Financial Times*, July 12, 2018, https://www.ft.com/content/f5d00a86-3296-11e8-b5bf-23cb17fd1498; Louisa Lim and Julia Bergin, "Inside China's Audacious Global Propaganda Campaign," *The Guardian*, December 7, 2018, https://www.theguardian.com/news/2018/dec/07/china-plan-for-global-media-dominance-propaganda-xi-jinping; and David Shambaugh, "China's Soft Power Push—The Search for Respect," *Foreign Affairs* (July/August 2015).
87. Wang Fengjuan, "Dubbed with Popularity: Chinese Films and Television Are Welcomed in Southeast Asia," *Beijing Review*, April 21, 2016, 18–19.
88. 見Tyler Roney, "Chinese Propaganda Finds a Thai Audience," *Foreign Policy*, August 28, 2019: https://foreignpolicy.com/2019/08/28/chinese-propaganda-finds-a-thai-audience/.
89. 關於新華社全球觸角的更完整討論，見David Shambaugh, *China Goes Global: The Partial Power* (Oxford and New York: Oxford University Press, 2013), 228–230.
90. Steven Jiang, "China Has a New Propaganda Weapon: Voice of China," CNN Business, March 21, 2018: https://money.cnn.com/2018/03/21/media/voice-of-china-propaganda-broadcaster/index.html.
91. Samantha Custer et al., *Influencing the Narrative: How the Chinese Government Mobilizes Students and Media to Burnish Its Image* (Williamsburg, VA: AIDDATA, College of William and Mary,

content/uploads/2016/09/Joint-Statement-of-ASEAN-China-Commemorative-Summit-Final.pdf. 另見David Arase, *Explaining China's 2+7 Initiative towards ASEAN* (Singapore: ISEAS *Trends in Southeast Asia*, no. 4, 2015).

54. Wang Yi, "Grasping the Historic Opportunity to Promote ASEAN Plus Three Cooperation," August 15, 2016, Kuala Lumpur: https://www.fmprc.gov.cn/mfa_eng/zxxx_662805/t1287933.shtml.
55. 2018年6月27日，在雅加達，與東協祕書處成員的討論。
56. 2017年1月18日，在曼谷泰國外交部的訪談。
57. Kaukisan, *Dealing with an Ambiguous World*, 43.
58. State Council Information Office of the People's Republic of China, "Full Text: China Adheres to Position of Settling through Negotiation the Relevant Disputes between China and the Philippines in the South China Sea," July 13, 2016: http://english.www.gov.cn/state_council/ministries/2016/07/13/content_281475392503075.htm.
59. 《南海各方行為宣言》: https://asean.org/?static_post=declaration-on-the-conduct-of-parties-in-the-south-china-sea-2.
60. 見"Ode to Misconduct," *The Economist*, October 5, 2019.
61. 想掌握造島動態，最佳參考來源之一：Asia Maritime Transparency Initiative: https://amti.csis.org/features/。
62. 針對這個複雜議題的進一步分析，見Ian Storey and Lin Cheng-yi, eds., *The South China Sea Dispute: Navigating Diplomatic and Strategic Tensions* (Singapore: ISEAS-Yusog Ishak Institute, 2016); Yang Razali Kassim, ed., *The South China Sea Disputes: Flashpoints, Turning Points, and Trajectories* (Singapore: World Scientific: 2017).
63. 包括東盟—中國文化論壇（一年一度）；中國—東盟教育交流年（2016）；中國—東盟文化交流年（2014）；「留學生雙十萬計畫」（打算至2020年時互派留學生10萬——2016年時已超越此目標）；中國—東盟殘疾人論壇；東盟—中國文化產業論壇；中國—東盟青年協會和中國—東盟青年營；東盟—中國青年藝術家交流營；中國—東盟博覽會；中國—東盟信息港；北京東盟—中國中心；各式各樣論壇和活動。
64. ASEAN-China Center, *25 Years of ASEAN-China Dialogue and Cooperation: Facts and Figures* (Beijing: ASEAN-China Center, 2016), 23. 這些活動下面資料也有列出：Xu Bu and Yang Fan, "A New Journey for China-ASEAN Relations"；大使黃溪連在雅加達「中國—東盟一帶一路商業論壇」上的演說。
65. Ambassador Huang Xilian, "China, ASEAN Enter a New Era Hand-in-Hand," *Jakarta Post*.
66. 見Karamjit Kaur, "Southeast Asia Banks on Tourists from China," *Straits Times*, February 26, 2017.
67. "China Whirl: East Asia Has the World's Fastest Growing Tourist Industry," *The Economist*, April 12, 2018.
68. "Tourist Arrivals in ASEAN as of January 2017," ASEAN Statistics: https://asean.org/wp-content/uploads/2015/09/Table-28-checked.pdf; https://asean.org/wp-content/uploads/2015/09/Table-29-checked.pdf.
69. 大使黃溪連2018年2月9日在雅加達「與地方智庫和媒體圓桌會談」上的發言。
70. McKinsey Global Institute, *China and the World: Inside the Dynamics of a Changing Relationship* (Shanghai: McKinsey Global Institute, 2019), figure 38.
71. "China Whirl," *The Economist*.
72. McKinsey Global Institute, *China and the World*.
73. Raul Dancel, "Beaches Are Tops," *Straits Times*, February 26, 2017.
74. "More Tourists from Secondary Chinese Cities," *Straits Times*, February 26, 2017.
75. Sudeshna Sarkar, "An Aligned Vision: ASEAN and Its Ties with China Are Critical to the Revival of Historic Silk Routes," *Beijing Review*, May 25, 2017, 27.
76. 關於在東協成員國就讀的中國學生，見：ASEAN-China Center, *1991–2016: 25 Years of*

29. 杜蘭，〈中美在中南半島的競爭態勢及合作前景〉，《南洋問題研究》3（2016）：95-103。
30. 對美國與這其中每個國家之軍事關係的翔實評估，見趙毅，〈當前美國在東南亞的軍事存在分析〉，《東南亞研究》5（2014）：59-64。
31. 同前。
32. 詹林、吳雪艷，〈美國對印尼的軍事教育培訓援助：內容、目標與成效〉，《南洋問題研究》2（2019）：59-72。
33. 同前，頁60。
34. 王博煊，〈美國「亞太再平衡」戰略背景下的中國周邊外交政策〉，《東南亞縱橫》3（2016）：44-48。
35. 王簫軻、張慧智，〈大國競爭與中國對東南亞的經濟外交〉，《東南亞研究》1（2015）：27-32。
36. 例如，見盧光盛、聶姣，〈中美貿易戰背景下的中國—東盟關係：影響、風險與應對〉，《南洋問題研究》1（2019）：1-10；畢世鴻，〈權力轉移背景下東盟多邊外交戰略的演變、特點及挑戰〉，《南洋問題研究》2（2018）：1-12。
37. 例如，見閻森，〈東亞、東南亞地區經濟的收斂與區域內貿易對其促進效應的實證研究〉，《南洋問題研究》1（2018）：92-104；林梅、那文鵬，〈印尼早熟型去工業化問題探析〉，《南洋問題研究》1（2018）：77-91。
38. 例如，見王勤，《東南亞地區發展報告：2017-2018年》（北京：社會科學文獻出版社，2018）。
39. 例如，見祁懷高、李彥良，〈東埔寨2017年鄉選前後的政黨政治博奕及未來政局走向〉，《南洋問題研究》1（2018）：63-76；彭慧、王小娟，〈泰國政治中的「教父」群體探析〉，《南洋問題研究》2（2018）：26-35；沈紅芳，〈菲律賓杜特爾特政府的政治經濟改革研究〉，《南洋問題研究》3（2018）：76-85。
40. 2019年10月24日，在廈門大學，與院長李一平的訪談。
41. Eric Heginbotham, "China's Strategy in Southeast Asia," in *China Steps Out: China's Major Power Engagement with the Developing World*, ed. Joshua Eisenman and Eric Heginbotham (London: Routledge, 2018), 54.
42. Andrew Scobell et al., *At the Dawn of Belt and Road: China in the Developing World* (Santa Monica, CA: The RAND Corporation, 2018), 53.
43. 2018年6月17日，在雅加達，與中國駐東協使團公使銜參贊蔣勤的訪談。
44. 2017年5月29日，在緬甸仰光，作者與「國際危機團體」（International Crisis Group）成員Richard Horsey的訪談。
45. Ronron Calunsod, "China Rises to Become ASEAN's 'Most Important' Dialogue Partner," *Kyoto News*, August 5, 2019.
46. 與公使銜參贊蔣勤的訪談。
47. 這些〈諒解備忘錄〉都被列入ASEAN Secretariat Information Paper (July 2019), *Overview of ASEAN-China Dialogue Relations*: https://asean.org/storage/2012/05/Overview-of-ASEAN-China-Relations-Jul-2019_For-Web_Rev.pdf.
48. 2016–2020計畫可見於：https://www.asean.org/storage/images/2015/November/27th-summit/ASEAN-China%20POA%20%202016-2020.pdf。
49. Kavi Chongkittavorn, "Time to Rebuild ASEAN-China Ties for the Next 25 Years," *Straits Times*, June 13, 2016.
50. "Towards a Closer ASEAN-China Strategic Partnership: Joint Statement of the 19th ASEAN-China Summit to Commemorate the 25th Anniversary of ASEAN-China Dialogue Relations," Vientiane, Laos, September 7, 2016: https://asean.org/wp-content/uploads/2016/09/Joint-Statement-of-ASEAN-China-Commemorative-Summit-Final.pdf.
51. 2019年9月3日，與東協祕書處人力資源處的電郵交流。
52. 2018年6月27日，在雅加達東協祕書處，與東協祕書長林玉輝的訪談。
53. H. E. Li Keqiang, "Remarks at the 16th ASEAN-China Summit": https://asean.org/wp-

Studies in China (Singapore: ISEAS Publishing, 2007).

6. 2019年10月24日，在廈門大學東南亞研究中心，與院長李一平的訪談。
7. 見David Shambaugh, "International Relations Studies in China: History, Trends, and Prospects," *International Relations of the Asia-Pacific* (September 2011).
8. 布魯金斯學會（Brookings Institution）的東南亞事務專家Jonathan Stromseth，在2006至2014年擔任亞洲基金會駐北京代表期間，提出了一模一樣的觀察，但他也指出，至該時期末尾，情況開始顯著改變。Stromseth說：「但〔2006年〕我發現，不只是東南亞研究領域人力資源少得可憐，也對此地區本身興趣缺缺……東南亞似乎像是一灘死水。如今情況全然改觀。東南亞研究不只在北京極為興盛，而且在全國各地亦然，新計畫和新中心到處冒出。」我個人認為Stromseth誇大了目前的情況，但他還是提供了第一手的觀點。見Jonathan Stromseth, "The Testing Ground: China's Rising Influence in Southeast Asia and Regional Responses," Brookings Institution, November 2019: https://www.brookings.edu/wp-content/uploads/2019/11/FP_20191119_china_se_asia_stromseth.pdf.
9. 《南洋問題研究》的官方英譯為字面直譯：*Research on South [China] Sea Issues*。
10. Wang Shilu, "Southeast Asian Studies in Yunnan," in *Southeast Asian Studies in China*, ed. Saw Swee-Hock and John Wong, 107–108.
11. Zhou Shixin, "ASEAN Centrality in Reginal Cooperation: Status Quo and Challenges," *China International Studies* 1 (January/February 2017): 90–92.
12. 同前，頁94–95。
13. 美中戰略競爭相關中文論著的綜合評論，見Minghao Zhao, "Is a New Cold War Inevitable?: Chinese Perspectives on US-China Strategic Competition," *Chinese Journal of International Politics* 1 (2019): 1–24.
14. 例如，見閻學通，〈對中美關係不穩定性的分析〉，《世界經濟與政治》12（2010）：29-30；王緝思，〈中美結構性矛盾上升，戰略較量難以避免〉，《國際戰略研究》47（2010）：1-4；朱鋒，〈中美戰略競爭與東亞安全秩序的未來〉，《世界經濟與政治》3（2013）：9-12；崔立如，〈管理戰略競爭：中美關係新格局的挑戰〉，《美國研究》2（2-16）：9-12。
15. 徐堅，〈美國對華政策挑戰與中美關係的三大風險〉，《國際問題研究》4（2018）：14-18；劉豐，〈中美戰略競爭與東亞安全態勢〉，《現代國際關係》8（2017）：27-28；趙明昊，〈特朗普執政與中美關係的戰略轉型〉，《美國研究》5（2018）：34-37；韋宗友，〈中美戰略競爭、美國「地位焦慮」與特朗普政府對華戰略調整〉，《美國研究》4（2018）：70-73。
16. 陳遙，〈中國—東盟政治互信：現狀、問題與模式選擇〉，《東南亞研究》3（2014）：34-40。
17. 同前。
18. 任遠喆，〈美國東盟關係的「三級跳」與東南亞地區秩序〉，《南洋問題研究》1（2017）：23。
19. 陳小鼎、王翠梅，〈周邊國家應對中國崛起的戰略選擇：一種基於制衡能力和制衡意願的解釋〉，《當代亞太》1 (2019):157。
20. 連波，〈追隨戰略的「黃昏」：基於東南亞國家對中美兩國戰略取向的分析〉，《當代亞太》1 (2019): 158。
21. 溫堯，〈東南亞國家的對華對沖：一項理論探討〉，《當代亞太》6（2016）：4-23。
22. 聶文娟，〈東盟對華的身分定位與戰略分析〉，《當代亞太》1（2015）：21-37。
23. 引文全出自聶文娟，〈東盟對華的身分定位與戰略分析〉，頁21-28。
24. 同前，頁37。
25. 例如，見〈中國周邊外交的政策調整與新理念〉，《當代亞太》3（2014）：4-26。
26. 陶連洲，〈2013年以來中國—東盟命運共同體研究綜述〉，《東南亞縱橫》3（2016）：76-80。
27. 見Hoang Thi Ha, "ASEAN's Ambivalence towards a 'Common Destiny' with China," *ASEAN Focus* 6 (2018): 10–11.
28. 王玉主，〈東盟崛起背景下的中國東盟關係：自我認知變化與對外戰略調整〉，《南洋問題研究》2（2016）：1-11。

港），1959年12月20日，英譯見於1959年12月28日*Survey of Mainland China Press* (SCMP), no. 2164，被引用於Mozingo, *Chinese Policy towards Indonesia*, 171–172.

74. Robert S. Ross, *The Indochina Tangle: China's Vietnam Policy, 1975–1979* (New York: Columbia University Press, 1988).
75. 關於中越戰爭，最好的研究有：Edward C. O'Dowd, *Chinese Military Strategy in the Third Indochina War: The Last Maoist War* (London: Routledge, 2007); Zhang Xiaoming, "China's 1979 War with Vietnam: A Reassessment," *China Quarterly* 184 (December 2005): 851–874; and King V. Chen, *China's War with Vietnam* (Stanford, CA: Hoover Institution, 1987)。關於這一時期中越關係惡化情況擴大的精采研究，見William J. Duiker, *China and Vietnam: The Roots of Conflict* (Berkeley: University of California Press, 1986); Robert S. Ross, *The Indochina Tangle;* and Anne Gilks, *The Breakdown of the Sino-Vietnamese Alliance, 1970–1979* (Berkeley: University of California Press, 1992).
76. Lee Kuan Yew, *From Third World to First: The Singapore Story, 1965–2000* (Singapore: Times Media, 2000), 693.
77. 同前，第39–40章。
78. 關於這個過程的清楚梳理，見Alastair Iain Johnston and Robert S. Ross, eds., *Engaging China: The Management of an Emerging Power* (London: Routledge, 1999).
79. 2004年6月11日，在北京，與崔天凱的訪談。
80. 見下書其中幾章：David Shambaugh, ed., *Power Shift: China and Asia's New Dynamics* (Berkeley: University of California Pres, 2005)。另見Allen S. Whiting, "ASEAN Eyes China: The Security Dimension," *Asian Survey* 37, no. 4 (April 1997): 299–322.
81. 我在我的書*China Goes Global*梳理分析了第一個問題，中國對第二和第三個問題的回應，我也在我的另一本書*China's Communist Party: Atrophy and Adaptation*做了梳理分析。David Shambaugh, *China Goes Global: The Partial Power* (Oxford and New York: Oxford University Press, 2013); David Shambaugh, *China's Communist Party: Atrophy and Adaptation* (Berkeley and Washington, DC: University of California Press and Woodrow Wilson Center Press, 2008).
82. 見Zhang Yunling and Tang Shiping, "China's Regional Strategy," in *Power Shift*, ed. Shambaugh.
83. Shambaugh, ed., *Power Shift*對這個過程費了好幾章筆墨詳述。
84. 見Gilbert Rozman, *China's Strategic Thought towards Asia* (London: Palgrave Macmillan, 2010), esp. chapter 4.

第五章

1. Xi Jinping, "Forging a Strong Partnership to Enhance Prosperity of Asia," 36th Singapore Lecture, ISEAS–Yusof Ishak Institute, November 7, 2015, 10.
2. Statement at ASEAN Post-Ministerial Conference 2010, Hanoi, 轉引自John Pomfret, "US Takes a Tougher Tone with China," *Washington Post*, July 30, 2010. 多位出席會議的外交官隨後都引述了楊潔篪這句話，楊潔篪說這句話時目光凌厲，直視著新加坡外長楊榮文。
3. Kishore Mahbubani, "ASEAN Still Critical Catalyst for China's Future," *East Asian Forum Quarterly* (October–December 2016).
4. 資料來源："ASEAN-China Relations: Then and Now," *ASEAN Focus* 6 (2018): 12–13; ASEAN-China Center, *25 Years of ASEAN-China Dialogue and Cooperation: Facts and Figures* (Beijing: ASEAN-China Center, 2016)；大使黃溪連2018年5月16日在雅加達「中國—東盟一帶一路商業論壇」（China-ASEAN Belt and Road Business Forum）上的演說；大使黃溪連2018年2月9日在雅加達「與地方智庫和媒體圓桌會談」（Roundtable Discussion with Local Think Tanks and Media）上的發言；Ambassador Huang Xilian, "China, ASEAN Enter a New Era Hand-in-Hand," *Jakarta Post*, February 8, 2018.
5. 這也是2007年出版的一部大作的總括結論，雖然該書作者指出進一步發展的潛力。但十餘年後，潛力還是談不上實現。見Saw Swee-Hock and John Wong, eds., *Southeast Asian*

通商和交通協定》，可見於：https://digitalarchive.wilsoncenter.org/document/121558。
51. 見David Mozingo, *Chinese Policy towards Indonesia, 1949–1967* (Ithaca, NY: Cornell University Press, 1976), chapters 3–5.
52. 我以此主題寫了學士論文：David Shambaugh, *China's Dual Policy in the Third World*, George Washington University East Asian Studies, 1977。
53. 見J. D. Armstrong, *Revolutionary Diplomacy: Chinese Foreign Policy and the United Front Doctrine* (Berkeley: University of California Press, 1977).
54. 見Julia Lovell, *Maoism: A Global History* (New York: Knopf, 2019).
55. 見Qiang Zhai, *China and the Vietnam Wars, 1950–1975* (Chapel Hill: University of North Carolina Press, 2000); Womack, *China and Vietnam*, chapter 8.
56. 原始出處：李可和郝生章，《文化大革命中的人民解放軍》(北京：中國黨史資料出版社，1989)，頁416；該文載於John Garver, *China's Quest: A History of the Foreign Relations of the People's Republic of China* (New York: Oxford University Press, 2016), 239。
57. Chen Jian, "China and the Vietnam War, 1964–1969," *China Quarterly* 142 (June 1995): 378. 此文依舊是講述中國對北越軍事支援的最翔實文章。另見Allen S. Whiting, *The Chinese Calculus of Deterrence: India and Vietnam* (Ann Arbor: University of Michigan Press, 1975).
58. Garver, *China's Quest*, 213.
59. 見William R. Heaton, "China and Southeast Asian Communist Movements: The Decline of Dual Track Diplomacy," *Asian Survey* 22, no. 8 (August 1982): 779–800.
60. 見Andrew C. Mertha, *Brothers in Arms: Chinese Aid to the Khmer Rouge, 1975–1979* (Ithaca, NY: Cornell University Press, 2014).
61. Garver, *China's Quest*, 209.
62. 同前，頁225。
63. 這部分的精采敘述，見Melvin Gurtov, *China and Southeast Asia: The Politics of Survival* (Baltimore: Johns Hopkins University Press, 1975), 101–112.
64. 引自Garver, *China's Quest*, 221.
65. 引自Lovell, *Maoism*, 178–179.
66. John Garver在徹底檢視過能取得的證據後推斷：「幾可確定，中國共產黨和印尼共產黨的領導人討論過印尼革命的戰略，北京讚揚並鼓勵印尼共黨鬥爭。但沒有證據顯示北京知情那場即將發生且以慘劇收場的印共未遂政變，更別提幫忙策劃政變。見Garver, *China's Quest*, 222. 另見Devina Heriyanto, "Was China behind the September 1965 Failed Coup?," *Jakarta Post*, October 20, 2017: https://www.thejakartapost.com/academia/2017/10/20/qa-was-china-behind-the-sept-30-1965-failed-coup.html. 上文和其他得出類似結論的學術近作，大多以可透過喬治華盛頓大學國家解密中心和國家安全檔案館取得的美國政府解密文件為本：https://nsarchive.gwu.edu/briefing-book/indonesia/2017-10-17/indonesia-mass-murder-1965-us-embassy-files.
67. 這幾年研究中國—印尼關係的最佳論著仍是Mozingo, *Chinese Policy towards Indonesia*.
68. Heaton, "China and Southeast Asian Communist Movements," 795.
69. Leo Suryadinata, "'Overseas Chinese' in Southeast Asia and China's Foreign Policy: An Interpretive Essay," in *China and Southeast Asia: Volume III*, ed. Geoff Wade (London: Routledge, 2009).
70. Chun-hsi Wu, *Dollars, Dependents, and Dogma: Overseas Chinese Remittances to Communist China* (Stanford, CA: Hoover Institution on War, Revolution, and Peace, 1967), 142, as reprinted in Suryadinata, "Overseas Chinese."
71. Wu Xiao An, *China's Evolving Policy towards the Chinese Diaspora in Southeast Asia* (1949–2018) (Singapore: ISEAS-Yusof Ishak Institute, 2019), 9.
72. 同前，頁1。
73. 方方，〈全國僑聯一屆四次全體委員會擴大會議目前形勢和僑務工作報告〉，《大公報》(香

Chinese World Order, ed. John K. Fairbank (Cambridge, MA: Harvard University Press, 1968), 47.

24. 2019年10月24日，在廈門大學，與教授聶德寧的訪談。
25. 見Louise Levathes, *When China Ruled the Seas: The Treasure Fleet of the Dragon Throne, 1405–1433* (Oxford: Oxford University Press, 1996); Edward Dreyer, *Zheng He: China and the Oceans in the Early Ming, 1405–1433* (New York: Pearson Longman, 2007).
26. Asia for Educators, "The Ming Voyages": http://afe.easia.columbia.edu/special/china_1000ce_mingvoyages.htm.
27. 見Dreyer, *Zheng He*.
28. Martin Stuart-Fox, *A Short History of China and Southeast Asia*, 78–79.
29. 這些描述見Wang, "Early Ming Relations with Southeast Asia," 55–60.
30. Bertil Lintner, *The People's Republic of China and Burma: Not Only Pauk-Phaw* (Arlington, VA: Project 2049 Institute, 2017), 3.
31. 關於這一時期和這些過程的精采延伸討論，見Michael R. Godley, "The Late Ch'ing Courtship of the Chinese in Southeast Asia," *Journal of Asian Studies* 34, no. 2 (1975): 361–385.
32. Tarling, *Southeast Asia and the Great Powers*, 169–170.
33. G. William Skinner, *Chinese Society in Thailand: An Analytical History* (Ithaca, NY: Cornell University Press, 1957), 72.
34. 引自Tjio Kayloe, *The Unfinished Revolution: Sun Yat-sen and the Struggle for Modern China* (Tarrytown, NY: Marshall Cavendish, 2017), 143.
35. 同前，148。
36. 同前，145。
37. Marie-Claire Bergere, *Sun Yat-sen* (Stanford, CA: Stanford University Press, 1994), 194.
38. Kayloe, *The Unfinished Revolution*, 165.
39. 2019年10月24日，在廈門大學，與教授聶德寧的訪談。
40. Stuart-Fox, *A Short History of China and Southeast Asia*, 131.
41. 更多關於共產國際的歷史，見Julius Braunthal, *History of the International, 1914–1943* (London: Thomas Nelson & Sons, 1967).
42. 胡志明在中國的情況，及其與中國共產黨和中南半島共產黨的關係，詳細記述見Stuart-Fox, *A Short History of China & Southeast Asia*, 136–138.
43. 關於中國所扮演角色的描述，見Ian Storey, *Southeast Asia and the Rise of China: The Search for Security* (London: Routledge, 2011), 56–59.
44. 這裡部分段落取自我的文章"China's Long March to Global Power" in *China & the World*, ed. David Shambaugh (Oxford and New York: Oxford University Press, 2019).
45. 這部分在Gregg Brazinsky的傑出研究裡有清楚記述，見*Winning the Third World: Sino-American Rivalry during the Cold War* (Chapel Hill: University of North Carolina Press, 2017).
46. 見Harold C. Hinton, *China's Turbulent Quest* (Bloomington: Indiana University Press, 1972), 65; A. Doak Barnett, *Communist China in Asia: A Challenge for American Policy* (New York: Vintage Books, 1960), 304; Zhai Qiang, "China and the Geneva Conference of 1954," *China Quarterly* 129 (March 1992): 103–122.
47. 見David Kimche, *The Afro-Asian Movement* (New Brunswick, NJ: Transaction Books, 1972).
48. 毛澤東於1946年8月與美國通訊員Anna Louise Strong交談時首度使用這個詞，用以指稱那些站在美蘇兩大新興陣營之間的國家。見Chen Jian, "Bridging Revolution and Decolonization: The 'Bandung Discourse' in China's Early Cold War Experiene," *Chinese Historical Review* 15, no. 2 (Fall 2008): 212.
49. 中國方面說法，見李潛虞，《從萬隆到阿爾及爾：中國與六次亞非會議（1955-1965）》（北京：世界知識出版社，2016）。
50. 「和平共處五項原則」寫入1954年4月29日《中國和印度關於中國西藏地方與印度之間的

141. Department of State, East Asia and Pacific Bureau, "Strategic Framework for Public Diplomacy EA/P," PowerPoint briefing presentation, May 2018.
142. 同前。
143. https://www.eastwestcenter.org/education/education-program-overview.
144. https://www.eastwestcenter.org/research/visiting-fellows-and-visiting-scholars.
145. The Asia Foundation, *Six Decades in Asia* (San Francisco: The Asia Foundation, 2014), 11, 24.
146. 取自前揭書數頁。我也要特別感謝亞洲基金會兩位主管Nancy Yuan和John Brandon提供基金會的相關工作資訊。
147. 2017年6月17日，在華府，與前大使David Shear的訪談。
148. Kishore Mahbubani, *Has China Won? The Chinese Challenge to American Primacy* (New York: Public Affairs, 2020), 246-247. 我必須承認，除了引文部分，總體來說，我不認為馬凱碩這本書很有說服力。

第四章

1. Alexander Woodside, *Vietnam and the Chinese Model* (Cambridge, MA: Harvard East Asia Series, 1988), 7
2. G. William Skinner, "Overseas Chinese in Southeast Asia," *Annals of the American Academy of Political and Social Science* 321, no. 138 (1959): 136–147.
3. Wang Gungwu, *China Reconnects: Joining a Deep-Rooted Past to a New World Order* (Singapore: World Scientific, 2019), 124.
4. 見Wang Gungwu, "Introduction: China Looking South," in *Imperial China and Its Southern Neighbors*, ed. Victor H. Mair and Liam C. Kelley (Singapore: ISEAS Publishing, 2015), 12.
5. Martin Stuart-Fox, *A Short History of China and Southeast Asia: Tribute, Trade, and Influence* (Crow's Nest, Australia: Allen & Unwin, 2003), 35.
6. 2018年6月19日，在新加坡，與王賡武的訪談。2019年7月13至14日，電郵交流。
7. 2019年10月24日，在廈門大學，與教授聶德寧的訪談。
8. 同前。
9. Wang Gungwu, *The Nanhai Trade* (Singapore: Times Academic Press, 1998).
10. 關於這些軍事行動的記述，見Wang Gungwu, "Extracts from *The Nanhai Trade*," in *China and Southeast Asia: Volume I*, ed. Geoff Wade (London: Routledge, 2009), 109–111.
11. C. P. Fitzgerald, "Early Chinese Contacts with Southeast Asia," in *China and Southeast Asia: Volume I*, ed. Geoff Wade (London: Routledge, 2009), 39.
12. 同前，頁40, 46。
13. 同前，頁48。
14. Howard W. French, *Everything Under the Heavens: How the Past Helps Shape China's Push for Global Power* (New York: Vintage Books, 2018), 133.
15. Brantly Womack, *China and Vietnam: The Politics of Asymmetry* (Cambridge: Cambridge University Press, 2006).
16. 這是已故漢學家白魯恂（Lucian Pye）所創詞彙。
17. Brantly Womack, "China, ASEAN, and the Re-centering of Asia," *China's World* 1 (2018): 14.
18. Charles D. Benn, *Daily Life in Traditional China: The Tang Dynasty* (Santa Barbara, CA: ABC-CLIO Greenwood Publishing Group, 2002), 28.
19. Wang Gungwu, "The Nanhai Trade: A Study of the Early History of Chinese Trade in the South China Sea," *Journal of the Malayan Branch of the Royal Asiatic Society* 31, no. 2 (1958): 1, 3–135.
20. 同前，頁31。
21. 同前，頁51。
22. 同前，頁85, 107。
23. 同前，頁113。另見Wang Gungwu, "Early Ming Relations with Southeast Asia," in *The*

au/sites/default/files/uploads/2017-11/cog_37.pdf。
116. 同前，頁14。
117. 2017年1月18日，在曼谷，與泰國副外長Virasakdi Futrakul的訪談。
118. 2018年7月11日，在新加坡尤索夫伊薩東南亞研究院的訪談。
119. 見Benjamin Zawacki, *Thailand: Shifting Ground between the US and a Rising China* (London: Zed Books, 2017), chapter 10.
120. *Indo-Pacific Strategy Report*, 38.
121. 2017年4月21日，在吉隆坡美國大使館的訪談。
122. 同前。
123. 對於美國—印尼關係的精采評估，見Ann Marie Murphy, "Indonesia's Partnership with the United States: Strategic Imperatives Versus Domestic Obstacles," in *Strategic Asia 2014-2015*, ed. Ashley Tellis et al.
124. *Indo-Pacific Strategy Report*, 37.
125. *Tentara Nasional Indonesia*字面上的意思是Indonesian National Military，縮寫為TNI。
126. 2018年6月26日，在雅加達美國大使館武官室的訪談。以下資訊來自這次訪談。
127. 關於印尼狹隘戰略展望的討論，見Anne Marie Murphy, "Indonesia's Partnership with the United States: Strategic Imperatives versus Domestic Obstacles," in *Strategic Asia 2014–2015*, ed. Ashley Tellis et al.
128. 2017年1月22日，在河內美國大使館的訪談。
129. 2017年1月22日，在河內越共中央黨部與阮榮光的訪談。
130. 同前。
131. Prashanth Parameswaran, "US, Singapore Ink New Defense Pact," *The Diplomat*, December 8, 2015.
132. 2018年7月11日，與美國大使館武官室的訪談。本節的具體資訊全來自這次訪談。非常感謝武官室給我機會和資訊。
133. 2019年6月25日，與前美國大使Craig Allen的訪談。
134. 見US Embassy, Vientiane, "United States and Lao PDR Conduct Thirteenth Annual Bilateral Defense Dialogue": https://la.usembassy.gov/united-states-and-lao-pdr-conduct-thirteenth-annual-bilateral-defense-dialogue/.
135. 2017年5月26日，在仰光美國大使館的訪談。
136. International Visitor Leadership Program Fact Sheet, US Department of State, 2017; "Soft Power: The Real Ambassadors," *The Economist*, July 7, 2018, 21.
137. US Mission to ASEAN, "United States–ASEAN: 40th Anniversary Facts" (Jakarta: US Mission to ASEAN, May 8, 2017): https://asean.usmission.gov/united-states-asean-40th-anniversary/.
138. https://www.usasean.org/why-asean/educational-exchange. 但與中國相比，東協學生數相形見絀。2015年，有12萬4000名東南亞學生在中國大學就讀。國際教育協會（International Institute of Education）的統計資料，說明了兩者的差距：柬埔寨籍學生（在中國2250人，在美國512人）、印尼籍學生（在中國1萬4714人，在美國8776人），寮國學生（在中國9907人，在美國91人），泰籍學生（在中國2萬3044人，在美國6893人）。來源：International Institute of Education, "Open Doors 2016, Regional Fact Sheet: Asia" (New York: International Institute of Education, 2016); China Power Project, CSIS (2018): https://www.csis.org/programs/china-power-project。
139. 我有幸於2018年6月26日造訪了@America，驚嘆於該中心的展示品、互動多媒體、先進技術，以及（尤其）眾多一臉興奮的印尼訪客。據美國大使館文化專員Karen Schinnerer的說法，@America全年無休，每週吸引來3500至4000名訪客（都不滿35歲），「寓教於樂」。2018年6月26日，在雅加達的訪談。
140. 2018年5月26日，在檀香山，與前美國之音主管Jay Henderson的訪談。

94. 見：https://media.defense.gov/2019/May/31/2002139210/-1/-1/1/DOD_INDO_PACIFIC_STRATEGY_REPORT_JUNE_2019.PDF。下列倡議得自該份報告頁19。
95. Gordon Lubold, "US Pacific Commander Seeks More Funding to Counter China," *Wall Street Journal*, April 17, 2019.
96. "US to Spend $11 Bn. on Military in Asia-Pacific."
97. Josh Rogin, "To Avoid Conflict, the United States Must Deter Chinese Aggression," *Washington Post*, June 7, 2019.
98. Franz-Stefan Gady, "US Admiral: 'China Seeks Hegemony in East Asia'," *The Diplomat*, February 25, 2016.
99. "Advance Policy Questions for Admiral Philip Davidson, USN Expected Nominee for Commander, US Pacific Command," to Senate Armed Services Committee, April 17, 2018, 可見於：https://www.armed-services.senate.gov/imo/media/doc/Davidson_APQs_04-17-18.pdf。
100. 印太司令部，連同國防情報局（Defense Intelligence Ageny），掌理「國際情報夥伴計畫」（International Intelligence Fellows Program），該計畫為來自整個東南亞和世界各地的軍事情報官開辦數種課程。
101. Mike Ives, "Southeast Asian Nations Join US in Naval Drills," *New York Times*, September 3, 2019.
102. 2018年5月24日，與印太司令部高階官員的訪談。
103. *Indo-Pacific Strategy Report*, 36.
104. Donald E. Weatherbee, ed., *United States–Southeast Asia Relations* (Lanham, MD: Scarecrow Press, 2008), 93.
105. 詳細討論，見Sheena Chestnut Greitens, "Terrorism in the Philippines and US-Philippines Security Cooperation," Brookings Institution, August 15, 2017: https://www.brookings.edu/opinions/terrorism-in-the-philippines-and-u-s-philippine-security-cooperation/.
106. 見Jon Emont, "Philippines to End Pact with US," *Washington Post*, February 12, 2020; Jason Gutierrez, Thomas Gibbons-Neff, and Eric Schmidt, "Over US Objections, the Philippines Plans to Dissolve a Joint Military Pact," *New York Times*, February 12, 2020.
107. 《強化防務合作協定》相關討論，見Sheena Chestnut Greitens, "The US Alliance with the Philippines: Opportunities and Challenges," in *Strategic Asia 2014: US Alliances and Partnerships*, ed. Ashley Tellis et al (Seattle: National Bureau of Asian Research, 2014).
108. 2017年2月16日，在馬尼拉美國大使館的訪談。
109. Patricia Lourdes Viray, "Duterte: Philippines Will Not Buy Weapons from US," *Philippines Star*, January 11, 2019: https://www.philstar.com/headlines/2019/01/11/1884216/duterte-philippines-will-not-buy-weapons-us.
110. Catharin Dalpino, "The US-Thailand Alliance: Continuity and Change in the 21st Century," in *Strategic Asia, 2014–2015*, ed. Ashely Tellis et al., 153. For another excellent overview 見Kavi Chongkittavorn, *The Thailand-US Defense Alliance in the US Indo-Pacific Strategy* (Washington, DC: East-West Center, Asia-Pacific Issues No. 137, March 2019).
111. 文本可見於：https://archive.defense.gov/releases/release.aspx?releaseid=15685。
112. 數字引自Michael Connors, "Thailand and the United States: Beyond Hegemony?," in *Bush and Asia: America's Evolving Relations with East Asia*, ed. Michael Beeson (London: Routledge, 2006), 142.
113. *Indo-Pacific Strategy Report*, 29.
114. "US, Southeast Asia to Hold First Ever Joint Maritime Drill," *Agence France Presse*, August 26, 2019.
115. 見John Blaxland and Greg Raymond, *Tipping the Balance in Southeast Asia?: Thailand, the United States, and China* (Canberra: Australian National University College of the Asia-Pacific Strategic and Defense Studies Center, November 2017), 可見於：http://bellschool.anu.edu.

69. 同前。
70. AMCHAM Singapore, *ASEAN Business Outlook Survey 2018—Fifty to Forward, ASEAN Anniversary Edition* (Singapore: AMCHAM, 2018), 16: https://www.uschamber.com/sites/default/files/abos_2018_final_final_version.pdf.
71. 見AMCHAM Singapore, *ASEAN Business Outlook Survey: Fifty to Forward* (Singapore: AMACHAM, 2018). 關於美國與東協貿易潛能的一篇優秀概述，見Peter A. Petri and Michael G. Plummer, *ASEAN Centrality and the ASEAN-US Economic Relationship* (Honolulu: East-West Center Policy Studies No. 69, 2014). 另見US Commercial Service and AMCHAM Singapore, *Crossroads: Doing Business in Singapore and Southeast Asia* (Singapore: AMCHAM, 2018).
72. Shuji Nakayama and Yohei Muramatsu, "China Swoops In as GM Pulls Out of Thailand," *Nikkei Asian Review*, March 2-8, 2020, 20-21.
73. 見"Remarks by David R. Stilwell, Assistant Secretary, Bureau of East Asian and Pacific Affairs, at the International Institute of Strategic Studies (ISIS) Malaysia," October 31, 2019: https://my.usembassy.gov/tag/remarks/.
74. 2017年4月18日，與曾任美國大使、時任波音公司東南亞主管的Ralph "Skip" Boyce的訪談。
75. American Chamber of Commerce Singapore, *Business Outlook Survey* 2018, 19.
76. 2018年6月14日，在新加坡的訪談。
77. 2018年6月21日，在新加坡的訪談。
78. Jon Russell, "Google Report: Southeast Asia's Digital Economy to Triple to $240 Billion by 2025": https://techcrunch.com/2018/11/18/google-report-southeast-asias-digital-economy-to-triple-to-240-billion-by-2025/.
79. 見Tristan Chiappini, "Growing Payments in Southeast Asia amid a Dominant Chinese E-Commerce Market," *Mobile Payment Today*, May 3, 2019: https://www.mobilepaymentstoday.com/blogs/growing-payments-in-southeast-asia-amid-a-dominant-chinese-e-commerce-market/.
80. Russell, "Google Report."
81. Hon. Secretary of State Michael R. Pompeo, "On America's Indo-Pacific Economic Vision," Speech to the Indo-Pacific Business Forum/US Chamber of Commerce, Washington, DC, July 30, 2018.
82. 引文出自PBS News Hour, "China's Massive Belt and Road Initiative Builds Global Infrastructure—and Influence," September 27, 2019: https://www.pbs.org/newshour/show/how-historic-belt-and-road-infrastructure-project-is-building-chinas-global-influence.
83. 見"The United States and ASEAN: Expanding the Enduring Partnership," November 3, 2019: https://asean.usmission.gov/the-united-states-and-asean-expanding-the-enduring-partnership/.
84. 2018年6月21日，在新加坡的訪談。
85. 歐洲也有類似井上健亞太安全研究中心的機構，即George C. Marshall European Center for Security Studies in Garmisch-Partenkirchen, Germany: http://www.marshallcenter.org/mcpublicweb/en/.
86. ACPSS Mission Statement, 可見於：https://apcss.org。
87. 2018年5月24日，作者造訪亞太安全研究中心所得到的資訊。
88. 2018年5月24日，在檀香山亞太安全研究中心的訪談。
89. 見*ASEAN Matters for America, America Matters for ASEAN*, 12.
90. 下列數字得自"United States Pacific Command" PowerPoint briefing slides (unclassified).
91. "US to Spend $11 Bn. on Military in Asia-Pacific," *Straits Times*, May 9, 2017.
92. "US Pacific Command."
93. 同前，頁18。

46. 例如，見"Diving into the Indo-Pacific," *ASEAN Focus* (ASEAN Studies Center, ISEAS Yusof Ishak Institute, no. 19, December 2017), 8–11; Bilahari Kausikan, "ASEAN: Agnostic on the Free and Open Indo-Pacific," *The Diplomat*, April 27, 2018.
47. 例如，見Amy Searight, "Asia's Diplomatic and Security Structure: Planning US Engagement," 此為2018年5月23日，證人在眾議院國際關係組織委員會亞太事務小組（House Foreign Affairs Subcommittee on Asia and the Pacific）上所陳證詞。關於2019年的印太政策評估，見David Arase, *Free and Open Indo-Pacific Strategy Outlook* (Singapore: ISEAS-Yusof Ishak Institute Trends, no. 12, 2019).
48. John Lee, "The 'Free and Open Indo-Pacific' and Implications for ASEAN," *Trends*, no. 13 (2018), ISEAS-Yusof Ishak Institute.
49. *Indo-Pacific Strategy Report*, 1.
50. 同前，頁4。
51. 例如，見Michael R. Pompeo, Secretary of State, "Remarks at the Lower Mekong Initiative Ministerial," Bangkok, August 1, 2019.
52. 引自Tracy Wilkinson and Shashanak Bengali, "Pompeo Seeks to Win Back US Influence in Southeast Asia Amid China's Rise," *Los Angeles Times*, August 1, 2019.
53. 同前。
54. 見Kishore Mahbubani, "ASEAN at 50," Project Syndicate, August 2, 2017: https://www.project-syndicate.org/commentary/asean-50th-anniversary-by-kishore-mahbubani-2017-08?barrier=accesspaylog.
55. https://asean.usmission.gov/our-relationship/policy-history/usasean/.
56. 奇怪的是，這份文件在東協祕書處網站上看得到，還附了一篇很有用的文章"Overview of ASEAN-US Dialogue Relations"，但是在美國駐東協使團網站上都看不到。見：https://asean.org/wp-content/uploads/images/2015/November/27th-summit/statement/ASEAN-US%20POA%202016-2020_Adopted.pdf; https://asean.org/wp-content/uploads/2012/05/2018.06.-Overview-of-ASEAN-US-Dialogue-Relations-shortened-as-of-26June2018.pdf。
57. 2018年6月27日，在雅加達，與美國駐東協使團代辦Jane Bocklage的訪談。
58. US Mission to ASEAN, "Remarks by Vice President Pence to Sixth US-ASEAN Summit, Singapore, November 16, 2018: https://asean.usmission.gov/remarks-by-vice-president-pence-at-the-6th-u-s-asean-summit/.
59. "The United States and ASEAN: Expanding the Enduring Partnership," November 3, 2019: https://asean.usmission.gov/the-united-states-and-asean-expanding-the-enduring-partnership/.
60. "The United States and ASEAN: An Enduring Partnership," US Department of State, August 2, 2019: https://www.state.gov/the-united-states-and-asean-an-enduring-partnership/.
61. The East-West Center, US-ASEAN Business Council, and ISEAS-Yusof Ishak Institute, *ASEAN Matters for America—America Matters for ASEAN* (Washington, DC: East-West Center, 2019), 24.
62. 同前，頁21。注意：這個數字跟美國駐東協使團提供的數字（2710億）有落差。"The United States and ASEAN: Expanding the Enduring Partnership," November 3, 2019: https://asean.usmission.gov/the-united-states-and-asean-expanding-the-enduring-partnership/.
63. Flows of Inward Foreign Investment by Host Country and Source Country (2017): https://data.aseanstats.org/fdi-by-hosts-and-sources.
64. *ASEAN Matters for America—America Matters for ASEAN*, 20.
65. 同前，頁28。
66. https://asean.usmission.gov/connect/.
67. https://www.usasean.org.
68. *ASEAN Matters for America, America Matters for ASEAN*, 22.

26. "Remarks by the Vice President at ASEAN Secretariat": https://asean.usmission.gov/slide/remarks-vice-president-asean/. 另見Leo Suryadinata and Siwage Dharma Negara, "US Vice President Mike Pence's Visit to Indonesia: A US 'Return' to Southeast Asia?," *Perspective* 32 (May 2017), ISEAS-Yusof Ishak Institute.
27. Goh Sui Noi, "US Remains Committed to Asia-Pacific, Says Defense Secretary James Mattis," *Straits Times*, June 4, 2017: https://www.straitstimes.com/asia/east-asia/us-remains-committed-to-asia-pacific-says-mattis.
28. US Mission to ASEAN, "Readout: Secretary of States Tillerson Meets with the Foreign Ministers of the Association of Southeast Asian Nations," May 4, 2017: https://www.state.gov/r/pa/prs/ps/2017/05/270657.htm.
29. 見Thitinan Pongsudhirak, "Trump's Pragmatic Pivot Back to Asia," *Straits Times*, June 6, 2017; Joseph Chinyong Liow, "Is US Engagement Back on Track in East Asia?," *Straits Times*, November 14, 2017; and Storey and Cook, "The Trump Administration and Southeast Asia."
30. 例如，見Sutter, "Trump and China."
31. Alan Chong, "Trump and Southeast Asia: Portents of Transactional Diplomacy," *RSIS Commentary* 207 (November 2, 2017).
32. Chan Xin Ying and David Han, "Najib's United States Visit: What Is Going On?" *RSIS Commentary* 191 (October 11, 2017).
33. Chong, "Trump and Southeast Asia." 另見Pongphisoot Busbarat, "Shopping Diplomacy: The Thai Prime Minister's Visit to the United States and Its Implications for Thai-US Relations," *Commentary* 78 (October 2017), ISEAS-Yusof Ishak Institute.
34. ASEAN Studies Center, ISEAS-Yusof Ishak Institute, "Trump in Southeast Asia," *ASEAN Focus* (December 2017), 4–7; Ian Storey and Malcolm Cook, "The Trump Administration and Southeast Asia: Enhanced Engagement," *Perspective 87* (November 2017), ISEAS-Yusof Ishak Institute.
35. US Department of Defense, "Remarks by Secretary Mattis at Plenary Session of the 2018 Shangri-la Dialogue": https://www.defense.gov/News/Transcripts/Transcript-View/Article/1538599/remarks-by-secretary-mattis-at-plenary-session-of-the-2018-shangri-la-dialogue/.
36. 同前，頁2。
37. https://www.whitehouse.gov/wp-content/uploads/2017/12/NSS-Final-12-18-2017-0905.pdf; and https://www.defense.gov/Portals/1/Documents/pubs/2018-National-Defense-Strategy-Summary.pdf.
38. *National Defense Strategy*, 2.
39. Randall Schriver, Assistant Secretary of Defense for East Asian and Pacific Security Affairs, Testimony on American Leadership in the Asia-Pacific, May 15, 2018: https://www.foreign.senate.gov/imo/media/doc/051518_Schriver_Testimony.pdf.
40. "Senior State Department Official on East Asian and Pacific Affairs," Office of the Spokesperson, US Department of State, November 15, 2019: https://www.state.gov/senior-state-department-official-on-east-asian-and-pacific-affairs/.
41. US Department of State, *A Free and Open Indo-Pacific: Advancing a Shared Vision*, November 4, 2019: https://www.state.gov/wp-content/uploads/2019/11/Free-and-Open-Indo-Pacific-4Nov2019.pdf.
42. 同前，頁6。
43. 同前，頁10。
44. 同前，頁21。
45. Wu Shicun and Jayanath Colombage, *Indo-Pacific Strategy and China's Response* (Washington, DC: Institute for China-America Studies, October 2019), 8.

(Washington, DC: Brookings Institution Press, 2012), 94, 103.

12. US Mission to ASEAN, "United States–ASEAN: 40th Anniversary Facts" (Jakarta: US Mission to ASEAN, May 8, 2017), https://asean.usmission.gov/united-states-asean-40th-anniversary/.
13. 見Ian Storey, *Thailand's Post-Coup Relations with China and America: More Beijing, Less Washington* (Singapore: ISEAS Publishing, 2015).
14. "Plan of Action to Implement the ASEAN-US Strategic Partnership, 2016–2020" (Jakarta: ASEAN Secretariat, November 17, 2015), http://asean.org/wp-content/uploads/images/2015/November/27th-summit/statement/ASEAN-US%20POA%202016-2020_Adopted.pdf.
15. 例如，見Daljit Singh, "Obama's Mixed Legacy in Southeast Asia," *Straits Times*, January 17, 2017; Euan Graham, "Southeast Asia in the US Rebalance: Perceptions from a Divided Region," *Contemporary Southeast Asia* 35, no. 3 (2013): 305–332; and Joseph Chinyong Liow, *Ambivalent Engagement, Ambivalent Engagement: The United States and Regional Security in Southeast Asia after the Cold War* (Washington, DC: Brookings Institution Press, 2017), chapter 6.
16. Liow, *Ambivalent Engagement*.
17. ISEAS-Yusof Ishak Institute, *The State of Southeast Asia: 2019* (Singapore: ASEAN Studies Center of ISEAS-Yusof Ishak Institute, January 2019).
18. 2017年4月20日，在馬來西亞布城的訪談。
19. Department of Defense, *Indo-Pacific Strategy Report: Preparedness, Partnerships, and Promoting a Networked Region* (Washington, DC: Department of Defense, 2019), 8.
20. 同前，頁9。
21. 同前，頁8。
22. 例如，見"China Finds New Fans in Southeast Asia as US Turns Inward," *Straits Times*, December 13, 2016; "Asia Draws Closer to China," *Jakarta Post*, May 3, 2017; Winarmo Zain, "As America Pivots Away from Asia, Will China Fill the Void?" *The Nation (Bangkok)*, December 10, 2016; Frank Ching, "Beijing Gloats as ASEAN Turns from US," *Asia News Network*, November 9, 2016; Wong Wei Han, "China Waiting in Wings as US Disengages," *Straits Times*, March 28, 2017; Bob Lee, "China Set to Fill Leadership Vacuum as US Turns Inward," *Straits Times*, January 28, 2017; and Bob Savic, "Is US Losing East Asia to China?" *The Diplomat*, December 15, 2016; Ely Ratner and Samir Kumar, "The United States Is Losing Asia to China," *Foreign Policy*, May 12, 2017; James Guild, "How the US Is Losing China in Southeast Asia," *The Diplomat*, October 25, 2017; The Lowy Institute and Council on Foreign Relations, *Southeast Asian Perspectives on US-China Competition* (August 2017), https://cfrd8-files.cfr.org/sites/default/files/report_pdf/Report_Southeast_Asian_Perspectives_Lowy_CFR_OR_0.pdf.
23. 見我的研究"US-China Rivalry in Southeast Asia: Power Shift or Competitive Coexistence?" *International Security* 42, no. 4 (Spring 2018): 85–127; and *US Relations with Southeast Asia in 2018: More Continuity Than Change*, ISEAS-Yusof Ishak Institute Trends, no. 18 (2018), July 2018. 本章有些段落是取自上述已發表文章。
24. 關於川普從1月20日到4月21日，打電話和面訪了世界上哪些領袖，下文有列出清單：Malcolm Cook and Ian Storey, "The Trump Administration and Southeast Asia: Limited Engagement Thus Far," *Perspectives* 27 (April 2017), (Singapore: ISEAS–Yusof Ishak Institute), 3。關於川普政府在美國對東南亞政策上早期所做的一系列評估，可參見："Roundtable: The Trump Presidency and Southeast Asia," *Contemporary Southeast Asia* 39, no. 1 (2017): 1–64。
25. Jeevan Vasagar, "US Allies in Asia Dismayed by 'America First,'" *Financial Times*, June 4, 2017; Aaron L. Connelly, "Trump and Southeast Asia: Going through the Motions," *PacNet*, July 6, 2017; and Joshua Kurlantzick, "Southeast Asia in the Age of Trump," *Aspenia Online*, August 6, 2017, http://www.aspeninstitute.it/aspenia-online/contributors/joshua-kurlantzick.

82. 照片見下面網址：http://www.petertasker.asia/site/wp-content/uploads/2017/06/IMFired4.jpg。另見Seth Mydans, "Indonesia Agrees to I.M.F. Tough Medicine," *New York Times*, January 16, 1998: https://www.nytimes.com/1998/01/16/business/indonesia-agrees-to-imf-s-tough-medicine.html.
83. Liow, *Ambivalent Engagement*, 77.
84. 尤其可參見Condoleezza Rice, "Campaign 2000: Promoting the National Interest," *Foreign Affairs*, January 1, 2000.
85. Green, *By More Than Providence*, 501.
86. 關於這些密謀的記述可參見Liow, *Ambivalent Engagement*, 88–89.
87. 見Diane K. Mauzy and Brian L. Job, "US Policy in Southeast Asia: Limited Re-Engagement after Years of Benign Neglect," *Asian Survey* 47, no. 4 (2007): 22–641；而Joseph Chinyong Liow, *Ambivalent Engagement*, 90–109，是逐一細膩檢視各國情況的精采研究；以及Green, *By More Than Providence*, 491–510。
88. Liow, 91.
89. 見Natasha Hamilton-Hart, *Hard Interests, Soft Illusions: Southeast Asia and American Power* (Ithaca, NY: Cornell University Press, 2012).
90. Liow, *Ambivalent Engagement*.

第三章

1. The White House, "Remarks by President Obama to the Australian Parliament," November 17, 2011: https://obamawhitehouse.archives.gov/the-press-office/2011/11/17/remarks-president-obama-australian-parliament.
2. The White House, "Remarks by Vice President Pence at the Sixth US-ASEAN Summit," November 14, 2018: https://www.whitehouse.gov/briefings-statements/remarks-vice-president-pence-6th-u-s-asean-summit/.
3. 2017年4月1日，在新加坡，與新加坡無任所大使許通美的訪談。
4. 見Prashanth Parameswaran, "Explaining US Strategic Partnerships in the Asia-Pacific Region: Origins, Developments, and Prospects," *Contemporary Southeast Asia* 36, no. 2 (2014): 262–289.
5. 關於〈聯合宣言〉的精闢評論，以及歐巴馬第一任政府與東協的關係，見Scot Marciel, "A New Era in the Longstanding US-ASEAN Relationship," in *ASEAN-U.S. Relations: What Are the Talking Points?*, ed. Pavin Chachavalpongpun (Singapore: Institute for Southeast Asian Studies, 2012).
6. 見Prashanth Parameswaran, "Why the US-ASEAN Sunnylands Summit Matters," *The Diplomat*, February 11, 2016, https://thediplomat.com/2016/02/why-the-us-asean-sunnylands-summit-matters/; and Prashanth Parameswaran, "What Did the US-ASEAN Summit Achieve?" *The Diplomat*, February 18, 2016, https://thediplomat.com/2016/02/what-did-the-us-asean-sunnylands-summit-achieve/.
7. White House, "Joint Statement of the US-ASEAN Special Leaders' Summit: Sunny lands Declaration" (Washington, DC: White House, February 16, 2016): https://obamawhitehouse.archives.gov/the-press-office/2016/02/16/joint-statement-us-asean-special-leaders-summit-sunnylands-declaration. 見also Lye Liang Fook, *The First ASEAN-US Standalone Summit: China's Reactions and Implications for China-ASEAN Ties* (Singapore: East Asian Institute Background Brief No. 1118, March 2, 2016).
8. Kurt M. Campbell, *The Pivot: The Future of American Statecraft in Asia* (New York and Boston: Twelve Books, 2016).
9. 同前，頁xxi。
10. Hillary Rodham Clinton, *Hard Choices* (New York: Simon & Schuster, 2014), 44.
11. Jeffrey A. Bader, *Obama and China's Rise: An Insider's Account of America's Asia Strategy*

11; Brian P. Farrell, "Alphabet Soup and Nuclear War: SEATO, China, and the Cold War in Southeast Asia," in Murfett, ed., *Cold War*; and Gary R. Hess, "The American Search for Stability in Southeast Asia: The SEATO Structure of Containment," in Warren Cohen and Akira Iriye, eds., *The Great Powers in East Asia, 1953–1960* (New York: Columbia University Press, 1990).

58. Ang Cheng Guan, *Southeast Asia's Cold War: An Interpretive History* (Honolulu: University of Hawaii Press, 2018), 76.
59. Merle C. Ricklefs, "The Cold War in Hindsight: Local Realities and the Limits of Global Power," in Murfett, ed., *Cold War*, 331. 關於印尼此一時期的進一步討論，見Alan J. Levine, "The Struggle for Indonesia," in *The United States and the Struggle for Southeast Asia, 1945–1975* (Westport, CT: Praeger, 1995).
60. 關於這場軍事行動的詳細描述可參見John Prados, *The Ghosts of Langley: Into the CIA's Heart of Darkness* (New York and London: The New Press, 2017), 99–103.
61. 同前，頁102。
62. 眾多相關研究中，可參見J. A. C. Mackie, *Konfrontasi: The Indonesia-Malaysia Dispute, 1963–1966* (Oxford: Oxford University Press, 1974).
63. 相關討論特別值得參考的是Dewi Fortuna Anwar, "Beneficiary of the Cold War: Soeharto and the 'New Order' in Indonesia, 1966–1990," in Murfett, ed., *Cold War: Southeast Asia.*
64. "Sukarno Says US Can Go to Hell with Aid," *Chicago Tribune*, March 26, 1964.
65. Ang Cheng Guan, *Southeast Asia's Cold War*, 120.
66. 見Kathy Kedane, "US Officials' Lists Aided Indonesian Bloodbath in '60s," *Washington Post*, May 21, 1999. 另見Ang Cheng Guan's discussion in *Southeast Asia's Cold War*, 122.
67. Christopher Koch的1978年長篇小說、1982年同名電影（主演梅爾吉勃遜、雪歌妮薇佛、琳達杭特）、1982年紀錄片 *The Act of Killing*，全都精湛呈現了那個時期和緊繃情勢。
68. Richard M. Nixon, "Asia after Viet Nam," *Foreign Affairs* 46, no. 1 (October 1967).
69. 同前。
70. Ronald Spector, "Vietnam War, 1954–1975," *Encyclopedia Britannica*, https://www.britannica.com/event/Vietnam-War.
71. Robert S. McNamara with Brian VanDeMark, *In Retrospect: The Tragedy and Lessons of Vietnam* (New York: Vintage Books, 1995).
72. 同前，頁321–323。
73. 目前關於這一時期的最佳闡述是Nayan Chanda, *Brother Enemy: The War after the War, A History of Indochina since the Fall of Saigon* (New York: Macmillan, 1986).
74. "The Cambodian Genocide": http://endgenocide.org/learn/past-genocides/the-cambodian-genocide/.
75. 見Odd Arne Westad and Sophie Quinn-Judge, *The Third Indochina War: Conflict between China, Vietnam and Cambodia, 1972–1979* (London: Routledge, 2006); and Chanda, *Brother Enemy*.
76. Chanda, *Brother Enemy*, 288. Chanda這本精采專著，特別針對與越南協商過程，以及美國國務院、國家安全會議之間的官場內戰，做了翔實的分析。
77. 1976至1981年，印尼的國防支出增加了2倍，馬來西亞增加了6倍，菲律賓增加了2倍，新加坡增加了1.5倍，泰國增加了2.5倍。
78. Donald E. Weatherbee, ed., *United States–Southeast Asia Relations* (Lanham, MD: Scarecrow Press, 2008), 228.
79. 老布希造訪北京期間情況，他在自己書中寫得很詳盡：*The China Diary of George H. W. Bush: The Making of a Global President* (Princeton, NJ: Princeton University Press, 2008)。
80. "The Other Tiananmen Papers," Chinafile, July 8, 2019: http://www.chinafile.com/conversation/other-tiananmen-papers.
81. Joseph Chinyong Liow, *Ambivalent Engagement* (Washington, DC: Brookings Institution, 2017), 51–52.

36. 在這點上我要感謝廖振揚。
37. Evelyn Colbert, *Southeast Asia in International Politics, 1941–1956* (Ithaca, NY: Cornell University Press, 1977), 67. Colbert's study of this period is superb.
38. 見Michelle Vachon, "How King Sihanouk Brought French Rule to an End," *Cambodia Daily*, November 11, 2013: https://www.cambodiadaily.com/news/how-late-king-norodom-sihanouk-brought-french-rule-to-a-peaceful-end-46825/.
39. Colbert, *Southeast Asia in International Politics*, 86.
40. Paul J. Heer, *Mr. X and the Pacific: George F. Kennan and American Policy in East Asia* (Ithaca, NY: Cornell University Press, 2018).
41. 關於這一時期美中關係的眾多精采研究中，特別可觀者有：Daniel Kurtz-Phelan, *The China Mission: George Marshall's Unfinished War, 1945–1947* (New York: W. W. Norton, 2018); Kevin Perino, *A Force So Swift: Mao, Truman, and the Birth of Modern China, 1949* (New York: Crown Books, 2017); Richard Bernstein, *China 1945: Mao's Revolution and America's Fateful Choice* (New York: Knopf, 2014)。
42. 關於戴維斯事業及其觀點的最佳參考著作是他的自傳*China Hand: An Autobiography* (Philadelphia: University of Pennsylvania Press, 1992)，以及*Dragon by the Tail: American, British, Japanese, and Russian Encounters with China and One Another* (New York: W. W. Norton, 1992)。
43. "Review of Current Trends" (PPS-23), February 24, 1948, 轉引自Robert M. Blum, *Drawing the Line: The Origin of the American Containment Policy in East Asia* (New York: Norton, 1982), 108.
44. 引自Heer, *Mr. X and the Pacific*, 132. 希爾針對PPS-51起草過程的清楚說明令我受惠良多。Robert Blum著作Drawing the Line也對PPS-51起草過程有很詳盡的描述，見該書頁112–115。
45. 關於1948–1949時期美國政策制訂的更多討論，見Andrew J. Rotter, *The Path to Vietnam: Origins of the American Commitment to Southeast Asia* (Ithaca, NY: Cornell University Press, 1987).
46. 引自Heer, *Mr. X and the Pacific*, 147.
47. "Memorandum of the Executive Secretary of the National Security Council to the National Security Council: The Position of the United States with Respect to Asia"，全文可見於：https://history.state.gov/historicaldocuments/frus1949v07p2/d387。
48. 見Odd Arne Westad, *The Global Cold War* (Cambridge: Cambridge University Press, 2007).
49. Report to the National Security Council from the Department of State (NSC 64), February 27, 1950: https://history.state.gov/historicaldocuments/frus1950v06/d480.
50. Hess, *Vietnam and the United States,* 52.
51. 同前，頁157。
52. 這個主題的最佳研究論著 可能還是普立茲獎得主Stanley Karnow寫的*Vietnam: A History* (New York: Viking Press, 1983)。另見Hess, *Vietnam and the United States; Max Hastings, Vietnam: An Epic Tragedy, 1945–1975* (New York: Harper, 2018); Gareth Porter, ed., *Vietnam: A History in Documents* (New York: Plume–Penguin Books USA, 1981).
53. Report of the Office of the Secretary of Defense Vietnam Task Force, National Archives of the United States: https://www.archives.gov/research/pentagon-papers.
54. 引自Nicholas Tarling, *Southeast Asia and the Great Powers* (London: Routledge, 2010), 154.
55. Benjamin Zawacki, *Thailand: Shifting Ground between the US and a Rising China* (London: Zed Books, 2017), 37.
56. 美國「在寮國的祕密戰爭」相關多篇研究中，可參見Sutayut Osornprasop, "Thailand and the Secret War in Laos," in Malcolm H. Murfett, ed., *Cold War: Southeast Asia* (Singapore: Marshall Cavendish, 2012).
57. 關於東南亞條約組織的進一步討論，見Colbert, *Southeast Asia in International Politics*, chapter

14. 引自Michael J. Green, *By More Than Providence: Grand Strategy and American Power in the Asia Pacific since 1783* (New York: Columbia University Press, 2017), 91.
15. 見Gordon H. Chang, "Asian Immigrant and American Foreign Relations," in *Pacific Passage: The Study of American-East Asian Relations on the Eve of the 21st Century*, ed. Warren I. Cohen (New York: Columbia University Press, 1996), 103–118.
16. 另見Benjamin Armstrong, *Small Boats and Daring Men: Maritime Raiding, Irregular Warfare and the Early American Navy* (Norman: University of Oklahoma Press, 2019). 第七章講蘇門答臘探險（1831–32）；第八章講第二次蘇門答臘探險（1838–1839）。兩次事件經過另可見：https://en.wikipedia.org/wiki/Pacific_Squadron; and https://en.wikipedia.org/wiki/Second_Sumatran_expedition。
17. 見John H. Schroder, *Matthew Calbraith Perry: Antebellum Sailor and Diplomat* (Annapolis, MD: Naval Institute, 2001).
18. 這幾年亞洲海軍中隊近況，見Robert Erwin Johnson, *US Navy in Asian Waters, 1801–1898* (Annapolis, MD: Naval Institute, 1967); John H. Schroder, *Shaping a Maritime Empire: The Commercial and Diplomatic Role of the US Navy, 1829–1861* (Westport, CT: Greenwood, 1985); John H. Schroder, *Shaping a Maritime Empire: The Commercial and Diplomatic Role of the US Navy, 1829–1861* (Westport, CT: Greenwood, 1985); Michael H. Hunt, *The Making of a Special Relationship: The United States and China to 1914* (New York: Columbia University Press, 1983), 16.
19. 關於這些辯論的討論，見Jerald A. Combs, *American Diplomatic History: Two Centuries of Changing Interpretations* (Berkeley: University of California Press, 1983), chapter 6.
20. 引自Lockwood, *Southeast Asia in World History*, 115.
21. 見Office of the Historian, US Department of State, "Secretary of State John Hay and the Open Door in China, 1899–1900": https://history.state.gov/milestones/1899-1913/hay-and-china.
22. 見Jon Tetsuro Sumida, *Inventing Grand Strategy and Teaching Command: The Classic Works of Alfred Thayer Mahan Reconsidered* (Washington, DC: Woodrow Wilson Center; Baltimore: Johns Hopkins University Press, 1997).
23. 見William K. Braisted, *The United States Navy in the Pacific, 1898–1909* (Austin: University of Texas, 1958); William K. Braisted, *The United States Navy in the Pacific, 1909–1922* (Austin: University of Texas, 1971).
24. 關於這個時期的精采討論，見Green, *By More Than Providence*, chapter 3.
25. Thompson, *Stanley, and Perry, Sentimental Imperialists*, 115; Gary R. Hess, *The United States' Emergence as a Southeast Asian Power, 1940–1950* (New York: Columbia University Press, 1987), 3.
26. 見Stephen Kinzer, *The True Flag: Theodore Roosevelt, Mark Twain, and the Birth of the American Empire* (New York: Henry Holt & Co., 2017).
27. Gary Hess, *Vietnam and the United States: Origins and Legacy of War* (New York: Twayne Publishers, 1998), 26; Craig A. Lockwood, *Southeast Asia in World History* (New York: Oxford University Press, 2009), 115.
28. Green, *By More Than Providence*, 91.
29. Gary Hess, *The United States' Emergence as a Southeast Asian Power*, 8.
30. Gerlof D. Homan, "The United States and the Netherlands East Indies: The Evolution of American Anticolonialism," *Pacific Historical Review* 53 (November 1984): 427–428.
31. Hess, *The United States Emergence as a Southeast Asian Power*, 10.
32. Clymer, *The United States and Southeast Asia*, 5.
33. 在這點上我要感謝廖振揚。
34. Hess, *The United States Emergence as a Southeast Asian Power*, 52.
35. 在這點上我要非常感謝Richard Bush。

38. 2017年1月22日，在河內，與越南社會科學院國際關係研究所副所長黃世英的訪談。
39. Chan Heng Chee, "Southeast Asia at an Inflection Point: An Opinion from ASEAN," in *Advice for the 45th U.S. President: Opinions from Across the Pacific*, ed. Lindsey W. Ford (New York: Asia Society, 2017), 34.
40. Thitinan Pongsudhirak, "A Sino-American Showdown in Southeast Asia?" *Nikkei Asian Review*, January 15, 2017, https://asia.nikkei.com/Viewpoints/Thitinan-Pongsudhirak/A-Sino-American-showdown-in-Southeast-Asia.
41. 2017年4月20日，在馬來西亞布城（Putrajaya），與馬來西亞外交部資深官員的訪談。
42. 同前。
43. 見Richard Wike et al., "U.S. Image Suffers as Publics around World Question Trump's Leadership" (Washington, DC: Pew Research Center, June 26, 2017), http://www.pewglobal.org/2017/06/26/u-s-image-suffers-as-publics-around-world-question-trumps-leadership/.
44. 2017年1月18日，在曼谷，與泰國外交部資深外交官的訪談。
45. Bilahari Kausikan, *Dealing with an Ambiguous World* (Singapore: World Scientific, 2017), 79.
46. 關於亞洲中等強權，見Ikenberry, "Between Dragon and Eagle"; and Bruce Gilley and Andrew O'Neil, eds., *Middle Powers and the Rise of China*. 關於印度的角色，見Amitav Acharya, *East of India, South of China: Sino-Indian Encounters in Southeast Asia* (New Delhi: Oxford University Press, 2017).

第二章

1. William Seward speech on the floor of the US Senate, July 29, 1852: http://international.loc.gov/cgi-bin/query/r?intldl/mtftext:@field(DOCID+@lit(mtfgc1000_2).
2. 引自Mark Borthwick, *Pacific Century*, 2nd ed. (Boulder, CO: Westview Press, 2013), 391.
3. Lyndon Baines Johnson Presidential Library: https://www.youtube.com/watch?v=NSWQztZPMdg.
4. 這也反映在關於美國與（東）亞相遇的各種常見歷史敘事裡，這類歷史敘事有一大半在講述美國於中日兩國的存在足跡。例如，見Ernest R. May and James C. Thomson Jr., eds., *American-East Asian Relations: A Survey* (Cambridge, MA: Harvard University Press, 1972); Paul H. Clyde and Burton F. Beers, *The Far East: A History of the Western Impact and the Eastern Response, 1830–1965* (Englewood Cliffs, NJ: Prentice Hall, 1966).
5. 見Holden Furber, "The Beginnings of American Trade with India, 1784–1812," *New England Quarterly* 11, no. 2 (June 1938): 235–265.
6. United States Information Service, *The Eagle and the Elephant: Thai-American Relations Since 1833* (Bangkok: United States Embassy, 1997), 28-29.
7. 見"The Roberts Mission," in *East Asia and the United States: An Encyclopedia of Relations since 1784,* Vol. II, ed. James I. Matray (Westport, CT: Greenwood Press, 2002), 515. 美國國會圖書館有收藏羅伯茨的個人報告：https://www.loc.gov/item/mm73037960/。
8. Kenton Clymer, "The United States and Southeast Asia," in *Oxford Research Encyclopedia of American History* (Oxford, 2016), 2.
9. John Curtis Perry, *Facing West: Americans and the Opening of the Pacific* (Westport, CT: Prager, 1994), 59.
10. 見James C. Thomson Jr., Peter W. Stanley, and John Curtis Perry, *Sentimental Imperialists: The American Experience in East Asia* (New York: Harper & Row, 1981), esp. chapter 4; and Richard W. Van Alstyne, *The United States and East Asia* (London: Thames and Hudson, 1973).
11. Clymer, "The United States and Southeast Asia," 3.
12. Walter G. Sharrow, "William Henry Seward and the Basis for American Empire, 1850–1860," *Pacific Historical Review* 36, no. 3 (April 1967): 339，西沃德的話引自他1849年10月在太平洋鐵路會議（Pacific Railroad Convention）上的發言。
13. Perry, *Facing West*, 64.

25. Donald E. Weatherbee, *International Relations in Southeast Asia: The Struggle for Autonomy*, 2nd ed. (Lanham, MD: Rowman & Littlefield, 2009).
26. Cheng-Chwee Kuik, "How Do Weaker States Hedge? Unpacking ASEAN States' Alignment Behavior towards China," *Journal of Contemporary China* 25, no. 100 (2016): 504. 另見Cheng-Chwee Kuik, "Variations on a Hedging Theme: Comparing ASEAN Core States' Alignment Behavior," in *Joint US-Korean Academic Studies*, ed. Gilbert Rozman, Vol. 26 (Washington, DC: Korea Economic Institute of America, 2015), 11–26; and Cheng-Chwee Kuik, "The Essence of Hedging: Malaysia and Singapore's Response to a Rising China," *Contemporary Southeast Asia* 30, no. 2 (August 2008): 159–185.
27. Evelyn Goh, *Meeting the China Challenge: The U.S. in Southeast Asian Regional Security Strategies* (Washington, DC: East-West Center, 2005), 2. 另見Evelyn Goh, "Southeast Asian Strategies toward the Great Powers: Still Hedging after All These Years?" *Asan Forum* 4, no. 1 (January/February 2016): 18–37.
28. John D. Ciorciari, *The Limits of Alignment: Southeast Asia and the Great Powers since 1975* (Washington, DC: Georgetown University Press, 2010)，特別是表格2.1–3.3。
29. 見David B. H. DeNoon, ed., *China, the United States, and the Future of Southeast Asia* (New York: New York University Press, 2017).
30. 尤可參見Kurt M. Campbell, *The Pivot: The Future of American Statecraft in Asia* (New York: Twelve, 2016); and Hillary Clinton, "America's Pacific Century," *Foreign Policy*, October 11, 2011, https://foreignpolicy.com/2011/10/11/americas-pacific-century/. 另見Robert S. Ross, "The Problem with the Pivot," *Foreign Affairs* 91, no. 6 (November/December 2012): 70–82; and David Shambaugh, "Assessing the U.S. 'Pivot' to Asia," *Strategic Studies Quarterly* 7, no. 2 (Summer 2013): 10–19.
31. 見David Shambaugh, "President Obama's Asia Scorecard," *The Wilson Quarterly*, Winter 2016, https://wilsonquarterly.com/quarterly/the-post-obama-world/president-obamas-asia-scorecard/.
32. 見Timothy Heath, "Diplomacy Work Forum: Xi Steps Up Efforts to Shape a China-Centered Regional Order," *China Brief*, November 7, 2013, https://jamestown.org/program/diplomacy-work-forum-xi-steps-up-efforts-to-shape-a-china-centered-regional-order/; and Michael D. Swaine, "Chinese Views and Commentary on Peripheral Diplomacy," *China Leadership Monitor*, summer 2014, https://www.hoover.org/sites/default/files/research/docs/clm44ms.pdf.
33. 見"Important Speech of Xi Jinping at Peripheral Diplomacy Work Conference" (Beijing: China Council on International Cooperation on Environment and Development, October 30, 2013), http://www.cciced.net/cciceden/NEWSCENTER/LatestEnvironmentalandDevelopmentNews/201310/t20131030_82626.html.
34. 例如，見David Shambaugh, "China Engages Asia: Reshaping the Regional Order," *International Security* 29, no. 3 (Winter 2004/2005): 64–99; and Allen S. Whiting, "ASEAN Eyes China: The Security Dimension," *Asian Survey* 37, no. 4 (April 1997): 299–322.
35. 並非所有觀察家都同意中國外交作為在這期間更為強勢獨斷。例如，見Alastair Iain Johnston, "How New and Assertive Is China's New Assertiveness?" *International Security* 37, no. 4 (Spring 2013): 7–48; and Michael D. Swaine, "Perceptions of an Assertive China," *China Leadership Monitor*, Spring 2010, https://www.hoover.org/research/perceptions-assertive-china.
36. 相關討論請見我的文章"China's Long March to Global Power," in David Shambaugh, ed., *China & the World* (New York and Oxford: Oxford University Press, 2020), 17–19.
37. 見Zhao Hong, "'One Belt One Road' and China–Southeast Asia Relations," in *Southeast Asia and China: A Contest in Mutual Socialization*, ed. Lowell Dittmer and Ngeow Chow Bing (Singapore: World Scientific, 2017), 211–226.

Revising U.S. Grand Strategy towards China (Council on Foreign Relations Special Report No. 72, March 2015): http://carnegieendowment.org/files/Tellis_Blackwill.pdf; Nikki Haley, "How to Win against Beijing: Getting Tough on Trade Is Just the First Step toward Countering China," *Foreign Affairs,* July 18, 2019: https://www.foreignaffairs.com/articles/china/2019-07-18/how-confront-advancing-threat-china.

8. White House, *National Security Strategy of the United States of America,* December 2017: https://www.whitehouse.gov/wp-content/uploads/2017/12/NSS-Final-12-18-2017-0905.pdf; White House, *United States Strategic Approach to the People's Republic of China*, May 2020: https://www.whitehouse.gov/wp-content/uploads/2020/05/U.S.-Strategic-Approach-to-The-Peoples-Republic-of-China-Report-5.20.20.pdf.
9. 見Robert Sutter, "The 115th Congress Aligns with the Trump Administration in Targeting China," *PacNet* 62 (August 30, 2018): https://www.pacforum.org/analysis/pacnet-62-115th-congress-aligns-trump-administration-targeting-china; and David Shambaugh, "The New American Bipartisan Consensus on China Policy," *China-US Focus,* September 21, 2018: https://www.chinausfocus.com/foreign-policy/the-new-american-bipartisan-consensus-on-china-policy.
10. https://www.thechicagocouncil.org/publication/public-and-opinion-leaders-views-us-china-trade-war.
11. Campbell and Sullivan, "Competition without Catastrophe," 98.
12. ISEAS-Yusof Ishak Institute, "Survey Report: State of Southeast Asia: 2019," in *ASEAN Focus* (January 2019), 13.
13. 例如，見Michael Yahuda, "Southeast Asia: America's Relative Decline and China's Rise," in Yahuda, *The International Politics of the Asia-Pacific*, 4th ed. (London: Routledge, 2019); Ely Ratner and Samir Kumar, "The United States Is Losing Asia to China," *Foreign Policy*, May 12, 2017; James Guild, "How the US Is Losing to China in Southeast Asia," *The Diplomat*, October 25, 2017.
14. 關於中等強權如何減輕和克服中國崛起的影響，一本傑出的研究是Bruce Gilley and Andrew O'Neill, eds., *Middle Powers and the Rise of China* (Washington, DC: Georgetown University Press, 2014).
15. 關於中國方面，可參見我的書*China Goes Global: The Partial Power* (Oxford and New York: Oxford University Press, 2013).
16. 東帝汶於2002年獨立，目前尚未以正式會員身分加入東協（但擁有觀察員身分）。
17. Asian Development Bank Institute, *ASEAN 2030: Toward a Borderless Economic Community* (Tokyo: Asian Development Bank, 2014).
18. Kishore Mahbubani and Jeffery Sng, *The ASEAN Miracle: A Catalyst for Peace* (Singapore: National University of Singapore Press, 2017), chapter 1.
19. "Southeast Asian Economies: OK for Now," *The Economist*, April 14, 2016, https://www.economist.com/news/asia/21697032-region-looking-perkier-most-its-growth-potential-waning-okay-now.
20. Alex Gray, "*The World's 10 Biggest Economies in 2017*" (Cologny, Switzerland: World Economic Forum, March 9, 2017), https://www.weforum.org/agenda/2017/03/worlds-biggest-economies-in-2017/.
21. 2018年5月巫統輸掉選舉，失去政權，為61年來頭一遭。
22. 見Mahbubani and Sng, *The ASEAN Miracle*.
23. Akhyari Hananto, "Which Military Ranks Southeast Asia's Strongest?" *SEASIA*, January 24, 2017, https://seasia.co/2017/01/24/which-military-ranks-southeast-asia-s-strongest.
24. 見Stockholm International Peace Research Institute (SIPRI) Arms Transfers Database, https://www.sipri.org/databases/armstransfers. 另見Jonathan D. Caverly and Ethan B. Kapstein, "Who's Arming Asia," *Survival* 58, no. 2 (April/May 2016): 167–184.

注釋

序

1. *Forest City: An Emerging Futuristic Urban Development—A Prime Model for Future Cities*, brochure. 另見官方網站：http://forestcitycgpv.com。
2. 見Serina Rahman, *Johor's Forest City Faces Critical Challenges* (Singapore: ISEAS-Yusof Yishak Institute Trends no. 3, 2017); Serina Rahman, "The Socio-Cultural Impacts of Forest City," *Perspective* 42 (2017); Serina Abdul Rahman, "Green Projects Must Also Consider Habitats Lost," *Today* (Singapore), July 25, 2017; Shibani Mahtani, "A Would-Be City in the Malaysian Jungle Is Caught in a Growing Rift between China and Its Neighbors," *Washington Post*, September 10, 2018.
3. 見Hannah Beech, "A Rich Melting Pot Centuries Ago, a Globalization Relic Today," *New York Times*, April 12, 2020.
4. "Factbox: Malacca Strait Is a Strategic Chokepoint," Reuters, March 4, 2010, http://in.reuters.com/article/idINIndia-46652220100304. 如果把巽他海峽和龍目海峽也包括在內，每年全球商船噸位有一半數量會行經東南亞海域。
5. 見官方網站：https://melakagateway.com。

第一章

1. 2018年6月19日，在新加坡的訪談。
2. 2018年6月25日，在雅加達的訪談。
3. Jonathan Stromseth, *Don't Make Us Choose: Southeast Asia in the Throes of US-China Rivalry* (Washington, DC: Brookings Institution, 2019), 2.
4. 見Geoff Dyer, *The Contest of the Century: The New Era of Competition with China—and How America Can Win* (New York: Vintage Books, 2014); Michael Pillsbury, *The Hundred Year Marathon: China's Secret Strategy to Replace America as the Global Superpower* (New York: Griffin, 2016); Ashley J. Tellis, Alison Szalwinski, and Michael Wills, eds., *Strategic Asia 2020: U.S.-China Competition for Global Influence* (Seattle and Washington, DC: National Bureau of Asian Research, 2020); Aaron Friedberg, "Competing with China," *Survival* 60, no. 3 (2018): 7–64; Kurt Campbell and Jake Sullivan, "Competition without Catastrophe: How America Can Both Challenge and Coexist with China," *Foreign Affairs* (September/October 2019); David Shambaugh, "Dealing with China: Tough Engagement and Managed Competition," *Asia Policy* 23 (January 2017): 4–12; David Shambaugh, "Towards a 'Smart Competition' Strategy with China," in *The Struggle for Power: U.S.-China Relations in the 21st Century*, eds. Joseph S. Nye, Condoleezza Rice, and Nicholas Burns (Washington, DC: The Aspen Institute, 2020), 141–153; Timothy R. Heath and William R. Thompson, "Avoiding U.S.-China Competition Is Futile: Why the Best Option Is to Manage Strategic Rivalry," *Asia Policy* 13, no. 2 (April 2018): 91–120.
5. 關於這場持續變化的辯論，概要見Gilbert Rozman, "The Debate on China Policy Heats Up: Doves, Hawks, Superhawks, and the Viability of the Think Tank Middle Ground," *Asan Forum*, July 16, 2019: http://www.theasanforum.org/the-debate-over-us-policy-toward-china-heats-up-doves-hawks-superhawks-and-the-viability-of-the-think-tank-middle-ground/.
6. 例如，見Pew Research Center, "U.S. Views of China Increasingly Negative Amidst Coronavirus Outbreak," April 21, 2020: https://www.pewresearch.org/global/2020/04/21/u-s-views-of-china-increasingly-negative-amid-coronavirus-outbreak/.
7. 例如，見Friedberg, "Competing with China"; Robert D. Blackwill and Ashley J. Tellis,

Summit
春山之巔
009

中美爭霸：兩強相遇東南亞

Where Great Powers Meet: America and China in Southeast Asia

作　　者　沈大偉（David Shambaugh）
譯　　者　黃中憲
總 編 輯　莊瑞琳
責任編輯　盧意寧
行銷企畫　甘彩蓉
美術設計　徐睿紳
內文排版　丸同連合 Un-Toned Studio
地　　址　11670 臺北市文山區羅斯福路六段297號10樓
電　　話　02-29318171
傳　　真　02-86638233

總 經 銷　時報文化出版企業股份有限公司
地　　址　33343桃園市龜山區萬壽路二段351號
電　　話　02-23066842

製　　版　瑞豐電腦製版印刷股份有限公司
初版一刷　2021年9月

定　　價　560元

填寫本書線上回函

春山出版
Email　SpringHillPublishing@gmail.com
Facebook　www.facebook.com/springhillpublishing/

國家圖書館預行編目資料

中美爭霸：兩強相遇東南亞 / 沈大偉（David Shambaugh）作. －初版. －臺北市：春山出版有限公司，2021.09，面；公分. －（春山之巔；9）
譯自：Where great powers meet : America and China in Southeast Asia
ISBN 978-986-06706-6-0（平裝）

1. 中美關係 2. 國際關係 3. 二十一世紀 4. 東南亞
574.1852　　110012052

World as a Perspective
世界作為一種視野